国内外经典教材辅导系列·管理类

《管理学——原理与方法》
笔记和课后习题(含考研真题)详解
【适用周三多第8版教材】

主编：圣才考研网

www.100xuexi.com

中国石化出版社

内 容 提 要

国内外经典教材辅导系列是一套全面解析当前国内外各大院校权威教科书的辅导资料。周三多等编著的《管理学——原理与方法》是国内较受欢迎的管理学教材之一。本书遵循该教材第8版的章目编排，包括按照管理职能划分的总论、决策、组织、领导、控制、创新六个部分，共分为21章(含结束语)，每章由四部分组成：第一部分为复习笔记(含知识框架)，剖析本章的核心考点，并进行拓展延伸；第二部分为课(章)后习题详解，对该教材的所有习题进行了详细的分析和解答；第三部分为考研真题，精选部分名校近年的考研真题；第四部分为考研真题详解，对第三部分的习题进行了详细的解答。

圣才考研网(www. 100xuexi. com)提供全国所有院校各个专业的考研考博辅导方案【网络课程、电子书、题库等】。购书即可享受大礼包增值服务【本书电子书(手机版、电脑版)+专业咨询】。手机扫码(本书封底)领取本书大礼包。

图书在版编目(CIP)数据

《管理学——原理与方法》笔记和课后习题(含考研真题)详解/圣才考研网主编.—北京:中国石化出版社,2023.10

国内外经典教材辅导系列·管理类

ISBN 978-7-5114-7328-8

Ⅰ.①管… Ⅱ.①圣… Ⅲ.①管理学-研究生-入学考试-题解 Ⅳ.①C93-44

中国国家版本馆CIP数据核字(2023)第194556号

中国石化出版社出版发行

地址:北京市东城区安定门外大街58号

邮编:100011 电话:(010)57512500

发行部电话:(010)57512575

http://www. sinopec-press. com

E-mail:press@ sinopec. com

武汉市盛宏源印务有限公司印刷

全国各地新华书店经销

*

787×1092毫米16开本19印张410千字

2024年1月第1版 2024年1月第1次印刷

定价:68.00元

序　言

国内外经典教材辅导系列是一套全面解析当前国内外各大院校权威教科书的辅导资料。我国各大院校一般都把国内外通用的权威教科书作为本科生和研究生学习专业课程的参考教材，这些教材甚至被很多考试(特别是硕士和博士研究生入学考试)和培训项目作为指定参考书。为了帮助读者更好地学习专业课，我们有针对性地编写了一套与国内外教材配套的复习资料，并提供配套的名师讲堂和题库。

周三多等编著的《管理学——原理与方法》是我国高校采用较多的管理学权威教材之一。作为该教材第8版的学习辅导书，本书具有以下几个方面的特点：

1. 框架图表体系，通俗易懂易记

本书每章的知识框架图和考点归纳表，在全方位把握核心考点的同时，提纲挈领地以思维导图形式，呈现重要的考点、难点，脉络清晰，一目了然，更容易记忆。

2. 下划线+星级标记+拓展延伸，透彻剖析核心考点

本书每章的核心考点均按重要程度分为一星(一般了解)至五星(熟练掌握)，对关键词用下划线作了标记，并对相关重要知识点进行了延伸和归纳，方便考生更有针对性地复习。

3. 解析课后习题，提供详尽答案

本书参考各种管理学权威教材和相关资料对每章的习题都进行了详细的分析和解答。

4. 精选考研真题，巩固重难点知识

本书精选了部分名校近年的管理学考研真题并提供了详细的答案，这些学校均以该教材作为考研参考教材。所选习题涵盖的知识点全面，特别注重理论联系实际，凸显当前热点。

要深深牢记：考研不同一般考试，概念题(名词解释)要当作简答题来回答，简答题要当作论述题来解答，而论述题的答案要像是论文，多答不扣分。有的论述题的答案简直就是一份优秀的论文(其实很多考研真题就是选自一篇专题论文，完全需要当作论文来回答)！

购书即可享受大礼包增值服务！手机扫码(本书封底)领取本书大礼包。具体包括：①本书电子书(手机版、电脑版)；②考研专业课咨询服务。

圣才考研网(www.100xuexi.com)是圣才学习网旗下的考研考博专业网站，提供考研公共课和全国各高校管理类专业考研考博辅导班【一对一辅导(面授/网授)、网授精讲班等】、电子书、题库、全套资料(历年真题及答案、笔记讲义等)、国内外经典教材名师讲堂、考研教辅图书等。

考研辅导： kaoyan.100xuexi.com(圣才考研网)

资格考试： www.100xuexi.com(圣才学习网)

圣才考研网编辑部

目 录

第一篇 总 论

第二篇 决 策

第三篇　组　织

第四篇　领　导

第五篇　控　制

第六篇　创　新

第一篇　总　论

第一章　管理与管理学

1.1　复习笔记

【知识框架(庖丁解牛)】

- 管理与管理学
  - 管理概述
    - 必要性：管理的普遍性
    - 定义、内涵：目的、本质[协调]、主体、客体
    - 五大职能：决策、组织、领导、控制、创新
    - 性质：二重性[自然属性+社会属性]、科学性与艺术性的统一
  - 管理者概述
    - 含义、类型
    - 角色
      - 人际关系角色：代表人、领导者、联络者
      - 信息传递角色：监督者、传播者、发言人
      - 决策制定角色：企业家、冲突协调者、资源分配者、谈判者
    - 技能：概念技能、人际技能、技术技能
    - 面临的新时代
      - 信息网络化
      - 经济全球化
      - 知识资源化
      - 管理人本化
  - 管理学概述
    - 含义、特征
    - 研究对象：管理原理和方法
    - 研究方法：归纳法、试验法、演绎法

【通关提要(提纲挈领)】

本章主要介绍管理、管理者与管理学的基础知识，属于基础章节。学习时，要掌握管理的概念、职能和性质；重点掌握管理者的角色和技能，能够判断不同层级的管理者扮演的角色及其对应需掌握的技能。本章重点考查简答题和论述题，重要概念也常考概念题，复习时要注重理解，切忌死记硬背。

【考点难点归纳(厚积薄发)】

考点一：管理概述(见表1－1) ★★★★

表1－1 管理概述

要点			主要内容
必要性			管理的普遍性：①合理配置资源；②有效利用科学技术；③协调关系；④目标指向；⑤提升工作、生活质量
定义	法约尔		管理是由计划、组织、指挥、协调及控制等职能为要素组成的活动过程
	福莱特		管理就是通过其他人来完成工作的艺术
	西蒙		管理就是决策
	德鲁克		管理是一种实践，其本质不在于“知”而在于“行”
	罗宾斯		管理是通过协调其他人的工作有效率和有成效地达成组织目标的过程
	本书		指在特定的时空[必要条件]下，通过协调[本质]组织[载体]成员的行为以实现组织共同目标的过程
内涵	目的		有效实现组织目标：强调成效[做正确的事]＋注重效率[正确地做事]
	本质		协调人的行为：通过决策[前提]、组织[手段]、领导[责任人]、控制[保证]、创新[途径]等各项管理职能来实现
	主体		管理者
	客体		组织活动及其参与要素
职能	类型	决策	通过决策设定目标、制定战略，开发并实施计划
		组织	安排和建构工作，如组织结构设计、人员配备
		领导	与人工作，通过人工作[激励、领导]
		控制	监管、比较和纠正工作绩效
		创新	包括目标、技术、制度、组织机构和结构、环境创新
	相互关系		①决策是计划的前提，计划是决策的逻辑延续和实施保证。 ②组织、领导和控制旨在保证决策的顺利实施。 ③创新贯穿于各种管理职能和各个组织层次之中
性质			①管理的二重性：自然属性[生产力性质]＋社会属性[生产关系性质]。 ②管理的科学性与艺术性：管理是科学与艺术的统一

【真题链接】

(1)管理是管理者为了有效地实现组织目标、个人发展和社会责任，运用管理职能进行协调的过程。请谈谈你对这句话的理解。[论述题，扬州大学2022年研]

(2)简述管理的职能及其相互关系。[简答题，华东师大2021年研；东南大学2020年研]

(3)请分析管理的必要性。[简答题，扬州大学2023年研]

考点二：管理者概述（见表 1－2）　★★★★

表 1－2　管理者概述

要点		主要内容
含义		指协调和监管其他人的工作，以使组织目标能够实现的人
类型		高层、中层、基层（一线）管理者
角色	人际关系角色	①指管理者使用权力处理人际关系，履行礼仪性和象征性职责。 ②具体角色：代表人［名义领袖］、领导者、联络者
	信息传递角色	①指管理者需要履行收集、接收和传播信息的义务。 ②具体角色：监督者、传播者［宣传人］、发言人
	决策制定角色	①指管理者分析信息，作出决策。 ②具体角色：企业家、冲突协调者、资源分配者、谈判者
技能	概念技能	指管理者用来对抽象、复杂的情况进行思考和概念化的能力。对高层管理者最为重要
	人际技能	指与他人及团队良好合作的能力。对所有管理者同等重要
	技术技能	指管理者在专业领域内使用技术方法的能力。对低层管理者最重要

【真题链接】

（1）简述管理者的角色。［简答题，华东师大 2021 年研］

（2）简述卡茨的管理者技能观点。［简答题，东北大学 2021 年研］

考点三：管理学概述（见表 1－3）　★★★

表 1－3　管理学概述

要点		主要内容
含义		指一门综合运用现代社会科学、自然科学和技术科学的理论与方法，系统研究现代经济社会条件下管理活动的基本规律和一般方法及其应用的综合性学科
特征		基础性、应用性、交叉性、历史性、综合性和边缘性、复杂性和实践性、科学性与艺术性
研究对象		指用于管理工作的普遍通用的原理和方法
研究方法	归纳法	又称实证研究法，即归纳推理，从典型到一般
	试验法	如霍桑实验
	演绎法	即演绎推理，从一般到特殊

【真题链接】请简述管理学的研究对象及方法。［简答题，扬州大学 2023 年研］

1.2　课后习题详解

1. 人类活动的特点是什么？为什么管理实践与人类历史同样悠久？

【真题链接】为什么管理实践与人类历史同样悠久？［简答题，扬州大学 2021 年研］

答：（1）人类活动的特点主要包括：

①目的性。每个人都有自己的需求和理想。人类的进步依赖于人类实现预期目的的活

动，包括不断地劳动、思考、谋划、设计和组织管理。

②依存性。在漫长的发展过程中，人类之间的关系一直是密切的。远古时期，人类需要和伙伴一起共同抗击大自然的各种意外；有了国家后，人类的社会分工更加细致，也因此需要精诚合作才能够完成社会生产工作；直到现在，经济全球化后，不仅各国内部人民关系密切，国家之间的关系也越发密切。不论在哪个时代，人类都必须互相依存，共同改造外部环境以获得所需，达到生存发展的目的。

③知识性。知识包括各种科学理论、原理、方法和技艺。千百年的时间，让人们从生活实践中不断积累经验，从自然中不断总结规律，学习到了生活知识，探索出了科学道理。每一个时代的人又将这些知识和道理加以记忆、积累、分析和推理，通过各种方式记录、传承下来，最终形成人类独有的知识体系。

(2)管理实践与人类历史同样悠久的原因：

组织与个人有很相似的地方，如都是有目的、有知识的。组织的依存性体现在人与人之间的依存关系。在最初，人类有需求、有目的后，由于不同的人会做不同的事情，进一步产生了类似于组织的群体，他们各自发挥特长，共同去实现一个目标。当有了组织后，为了能够更好地安排人员、实现目标、积累经验，管理也就应运而生。在后续人类发展的过程中，知识经验在不断地实现目标的过程中越来越丰富，越来越细致，于是逐渐出现了工作和技能的专门化，人与人之间的依存关系也因此更紧密，更加组成一个组织来共同实现目标。在不断地成立组织、实现目标的过程中，人类对管理的认识也形成了一种方法体系，在实践中不断完善，直到建立起更大的组织。整个过程中，管理都不曾与人类活动割裂开来，因此，管理实践与人类历史同样悠久。

2. 何谓管理？管理的基本特征是什么？

【真题链接】何谓管理？管理的基本特征是什么？［简答题，扬州大学2021年研］

答：(1)管理的定义，参见本章考研真题简答题第1题答案。

(2)管理的基本特征：

①管理的二重性，即管理的自然属性和社会属性。生产过程包括物质资料的生产和生产关系的再生产，因此对生产过程的管理存在两重性：a. 与生产力相联系的自然属性；b. 与生产关系相联系的社会属性。

②管理的科学性与艺术性。管理是由一系列概念、原理、原则和方法构成的知识体系，这反映了管理活动的科学性。艺术性即强调管理的实践性。没有实践，也就无所谓艺术。管理是科学与艺术的统一。

③管理的普遍性与目的性。管理普遍存在于各种活动之中，这就决定了管理的普遍性。管理是人类一项有意识、有目的的协作活动，是为实现组织既定的目标而进行的，这就是管理的目的性。管理的目的是有效地实现组织预定的目标。

④管理的综合性。管理是一个包括多阶段、多项工作的综合过程。这一系列工作包括决策、组织、领导、控制以及创新等。

3. 管理活动具有哪些基本职能？它们之间的关系是什么？

答：参见本章考研真题简答题第2题答案。

4. 分析管理二重性的基本内容。

【真题链接】请解释管理的二重性。［简答题，扬州大学 2020 年研］

答：管理二重性是指管理的自然属性和社会属性。

(1)管理的自然属性。自然属性是一种不以人的意志为转移，也不因社会制度和意识形态的不同而有所改变的客观存在。管理之所以具有自然属性，是因为管理过程就是对人、财、物、信息、时间等资源进行组合、协调和利用的过程，其中包含着许多客观的、不因社会制度和社会文化的不同而变化的规律。管理理论揭示了这些规律，并创造了与其相适应的管理手段和管理方法。管理活动只有遵循这些规律，利用这些方法和手段，才能保证生产等各种组织活动顺利、有效进行。管理的自然属性体现在：

①管理是人类社会活动的客观需要。

②管理是不同于一般社会劳动的特殊职能。管理寓于各种社会活动之中，但是一种专门的工作。

③管理是生产力。任何社会或企业，其生产力都依赖于它所拥有的各种经济资源、各种生产要素的利用率，依赖于从事社会劳动的人的积极性，而这二者都有赖于管理。

(2)管理的社会属性。社会属性是指管理只能在一定的社会历史条件下和社会关系中进行。管理具有维护和巩固生产关系、实现特定生产目的的功能。管理的社会属性与生产关系、社会制度紧密相连。与管理的社会属性有关的基本变化包括：

①科学技术的进步、经济全球化的发展以及经济组织规模的不断扩大，使管理的复杂性增强。职业经理人的出现，使企业的经营权和终极所有权分离。

②整个社会普遍出现中产阶级，两头小、中间大的橄榄形的社会财富占有结构正在取代工业化初期的金字塔形结构。

③大多数国家的经济模式都是市场经济，少数还不是市场经济的国家也在进入市场经济的高速列车上，它们都在通过市场力量、政府计划、行政以及法律等各种手段进行国家宏观经济的调控。近些年来，大数据技术也逐渐走入大家的视野，被应用于宏观经济调控中。

④企业管理需要考虑消费者利益和社会生态环境的保护。

(3)管理二重性产生的原因：

从根本上说，是因为它所管理的生产过程本身具有二重性。生产过程是生产力和生产关系相互结合、相互作用的统一过程。要保证生产过程顺利进行，企业管理就必须执行两个方面的职能，一是合理组织生产力的职能，二是维护生产关系的职能。

(4)管理二重性之间的关系：

①二者相互联系。管理的自然属性不可能孤立存在，它总是存在于一定的社会制度、生产关系中；管理的社会属性也不可能脱离管理的自然属性而存在，否则，管理的社会属性会成为没有内容的形式。

②二者相互制约。管理的自然属性要求具有一定社会属性的组织形式和生产关系与其相适应；管理的社会属性也必然对管理的方法和技术产生影响。

5. 一个有效的管理者需要扮演哪些角色？需要具备哪些技能？

答：参见本章考研真题简答题第 3、4 题答案。

6. 分析管理学的研究对象及其方法。

答：参见本章考研真题简答题第7题答案。

1.3 考研真题

一、单项选择题

1. 管理的本质是(　　)。[暨南大学2021年研]

A. 决策　　B. 效率　　C. 效果　　D. 协调

2. 在组织的运行过程中，遇到冲突或问题时，管理者必须善于处理冲突和解决问题，这时，管理者扮演的角色是(　　)。[北科2014年研]

A. 决策角色　　B. 信息角色　　C. 人际角色　　D. 联络角色

3. 越是高层管理者，在决策中所起的作用越大，越应该具有较强的(　　)。[暨南大学2023年研；中财2013年研]

A. 技术技能　　B. 业务技能　　C. 人际技能　　D. 概念技能

4. 对于基层管理者而言，其管理技能侧重于(　　)。[浙工大2018年研]

A. 谈判技能　　B. 技术技能　　C. 人际技能　　D. 领导技能

二、概念题

1. 管理[河海大学2023年研；安徽师大2023年研；贵州财大2022年研；北邮2021年研；首经贸2020年研；湖南师大2020年研；杭州师大2020年研；东南大学2019年研；东北大学2019年研；四川师大2018年研；华南理工2017年研；四川大学2017年研；湘潭大学2017年研；哈工大2016年研；中财2016年研；首师大2014年研；同济大学2013年研；吉林大学2012年研；中山大学2011年研]

2. 管理的自然属性与社会属性[广东财大2023年研]、管理的二重性[南昌大学2018年研；大连理工2017年研；四川大学2011年研]

3. 管理者的技能[华东师大2021年研；浙江理工2019年研；中南财大2008年研]

相关试题：

(1)人际技能[东财2023年研；中国海大2023年研；华科2017年研；山东大学2015年研；哈工大2014年研]

(2)概念技能[广州大学2022年研；东南大学2020年研；中国传媒大学2017年研；浙江理工2017年研；安徽师大2017年研；华南师大2016年研；华中师大2016年研；电子科大2014年研；中南财大2010年研]

4. 管理学[山西财大2018年研；中国农大2014年研；中山大学2010年研]

5. 管理的职能[北邮2022年研；首经贸2022年研；大连理工2018年研]

6. 信息角色和决策角色[西南财大2018年研]

相关试题：人际关系角色[浙大2022年研；东财2009年研]

三、简答题

1. 对于管理的概念，为什么不存在唯一的定义？你对管理是怎么理解的？[南开大学2007年研]

相关试题：

(1)管理是管理者为了有效地实现组织目标、个人发展和社会责任，运用管理职能进行协调的过程。请谈谈你对这句话的理解。[论述题，扬州大学 2022 年研]

(2)请谈谈你对“管理是借助他人以及与他人一起实现组织目标。”这句话的理解。[厦门大学 2021 年研]

(3)试论述你对管理的理解。[论述题，西南财大 2019 年研]

(4)简述管理的概念，具体含义有哪些。[华电 2018 年研]

2. 简述管理的职能及其相互关系。[华东师大 2021 年研；东南大学 2020 年研]

相关试题：

(1)请简述管理的基本职能。[扬州大学 2023 年研]

(2)论述管理的主要职能有哪些。[论述题，广东财大 2022 年研]

(3)简述管理的定义及管理的基本职能。[北大 2019 年研；哈工大 2017 年研]

(4)简述管理的职能。[中南大学 2018 年研；杭州师大 2016 年研；中南财大 2010 年研]

(5)管理活动有哪些基本职能？它们之间的关系是什么？[论述题，湘潭大学 2017 年研]

(6)管理应具备的职能有哪些？[华科 2016 年研]

(7)简述管理的概念及其职能。[北科 2013 年研]

3. 根据明茨伯格的观点，管理者扮演的角色有哪些？[宁波大学 2017 年研；浙江理工 2016 年；杭州师大 2016 年研]各角色的关键工作是什么？[南航 2017 年研]

相关试题：

(1)简述管理者的角色。[南昌大学 2023 年研；华东师大 2021 年研]

(2)何为管理者决策制定角色？试描述管理者扮演的决策制定角色。[浙大 2020 年研]

(3)明茨伯格把管理者的角色分为哪三大类角色，各有何特点？[浙工大 2018 年研]

(4)论述明茨伯格的管理者角色理论的内容以及对现代管理的启发。[论述题，中南大学 2018 年研]

(5)企业管理过程中存有一种现象，即“管理者管了一些不该管的事情，一些该管的事情却没管好”。请根据亨利·明茨伯格的观点，简述管理者在组织中的角色。[首师大 2014 年研]

(6)什么是管理角色理论中的信息传递角色？信息传递角色具体包括哪些？[浙大 2012 年研]

(7)简述明茨伯格的十种管理角色，指出大组织和小组织中管理者扮演的角色有何不同。[复旦大学 2007 年研；北邮 2006 年研]

4. 管理者需要具备哪些技能？[北京地大 2019 年研；山东大学 2016 年研；华科 2016 年研；陕西师大 2015 年研]

相关试题：

(1)管理者应具备的技能。[吉林大学 2022 年研]

(2)简述卡茨的管理者技能观点。[东北大学 2021 年研]

(3)根据卡茨的研究，管理者应该具备哪些技能？[华侨大学 2018 年研；四川师大 2018 年研]

(4) 管理技能包括哪些？并结合管理者层次分析管理技能的重要性。[昆明理工 2018 年研]

(5) 简述管理者的角色和技能。[中国海大 2018 年研；大连理工 2016 年研]

(6) 简述不同层次管理者的管理技能要求。[大连海事大学 2017 年研]

(7) 不同层次管理人员的技能要求侧重点有何不同？[浙江理工 2016 年研；北科 2011 年研]

(8) 管理需要哪些技能？它与管理者所处的层次有何关系？[汕头大学 2015 年研]

(9) 结合实例论述管理者应具有的技能及其与管理层次之间的关系。[首经贸 2014 年研]

5. 管理职能理论与管理角色理论有什么样的联系？[中南财大 2007 年研]

6. 管理学是一门科学吗？为什么？[南开大学 2009 年研]

相关试题：

(1) 试述管理的科学性与艺术性之间的关系。[西南财大 2016 年研；北工商 2015 年研]

(2) 为什么说管理既是一门科学又是一门艺术？[中国海大 2018 年研；北京地大 2018 年研；杭州师大 2016 年研；西安交大 2012 年研]

7. 请简述管理学的研究对象及方法。[扬州大学 2023 年研]

相关试题：每一门学科都有自己的一套方法论。根据管理工作的特点，有哪些适合的方法？[南开大学 2018 年研]

四、案例分析题

案例一

王强是一家生产小型机械的装配厂经理。每天他到达工作岗位时都随身带着一份列出当天要处理的各种事务清单。清单上的有些项目是总部电话通知他需要处理的，另一些是他自己在一天多次的现场巡视中发现的或者手下报告的不正常的情况。

一天，王强与往常一样带着他的清单来到了办公室。他做的第一件事是审查工厂各班次监督人员呈送上来的作业报告。他的工厂每天 24 小时连续工作，各班次的监督人员被要求在当班结束时提交一份报告，说明这班次开展了什么工作，发生了什么问题。看完前一天的报告后，王强通常要同他的几位主要下属人员开一个早会，会上他们决定对于报告中所反映的各种问题应采取些什么措施。王强在白天也参加一些会议，会见来厂的各方访问者。他们中有些是供应商或潜在供应商的销售代表，有些则是工厂的客户。此外，有时也有一些来自地方、省、国家政府机构的人员。总部职能管理人员和王强的直接上司也会来厂考察。当陪伴这些来访者和他自己的属下人员参观的时候，王强常常会发现一些问题，并将它们列入他那待处理事项的清单中。王强发现自己明显无暇顾及长期计划工作，而这些活动是他改进工厂的长期生产效率所必须做的。他似乎总是在处理某种危机，他不知道哪里出了问题。为什么他就不能以一种使自己不这么紧张的方式工作呢？[中国海大 2018 年研]

问题：

1. 从管理职能的角度，你对王强繁忙的工作状态有什么看法？

2. 如何解决王强紧张的工作方式？

案例二 升任公司总裁后的思考

郭宁最近被所在的生产机电产品的公司聘任为总裁。在准备接任此职位的前一天晚上，他浮想联翩，回忆起在该公司工作20多年的情况。

他在大学学的是工业管理，到该公司工作最初担任液压装配单位的助理监督，开始感到手忙脚乱，但由于他的好学，加上监督长的指点，很快胜任了工作，之后被提升为装配部经理。

当助理监督时，主要关心的是每日的作业管理，技术性很强。当上装配部经理不久，他就发现自己需要做的事情很多，为了让装配工作与整个公司的生产作业协调起来，他主动到几个工厂去访问，并将学到的知识运用到实际工作中去，工作完成得很出色。

他担任装配部经理6年之后，在与5名竞争对手较量之后，被提升为规划工作副总裁。他自信有能力做好此工作，但由于高级职务工作的复杂性，使他接任时碰到了不少麻烦。例如，他很难预料1年以后的产品需求情况，而且在新的岗位上他还要不断地处理市场营销、财务、人事、生产等部门之间的协调，这些他过去都不熟悉。但是，他还是适应了，并做出了成绩。此后又被提升为负责生产工作的副总裁，现在又被提升为总裁。他知道居于最高主管职位的人应该自信有处理可能出现的任何情况的才能，但他也明白自己尚未达到这样的水平。因此，他想到自己明天就要上任了，不免开始为此而担忧。[桂林理工2018年研]

问题：

1. 请分析总结郭宁担任助理监督时的主要管理职责和应具备的管理技能。

2. 你认为郭宁要成功地胜任公司总裁的工作，哪些管理技能是最重要的？为什么？

3. 结合本例及所学内容，比较并归纳基层管理者与高层管理者的职责与技能方面的差异。

1.4 考研真题详解

一、单项选择题

1. D 【解析】管理的本质是协调，即对人的行为进行协调。决策是协调的前提。效率和效果是组织的目标要求。

2. A 【解析】亨利·明茨伯格提出，管理者扮演着十种不同却高度相关的角色。这十种角色可以进一步组合成三个方面：人际关系角色、信息传递角色和决策制定角色。其中，决策制定角色包括：①企业家。管理者对所发现的机会进行投资以利用这种机会。②冲突协调者。管理者必须善于处理冲突或解决问题。③资源分配者。管理者承担组织资源的划分工作。④谈判者。管理者会与员工、客户、供应商等相关利益者进行谈判。

3. D 【解析】概念技能是指一种洞察既定环境复杂程度和减少这种复杂性的能力。具体地说，概念技能包括理解事物的相互关联性从而找出关键影响因素的能力，确定和协调各方面关系的能力以及权衡不同方案优劣和内在风险的能力等。管理者所处的层次越高，其面临的问题越复杂，越无先例可循，就越需要概念技能。

4. B 【解析】技术技能是指管理者掌握与运用某一专业领域内的知识、技术和方法的能力。技术技能对基层管理者非常重要；对中高层领导者，掌握技术技能的必要性稍小。

二、概念题

1. 管理［河海大学 2023 年研；安徽师大 2023 年研；贵州财大 2022 年研；北邮 2021 年研；首经贸 2020 年研；湖南师大 2020 年研；杭州师大 2020 年研；东南大学 2019 年研；东北大学 2019 年研；四川师大 2018 年研；华南理工 2017 年研；四川大学 2017 年研；湘潭大学 2017 年研；哈工大 2016 年研；中财 2016 年研；首师大 2014 年研；同济大学 2013 年研；吉林大学 2012 年研；中山大学 2011 年研］

答：参见本章考研真题简答题第 1 题答案。

2. 管理的自然属性与社会属性［广东财大 2023 年研］、**管理的二重性**［南昌大学 2018 年研；大连理工 2017 年研；四川大学 2011 年研］

答：参见本章课后习题第 4 题答案。

3. 管理者的技能［华东师大 2021 年研；浙江理工 2019 年研；中南财大 2008 年研］

相关试题：

(1)人际技能［东财 2023 年研；中国海大 2023 年研；华科 2017 年研；山东大学 2015 年研；哈工大 2014 年研］

(2)概念技能［广州大学 2022 年研；东南大学 2020 年研；中国传媒大学 2017 年研；浙江理工 2017 年研；安徽师大 2017 年研；华南师大 2016 年研；华中师大 2016 年研；电子科大 2014 年研；中南财大 2010 年研］

答：参见本章考研真题简答题第 4 题答案。

4. 管理学［山西财大 2018 年研；中国农大 2014 年研；中山大学 2010 年研］

答：参见本章考点难点归纳相关内容。

5. 管理的职能［北邮 2022 年研；首经贸 2022 年研；大连理工 2018 年研］

答：参见本章考研真题简答题第 2 题答案。

6. 信息角色和决策角色［西南财大 2018 年研］

相关试题：人际关系角色［浙大 2022 年研；东财 2009 年研］

答：参见本章考研真题简答题第 3 题答案。

三、简答题

1. 对于管理的概念，为什么不存在唯一的定义？你对管理是怎么理解的？［南开大学 2007 年研］

相关试题：

(1)管理是管理者为了有效地实现组织目标、个人发展和社会责任，运用管理职能进行协调的过程。请谈谈你对这句话的理解。［论述题，扬州大学 2022 年研］

(2)请谈谈你对“管理是借助他人以及与他人一起实现组织目标。”这句话的理解。［厦门大学 2021 年研］

(3)试论述你对管理的理解。［论述题，西南财大 2019 年研］

(4) 简述管理的概念，具体含义有哪些。［华电 2018 年研］

答：(1) 管理不存在唯一的定义，这是因为管理融合了科学与艺术。在不同领域，人们从事的管理实践具有明显的差异性。管理对象、内外部环境、分析问题角度等方面的不同，导致了管理实践的差异；而管理实践的差异，进一步导致人们对管理产生不同的理解和认识。

长期以来，许多中外学者从不同研究角度出发，对管理作了不同的解释。这些解释以不同学派的理论为基础，从不同的角度来透视管理，在不同的程度上概括出管理的真谛。这些对管理的解释并不矛盾。透过不同的解释，可以发现管理工作的诸多基本点，比如管理的目的性、管理职能的重要性、管理工作与一般作业活动的区别等。

(2) 对管理的理解如下：

管理是指在特定的时空下，通过协调组织中的员工行为以实现组织共同目标的过程。管理是从人类开始就有的职能，存在于人类所有的组织中。管理包括决策、组织、领导、控制、创新这五种基本职能。其具体内涵如下：

①评价管理是否成功的标准是组织是否实现了组织目标。每一个组织目标都包含以下两个要点：a. 效率，即正确地做事，追求工作方法是否能够快速完成任务和工作、投入是否能有相应回报；b. 效果，即做正确的事，追求在最大限度地满足用户需求的同时，承担安全和环保的责任。对管理来说，效率和效果的统一十分重要，这也是管理的任务之一。

②管理只有在特定的时间和空间下才能发生，即其必要条件是特定的时空。管理需要明确做什么事、在什么地方做、什么时间开始与结束。当不明确以上内容时，管理没有存在的必要。

③管理的核心是人的行为。管理者需要将组织目标不断拆解，对应到具体的岗位上，分解成小的工作任务，并且将适合的员工分配到相应的岗位，使他们能够很好地协作、实现组织目标。所以，管理的核心是协调人的行为。

④管理的本质是协调。管理的其他职能中都少不了协调的出现，因此协调是管理者的必修课。所有的职能也都需要通过协调来进行，所以协调永远是管理的本质。

2. 简述管理的职能及其相互关系。［华东师大 2021 年研；东南大学 2020 年研］

相关试题：

(1) 请简述管理的基本职能。［扬州大学 2023 年研］

(2) 论述管理的主要职能有哪些。［论述题，广东财大 2022 年研］

(3) 简述管理的定义及管理的基本职能。［北大 2019 年研；哈工大 2017 年研］

(4) 简述管理的职能。［中南大学 2018 年研；杭州师大 2016 年研；中南财大 2010 年研］

(5) 管理活动有哪些基本职能？它们之间的关系是什么？［论述题，湘潭大学 2017 年研］

(6) 管理应具备的职能有哪些？［华科 2016 年研］

(7) 简述管理的概念及其职能。［北科 2013 年研］

答：管理的职能是指管理者在管理过程中所从事的各种活动或发挥的各种作用。

(1) 管理活动的基本职能：

①决策。指管理者在计划的过程中为了实现组织目标而进行方案选择的过程。任何一个层级的管理者都需要为自己所负责的目标制定行动方案。在制订方案的过程中，每一个流程、合作者等的选择都是决策。决策是在计划的基础上出现的，与计划密不可分；而决

策能够被落实也离不开管理者作出的计划。

②组织。指管理者追求实现目标的高效率和更好的效果，通过分工、授权等手段规定工作任务和协作关系的过程。组织结构的形式和特点受组织目标的影响，不同的组织由于其目标不同，结构也不相同，如医院和学校。反过来，组织工作的状况又在很大程度上决定着这些组织各自的工作效率和活力，组织工作的优劣同样在很大程度上决定着这些计划和管理活动的成败。因此，组织职能是管理活动的根本职能，其他的管理活动都以组织职能为前提进行。

③领导。指管理者使用职权和个人影响力来引导、指挥、鼓励员工努力工作，实现组织目标。领导者能够通过法定性权力、奖惩性权力、感召性权力、专长性权力等影响下属，高瞻远瞩地为组织成员指明方向，协调组织成员的性格、处事方式等，使合作达到最优水平，同时能够激励下属热情工作。

④控制。指在计划实施的过程中进行监管，将实际的实施情况与计划的进度或目标进行比较，并及时纠正以保障实际活动符合计划。在这个过程中，管理者所制定的计划就是控制的标准。

⑤创新。指管理者为了应对外界环境的动态变化，通过设立新的目标、使用新的方法等对组织计划进行不断优化调整。在这个瞬息万变的知识经济时代，已经到了不创新就无法维持的地步，所以，创新自然就成为管理过程中不可或缺的重要职能。

(2)管理各基本职能的相互关系：

决策职能通过目标和计划的制定以及行动的实施表现出来；组织职能通过组织结构的设计和人员的配备表现出来；创新职能在其他管理职能创新所取得的效果中表现自身的存在与价值；控制职能通过偏差的识别和纠正表现出来；领导职能通过领导者和被领导者的关系表现出来。管理职能在管理工作中出现的顺序一般是决策、组织、领导、控制。在管理过程中，各个职能之间会有交叉，也会有层级的覆盖，如控制的结果可能导致新的决策，开始新一轮的管理。创新贯穿整个管理过程，是组织发展的推动力。

3. 根据明茨伯格的观点，管理者扮演的角色有哪些？[宁波大学 2017 年研；浙江理工 2016 年；杭州师大 2016 年研]**各角色的关键工作是什么？**[南航 2017 年研]

相关试题：

(1)简述管理者的角色。[南昌大学 2023 年研；华东师大 2021 年研]

(2)何为管理者决策制定角色？试描述管理者扮演的决策制定角色。[浙大 2020 年研]

(3)明茨伯格把管理者的角色分为哪三大类角色，各有何特点？[浙工大 2018 年研]

(4)论述明茨伯格的管理者角色理论的内容以及对现代管理的启发。[论述题，中南大学 2018 年研]

(5)企业管理过程中存有一种现象，即“管理者管了一些不该管的事情，一些该管的事情却没管好”。请根据亨利·明茨伯格的观点，简述管理者在组织中的角色。[首师大 2014 年研]

(6)什么是管理角色理论中的信息传递角色？信息传递角色具体包括哪些？[浙大 2012 年研]

(7)简述明茨伯格的十种管理角色，指出大组织和小组织中管理者扮演的角色有何不

同。[复旦大学2007年研；北邮2006年研]

答：(1)根据明茨伯格的管理者角色理论，管理者扮演着十种角色，这十种角色可分为三大类：

①人际关系角色，指所有的管理者都要在组织中履行礼仪性和象征性的义务，包括代表人、领导者和联络者这三种具体角色。管理者在人际关系方面所扮演的这三种具体角色，是管理者必须要扮演的，是其工作范畴之内的工作。这三种角色的扮演在实践中有时可能是合为一体的。例如，当管理者代表组织出席其他组织安排的会议时，管理者既是组织的代表人，同时又是人群中的联络员，要为自己的组织开发关系资源。

②信息传递角色，包括三种：

a. 监督者，即用各种办法从不同渠道接收信息、了解信息和掌握信息。

b. 传播者，即把组织的信息、自己所收集加工的信息等，向组织成员宣布、传递，以便组织成员共享信息，从而更好地工作。

c. 发言人，即管理者有时必须代表组织，向外界公布态度、决定、报表、报告、进行演讲等，这有时可能是组织运作的需要，有时则可能是外界压力的结果。

③决策制定角色。明茨伯格将决策制定分解为四个方面的工作，形成了决策方面的四种角色：

a. 企业家，寻求组织和环境中的机会，制定改进方案以发起变革。此处，企业家是指具有捕捉发展机会的能力、进行战略决策并承担责任的管理者。

b. 冲突协调者，处理组织冲突或解决问题。

c. 资源分配者。根据组织目标分解的内容，对组织的有限资源进行分解，实际上就是组织资源配置的一个方面，而且是决策的内容之一。

d. 谈判者。当管理者在为了组织的利益，与其他组织商定合作和成交的条件时，他们就在扮演谈判者的角色。

(2)组织规模不同，其内部的管理者角色的重要性也有所不同。小组织和大组织中，管理者角色的重要性如图1－1所示。

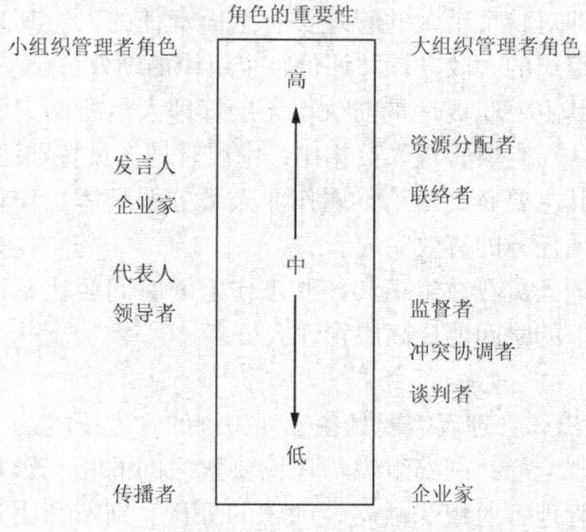

图1－1　小组织和大组织中管理者角色的重要性

①小组织的管理者最重要的角色是发言人，这是因为小组织的管理者要花大量时间让他人认识本组织、筹措资源，以寻找新的机会促进发展。与大组织的管理者相比，小组织的管理者更可能是一个多面手，其工作内容可能上至最高领导的必要工作，下至基层管理者的必要工作。

②大组织的管理者，其主要工作是对组织资源进行有效配置以获得最佳的资源配置效果。

4. 管理者需要具备哪些技能？［北京地大 2019 年研；山东大学 2016 年研；华科 2016 年研；陕西师大 2015 年研］

相关试题：

(1) 管理者应具备的技能。［吉林大学 2022 年研］

(2) 简述卡茨的管理者技能观点。［东北大学 2021 年研］

(3) 根据卡茨的研究，管理者应该具备哪些技能？［华侨大学 2018 年研；四川师大 2018 年研］

(4) 管理技能包括哪些？并结合管理者层次分析管理技能的重要性。［昆明理工 2018 年研］

(5) 简述管理者的角色和技能。［中国海大 2018 年研；大连理工 2016 年研］

(6) 简述不同层次管理者的管理技能要求。［大连海事大学 2017 年研］

(7) 不同层次管理人员的技能要求侧重点有何不同？［浙江理工 2016 年研；北科 2011 年研］

(8) 管理需要哪些技能？它与管理者所处的层次有何关系？［汕头大学 2015 年研］

(9) 结合实例论述管理者应具有的技能及其与管理层次之间的关系。［首经贸 2014 年研］

答：(1) 管理层次又称组织层次，是指从最高一级领导职务到最低一级管理组织的各个职务等级。管理层次是描述组织纵向结构特征的概念。一般来说，组织规模越大，人数越多，管理幅度越小，就需要越多的层次。但层次越多，对组织的消极影响也就越大。层次过多，不但会影响信息的有效沟通，增加协调的困难，而且浪费时间、精力和经费，造成机构臃肿、组织反应缓慢。管理人员按层次分为：

①高层管理人员，即对整个组织的管理负有全面责任的人。其主要职责是制定组织的总目标、总战略、掌握组织的大政方针并评价整个组织的绩效。

②中层管理人员。其主要职责是贯彻执行高层管理人员所制定的重大决策，监督和协调基层管理人员的工作。与高层管理人员相比，中层管理人员特别注意日常的管理工作。

③基层管理人员。其主要职责是给下属作业人员分派具体工作任务，直接指挥和监督现场作业活动，保证各项任务的有效完成。

一般而言，高层管理人员花在组织和控制工作上的时间要比基层管理人员多，而基层管理人员花在领导工作上的时间要比高层管理人员多。

(2) 管理者的技能：

罗伯特 · L. 卡茨提出，管理者需要具备三种关键的管理技能：

①概念技能，指纵观全局、洞察组织与环境要素之间的相互影响和作用关系、引导组织发展方向的能力。如管理者对组织战略性问题的分析、判断和决策等。概念技能对高层管理者最重要，对中层管理者较重要，对基层管理者较不重要。

②人际技能，指处理人际关系的能力，即理解、激励他人，与他人进行沟通的能力。如管理者得与上下左右及组织外部的有关方面交往，建立一种复杂的协调关系。人际技能对所有层次管理者的重要性大体相同。

③技术技能，指使用某一专业领域的工作程序、技术知识和方法完成组织任务的能力。如财务管理人员的会计核算技能、市场营销人员的产品营销技能、技术人员的技术开发技能等。技术技能对基层管理者来说最重要。

(3)管理层次与管理技能要求(见图1-2)：

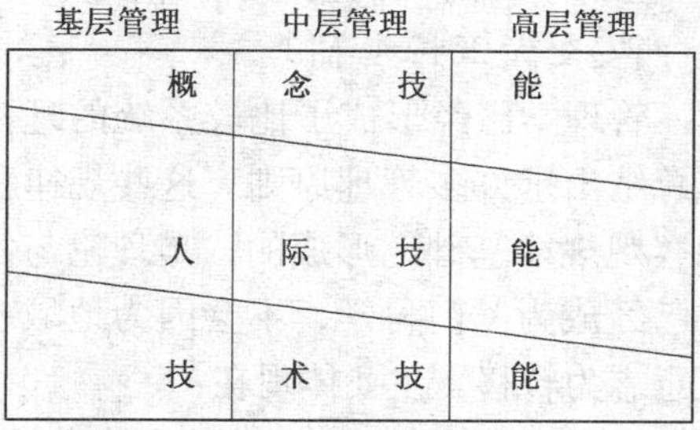

图1-2　管理层次与管理技能要求

由图可知，管理技能的相对重要性随管理者在组织中层次的不同而不同。对基层管理人员来说，技术技能最为重要，人际技能也是非常有益的，但概念技能的要求则相对较弱。对中层管理人员而言，技术技能的重要性有所下降，人际技能的要求变化不大，但概念技能则显得更为重要。对高层管理人员而言，概念技能和人际技能最为重要。尤其在大企业中，高层主管可以充分借助其下属人员的技术技能，因而对其自身的技术技能要求不高；但在小企业中，即使是对高层管理人员，技术技能也仍然是非常重要的。

5. 管理职能理论与管理角色理论有什么样的联系？［中南财大2007年研］

答：(1)管理职能理论由法约尔首先提出，他用一套综合的职能来描述管理者的工作。20世纪30年代，古利克在此基础上进一步发展，提出了管理七职能论，即计划、组织、人事、指挥、协调、报告和预算。职能论的主张者认为："那些对经营者有深入了解的人可以从中找到与之相适应的、任何一个总经理的每一种重要的活动。"

(2)明茨伯格提出的管理者角色理论认为，管理者扮演着十种不同的管理角色，同时他又把这十种角色进一步组合成三方面：人际关系角色、信息传递角色和决策制定角色。其中，人际关系角色包括代表人角色、领导者角色和联络者角色；信息传递角色包括监督者角色、传播者角色和发言人角色；决策制定角色包括企业家角色、冲突协调者角色、资源分配者角色和谈判者角色。

(3)两种理论从不同角度阐述了管理工作，侧重点不同，但二者之间依然有很多联系。主要体现在：

①不同的管理者所承担的职务和职能可能不同，但无论承担何种职能，都在扮演着各种角色。车间主任、总经理、政府官员以及其他经理人，都可以用十种角色来描述。

②不同的管理者承担的管理工作确实存在着差别，但这种差别并不排斥共同角色和共同特点。同样，扮演着同一个角色，在不同的环境下，也可能承担不同的工作，发挥着不

同的职能。

③管理职能理论和管理角色理论并不矛盾，侧重点不同，但阐述管理的实质却相同，二者是相互交叉的。

6. 管理学是一门科学吗？为什么？［南开大学2009年研］

相关试题：

(1)试述管理的科学性与艺术性之间的关系。［西南财大2016年研；北工商2015年研］

(2)为什么说管理既是一门科学又是一门艺术？［中国海大2018年研；北京地大2018年研；杭州师大2016年研；西安交大2012年研］

答：管理学是一门科学。管理学已经形成了比较系统的理论体系，揭示了一系列具有普遍应用价值的管理规律，总结出了许多管理原则。这些规律和原则是由大量的学者和实业家在长期总结管理工作的客观规律基础上形成的，是理论与实践高度凝结的产物。管理的科学性来自管理实践，它已经成为一门科学，不会因为地域、文化乃至社会制度的差异而不同，也不以人们的主观意志为转移。主要体现在：

(1)管理学是一门软科学。它研究的是经济、科学、技术、管理、教育等社会环节之间的内在联系及发展规律，从而为它们的发展提供最优化的方案和决策。

(2)管理学是一门边缘科学。即其是在其他学科领域之间的交叉点、面上产生的新学科。

(3)管理学是一门应用科学。其任务是合理、有效地组织和利用人力、物力、财力、时间、信息等资源，运用管理方法和管理技术来管理整个转化过程，并在这个过程中起主导作用。

7. 请简述管理学的研究对象及方法。［扬州大学2023年研］

相关试题：每一门学科都有自己的一套方法论。根据管理工作的特点，有哪些适合的方法？［南开大学2018年研］

答：(1)管理学的研究对象：

管理学是研究管理活动过程及其规律的科学，是管理实践活动的科学总结。管理学是现代化、社会化和各门学科日益发展的产物，横跨自然科学、社会科学和工程技术各个领域，包括生产力、生产关系及上层建筑的各个方面。管理学的研究对象是适用于各种管理领域，在各种管理活动中都通用的管理原理和方法。

①广义的管理学的研究对象包括三个不可分割的方面：a. 如何按照客观规律的要求，合理组织生产力；b. 如何完善生产关系，建立完善的生产体制；c. 如何调整上层建筑，以促进生产力的发展。

②狭义的管理学的研究对象几乎覆盖了管理学的所有相关构成要素，主要包括管理原理、管理职能、管理方法和技术及手段、管理者、管理历史等。

(2)管理学的研究方法：

①归纳法，又称实证研究法，即归纳推理，是指通过对客观事物(或经验)进行观察，分析因果关系，找出事物变化发展的一般规律。这是一种从典型到一般的推理研究方法。

②试验法，指在一定的条件下，通过人为干预、模拟，寻找其他外部因素对实验结果

的影响，找出二者之间因果关系的方法。试验法得到的结果几乎是客观事实，更接近真理。典型的例子是用霍桑实验研究管理中的人际关系。

③演绎法。与归纳法相对，演绎法即演绎推理，是指以一定的反映客观规律的理论认识为依据，从服从该认识的已知部分推知事物的未知部分的思维方法。这是一种从一般到特殊的推理方法。推论前提与结论之间的联系是必然的，是一种确实性推理。

演绎法中的模型主要有：a. 解释性模型，从理论概念出发建立的模型；b. 经济计量模型，从统计规律出发建立的模型；c. 描述性模型，建立在经济归纳法基础上的模型。

四、案例分析题

案例一

问题：［中国海大2018年研］

1. 从管理职能的角度，你对王强繁忙的工作状态有什么看法？

答：管理活动的基本职能包括：决策、组织、领导、控制、创新。从王强繁忙的工作状态可以发现，他主要运用了管理活动中的决策、组织、领导和控制四项职能，而存在的问题在于：

(1)对于工作过于控制，不善于授权，导致无暇顾及长期计划工作，而这些活动是改进工厂长期生产效率所必须做的。

(2)忽视了创新职能的发挥。管理者每天都会遇到新情况、新问题，如果因循守旧、墨守成规，就无法应对新形势的挑战。

2. 如何解决王强紧张的工作方式？

答：解决王强紧张的工作方式，一方面要适当授权，激发下属的工作积极性，将自身精力转移到组织决策和长期计划上来；另一方面，有效的创新工作需要管理者为下属的创新提供条件、创造环境，有效地组织系统内部的创新。具体措施包括：

(1)正确理解和扮演管理者角色。组织成员往往是保守的，因此管理者必须自觉地带头创新，并努力为组织成员提供和创造一个有利于创新的环境，积极鼓励、支持、引导组织成员进行创新。

(2)创造促进创新的组织氛围。促进创新的最好方法是大力宣传创新、激发创新，树立“无功便是有过”的新观念，使每一个人都奋发向上、努力进取、大胆尝试。

(3)制定有弹性的计划。创新意味着打破旧的规则，意味着时间和资源在计划外被占用，因此，创新要求组织的计划必须具有弹性。

(4)正确对待失败。创新的过程是一个充满失败的过程，要认识到失败是正常的，甚至是必需的，创新者在失败中取得有用的教训，学到一点东西，变得更加明白，从而使下次失败到创新成功的路程缩短。

(5)建立合理的奖酬制度。为了激发每个人的创新热情，还必须建立合理的评价和奖惩制度。要注意物质奖励与精神奖励相结合；奖励制度要既能促进内部竞争，又能保证成员间的合作。

案例二　升任公司总裁后的思考

问题：[桂林理工 2018 年研]

1. 请分析总结郭宁担任助理监督时的主要管理职责和应具备的管理技能。

答：郭宁担任助理监督时，其职位属于基层管理者，应当着重具备技术技能，主要的管理职责也是对技术的管理。郭宁需要对液压装配这个专业领域的知识、流程、工具、技术等非常熟悉，并且能够掌握得很好，这对基层管理者来说非常重要。

2. 你认为郭宁要成功地胜任公司总裁的工作，哪些管理技能是最重要的？为什么？

答：公司总裁属于高层管理者，更需要能够系统看待整体的概念技能。如果担任公司总裁，郭宁可能会面临组织整体的大问题，这类问题很可能以往没有出现过，在行业内毫无经验可借鉴，此时就需要郭宁能够从系统角度分析组织整体面临的问题，并有条理、有逻辑地将思考分析的结果抽象化为简单明了的观点。在这个过程中，郭宁需要具备问题的分析能力、资源的协调能力、风险的分析和承担能力等。

3. 结合本例及所学内容，比较并归纳基层管理者与高层管理者的职责与技能方面的差异。

答：对基层管理者与高层管理者的职责与技能方面的差异分析如下：

(1)职责不同。高层管理者的主要职责是为组织制定战略目标，统筹组织发展方向；基层管理者的主要工作职责是执行为实现战略目标所制定的任务，包括具体的监督、执行、追踪等各项工作。

(2)技能不同：

①高层管理者最需要具备的是概念技能。高层管理者往往面临组织整体的问题，甚至是整个行业出现的危机，这类问题更多时候没有经验可借鉴，需要系统分析并得出抽象结论，因此更需要概念技能。

②基层管理者最需要具备的是技术技能。基层管理者的职责是解决工作中的技术问题，要十分熟悉专业领域内的技术方法。

第二章　管理思想的发展

2.1　复习笔记

【知识框架(庖丁解牛)】

- 管理思想的发展
  - 中国传统管理思想：形成背景、内容、九大要点
  - 西方传统管理思想
    - 西方早期管理思想：亚当·斯密、巴贝奇、欧文
    - 科学管理理论：泰罗、甘特、吉尔布雷斯夫妇、福特
    - 组织管理理论：法约尔、韦伯、厄威克
  - 西方现代管理思想的发展
    - 行为科学学派
      - 早期理论：梅奥的人际关系理论
      - 主要理论
        - 马斯洛的需要层次理论
        - 赫茨伯格的双因素理论
        - X 理论、Y 理论、超 Y 理论
        - 威廉·大内的 Z 理论
    - 管理科学学派：特点、系统管理理论的应用
    - 决策理论学派[西蒙]
    - 经验主义学派[德鲁克、戴尔]
    - 企业再造理论[哈默和钱皮]
  - 中国现代管理思想的发展
    - 中国现代管理思想形成的历史背景
    - 社会主义经济管理体制改革的三个阶段
    - 中国现代管理思想发展的新阶段

【通关提要(提纲挈领)】

本章主要介绍中西方管理思想的发展，属于重点章节。学习时，可按时间脉络理解记忆管理史上先后出现的各种管理思想的代表人物、主要观点、贡献及其局限性等。学习时要重点掌握泰罗科学管理理论、法约尔一般管理理论、行为科学学派以及管理科学学派的重要理论。本章主要考查概念题、简答题和论述题，要重点记忆并掌握。

【考点难点归纳(厚积薄发)】

考点一：中国传统管理思想(见表 2－1)　★★

表 2－1　中国传统管理思想

要点	主要内容
形成背景	①根植于中国社会发展的历史进程；②与中国传统儒家文化密不可分，在继承中发展
内容	①宏观管理的治国学；②微观管理的治生学

续表

要点	主要内容
九大要点	①原则：顺道；②第一要素：重人；③条件：人和；④品德：守信；⑤科技：利器；⑥准则：求实；⑦谋略：对策；⑧真理：节俭；⑨方法：法治

【真题链接】中国古代有哪些重要管理思想？［简答题，华南理工 2017 年研］

考点二：西方传统管理思想 ★★★★★

1. 西方早期管理思想（见表 2－2）

表 2－2 西方早期管理思想

代表人物	主要内容	
亚当·斯密 ［现代经济学之父］	代表作	1776 年《国民财富的性质和原因研究》（简称《国富论》）
	理论观点	①劳动价值论及劳动分工理论；②“经济人”假设
查尔斯·巴贝奇	代表作	1832 年《论机器和制造业的经济》
	理论观点	①“边际熟练”原则；②利润分配制度；③劳动分工工作方法
罗伯特·欧文	在工厂生产中要重视人的因素，工人是人而非机器	

2. 科学管理理论（见表 2－3）

表 2－3 科学管理理论

代表人物	主要内容	
弗雷德里克·泰罗 ［科学管理之父］	代表作	1911 年《科学管理原理》
	理论内容	①工作定额原理。 ②标准化原理。 ③合理配备工人：根据工作要求挑选并培训工人。 ④差别计件工资制，刺激性薪酬模式。 ⑤计划职能与执行职能相分离。 ⑥实行职能工长制。 ⑦在组织管理上实行例外管理
	主要观点	①根本目的：谋求最高工作效率。 ②重要手段：用科学管理方法替代传统经验管理。 ③核心问题：管理者和员工在精神、思想层面的彻底变革
	局限	把人看作纯粹的“经济人”，忽视了人的社会因素
亨利·甘特	代表作	1916 年《工业的领导》、1919 年《工作组织》
	主要观点	①创造了用于编制进度计划的“甘特图”。 ②提出“计件奖励工资制”，利用超额工资激发工作积极性
	研究贡献	①“甘特图”广泛应用于生产进度计划；②重视工人，强调对工人的教育
吉尔布雷斯夫妇	代表作	1911 年《动作研究》
	研究重点	①消除肢体无效动作；②调整工序动作的方式和次序
	研究贡献	制定标准作业方法，确定标准操作程序

续表

代表人物	主要内容	
亨利·福特	标准化工作	①产品系列化；②零件规格化；③工厂专业化；④机器及工具专用化；⑤作业专门化
	研究贡献	首创生产流水线[福特制]，制定标准化工作规则，推动企业批量化生产

【真题链接】请简述泰罗的科学管理理论的主要观点。[简答题，北邮2022年研]

3. 组织管理理论（见表2－4）

表2－4　组织管理理论

代表人物	主要内容		
亨利·法约尔 [现代经营之父]	代表作	1925年《一般管理与工业管理》	
	主要内容	企业的六方面职能	①技术职能；②经营职能；③财务职能；④安全职能；⑤会计职能；⑥管理职能，包括计划、组织、指挥、协调、控制五项
		十四条管理原则	①劳动分工；②权力与责任；③纪律；④统一指挥；⑤统一领导；⑥个人利益服从整体利益；⑦报酬；⑧集权与分权；⑨等级链；⑩秩序；⑪公平；⑫稳定性；⑬主动性；⑭团队精神
	研究贡献	①归纳了管理五大职能，强调管理的一般性、专业性和普遍性。 ②为管理实践过程的研究提供了一般理论框架	
马克斯·韦伯	①提出了权力结构理论、官僚组织理论，成为当今大型组织的结构设计基础。 ②官僚组织是以劳动分工、清晰界定的等级、详细的规章制度以及非人际关系为特征的组织形式，其特点见图2－1。韦伯认为，这种高度结构化的、正式的、理想的行政组织体系是工业社会中达到目标、提高效率的最有效形式，适用于各种管理工作及当时日益增多的各种大型组织。但这种组织在现实中并不存在		
林德尔·厄威克	主要观点	①管理三职能：计划、组织、控制。 ②在科学调查和分析的基础上确定了预测、协调、指挥三项指导原则。 ③管理的间接目标：秩序、稳定、主动性、集体精神	
	研究贡献	提出了管理理论的概念结构	

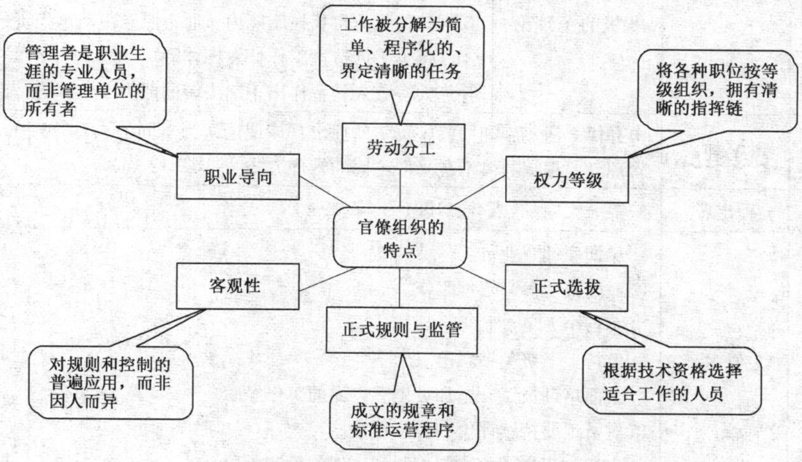

图2－1　韦伯官僚组织的特点

【真题链接】马克斯·韦伯的官僚行政组织理论的内容。[简答题，东北大学2020年研]

考点三：西方现代管理思想　★★★★★

1. 行为科学学派(见表2－5)

表2－5　行为科学学派

主要理论	主要内容		
人际关系理论 [早期理论]	代表人物		埃尔顿·梅奥[代表作：1933年《工业文明的人类问题》；霍桑实验]
	主要观点		①员工是“社会人”。 ②提高工作效率的关键是满足员工的社会欲望。 ③企业中存在着“非正式组织”。 ④企业应采用提高士气、促进协作的新型领导方法
需要层次理论 [马斯洛]	五个层次		①生理需要；②安全需要；③感情和归属需要；④尊重需要；⑤自我实现需要 [重要程度由低到高，前三为低层次需要]
	主要观点		①个体需要取决于需要现状，尚未满足的需要才能影响个体行为。 ②需要有高低之分，低层次需要被满足后，高层次需要才会占主导
双因素理论	提出者		弗雷德里克·赫茨伯格[代表作：1959年《工作与激励》]
	主要观点	保健因素	①指导致工作不满意、与工作内容和环境有关的外部因素，包括：公司政策、工资、工作条件、地位等。 ②应设法消除带来工作不满意的保健因素
		激励因素	①指增加员工满意度、与工作内容和环境有关的内在因素，包括：成就、认可、工作本身、责任、晋升、成长等。 ②以工作为中心，要加强激励因素来增加员工满意度
X、Y理论	麦格雷戈的X理论和Y理论	消极的X理论	①人生而懒惰，只要可能就会逃避工作。 ②以自我为中心，漠视组织要求。 ③员工趋向逃避责任，安于现状，缺乏创造性。 ④员工不喜欢工作，要采取强制措施或惩罚办法
		积极的Y理论	①人不仅是“经济人”，而且是“社会人”。 ②人并不懒惰，其对工作的喜恶取决于工作满意度。 ③人有很强的自我控制能力，通常愿意主动承担责任。 ④人热衷于创造性工作，发挥才能。 ⑤绝大多数人具备作出正确决策的能力
	超Y理论		由乔伊·洛尔施和约翰·莫尔斯提出，该理论认为不同的人对管理方式的要求不同，管理者要根据具体情况采取不同的管理方式
Z理论	提出者		威廉·大内[代表作：1981年《Z理论》]
	主要内容		①长期雇佣企业员工。 ②鼓励员工参与管理工作。 ③实行个人负责制。 ④保持上下级关系融洽。 ⑤全面培训员工，增加员工多方面的工作经验。 ⑥对员工要持续评价、稳步提拔。 ⑦实行较为含蓄的控制机制和正规的检测手段
	主要观点		管理者与员工的利益一致，可实施最符合二者利益的管理方法

【真题链接】

(1)简述赫茨伯格的双因素理论。[简答题，湘潭大学 2021 年研]

(2)简述麦格雷戈的 X、Y 理论，并谈谈你对该理论的看法。[简答题，东南大学 2020 年研]

(3)请简述超 Y 理论的主要内容。[简答题，扬州大学 2022 年研]

(4)按照 Z 理论，管理的内容有哪些？[简答题，扬州大学 2021 年研]

2. 管理科学学派(见表 2－6)

表 2－6　管理科学学派

要点		主要内容
管理思想		①对组织的认识：基于“经济人”理论。 ②研究目的：把科学的原理、工具等应用于各种管理活动，以获取最大的经济效益。 ③解决问题的步骤：提出问题→建立数学模型→获得解决方案→验证方案→建立对解决方案的控制→实施解决方案。 ④解决问题的方法：规划论、对策论、排队论、库存论、概率论、计划评审法、模拟法等
管理科学理论的主要特点		①评价标准是经济效果的好坏程度。 ②定量化衡量各项活动效果的标准。 ③管理活动依赖于计算机。 ④强调使用先进的科学理论和管理方法
数学模型	概述	模型是对客观事实的描述和反映，数学模型是经营决策的工具
	分类	①按作用分为：a. 描述性模型；b. 规范性模型。 ②按变量种类分为：a. 确定性模型；b. 随机性模型
系统管理理论	含义	基于系统观点，认为管理对象是一个有机联系的系统
	六要素	①人；②物资；③设备；④财；⑤任务；⑥信息
	主要贡献	①强调用系统方法特别是整体论思想分析组织问题和管理行为。 ②系统与环境相互影响，企业应不断调节以适应外部环境

3. 决策理论学派、经验主义学派与企业再造理论(见表 2－7)

表 2－7　决策理论学派、经验主义学派与企业再造理论

要点			主要内容
决策理论学派	代表人物		赫伯特·西蒙
	主要观点		①管理本质就是决策。 ②决策可分为程序性决策和非程序性决策。 管理层级越高，越倾向非程序性决策；基层管理者多采取程序性决策
经验主义学派	代表人物		彼得·德鲁克、爱德加·戴尔
	主要观点	工作内容	管理者存在两项无法被替代的工作内容：①创造“生产统一体”；②经营决策需综合考虑短期目标和长远发展
		基本职能	①设定目标并制定计划；②进行组织工作；③鼓励和沟通工作；④分析与评价；⑤员工成长与发展

续表

要点	主要内容	
企业再造理论	代表人物	迈克尔·哈默和詹姆斯·钱皮
	影响因素	①持续时间；②依赖关系；③流程主体；④问题区域；⑤增值影响
	实施过程	①对原有流程进行全面的功能和效率分析。 ②设计流程改进方案。 ③形成系统的企业再造方案。 ④实施组织流程改进方案，并持续改善

2.2 课后习题详解

1. 理解中国古代管理思想要点的主要内容，并思考对现代企业经营有何启示。

答：参见本章考研真题简答题第1题答案。

2. 请综合分析斯密与巴贝奇关于劳动分工的研究。

【真题链接】请结合亚当·斯密的劳动分工理论阐述劳动分工的作用。［简答题，扬州大学2022年研］

答：(1)斯密关于劳动分工的研究。斯密是西方最早对经济思想进行论述的学者，他在1776年出版了《国民财富的性质和原因研究》一书，系统阐述了劳动价值论及劳动分工理论。斯密通过对比易于分工的制造业与不便于分工的农业，证明分工有助于提高劳动生产率。他认为，分工的作用主要有：

①分工可以重复地完成单项操作，从而提高劳动的熟练程度和劳动效率。

②分工可以减少劳动者的劳动转换，从而节约时间。

③分工简化了劳动，使人关注于某一特定生产环节，有助于创新和改进劳动工具设备。

斯密的劳动分工观点适应了当时社会对迅速扩大劳动分工、推进工业革命的客观要求。

(2)巴贝奇关于劳动分工的研究。英国人查尔斯·巴贝奇进一步发展了劳动分工理论，提出了“边际熟练”原则作为报酬的依据。他通过时间研究和成本分析进一步肯定了劳动分工对提高劳动生产率的意义，认为劳动分工能够使生产率提高的原因在于：①节省学习所需的时间；②节省学习中所耗材料；③节省工序转换所需时间；④节省更换工具所耗时间；⑤由于重复操作，技术容易熟练，可以加快工作速度；⑥由于集中注意力，有利于创新、改进工具等。

巴贝奇基于斯密劳动分工理论，增加了分工可以减少工资支付的观点。

(3)斯密和巴贝奇从社会生产力的发展情况出发，探究生产关系的需求和变化，他们的管理观点在当时并没有系统全面地形成专门的管理理论和学派，但为工厂制度的发展以及科学管理理论的产生奠定了研究基础。

3. 科学管理理论为什么会在19世纪末的美国产生？泰罗为什么要研究并提出科学管理理论？其理论的实质是什么？其理论的主要内容是什么？并谈谈科学管理理论对目前我国企业管理的启发。

答：(1)科学管理理论产生于19世纪末的美国的原因：

①工业革命以后，社会、政治、经济、技术所发生的变化和发展，组织规模的扩大以及人们价值观念、思想、意识、文化当中出现的新概念，产生了巨大的推动力，促使人们开始重视管理。

②19世纪末，美国南北战争结束，废除黑奴制，为开发西部提供了大量的劳动力和广阔的市场。1862年出现了一种新的筹资形式——有限责任联合股份公司。1890年封闭边境，国内人口趋于稳定，资本主义处于蓬勃发展时期。具体来说，主要包括：

a. 工业革命的种种结果由欧洲移民带到美洲大陆，使得美国的商品经济、劳动分配、工厂制度得到了发展，从而使人们认识到需要有专业的管理人员和行政人员。

b. "社会达尔文主义"信条承认存在无情竞争的制度，结果是"适者生存"。

c. 工会运动的兴起，促使人们去研究新的管理课题——劳资关系。

d. 宗教改革，承认教徒可以拥有个人财产，鼓励个人从事工商活动。

e. 由于企业、公司产品的多样化和生产经营的分散化，小规模条件下独裁类型的管理，逐渐被专业类型的管理所代替。

f. 技术的进步引起了管理思想与哲学的巨大变化——寻求借助技术之力增强人类活动力的适当方法，即管理。

③当时的企业管理非常落后，工厂工作时间长、效率低、工资也低，工人缺乏训练，雇主不懂得如何刺激工人提高劳动生产率。总之，当时的经营管理仍是以传统的手工业方式为主，这使得美国经济的发展和企业中的劳动生产率远远落后于当时的科学技术成就和国内外经济条件所提供的可能性。

在上述几大原因的推动下，19世纪末到20世纪初，美国爆发了三次规模浩大的管理运动，科学管理理论也在这一背景下产生。

(2)泰罗研究并提出科学管理理论的原因：

泰罗在米德瓦尔钢铁厂工作时，了解到企业管理当局不懂得用科学方法来进行管理，不懂得工作程序、劳动节奏和疲劳因素对劳动生产率的影响；而工人则缺少训练，没有正确的操作方法和适用的工具。这些都大大地影响了劳动生产率的提高。为了改进管理，提高劳动生产率，泰罗进行了一系列试验，试验结果最终形成了科学管理理论。

(3)科学管理理论的实质和主要内容，参见本章考研真题简答题第2题答案。

(4)泰罗科学管理理论对我国企业管理的启发：

①科学合理制定员工的日工作量。制造型企业可以根据不同工种选择不同的生产方式和生产效率，具体分析工作标准。

②用标准化的操作方法提高工作效率。企业需要对于没有接受过专业训练的员工进行系统培训，标准化的操作方法有助于提高工作效率。

③用差别计件工资制激励员工。差别计件方式根据任务完成量来判定不同级别的工资水平，创新激励制度，有效地减少了"磨洋工"现象的产生。

④科学管理的最大意义在于科学生产观念的引入改变了经验论指导一切的管理现状，并提出要以科学技术和规范化生产来推动企业发展。但科学管理将人视为机器，缺少人文关怀，很容易导致员工的抵抗行为。因此，我国企业应坚持以人为本和提高效率相结合的

科学管理方式。

4. 理解法约尔关于经营和管理的概念及其管理原则。

答：法约尔基于泰罗制，进一步探讨了组织理论中的组织结构和管理原则的合理化、管理人员职责分工的合理化等问题。

(1)法约尔认为，企业“经营”与“管理”是不同的概念，管理是指包括计划、组织、指挥、协调和控制五大职能的企业活动，管理具有一般性、专业性和普遍性。要经营好一个企业，不仅要改善生产现场的管理，还应当注意改善有关企业经营的六个方面的职能：①技术职能，即生产、制造、加工；②经营职能，即采购、销售和交换；③财务职能，即资金的筹集与运用；④安全职能，即财产及人身的保护；⑤会计职能，即盘点、会计、成本及统计；⑥管理职能，包括计划、组织、指挥、协调、控制。

(2)法约尔提出了管理人员解决问题时应遵循的十四条原则：

①劳动分工。在技术工作和管理工作中进行专业化分工可以提高效率。分工通过使员工效率更高而增加产量。

②权力与责任。管理者必须有职有权，职权相当。一个出色的领导人应该具有承担责任的勇气。

③纪律。即遵守公司各方达成的协议。组织的纪律状况主要取决于其领导人的道德状况。

④统一指挥。即组织内每一个人只能服从一个上级并接受他的命令。双重指挥通常是冲突的根源。

⑤统一领导。组织必须有统一的方向，应该只有一份引导管理者和员工的行动计划。

⑥个人利益服从整体利益。任何员工或员工群体的利益不能超越组织整体的利益。

⑦报酬。报酬制度应当公平，对工作成绩和工作效率优良者给予奖励，但奖励应有一个限度。

⑧集权与分权。提高下属重要性的做法是分权，降低这种重要性的做法是集权。集权与分权的程度要根据企业的性质、条件和环境、人员的素质等具体情况而定。

⑨等级链。指从管理的最高层级到最低层级的权力链。它是组织内部命令传递和信息反馈的正常渠道。

⑩秩序。指“有地方放置每件东西，且每件东西都放在该放置的地方；有职位安排每个人，且每个人都安排在应安排的职位上”。完善的社会秩序要求让适当的人从事适当的工作，因此要根据工作的要求和人的特点来分配工作。

⑪公平。管理者必须对下属宽容并公平。员工在公平公正的环境中往往能够保持较高的忠诚度并积极完成工作任务。

⑫稳定性。人员任期和替补应有清晰的规则，并采取积极的措施激励组织成员长期服务企业。

⑬主动性。让员工发挥主观能动性是一种强大的推动力量。管理者既需要鼓励组织成员主动学习、创新，同时也需要利用等级链和规章制度来限制其工作行为。

⑭团队精神。在组织内部要形成团结、和谐和协作的气氛。提升团队精神会在组织中创建和谐与统一。

5. 解释厄威克的管理理论综合概念结构图。

答：基于法约尔、穆尼和泰罗的管理思想，厄威克形成了比较完整、系统的管理理论，提出指导一切管理职能的基本原则是科学调查和分析。其管理理论综合概念结构图如教材图 2.4 所示，本处略。

(1)管理的职能包括计划、组织和控制。其中，组织职能包括等级层次、授权和确认任务，控制职能包括配置人员、选择和安置人员以及奖惩。

(2)在科学调查和分析的基础上确定了与主要职能相适应的预测、协调和指挥三项指导原则。其中，协调内容包括权力、领导和专业化，指挥则包括集权、报酬和平等。

(3)管理的间接目标是：秩序、稳定、主动性和集体精神。只要管理人员在履行职责时注意相应原则的贯彻，这四项目标是能够达到的。

6. 人际关系学说的主要内容是什么？行为科学研究的主要内容是什么？

答：(1)人际关系学说的主要内容，参见本章考研真题简答题第 3 题答案。

(2)行为科学研究的主要内容：

行为科学是一门研究人类行为规律的综合性科学。它通过研究人的行为产生、发展和相互转化的规律，探讨不同行为的影响因素，以便预测并控制人的行为来达到预定目标。行为科学学派的主要理论有：

①需要层次理论。美国学者亚布拉罕·马斯洛提出的需要层次理论认为，个体的需要取决于所拥有的和未拥有的，尚未被满足的需要影响个体的行为选择。个体的需要有主次之分，低层次需要得到满足后，高层次需要才出现。马斯洛将需要分为五级：

a. 生理需要，即个体的主要生理需求，包括衣食住行等基础需要。

b. 安全需要，即个体对于所处环境拥有安全感的需要。

c. 感情和归属需要，即亲情、友情、爱情等感性需求。

d. 尊重需要，即自尊和受别人尊敬。

e. 自我实现需要，即追求更高理想和自我价值。

②双因素理论，参见本章考研真题简答题第 5 题答案。

③X 理论和 Y 理论，参见本章考研真题简答题第 4 题答案。

④Z 理论。威廉·大内提出的 Z 理论认为，管理者与组织员工的利益具有一致性，二者的积极性可融为一体。根据 Z 理论，管理的主要内容有：a. 企业应长期雇佣企业员工；b. 要上下结合制定决策，鼓励员工参与管理工作；c. 实行个人负责制；d. 保持上下级关系融洽；e. 全面培训员工，增加员工多方面的工作经验；f. 对员工要持续评价、稳步提拔；g. 实行较为含蓄且不正规的控制和正规检测手段。

7. 理解管理科学学派、决策理论学派的主要观点。

【真题链接】简述决策理论学派的主要内容。[西北师大 2023 年研]

答：(1)管理科学学派的主要观点：

①生产经营活动以经济结果为评价标准，即业务活动能否以最小消耗换取最大的总体经济效益。

②定量化测量各项业务活动效果的标准。与以经验判断和直观感受来制定企业目标和

经营方针不同，科学管理学派强调基于业务活动的实际情况并通过数学模型来进行最优方案的设计和实施。

③强调采用电子计算机对各项业务活动进行管理。借助电子计算机可以及时处理大量数据、提供准确信息。

④借助于先进的科学管理理念和科学有效的管理方式，充分利用运筹学、系统理论等学科的研究成果。

管理科学学派以先进数理理论和管理方法为主导思想，调整组织以充分挖掘劳动力价值，获取最大的经济效益；但往往忽视了个体行为的因素。

(2)决策理论学派的主要观点：

决策理论学派基于统计学和行为科学，其代表人物是赫伯特·西蒙，主要观点有：

①管理就是决策。决策贯穿于整个管理过程。其中，经营目标和计划的决策包括确定企业目标、制订业务计划并选择业务活动方案等；组织决策包括结构设计、权责分配等；控制决策包括检查计划执行进度、选择控制手段和控制对象等。

②决策可根据流程，具体分为：

a. 程序性决策，即按既定的程序进行的决策。对于经常发生的需要决策的问题，往往可制定一个例行程序。凡遇到这一类问题，就按照既定程序进行决策。

b. 非程序性决策，指组织中没有可供遵循的例行决策过程，通常是针对新产生的非结构化决策事项或烦琐且涉及面广的重要决策问题所作出的决策。

8. 新经济时代或知识经济时代的主要特征是什么？理解知识经济时代管理原则的变革。

答：(1)新经济时代或知识经济时代的基本特征：

①信息化。信息技术(IT)产业的迅猛发展及信息技术在各个产业和各种社会活动领域的广泛使用，正在迅速改变着整个世界的面貌，同样也在快速地改变着管理的面貌。

②网络化。由信息技术集成的信息网络将引起人类交流、学习、工作、生产、贸易及生活方式的革命。新出现的虚拟化的学校、公司、其他组织和活动形式，打破了人类活动的时空界限，必将引起管理的革命。

③知识化。创新知识成为经济发展的重要资源，知识经济使投资收益递增成为可能。

④全球化。借助于信息网络的帮助，知识技术和经济在全球迅速流动，市场竞争成为全球竞争。企业、政府和其他各种社会组织都终将成为全球开放系统，管理所面对的就是这样的系统。

(2)知识经济时代管理原则的变革。新经济时代，管理必然突破亚当·斯密、泰罗、法约尔的瓶颈，其基本原则必须变革，管理将建立在新的原则基础上：

①对等的知识联网。包括：a. 对等的技术使得每一个节点都能够直接与其他节点交流；b. 对等的信息，即不论信息位于企业何处，其他人员和应用工具都能够容易地获得；c. 对等的知识，即不论其他人的知识在企业中处于何处，每个人都能够获得它。

②集成的过程。集成过程要求企业内部和外部均与关键的模式保持联系，并且集成的过程不是固定的，它要求对思想、人员、过程和资源不断进行动态配置。

③对话式工作。人们对其工作的整个过程都有所了解并能展开想象，而非被分割、局

限于工作过程中的某一工序或某一环节。

④人类的时间与计时。工作过程是连续的，人类的时间也是连续的。人们记忆着过去，感受着现在，并且想象着未来。

⑤建立虚拟企业和动态团队。建立虚拟企业是一个过程。通过建立虚拟企业，公司能够整合虚拟企业的能力，依赖这些能力在需要的时候重新确定复合的跨职能团队。这些团队不仅包括公司的成员，也可能包括卖主或顾客公司的工作人员。

新经济时代或知识经济时代的上述特点深刻影响着现代企业的管理，使企业管理正朝着以下几个方面进行创新：①管理思想创新；②管理原则创新；③经营目标创新；④经营战略创新；⑤生产系统创新；⑥企业组织创新。

9. 理解我国现代企业管理思想发展的历史。

答：(1)中国现代管理思想形成的历史背景，包括：①中国官僚资本企业和民族资本企业的管理；②我国革命根据地公营企业的管理；③全面学习苏联的管理模式；④探索中国现代管理模式。

(2)社会主义经济管理体制改革：①第一阶段(1978 年至 1986 年)，简政放权，扩大企业自主权，推行经济责任制和利改税；②第二阶段(1987 年至 1991 年)，推行承包、租赁经营责任制和股份制，实行所有权和经营权分离；③第三阶段(1992 年至 2013 年)，理顺产权关系，转换企业经营机制，搞活国有大中型企业，建立现代企业制度。

(3)中国现代管理思想发展的新趋势，包括：①由国内管理向国际化管理转变；②由科学管理向信息化管理转变；③由首长管理向人性化管理转变；④由政府管理向民营化管理转变；⑤由封闭式实体管理向开放式虚拟管理转变。

2.3 考研真题

一、单项选择题

1. “管理机构从最高一级到最低一级应该建立关系明确的职权等级系列”指的是法约尔十四项管理原则中的哪一项？(　　)[北科 2013 年研]

A. 统一指挥　　B. 统一领导　　C. 等级链　　D. 集中化

2. 泰罗科学管理思想的核心观点是(　　)。[暨南大学 2023 年研；浙工大 2018 年研]

A. 提高人的积极性　　B. 寻找最佳的作业方法，提高生产效率

C. 构建全面的现代管理体系　　D. 建立分工合理、规范运作的组织体系

3. 霍桑实验的结论告诉我们，要重视管理中的(　　)因素的影响。[浙工大 2018 年研]

A. 管理者　　B. 规章制度　　C. 非正式组织　　D. 生产环境

4. 在西方管理理论中，提出工人是“社会人”而非“经济人”观点的是(　　)。[中财 2014 年研]

A. 行为科学理论　　B. 人际关系学说　　C. 管理科学理论　　D. 社会系统学派

二、概念题

1. 泰罗科学管理[东南大学 2019 年研]

2. 霍桑实验[华东理工 2019 年研；上海大学 2018 年研；山东大学 2017 年研；同济大学 2015 年研；山西财大 2013 年研；暨南大学 2011 年研；东财 2011 年研]

3. 行为科学[同济大学 2013 年研]

4. 管理科学学派[华东师大 2020 年研；同济大学 2015 年研；暨南大学 2011 年研；东财 2011 年研]

5. 赫茨伯格的双因素理论[北邮 2023 年研]、双因素理论[华东师大 2021 年研；苏州大学 2021 年研；北大 2019 年研；华东理工 2019 年研；厦门大学 2013 年研]

6. Y 理论[中南财大 2023 年研；浙大 2022 年研；北二外 2010 年研]

相关试题：麦格雷戈的 Y 理论[浙江理工 2018 年研]

三、简答题

1. 简述中国传统管理思想的要点。[南昌大学 2023 年研；中山大学 2009 年研]

相关试题：中国古代有哪些重要管理思想？[华南理工 2017 年研]

2. 简述泰罗科学管理理论的主要内容。[大连理工 2021 年研；安徽师大 2018 年研；河南师大 2017 年研；河北农大 2017 年研；湘潭大学 2017 年研；广东财大 2017 年研；杭州师大 2017 年研；华南师大 2016 年研；西工大 2015 年研；华侨大学 2015 年研]

相关试题：

(1) 请简述泰罗的科学管理理论的主要观点。[北邮 2022 年研]

(2) 简述科学管理理论。[中国地大 2019 年研]

(3) 泰罗所创立的科学管理理论的主要观点有哪些？[中科大 2012 年研]

3. 简述霍桑实验的基本过程和结论。[中南大学 2018 年研；桂林理工 2018 年研]

相关试题：

(1) 请简述霍桑实验及其重要意义。[北邮 2023 年研]

(2) 请简述人际关系学说的主要内容。[扬州大学 2023 年研；中财 2019 年研]

(3) 请论述霍桑实验的 4 个阶段及人际关系学说的内容。[论述题，上政 2023 年研]

(4) 梅奥人际关系学说的主要内容，并对梅奥的观点进行评价。[昆明理工 2018 年研]

(5) 霍桑实验的主要结论有哪些，其对后来管理理论的发展有何影响？[哈工大 2017 年研]

(6) 请简述霍桑实验的内容，以及霍桑实验得出的主要结论。[安徽师大 2017 年研；厦门大学 2011 年研；华南理工 2010 年研]

(7) 简述霍桑实验的主要结论及其研究对哪些领域作出了贡献。[北邮 2016 年研]

4. 简述麦格雷戈的 X 理论和 Y 理论。[西华师大 2023 年研；宁波大学 2017 年研；华南理工 2015 年研]

相关试题：

(1) X 理论与 Y 理论的内容。[广州大学 2022 年研]

(2) 简述麦格雷戈的 X、Y 理论，并谈谈你对该理论的看法。[东南大学 2020 年研]

(3) 简述麦格雷戈的 Y 理论。[中国传媒大学 2019 年研]

(4) 麦格雷戈认为，X 理论的假设比 Y 理论更实际有效。[辨析题，四川师大 2018 年研]

(5)什么是X、Y人性假设理论？对管理者有何启示？[杭州师大2017年研]

5. 简述赫茨伯格双因素理论及其管理意义。[安徽师大2017年研]

相关试题：

(1)联系实际，谈谈如何在管理中运用双因素理论。[论述题，华科2022年研]

(2)简述赫茨伯格的双因素理论。[湘潭大学2021年研]

(3)激励理论中的双因素理论的主要思想是什么？[浙工大2018年研]

(4)何谓激励因素？何谓保健因素？赫茨伯格的双因素理论对管理者的启示是什么？[首师大2015年研]

6. 按照Z理论，管理的内容有哪些？[扬州大学2021年研]

相关试题：

(1)简述Z理论的主要内容。[广东财大2013年研]

(2)著名学者威廉·大内通过对A型文化和J型文化的研究，提出了Z型文化，其主要内容是什么？[东财2010年研]

7. 简述系统管理理论的内容。[人大2023年研]

相关试题：简述系统管理理论。[中国地大2018年研]

四、论述题

1. 儒家管理思想及其现代意义。[中山大学2010年研]

相关试题：简述儒家思想的核心内容。[简答题，中国农大2014年研]

2. 如何评价泰罗的科学管理理论？[四川师大2018年研]

相关试题：

(1)论述泰罗的科学管理。[郑州大学2023年研]

(2)科学管理理论述评。[中山大学2010年研]

3. 论述从人际关系学说到行为科学学派的主要思想、理论演变脉络及其在管理学发展史上的意义。[华南理工2017年研]

4. 古典管理理论的特点和主要人物的贡献。[中国海大2018年研]

相关试题：

(1)简述古典管理理论对管理实践的贡献。[简答题，东北大学2021年研]

(2)法约尔的贡献。[中国地大2020年研]

(3)简述马克斯·韦伯科层制理论的主要内容。[简答题，苏州大学2020年研]

(4)马克斯·韦伯的官僚行政组织理论的内容。[东北大学2020年研]

5. 请论述主要的人性假设以及与之相对应的管理方式。[首经贸2018年研]

五、案例分析题

案例一

A研究院设备先进、人才济济但却一直没有很高水平的科研成果，该院负责人张院长采用“重金悬赏”的方法。他坚信“重赏之下必有勇夫”，但收效甚微。为了更好地管理研究人员，他制定了严格的考勤制度：迟到10分钟要罚款100元。为此员工有时为准时到达不惜打出租车上班。该院员工的出勤率一直保持较高水平。在一次行业研讨会上规模相近的

B 研究院发布了几项重要科研成果并介绍了经验。他们认为每个员工都希望做好工作，为此推行了“弹性工作制”以及研究人员自我组合、自主管理的方法。尽管 B 研究院取得了这样的成绩，但张院长仍然认为采用这种方法会失去控制，这种方法不宜推广。[上海交大 2007 年研]

问题：请结合人性假设理论，判断这两家研究院的管理方式有什么根本区别？对张院长的管理理念和管理方法进行评价。

案例二

有一次，某家航空公司的主管发现，一位女性地勤人员经常受到旅客的投诉，由于事态越来越严重，这位主管不得不请那位地勤人员到办公室面谈。主管问道：“一切还好吗？我们接到一些顾客的投诉信，对你的服务似乎不像以前那么肯定。”主管刚说完这句话，那位女性地勤人员就伤心地开始哭泣，接着开始说出她目前所面临的困境与遭遇。最近她正在办理离婚，为了争取三岁儿子的监护权，正在打官司，她因此欠了一笔不小的诉讼费。这些事情困扰着她，让她感到身心疲惫，所以在对待顾客的服务上经常出现问题。主管终于了解了事件背后的原因，安慰她要撑过这个难关，并将设法为她寻求帮助。几小时后，这位女性地勤人员收到一个装有现金的信封，这些钱完全是主管个人的心意，信封内没有附带说明或纸条，只有这名员工的姓名。后来，这位地勤人员一直是这家航空公司中最为忠诚和努力的员工之一，更令人欣慰的是，她已经知道如何担当更多的责任。她说：“我想不出还有哪些企业可以让员工时时感到关爱，以及愿意倾听他们更多的苦楚。”[桂林理工 2018 年研]

问题：

1. 根据马斯洛的需要层次理论，那位地勤人员处于怎样的需要层次？如果主管对她进行严厉批评和惩罚，有可能出现什么样的情况？

2. 从激励的角度来看，该航空公司主管的做法对于有效激励员工有哪些启示？

3. 结合该案例，谈谈积极倾听在沟通中所起的作用以及如何提高积极倾听的效果。

案例三

在一次管理经验交流会上，有两个企业的老总分别论述了他们各自对如何进行有效管理的看法。老总 A 认为，企业的首要资产是员工，只有员工们都把企业当成自己的家，把个人的命运与企业的命运紧密地结合在一起，才能充分发挥他们的智慧和力量为企业服务。因此，企业有什么问题，管理者应该与员工们商量解决；平时要注重对员工需求的分析，有针对性地给员工提供学习、娱乐的机会和条件；每月应公布当月过生日的员工姓名，并祝他们生日快乐；如果哪位员工结婚、生儿育女，企业应送上贺礼，企业经济效益增长了，也应该与员工分享。在老总 A 的企业中，员工们普遍地以自己所在的企业为荣，全心全意地为企业服务，企业日益兴旺。老总 B 则认为，大家聚集在一起的目的是实现组织目标，只有实现了组织目标才能实现每一个人的个人目标，为此就必须实行严格的管理，以保证实现企业目标所必须开展的各项活动的顺利进行。因此，企业要制定严格的规章制度和岗位责任制，建立严密的计划和严格的控制体系；注重对员工的上岗培训和过程检查；根据员工个人的工作业绩和与他人的协作情况确定其个人的报酬。在老总 B 的企业中，员工们都非常注意遵守规章制度，努力做好本职工作以完成任务，企业发展迅速。[浙江财大 2018

年研]

问题：这两位老总谁的观点正确，为什么？

2.4　考研真题详解

一、单项选择题

1. C 【解析】法约尔十四条管理原则中的第九条为等级链。等级链是指“从最高的权威者到最低层管理人员的等级系列”，它表明权力等级的顺序和信息传递的途径。为了保证命令的统一，不能轻易违背等级链，请示要逐级进行，指令也要逐级下达。

2. B 【解析】泰罗科学管理的根本目的是谋求最高工作效率。实施科学管理的核心问题是管理者和员工在精神思想层面的彻底变革。因而，泰罗科学管理理论的核心观点是寻找最佳的作业方法，提高生产效率。

3. C 【解析】霍桑实验的目的是要找出工作条件对生产效率的影响，以寻求提高劳动生产率的途径。霍桑实验表明，企业中存在着一种“非正式组织”。这种“非正式组织”对于工人的行为影响很大，是影响生产效率的重要因素。因此，要重视管理中“非正式组织”因素的影响。

4. B 【解析】1933 年梅奥在其代表作《工业文明的人类问题》中，全面总结了亲身参与并指导的霍桑实验及其他几个试验的初步成果，系统阐述了与古典管理理论不同的观点——人际关系学说。该学说的主要观点包括：①员工是“社会人”，而不是“经济人”；②提高工作效率的关键是满足员工的社会欲望；③企业中存在着“非正式组织”；④企业应采用提高士气、促进协作的新型领导方法。

二、概念题

1. 泰罗科学管理[东南大学 2019 年研]

答：参见本章考研真题简答题第 2 题答案。

2. 霍桑实验[华东理工 2019 年研；上海大学 2018 年研；山东大学 2017 年研；同济大学 2015 年研；山西财大 2013 年研；暨南大学 2011 年研；东财 2011 年研]

答：霍桑实验是指梅奥教授参与的于 1927—1932 年间在芝加哥西方电气公司霍桑工厂进行的系列实验。这个实验包括照明实验、继电器装配工人小组实验、大规模访问交谈、对接线板接线工作室的研究等几个阶段。梅奥对其领导的霍桑实验进行了总结，得出了与古典管理理论不同的观点——人际关系学说。该学说的主要观点有：①员工是“社会人”，而不是“经济人”；②提高工作效率的关键是满足员工的社会欲望；③企业中存在着“非正式组织”；④企业应采用提高士气、促进协作的新型领导方法。霍桑实验是管理史上最具有划时代意义的事件，推翻了自泰罗以来把人看作“经济人”的假设，为管理学开辟了一个新的领域，即开始重视人、研究人的行为；人际关系的研究逐渐闻名于世，并成为行为科学的先驱，使管理学从此进入了行为科学的新时代。

3. 行为科学[同济大学 2013 年研]

答：行为科学是一门研究人类工作的动机、情绪、行为与工作及环境之间的关系，探索影响生产率的管理理论与方法的科学。它综合运用心理学、社会学、人类学的成就，对企业组织中的人群行为进行科学分析，强调管理者必须懂得怎样激励人，了解人与人之间的关系和集团的作用。行为科学家们认为人的行为是由动机决定的，动机是由需要产生的，只有引导人为自己的需要而努力，并使之同集体目标一致，才能提高效率。行为科学主张以"人"为管理核心，强调从社会学、心理学、人类学的角度研究管理问题，重视社会环境、人的相互作用、个人利益对提高工效的影响。

4. 管理科学学派[华东师大 2020 年研；同济大学 2015 年研；暨南大学 2011 年研；东财 2011 年研]

答：管理科学学派又称数理学派或运筹学派，是把现代自然科学和技术科学的最新成果应用于管理研究，制定管理决策的数学和统计模式。它是泰罗科学管理理论的继续和发展，代表人物是美国的学者伯法。该学派认为，管理是制定和运用数学模式与程序的系统，是用数学符号和公式来表示计划、组织、控制、决策等合乎逻辑的程序，求出最优的答案，以达到企业的目标。其主导思想是为达成最佳的经济效益，利用先进数理方法及管理手段确保组织劳动力适应组织环境，但较少考虑个体行为因素。管理科学学派的管理思想主要包括：①对组织的认识：基于"经济人"理论；②研究的目的：把科学的原理、方法和工具应用于管理的各种活动，以取得最大的经济效益；③解决问题的步骤为：提出问题、建立数学模型、得出解决方案、对方案进行验证、建立对解决方案的控制、把解决的方案付诸实施；④解决问题的方法：规划论、对策论、排队论、库存论、概率论、计划评审法、模拟法等。

5. 赫茨伯格的双因素理论[北邮 2023 年研]**、双因素理论**[华东师大 2021 年研；苏州大学 2021 年研；北大 2019 年研；华东理工 2019 年研；厦门大学 2013 年研]

答：参见本章考研真题简答题第 5 题答案。

6. Y 理论[中南财大 2023 年研；浙大 2022 年研；北二外 2010 年研]

相关试题：麦格雷戈的 Y 理论[浙江理工 2018 年研]

答：Y 理论由道格拉斯·麦格雷戈于 1957 年首次提出，其主要观点包括：①人并不懒惰，个体对工作的喜欢和憎恶取决于工作满意度；②在正常情况下，个体愿意承担责任；③个体热衷于发挥自己的才能和创造性。按 Y 理论看待工人的需要，管理者需要创造多方面满足工人需要的工作环境，使个体充分发挥才能，以更好地实现组织目标和个人目标。

三、简答题

1. 简述中国传统管理思想的要点。[南昌大学 2023 年研；中山大学 2009 年研]

相关试题：中国古代有哪些重要管理思想？[华南理工 2017 年研]

答：中国传统管理思想，分为宏观管理的治国学和微观管理的治生学。治国学适应中央集权的封建国家的需要，包括财政赋税管理、人口田制管理、市场管理、货币管理、漕运驿递管理、国家行政管理等方面；治生学则是在生产发展和经济运行的基础上通过官、民的实践逐步积累起来的，包括农副业、手工业、运输、建筑工程、市场经营等方面的学问。其思想要点包括：

(1)顺道。管理要顺应客观规律。《管子》认为万物都有运动规律，要顺势而为，遵守规则，强调"天不变其常，地不易其则，春秋冬夏，不更其节"。社会活动都有"轨"可循，"不通于轨数而欲为国，不可"。老子在《道德经》中的"顺道"，说明违背客观规律将受到自然的惩罚。司马迁认为经济活动是个体为满足需求而采取的自然选择，商品交换的定价要符合客观规律。这告诉我们，现代企业经营要顺应社会客观规律。

(2)重人。"重人"，即重人心向背、重人才归离，是中国传统管理的第一要素。我国历来重视得人、用人之道。人力资源是第一资源，现代企业经营要重视人才的作用。

(3)求和。孟子曰："天时不如地利，地利不如人和。""求和"中的"和"即讲团结，人际关系和谐。现代企业经营要培养团结和谐的企业文化。

(4)守信。强调企业诚信是第一位。守信是建立稳定关系的重要基础，是国家和企业兴旺的保障。现代企业要诚信经营。

(5)利器。生产要有工具，打仗要有兵器，"利器说"作为中国管理思想的重要内容，中国历来有利器的传统，强调"工欲善其事，必先利其器。"中国古代的纸、印刷术、指南针和火药四大发明的出现和推广，促进了社会发展，推动经济、文化的繁荣及世界文明的进步。因此，现代企业经营要重视生产技术的提升。

(6)求实。思想方法和行为的准则要求实事求是，从实际出发。儒家提出"守正"原则，强调看问题要全面不偏激，不要"过犹不及"，也不要过分保守以错过时机。强调凡事要遵循量力而为原则，主张过刚者易折。综上，现代企业要实事求是进行经营。

(7)对策。在治理方面要研究合理对策，统筹规划，才能够以智取胜，获取竞争和对抗活动中的胜利。研究对策有两个要点，即预测与运筹。因此，现代企业经营要注重战略，对经营活动进行统筹谋划。

(8)节俭。"节俭"强调在理财和治生过程中的开源节流、勤俭持家和崇俭黜奢。因此，现代企业经营要注重成本管理，减少营运环节中的资源浪费。

(9)法治。我国的法治思想基于先秦法家和《管子》，后形成一整套法制体系，如军事法制、市场法制等。在法律面前，人人平等，"刑过不避大臣，赏善不遗匹夫"，各级政府官员不能游离法外。因此，现代企业经营要建立健全各项规章制度。

2. 简述泰罗科学管理理论的主要内容。[大连理工 2021 年研；安徽师大 2018 年研；河南师大 2017 年研；河北农大 2017 年研；湘潭大学 2017 年研；广东财大 2017 年研；杭州师大 2017 年研；华南师大 2016 年研；西工大 2015 年研；华侨大学 2015 年研]

相关试题：

(1)请简述泰罗的科学管理理论的主要观点。[北邮 2022 年研]

(2)简述科学管理理论。[中国地大 2019 年研]

(3)泰罗所创立的科学管理理论的主要观点有哪些？[中科大 2012 年研]

答：科学管理理论着重研究如何提高单个工人的生产率，其代表人物是"科学管理之父"泰罗。科学管理理论在历史上第一次使管理从经验上升为科学，泰罗在研究过程中表现出来的讲求效率的优化思想、重视实践的实干精神、调查研究的科学方法也是非常可贵的。

（1）泰罗科学管理理论的实质是要提高劳动生产率，其主要观点有：

①科学管理的根本目的在于谋求最高工作效率。最高工作效率是共同富裕的基础，没有雇员的富裕，雇主的富裕也不会长久。

②科学管理方法代替原有经验管理是达到最高工作效率的重要手段。管理是一门实在的科学，具有标准化、制度化、科学化等特点。

③管理者和员工在精神和思想层面的彻底变革是实施科学管理的核心问题。劳资双方变革思想，变对抗为合作、帮助，将注意力从盈利的分配转移到增加盈利数量上来。

（2）泰罗科学管理理论的主要内容：

①科学标准化每项工作操作方法，合理利用工时，提高工作效率。通过将试验对象的工作过程分解为许多个动作，记录其在最紧张劳动时的完成每一个动作所消耗的时间，依据经济合理的原则进行分析研究，肯定合理部分并改进或省去不合理部分，制定出标准的操作方法。

②差别计件工资制。即按照工人是否完成工作定额采取不同的工资率，以刺激工人提高产量。

③科学地选择、培训和提高工人。泰罗运用科学作业方法对工人进行训练，按照标准化工作改变传统经验传授的培养方式。

④计划职能与执行职能相分离。泰罗主张用科学的工作方法取代经验工作方法，设立专门的计划部门，将计划职能从员工的工作内容中分离出来。

3. 简述霍桑实验的基本过程和结论。［中南大学 2018 年研；桂林理工 2018 年研］

相关试题：

（1）请简述霍桑实验及其重要意义。［北邮 2023 年研］

（2）请简述人际关系学说的主要内容。［扬州大学 2023 年研；中财 2019 年研］

（3）请论述霍桑实验的 4 个阶段及人际关系学说的内容。［论述题，上政 2023 年研］

（4）梅奥人际关系学说的主要内容，并对梅奥的观点进行评价。［昆明理工 2018 年研］

（5）霍桑实验的主要结论有哪些，其对后来管理理论的发展有何影响？［哈工大 2017 年研］

（6）请简述霍桑实验的内容，以及霍桑实验得出的主要结论。［安徽师大 2017 年研；厦门大学 2011 年研；华南理工 2010 年研］

（7）简述霍桑实验的主要结论及其研究对哪些领域作出了贡献。［北邮 2016 年研］

答：（1）霍桑实验的基本过程：

梅奥领导了 1924—1932 年在芝加哥西方电气公司霍桑工厂进行的一系列实验（即霍桑实验）中后期的重要工作。该实验分四个阶段：

①第一阶段，工作场所照明实验。研究人员希望通过实验得出照明强度对生产率的影响，但实验结果发现，照明强度的变化对生产率几乎没有影响。

②第二阶段，继电器装配室实验。研究发现，监督和指导方式的改善能促使工人改变工作态度并增加产量。

③第三阶段，大规模访谈。结果发现，影响生产力的最重要因素是工作中发展起来的人际关系，而不是待遇和工作环境。每个工人的工作效率不仅取决于他们自身的情况，还与其所在小组中的同事有关。任何一个人的工作效率都要受同事们的影响。

④第四阶段，接线板接线工作室实验。这一阶段有许多重要发现：a. 大部分成员都自行限制产量；b. 工人对不同级别的上级持不同态度；c. 成员中存在小派系。

(2)霍桑实验得出的主要结论(人际关系学说的主要内容)：

①企业的员工是“社会人”。科学管理学派认为金钱是刺激人们工作积极性的唯一动力，把人看作“经济人”。梅奥认为，工人是“社会人”，除了物质需求外，还有社会、心理等方面的需求，因此不能忽视社会和心理因素对工人工作积极性的影响。即人不是孤立存在的，而是属于某一工作集体并受这一集体影响的。

②满足工人的社会欲望，提高工人的工作积极性、主动性、协作精神等精神状态，是提高生产效率的关键。即满意的工人才是有生产率的工人。霍桑实验表明，生产效率的提高关键在于工作态度的改变，即工作士气的提高。

③企业中存在着一种“非正式组织”。正式组织可以看成是两个或两个以上的个人为了实现共同的目标组合而成的有机整体。非正式组织是伴随着正式组织的运行而产生的。非正式组织影响组织成员行为，是影响生产效率的重要因素。非正式组织和正式组织相互依存，管理者要注重非正式组织的作用，保持正式组织和非正式组织的逻辑平衡，确保管理者和组织员工、组织员工之间都要协作配合，充分发挥个体作用，进而提高工作效率。

④组织应发展新的领导方式。梅奥认为，这种新的领导方式是以社会和人群技能为基础的领导方式。它强调积极提高士气，协作配合，在集体工作中确保企业管理者和组织成员保持真诚持久的合作。

4. 简述麦格雷戈的 X 理论和 Y 理论。［西华师大 2023 年研；宁波大学 2017 年研；华南理工 2015 年研］

相关试题：

(1)X 理论与 Y 理论的内容。［广州大学 2022 年研］

(2)简述麦格雷戈的 X、Y 理论，并谈谈你对该理论的看法。［东南大学 2020 年研］

(3)简述麦格雷戈的 Y 理论。［中国传媒大学 2019 年研］

(4)麦格雷戈认为，X 理论的假设比 Y 理论更实际有效。［辨析题，四川师大 2018 年研］

(5)什么是 X、Y 人性假设理论？对管理者有何启示？［杭州师大 2017 年研］

答：1957 年，道格拉斯 · 麦格雷戈首次提出 X 理论和 Y 理论。

(1)X 理论的主要观点：人的本性是不诚实、懒惰和不负责任的。普通人天生好逸恶劳，逃避责任，宁肯接受别人的命令。因此，管理者通过奖赏激励的方式并不能改变组织员工厌恶工作的倾向，必须进行一定的强制、监督、指挥以及惩罚等方式，才能使员工采取工作行动，确保付出足够努力达成既定工作目标。这类员工一般满足现状，乐于从事稳定可重复的简单工作，而不喜欢具有“压迫感”或创造性的困难工作。

(2)Y 理论的主要观点：人并不懒惰，他们对工作的喜欢和憎恶取决于这份工作对他是一种满足还是一种惩罚；在正常情况下，人们愿意承担责任；人们都热衷于发挥自己的才能和创造性。

(3)X 理论和 Y 理论的差别。对比可知，二者互相对立，又互为补充，其差别在于对工人需要的看法不同。即并不存在哪一个理论更有效的问题，而是管理者要根据具体情况针对性地采取不同的管理方式。按 X 理论来看待工人的需要，进行管理就要采取严格的控制、强制方式；按 Y 理论看待工人的需要，管理者就要创造一个能多方面满足工人需要的环境，使人们的智慧、能力得到充分发挥，以更好地实现组织和个人的目标。

5. 简述赫茨伯格双因素理论及其管理意义。［安徽师大 2017 年研］

相关试题：

(1) 联系实际，谈谈如何在管理中运用双因素理论。［论述题，华科 2022 年研］

(2) 简述赫茨伯格的双因素理论。［湘潭大学 2021 年研］

(3) 激励理论中的双因素理论的主要思想是什么？［浙工大 2018 年研］

(4) 何谓激励因素？何谓保健因素？赫茨伯格的双因素理论对管理者的启示是什么？［首师大 2015 年研］

答：(1) 双因素理论概述。美国心理学家赫茨伯格在其著作《工作和人的性质》中首次提出激励—保健因素理论，即双因素理论。赫茨伯格研究表明，使员工感到满意的都是与工作性质和内容方面相关的因素，使员工感到不满意的都是工作环境或者工作关系方面的因素。前者为激励因素，后者为保健因素。具体如下：

①保健因素，与工作的外部环境有关，属于保证工作完成的基本条件。保健因素如低于一定水平，会导致组织员工不满；但改善后，该不满就会消除。保健因素并不能激励员工。该因素包括：企业的政策与行政管理、监督、与上级的关系、与同事的关系、与下级的关系、工资、工作安全、个人生活、工作条件、地位。

②激励因素。激励因素强调以工作为中心，包括：工作成就感、获得重视、提升、工作本身的性质、个人发展的可能性、责任。激励因素不具备时，不会造成员工的极大不满；但当其得到充分满足时，可以明显激励员工。

(2) 双因素理论的意义。它把传统的满意—不满意（认为满意的对立面是不满意）的观点进行了拆解，认为传统的观点中存在双重的连续体：满意的对立面是没有满意，而不是不满意；同样，不满意的对立面是没有不满意，而不是满意。这种理论对企业管理的基本启示是：要调动和维持员工的积极性，首先要注意保健因素，以防止不满情绪的产生。但更重要的是要利用激励因素去激发员工的工作热情，使其努力工作、奋发向上，因为只有激励因素才会增加员工的工作满意感。

(3) 双因素理论的缺陷：在研究方法及其可靠性、满意度的评价标准等方面都存在不足。此外，要讨论的是员工满意度与劳动生产率之间存在的一定关系，但此研究方法只考察了满意度，没有涉及劳动生产率。

6. 按照 Z 理论，管理的内容有哪些？［扬州大学 2021 年研］

相关试题：

(1) 简述 Z 理论的主要内容。［广东财大 2013 年研］

(2) 著名学者威廉·大内通过对 A 型文化和 J 型文化的研究，提出了 Z 型文化，其主要内容是什么？［东财 2010 年研］

答：Z 理论是美国加州大学管理学院日裔美籍教授威廉·大内在研究分析日本的企业管理经验之后提出的。Z 理论认为，企业管理者和组织员工的利益一致时，其积极性可融为一体。其主要内容有：

(1)企业应长期雇佣员工。企业在经济困难和发展受阻时一般很少采取解雇方式，而是鼓励员工共渡难关。这有助于员工获得职业安全感，进而积极关心企业利益和发展。

(2)上下结合制定决策，鼓励员工参与企业管理工作。强调应鼓励员工积极参与从调查研究、反映情况到最终参与决策全管理过程。

(3)实行个人负责制。强调基层管理者应敏锐感受上级命令的实质，而不是机械化地执行，中层领导者要通过反复协商协调统一各方意见。

(4)保持上下级之间的融洽关系。管理者要关心员工全面发展，保证其心理上的满足。

(5)全面培训员工，确保员工有获取组织学习的途径，能够获取多方面工作的经验。

(6)维持较缓慢的评价与稳步提拔。强调长期而全面的员工评价机制，而不应以"一时一事"为根据对员工表现快速下结论。

(7)含蓄的控制机制和正规的检测手段。

7. 简述系统管理理论的内容。[人大2023年研]

相关试题：简述系统管理理论。[中国地大2018年研]

答：系统管理理论以贝塔朗菲的一般系统论为基础，其代表人物为美国管理学者弗里蒙特·卡斯特、理查德·约翰逊等。卡斯特在普通系统理论的基础上，将系统管理理论概括为系统哲学、系统管理和系统分析三个方面的内容。

(1)传统分析问题的方法通常将一个事物分解成若干独立的部分，然后分别深入研究。但此类分析方式局限于一定范围，具有孤立性和静止性，得出的结论同样存在片面性或是错误的。

(2)系统管理理论强调，管理对象是一个有机联系的整体系统。基于系统整体的观点研究企业管理，研究其与系统内各组成部分之间的关系以及其与系统外部环境之间的相关联系。企业管理者应该根据系统管理思想，综合考量企业内外部环境因素，全面分析计划、生产、财务、人事、销售等各个部门之间相互促进和彼此制约的关系，以促使各个部门相互配合，获取整体的最佳效果。该理论认为，优化各部门的工作确实重要，但更应重视企业整体目标的优化。

(3)企业作为一个整体系统，包括生产和为生产所采取的技术手段等此类"硬件"，以及为经营管理服务的各种管理方法等此类"软件"，二者结合组成了企业的整体系统。具体可分为以下六个要素：

①人。人是企业系统的第一要素。

②物资。包括原材料、半成品、成品等。

③设备。作为企业进行生产经营的物质技术基础，包括厂房、仓库、运输工具与其他生产经营相关的其他设施。

④财。作为生产经营的重要条件，包括固定资金、流动资金、专用基金等。

⑤任务。包括为满足市场需要由企业自定的各种任务，生产指标、具体的建设项目等。

⑥信息。作为企业进行管理和决策的重要依据，包括生产原始数据、规章制度、技术标准、统计报表等企业重要因素。

现实中包括各式各样的企业组织，企业可根据上述六要素划分为多个子系统，如人事系统、生产系统、财务系统等。此外，企业处于不断变化的内外部环境之中，在研究和设计管理系统时既需要考虑系统的静态结构，也需要关注系统的动态结构。同时，系统管理还需要充分利用数学方法、模型理论和计算机手段以及行为科学。

四、论述题

1. 儒家管理思想及其现代意义。［中山大学2010年研］

相关试题：简述儒家思想的核心内容。［简答题，中国农大2014年研］

答：（1）儒家管理思想：

作为中国传统文化的主流，儒家思想着重研究人类的精神文明。中国古代诸子百家，如孔子、孟子、庄子、墨子、管子等，都在反复论述人的本性以及人的社会属性这一基本主题。他们提出“三纲”，即“君为臣纲，父为子纲，夫为妻纲”，作为处理君臣、父子、夫妻之间相互关系的道德规范；提出“五常”，即“仁、义、礼、智、信”，作为处理个人和国家、社会、家庭及其他人之间相互关系的行为准则。儒家管理思想的宗旨是求安定、兴国、兴业；核心是民本主义，群体本位；服从于民本主义，必然派生出“和”与中庸的思想；为实现民本主义，在管理上主张以德治为主；德治强调教化，强调管理者正己、爱民。

（2）儒家管理思想的现代意义：

①儒家以人性论为哲学基础，主张以性善论为主的性多元论，这种人性思想符合现代管理学的人性假说。儒家的人性准绳以孟子“性善”论为主，又有荀子“人性恶”论，还有董仲舒的“性三品”等性有差等说，辅之以宋儒的天命、气质之性说和习气可塑的理论，说明在人性本体的哲学问题上，儒家思想与西方管理学中Y理论、Z理论的人性假说相一致。儒商以儒家的人性善和人性多元的人性思想作为管理的哲学基础，尊重人、相信人，发挥雇员的内在积极性，以“礼制”作为管理的主要手段。同时，儒商也很重视制度管理。在现代，企业管理仍然应该实行礼法兼用、以礼为主的管理方式，在相信和依靠员工的劳动积极性的基础上，加强制度建设，强化劳动纪律。

②儒家以人本主义为管理哲学，符合现代管理理论和实践的发展趋势。儒商最早的代表人物之一范蠡，在春秋时期就提出“择人”和“不责于人”的用人原则，强调经济人才的作用。古代晋商创造出了“经理制”，主张发挥管理人才的作用。在企业经营中，儒商注重发挥人的第一因素的作用，并深知“得人心者得天下”的道理，把“得人心”作为发挥人的内在积极性的前提，因而千方百计地照顾本企业员工的切身利益，使员工心甘情愿为企业出力。儒商以人为本的管理哲学对现代企业管理具有重要的启示，即企业管理要以人为中心，对人的管理要以“得人心”为基础。

③儒商家族结构的亲情式管理具有极大的凝聚力。儒家文化是家国结构的宗法性文化，儒商企业在组织结构上家族特征十分明显，儒商的管理是家族式的管理。把儒家思想中最核心的家庭观引进企业，把“企业大家庭”作为企业组织的理想目标，把对君和父的忠诚心用于建立企业中上下级关系，这样的管理结构对于企业的目标整合、增强凝聚力和向心力，具有十分重要的作用。

④儒家的“五常”德治管理路线和现代企业文化在本质上是相通、相融的。儒家管理思想中的“仁、义、礼、智、信”可以作为塑造企业文化的精髓，将其转化为企业文化的核心，即员工共同接受的价值观，以此来促进企业发展。

⑤儒商“顾客满意”的经营方针体现了现代企业管理的最终目的。儒家经济伦理精华主张“立人”“达人”“推己及人”的“利他”精神，儒商把这一原则转换为“质量第一”“顾客至上”的管理原则，这与现代管理实行的“CS”战略是一致的，也是企业生存和发展最根本的信条。

总之，对于儒家管理思想，既不应全盘否定，也不能全部继承，而应批判地继承，去其糟粕，取其精华，结合时代的发展，古为今用。

2. 如何评价泰罗的科学管理理论？［四川师大 2018 年研］

相关试题：

(1)论述泰罗的科学管理。［郑州大学 2023 年研］

(2)科学管理理论述评。［中山大学 2010 年研］

答：科学管理理论是管理思想史上的一个高峰，它使管理成为科学的一次质的飞跃，是管理思想发展史上的一个里程碑。科学管理理论在生产现场管理中虽然效果显著，但其推广却并不顺利，这一方面是因为社会上传统意识的影响，另一方面是由于它本身也存在着弱点。

(1)泰罗的科学管理原理，参见本章考研真题简答题第 2 题答案。

(2)科学管理理论的积极意义：

①科学管理理论具有划时代的重大意义，管理学进入以管理实践作为研究对象，且自成体系的理论时代。

②科学管理理论使管理由经验上升到科学。

③科学管理理论在思想上引起了巨大变革，讲求效率的优化思想是劳资双方的精神革命，对人类从小农社会进入现代文明社会起着重要的作用。

(3)科学管理理论的负面影响：

①科学管理理论研究的对象相对狭窄，重视局部(具体)工作效率的提高，而未解决企业作为一个整体如何经营和管理的问题。

②科学管理理论偏重物质技术因素，而忽略人及社会因素。

③科学管理理论把人物化为工具，认为人是单纯追求金钱的“经济人”。

泰罗制是适应时代的发展需要而产生的，因而也受到时代条件和个人的限制。在当时，要想使企业利润增加，首先要解决的就是工人的劳动效率。泰罗主要从解决工人的操作问题、生产过程中的监督和控制问题出发，管理范围比较小，管理内容也比较窄，而且也没有涉及企业的供应、财务、销售、人事等方面的活动。

3. 论述从人际关系学说到行为科学学派的主要思想、理论演变脉络及其在管理学发展史上的意义。［华南理工 2017 年研］

答：(1)从人际关系学说到行为科学学派的主要思想、理论演变脉络的分析如下：

①梅奥等人在霍桑实验的基础上，提出了人际关系学说。其主要内容有：a. 企业的员工是“社会人”；b. 满足工人的社会欲望，提高工人的士气，是提高生产效率的关键；c. 企业中存在着一种“非正式组织”；d. 企业应采用新型的领导方法，促进协作，使企业的每个成员能与领导真诚持久地合作。

②行为科学学派的主要理论：

a. 需要层次理论。美国人亚布拉罕·马斯洛提出了需要层次理论，他认为，人的需要分为生理的需要、安全的需要、感情和归属的需要、尊重的需要、自我实现的需要。人的需要取决于他已经得到了什么，尚缺少什么，只有尚未满足的需要才能够影响行为；人的需要都分高低层次，某一层需要得到满足后，另一层需要才出现。

b. 双因素理论。美国心理学家弗雷德里克·赫茨伯格于1959年提出双因素理论。赫茨伯格把使员工感到满意的因素称作激励因素；使员工感到不满意的因素称作保健因素。激励因素以工作为中心，具备这类因素可起到明显的激励作用；不具备时，也不会造成员工的极大不满。保健因素与工作的外部环境有关，属于保证工作完成的基本条件。这类因素低于一定水平时，会引起员工的不满；而得到改善时，员工的不满就会消除。但保健因素对员工无激励作用。

c. X理论和Y理论。美国麻省理工学院教授麦格雷戈于1957年首次提出X理论和Y理论。具体参见本章考研真题简答题第4题答案。

d. 超Y理论。超Y理论由美国的乔伊·洛尔施和约翰·莫尔斯提出。其主要观点是，不同的人对管理方式的要求不同。有的员工希望凭借正式组织和规章制度的规范化指明工作要求，并不愿意承担责任并参与问题决策，这种人欢迎以X理论指导管理工作。有的人却需要更多的自治责任和发挥个人创造性的机会，这种人欢迎以Y理论为指导的管理方式。此外，工作的性质、员工的素质也影响到管理理论的选择，不同的情况应采取不同的管理方式。

e. Z理论。由美国加州大学管理学院日裔美籍教授威廉·大内提出，认为企业管理者和组织员工是一致的，二者的积极性可融为一体。其主要内容有：企业应长期雇佣员工；上下结合制定决策，鼓励员工参与企业管理工作；实行个人负责制；保持上下级之间的融洽关系。管理者要关心员工全面发展，保证其心理上的满足；对员工要进行全面的知识培训；相对缓慢的评价与稳步提拔；控制机制要较为含蓄且不正规，但检测手段要正规。

(2)在管理学发展史上的意义：

①突出人的因素和对人的研究。行为科学贯彻了以人为本的思想，以人力资源为首要资源，高度重视对人力资源的开发和利用，提倡以人道主义的态度对待工人，通过改善劳动条件，提高劳动者工作生活的质量，培训劳动者的生产技能，调动人的积极性，进而提高劳动效率。这些思想有利于推动生产发展和社会进步。

②吸收和借鉴相关学科成果，形成了完善的学科体系。行为科学积极吸收了心理学、社会学、人类学等学科的科学知识，应用社会调查、观察测验、典型试验、案例研究等科学方法对人的行为，特别是员工在生产中的行为进行研究，提出了一些调动人的积极性的学说和方法，并在企业中实际应用。许多管理学家、社会学家和心理学家从行为的特点、环境、过程以及原因等多种角度开展对人的行为的研究，形成了一系列的理论，使行为科学成为现代西方管理理论的一个重要流派。

③强调了非正式组织的作用。非正式组织对工人起着两种作用：

a. 保护工人免受内部成员疏忽所造成的损失，如生产过多以致提高生产定额，或生产过少引起管理当局的不满，并加重同伴的负担。

b. 保护工人免受非正式组织以外的管理人员干涉所造成的损失，如降低工资率或提高生产定额。

梅奥等人认为，不管承认与否，非正式组织都是存在的。它与正式组织相互依存，而且会通过影响工人的工作态度来影响企业的生产效率和目标的达成，因此管理人员应该正视这种非正式组织的存在，利用非正式组织为正式组织的活动和目标服务。

④提出了一系列具体要求以提高管理水平。行为科学理论是管理思想发展的一个重要的里程碑。行为科学理论解决的关键问题是号召人们掌握一种综合的管理技能，这些技能对于处理人群问题至关重要，包括：a. 理解人类行为的诊断技能；b. 对工人进行咨询、激励、引导和信息交流的人际关系技能。梅奥等人创立的人际关系学说为行为科学的发展奠定了基础。他们提出的社会人、非正式组织等概念被大多数行为科学家接受。他们的成果使得管理者在对待下属问题上发生了巨大的变化，对管理思想的发展作出了巨大贡献。

4. 古典管理理论的特点和主要人物的贡献。[中国海大 2018 年研]

相关试题：

(1) 简述古典管理理论对管理实践的贡献。[简答题，东北大学 2021 年研]

(2) 法约尔的贡献。[中国地大 2020 年研]

(3) 简述马克斯·韦伯科层制理论的主要内容。[简答题，苏州大学 2020 年研]

(4) 马克斯·韦伯的官僚行政组织理论的内容。[东北大学 2020 年研]

答：古典管理理论是 19 世纪末 20 世纪初西方管理理论的总称，由泰罗的科学管理理论、法约尔的管理过程理论、韦伯的古典行政组织理论构成。

(1) 古典管理理论的特点：

①效率主义是古典管理最强劲的主旋律。管理学诞生之初，所要解决的问题相当现实，就是通过寻找和运用科学的管理手段和方法，全力提高生产效率，降低企业社会必要劳动量。无论是泰罗及其追随者，还是法约尔和韦伯，尽管理论视野各有侧重，学术观点也有差异，但他们皆视科学管理为提高工作效率的方法和手段。泰罗对效率的研究主要是通过现场作业的标准化和科学化而展开的。泰罗制中无论是抽象的管理原则、理论还是具体的管理方法、技术，都直指效率这一核心。

②古典管理理论有浓郁的经验论、技术论的色彩。古典管理理论乃至整个管理学，就其理论源泉来说，主要有两类：a. 通过其他学科的渗透，吸取思想资源；b. 对实践经验的总结提升。很显然，古典管理理论的形成是实践经验的结晶。其开创者们大多出身于厂矿企业，对管理的理解或者来源于基层亲身实践，或者来源于长期管理具体组织的经验。

(2) 主要人物的贡献：

①科学管理理论。其创始人是泰罗，他首次提出了科学管理的概念，1911 年出版《科学管理原理》一书，被公认为“科学管理之父”。科学管理理论的基本出发点是提高劳动生产效率，其主要内容是：a. 使工作方法、劳动工具、工作环境标准化；b. 确定合理的工作量；c. 挑选和培训工人，使其掌握标准工作方法；d. 实行差别工资制；e. 实行职能工长制。

②一般管理理论。法国人法约尔对组织管理进行了系统、独创的研究，1925 年出版了《工业管理与一般管理》一书，后人称他为“管理过程之父”。法约尔提出，管理活动包含 5

种职能：计划、组织、指挥、协调、控制；并且给出了14条一般管理原则。一般管理的其他代表人物有：巴贝奇，发展了亚当·斯密的劳动分工学说并提出了管理效率十二原则；麦尤斯，提出了管理六原则；白朗，提出了管理三原则等。

③组织管理理论。韦伯着重于组织理论的研究，提出了“理想的行政组织体系”理论。他认为理想的行政体系具有以下特点：a. 明确的组织分工；b. 自上而下的等级体系；c. 合理地任用人员；d. 建立职业的管理人员制度；e. 建立严格的、不受各种因素影响的规则和纪律；f. 建立理性的行动准则。

(3)在古典管理理论中，较突出的代表人物有：

①泰罗，提出了标准操作、工作定额原理和标准化原理。

②法约尔，提出了管理不同于经营，是经营的六种职能活动之一。企业经营的六个方面的职能是：技术职能、经营职能、财务职能、安全职能、会计职能和管理职能。

③韦伯，提出了理想的行政组织体系理论，强调必须建立不受个人情感影响而在任何情况下都适用的规则和纪律，组织中人员之间的关系完全以理性准则为指导。

④厄威克，提出了自认为适用于一切组织的八项原则，即目标原则、相符原则、职责原则、组织层级原则、控制广度原则、专业化原则、协调原则和明确性原则。

⑤古利克，把有关管理职能的理论加以系统化，提出了著名的管理七职能论，即计划、组织、人事、指挥、协调、报告和预算。

5. 请论述主要的人性假设以及与之相对应的管理方式。[首经贸2018年研]

答：美国心理学家和行为科学家沙因在1965年出版的《组织心理》一书中，提出了四种人性假设：

(1)经济人假设：

①主要内容：经济人的假设是亚当·斯密首先提出来的，美国管理学家麦格雷戈的“X理论”是对经济人假设的概括：a. 大多数人天生不喜欢工作，只要有可能他们就会逃避工作；b. 由于大多数人不喜欢工作，所以必须采取强制措施或惩罚办法，迫使他们实现组织目标；c. 大多数人只要有可能就会逃避责任，安于现状；d. 大多数人喜欢安逸，没有雄心壮志；e. 大多数人缺乏理性，容易受外界和他人的影响做出一些不适宜的举动。

②管理方式：要求采取“大棒+胡萝卜”的管理方式，以外部控制(订立严格的工作规范和制度)和经济报酬激励等方式来迫使人们努力工作。“泰罗制”是这种管理方式的典型代表。

(2)社会人假设：

①主要内容：a. 社交需要是人们行为的主要动机；b. 员工之间的影响力大于管理部门的措施；c. 从社会关系中获得乐趣；d. 员工的工作效率与能否满足员工社会需求相关。

②管理方式：“社会人”不仅要求经济上的满足，更重要的是要得到社会需求的满足。员工之间的人际关系比管理者提供的经济诱因有时对员工更具有影响力。因此要采取参与管理的方式，从外部“控制人”转向重视人的内在需求的满足，重视员工的社会需求以及员工之间的关系，可采取集体奖励的方式。

(3)自我实现人假设：

①主要内容：a. 要求工作是人的本能；b. 在适当的条件下，一般人不仅会接受某种

职责，而且还会主动寻求职责；c. 个人追求与组织的需要并不矛盾，并非必然对组织的目标产生抵触和消极态度；d. 控制和惩罚不是使人努力的唯一手段；e. 大多数人都具有较强的解决组织问题的想象力和创造性。

②管理方式：强调管理职能的重点是创造一个使人能充分发挥才能的工作环境。要让员工参与组织的重大问题的决策，使员工获得成就感和满足感。要求采取“引导＋激励”的管理方式，给予员工来自工作本身的内在激励，使员工自我控制、自我管理。

(4)复杂人假设：

①主要内容：a. 人的需要是多样的，且人们是怀着许多不同的需要加入工作组织的；b. 人的需要不仅是多样的，而且在后天的环境影响下是多变的；c. 由于人的需要和能力各不相同，因而他们对一定的管理方式会产生不同的反应；d. 当一个目标达到后，能激起员工的胜任感与成就感，使他们为达到新的、更高的目标而努力。

②管理方式：要求采取权变管理的管理方式，强调管理要有针对性，组织形式、员工培训、工作分配、工作报酬和控制程度等不能千篇一律。这种管理方式的核心在于随机应变，以变应变，强调管理的不断创新。

五、案例分析题

案例一

问题：请结合人性假设理论，判断这两家研究院的管理方式有什么根本区别？对张院长的管理理念和管理方法进行评价。［上海交大 2007 年研］

答：(1)这两家研究院的管理方式最大的区别在于对人性假设的不同，一个遵从 X 理论，一个遵从 Y 理论。A 研究院的管理方式对人性的假设是“经济人”假设，遵循道格拉斯·麦格雷戈提出来的 X 理论，这种假设认为人的一切行为都是为了最大限度地满足自己的利益，工作的动机是为获得经济报酬。所以组织应以权力与控制体系来保护组织本身并引导员工，以经济报酬使员工服从并作出成效。B 研究院的管理方式对人性的假设是“自我实现人”假设，遵循道格拉斯·麦格雷戈提出的 Y 理论，这种假设认为人们除了物质的需求之外，还有想运用自己的各种能力、发挥自身潜力、实现自我价值的欲望。因此组织应创造条件，在让人们的这种欲望得到满足的同时，也让组织的目标得以实现。

①X 理论认为：a. 人本性懒惰，厌恶工作，尽可能选择逃避工作；b. 多数人必须用强制办法乃至惩罚、威胁，使他们为达到组织目标而努力；c. 绝大多数人没有雄心壮志，怕负责任，宁可被领导；d. 激励只在生理和安全需要层次上起作用；e. 绝大多数人只有极少的创造力。因此企业管理唯一的激励办法，就是以经济报酬来激励生产，只要增加金钱奖励，便能取得更高的产量。所以这种理论特别重视满足员工生理及安全的需要，同时也很重视惩罚，认为惩罚是最有效的管理工具。信奉 X 理论的管理者对属下的行动非常警觉，对他们的一言一行都非常敏感。他们更倾向采取军队式的管理方法，要求下属对上级的指令无条件地服从，否则就要对他们实行责罚。

②Y 理论认为：a. 人们并非天生就厌恶工作，他们把工作看成像休息和娱乐一样快乐、自然；b. 人们并非天生就对组织的要求采取消极的态度，而经常是采取合作的态度，接受组织任务，并主动完成；c. 在适当条件下，每个人不但能承担责任，而且能主动承担

责任；d. 大多数人都有解决问题的丰富想象力和创造力，在现代工业条件下，一般人的潜力能得到部分的发挥。可见，Y 理论认为人们是自我激励、自我指导和自我控制的，人们要求提高和发展自己，期望获取个人的成功。从这一观点出发，企业应该把人当作宝贵的资源来看待，通过提供富有挑战性的工作使人的个性不断成熟并体验到工作的内在激励。该理论认为，只要把工作变得有意义、富有吸引力，足以引起人们的成就感，不需要其他外来的激励，人就可以自我激励，自动地将自己的才能发挥出来。

(2)对张院长的管理理念和管理方法的评价：

张院长对人性的“经济人”假设在这里可能并不适用，这种假设低估了人的本性，把人视为机器，需要外力作用才能运转。这种看法在特定的环境下可能很有成效，比如任务容易测定、饥饿或失业的威胁、政治或社会压力，但是在以知识和技术为基础的高科技行业，这种管理方法很可能事与愿违。Y 理论的管理方法更适合于充满创新与挑战的科研单位。

根据马斯洛的需要层次理论，案例中 A 研究院设备先进、人才济济，院内的科研人员的较低层次的需要很显然能够得到满足，但是，根据科研人员这一职业特点，除了应该满足基本的生理需要外，还要满足较高层次的需要，并鼓励个人追求自我实现。只有这样，才能使科研人员有永不衰竭的动力，才能充分发挥个人的潜能，达到最大限度的自我实现。

案例二

问题：［桂林理工 2018 年研］

1. 根据马斯洛的需要层次理论，那位地勤人员处于怎样的需要层次？如果主管对她进行严厉批评和惩罚，有可能出现什么样的情况？

答：马斯洛需要层次理论从低到高具体包括：生理需要、安全需要、感情需要、尊重需要、自我实现需要。案例中地勤人员在离婚官司中为争夺三岁儿子抚养权而背负诉讼费债务，由此看出，该名员工正处于感情和归属的需要这一层次，希望亲情需要得到满足。如果此时主管对其进行严厉批评和惩罚，并不会提高其工作效率，反而有可能对其工作积极性产生不良影响，导致其工作态度消极、工作追求降低，工作质量受到更严重影响。

2. 从激励的角度来看，该航空公司主管的做法对于有效激励员工有哪些启示？

答：在案例中，主管通过了解员工的真实需求，继而针对其需求采取相应的措施，进行了有效的激励。在激励理论中，工作效率和劳动效率与员工的工作态度有直接关系，而工作态度则取决于需要的满足程度和激励因素。马斯洛把人的各种需求分为生理需求、安全需求、感情和归属需求、尊重需求、自我实现需求五个层次，认为人们按照需要层次追求满足，因此，管理者根据需求设置目标就可以起到激励作用。这具体包括：

(1)激励员工时要针对员工的需求给予合理的报酬，并且奖励品必须能在一定程度上满足员工的需求。管理者要了解员工希望从工作中得到什么，即要了解员工的需求，这样才能针对其需求确定合适的激励方式。

(2)工作目标应具有一定的挑战性。人们在完成一定难度的工作任务后，会有一定的成就感，可以在一定程度上满足尊重或自我实现的需要。

(3)通过教育培训，增强员工自我激励的能力。员工的工作热情和工作积极性通常与他们的自身素质有极大关系。一般而言，员工的自信心和进取心越强，越注重高层次的需求，这就需要管理者为其设置富有挑战性的工作任务，鼓励其自行确定完成任务的手段和进度并主动承担责任，这有助于员工表现出高昂的士气和工作热情，从而增强其自我激励的能力，这是管理者激励和引导下属行为的一种重要手段。

3. 结合该案例，谈谈积极倾听在沟通中所起的作用以及如何提高积极倾听的效果。

答：沟通强调在两个及以上的个体间传递或交换可理解的信息或思想的过程，整个管理工作都与沟通有关，包括组织间的信息传递，组织与外部人员的交流，上下级的感情联络，控制者与控制对象的纠偏工作等。积极倾听在沟通中的作用有：

(1)有意识地去理解他人的观点，可以帮助管理者更好地决策。

(2)积极倾听可以让对话的节奏舒缓下来，这样的对话为思想火花的迸发营造了空间。在快速交谈中偶尔也会有智慧的碰撞，而快节奏更多时候意味着思考的缺失。

(3)积极倾听可以防止出现破坏性的对话方式。

(4)积极倾听能掩盖对话过程中的情绪，让讨论更容易开展与把握。

案例三

问题：这两位老总谁的观点正确，为什么？［浙江财大 2018 年研］

答：老总 A 的观点正确，因为他运用的行为科学理论更能体现对员工的关怀和尊重。对两位老总管理企业的具体分析如下：

(1)老总 A 主要运用行为科学理论管理企业。

①企业员工是“社会人”。行为科学理论认为员工不是单纯追求金钱的“经济人”，同样寻求社会情感和心理欲望等的满足，如友情、安全感、归属感。

②满足工人的社会欲望，提高工人的士气是提高生产效率的关键。士气高低决定于安全感、归属感等社会、心理方面的欲望的满足程度。满足程度越高，士气就越高，生产效率也越高。士气一般源于社会、家庭以及企业间人际关系等。

③企业中存在着一种“非正式组织”。非正式组织可以很大程度地影响员工行为，是影响生产效率的重要因素。非正式组织同正式组织相互依存，互为补充。管理者在管理正式组织的过程中，同样需要重视非正式组织的作用，寻求二者之间的平衡点，坚持“以人为本”的管理思路，协调员工之间、管理者与员工之间的相互配合协作，提高员工工作积极性，充分发挥其才能，进而提高工作效率。

④企业应采用新型的领导方法。即要组织好集体工作，采取措施提高士气，促进协作，使企业员工与领导真诚合作。

材料中提到在老总 A 的企业中，管理者与员工们商量解决问题；平时注重对员工需求的分析，有针对性地给员工提供学习、娱乐的机会和条件。

(2)老总 B 主要运用科学管理理论管理企业。

①科学管理的根本目的是谋求最高工作效率。最高工作效率是管理者和员工达成共同富裕的基础条件。只有通过管理科学化达成了组织目标和个人目标，才可以推进组织成员产生扩大再生产的兴趣，并积极促进生产发展。

②科学管理方法以科学管理方式替代原有经验管理模式，是提高工作效率的重要手段。管理是一门科学，强调管理过程应明确管理制度，确保管理的科学化、制度化和标准化，

使组织成员在工作过程中“有据可依”，采取指定动作，提高管理效能。

③管理者和员工在精神和思想层面的彻底变革是实施科学管理的核心问题。精神层面的变革可以使管理者和员工将关注点从利润分配转移到获取更多利润上。它要求员工树立对工作、对同事、对管理者负责任的观念；同时也要求管理者对同事、对员工增强责任观念。管理者应该凭借友好合作的管理方式替代极端的对抗和斗争，这样可以有效地创造更多的经济效益，实现管理者和员工的“双赢”。

科学管理存在一定的局限性，它过度追求效率而忽视了对员工的关怀，容易造成员工的抵抗情绪。而将科学的方式应用于工人操作、生产现场的监督和控制等环节时，管理范围比较小，管理的内容也比较窄，基本没有涉及企业的供应、财务、销售、人事等方面的活动。管理是管人与管事的结合，运用科学管理必须把提高效率与关怀员工结合起来。

第三章　管理的基本原理

3.1　复习笔记

【知识框架(庖丁解牛)】

- 管理的基本原理
  - 管理原理概述
    - 概念、内容、研究意义
    - 主要特征：客观性、普适性、稳定性、系统性
  - 系统原理
    - 概念：系统、系统原理
    - 系统的特征：集合性、层次性、相关性
    - 系统原理要点：整体性、动态性、开放性、环境适应性原理
  - 人本原理
    - 含义：以人为主体
    - 主要观点
      - 主体：职工
      - 关键：职工参与
      - 核心：使人完美
      - 目的：为人服务
  - 责任原理
    - 明确职责
    - 合理设计职位和授权
    - 奖惩要及时、公正
  - 效益原理：概念、主要观点、评价
  - 适度原理：含义、原因、启示

【通关提要(提纲挈领)】

本章主要介绍管理的五项基本原理：系统原理、人本原理、责任原理、效益原理和适度原理，考查重点是五项原理的概念、主要观点及其对管理活动的启示。本章重要程度一般，主要考查概念题和简答题，学习时要理解记忆。

【考点难点归纳(厚积薄发)】

考点一：管理原理概述(见表 3－1)　★★

表 3－1　管理原理概述

要点	主要内容
概念	指管理者在组织管理活动的实践中必须遵循的基本规律。 ①是分析、总结管理工作所形成的基本真理。 ②是管理方法和管理制度的高度综合和概括。 ③是对大量管理实践经验的升华

续表

要点	主要内容
主要特征	①普适性；②稳定性；③客观性；④系统性
内容	①系统原理；②人本原理；③责任原理；④效益原理；⑤适度原理
研究意义	①把握管理的基本规律；②提高管理工作的科学性，有的放矢；③掌握解决管理问题的方法

【真题链接】什么是管理原理，其主要特征是什么？为什么要研究管理原理？［论述题，扬州大学2023年研］

考点二：系统原理（见表3－2） ★★★★

表3－2 系统原理

要点	主要内容	
概念	系统	指在一定环境条件下由若干相互依存、相互作用的要素或子系统组合而成的具有特定功能的有机整体
	系统原理	指在管理实践活动中，运用系统论的基本思想和方法指导实践、解决和处理问题的基本规律
系统的特征	集合性	又称整体性，最基本特征
	层次性	又称有序性，系统的结构分层次，系统内各要素有层次性
	相关性	系统各要素之间相互制约、相互影响、相互依存
系统原理要点	整体性原理	系统的功能往往大于各部分功能的总和。管理时要从整体出发，把握系统的整体效应
	动态性原理	系统各要素相互联系、相互作用，并根据外部环境变化相应地进行动态更新
	开放性原理	系统是有机开放的，通过与外部环境的物质、能量和信息的交流来获得能量以维持系统的生命和活力
	环境适应性原理	强调适者生存。系统处于环境之中，其结构和功能随环境变化而变化
管理启示	①管理活动中的问题都是系统中的问题，要考虑整体，统筹兼顾。 ②管理必须有层次观，各管理层次要职责清楚、任务明确。 ③管理必须有开发观，应努力改造和开发有利于组织发展的环境	

【真题链接】简述系统原理的基本要点。［简答题，江西财大2014年研；中山大学2010年研］

考点三：人本原理与责任原理（见表3－3） ★★★

表3－3 人本原理与责任原理

要点	主要内容		
人本原理	含义	以人为主体和中心，要尊重人、依靠人、发展人、为了人	
	主要观点	主体	职工
		关键	职工参与
		根本目的	服务于人
		核心	使人完美发展

续表

<table>
<tr><th>要点</th><th colspan="3">主要内容</th></tr>
<tr><td rowspan="4">责任原理</td><td>含义</td><td colspan="2">遵循责权利三角定理，必须明确组织和个人要完成的任务和承担的责任</td></tr>
<tr><td rowspan="3">主要观点</td><td>明确职责</td><td>①明确职责界限；②包括横向联系；③落实到每个人</td></tr>
<tr><td>合理设计职位和授权</td><td>完全负责取决于权限、利益和能力三因素</td></tr>
<tr><td>及时、分明、公正的奖惩</td><td>①前提：准确考核；②及时肯定、奖励，公正惩罚；③建立健全奖惩制度，以提高积极性，挖掘潜力</td></tr>
</table>

【真题链接】

(1)何为"以人为主体的管理"？又如何实现"以人为主体的管理"？[简答题，扬州大学2021年研]

(2)论述什么是"人本管理"？人本原理是什么？管理如何实现"以人为中心"？[论述题，中央民大2023年研]

(3)列宁曾说："管理的基本原则是：一定的人对所管的一定的工作完全负责。"请说明怎样才能做到完全负责。[论述题，扬州大学2020年研]

考点四：效益原理(见表3－4)　★★★

表3－4　效益原理

<table>
<tr><th>要点</th><th colspan="2">主要内容</th></tr>
<tr><td rowspan="4">概念</td><td>结果</td><td>指由投入经过转换而产出的成果，可以有效益或无效益</td></tr>
<tr><td>效果</td><td>指投入经过转换而产出的有用成果</td></tr>
<tr><td>效率</td><td>指单位时间内所取得结果的数量，与效益相关</td></tr>
<tr><td>效益</td><td>指有效产出与投入之间的比例</td></tr>
<tr><td>主要观点</td><td colspan="2">管理的核心和目标是创造最佳效益，遵循以下规律：
①经济效益是管理活动结果的体现，管理效益主要通过经济效益来体现。
②树立正确的长期整体效益观，要正确处理局部和整体、短期和长期的关系等。
③"做正确的事"是前提，"用正确的方法做正确的事"是实现效益的保证</td></tr>
<tr><td>评价</td><td colspan="2">无绝对标准，市场评价的主要体现是经济效益</td></tr>
</table>

考点五：适度原理(见表3－5)　★★★

表3－5　适度原理

要点	主要内容
含义	组织在业务活动范围、管理幅度选择及权力分配上，必须进行适度管理，实现适度组合
原因	①环境变化导致了组织活动的不可控性和不可预测性。 ②针对同一问题存在相互矛盾、相互对立的选择
启示	①艺术地运用科学管理理论作出适度或适当的选择。 ②重视培养和应用以经验为基础的直觉能力

3.2 课后习题详解

1. 什么是系统？系统有哪些基本特征？管理者可从系统原理中得到哪些启示？

答：(1)系统是指在一定环境条件下由若干相互依存、相互作用的要素或子系统组合而成的具有特定功能的有机整体。根据不同的标准，系统可以分成不同类型。从系统形成方式看，可分为自然系统与人造系统。从系统是否与环境交互作用看，可分成封闭系统和开放系统。封闭系统是指不与外界进行物质、信息、能量交换的系统，开放系统则在运行过程中不断地与外界发生交互作用。从系统状态是否发生变化来分，可以分成静态系统和动态系统。静态系统的结构和状态不随时间而改变，动态系统的结构和状态随时间而改变。

(2)系统的基本特征：

①集合性。又称整体性，是系统的基本特征，主要表现在两个方面：从构成上来看，系统是由若干既相互联系又相互区别的要素(子系统)构成的整体。从功能上来看，系统的整体功能实现依赖于要素的相互作用。

②层次性。又称有序性，是指系统在相对稳定的结构状态下有序运行。主要表现在两个方面：a. 系统内各要素相互作用的层次性，即构成系统的各要素在不同的层次上发挥作用；b. 系统要素相互作用的方向性，即系统各要素在纵向的各层次之间和横向的各环节之间朝一定的方向交互作用。

③相关性。指系统各要素之间相互制约、相互影响、相互依存的关系。系统相关的某一部分发生变化，就会影响其他部分的变化，以至整个系统的变化。系统的相关性体现在系统与环境之间、系统与要素之间以及要素与要素之间。

(3)管理者可从系统原理中得到的启示，参见本章考研真题论述题答案。

2. 如何理解责任原理？责任原理的本质是什么？管理者可从责任原理中得到哪些启示？

答：(1)责任原理是管理原理之一，认为管理是追求效率和效益的过程，管理者要充分挖掘人的潜能，以合理分工为基础，明确规定部门和个人必须完成的工作任务和必须承担的相应责任。

(2)责任原理的本质是保证及提高组织的效益和效率。

(3)管理者可从责任原理中得到以下启示：

①明确每个人的职责。职责是指在每个人的职位和应担负的责任，是维护整体正常秩序的约束力。

a. 职责界限要清楚。首先要根据职位确定相应的责任，其次要对不同的职责作出明文规定。

b. 职责中要包括横向联系的内容。不同职责的人相互协调、配合才能提高整体的功效。

c. 职责要落实到每个人。做到事事有明确、专门的人负责能够避免管理混乱，提高管理效率。

②职位设计和授权要合理。一个人对自己所承担的工作和任务能否做到完全负责，基

本上取决于权限、利益、能力这三个因素。职责和权限、利益、能力之间的关系应遵守等边三角形定理。

a. 权限。明确了职责，就要授予相应的权力，上级应当适当地把权力委授给下级，让下级独立决策、负起责任。

b. 利益。承担责任意味着承担风险，当在物质或精神上有利可图时，人们更愿意承担风险、负起责任。

c. 能力。能力是完全负责的关键因素。每个人能力不同，能够承担的职责也是不一样的，这就要求管理者提高自己的能力，自觉地学习新知识，注意发挥智囊的作用，审慎使用职权，努力把自己的工作做好。

③奖惩要分明、公正、及时：

a. 公正的奖惩要以明确绩效考核标准为前提。

b. 及时的奖励能够激发人的积极性。

c. 及时、公正的惩罚可以避免、及时制止人们的不良行为。

d. 建立健全组织的奖惩制度。

3. 何谓以人为主体的管理？如何实现以人为主体的管理？

答：(1)“以人为主体的管理”即人本管理，是指一切管理工作必须调动人的积极性、主动性和创造性。其主要观点如下：①职工是企业的主体；②有效管理的关键是职工参与；③尊重人性是现代管理的核心；④管理是为人服务的。

(2)实现以人为主体的管理的途径：

①要实现以人为主体的管理，不仅要关注生产力，更重要的是尊重职工的需求，关注职工的发展，关心职工的生活，提供满足职工成就需求的工作环境，这是因为以人为本的思想强调职工是企业的主体而非客体，企业管理既是对人的管理也是为人的管理；企业经营的目的是为包括企业职工在内的人的社会发展服务。

②实现以人为本的管理的有效途径是适度分权、民主治厂，让职工参与到企业管理中，使得个人利益与集体利益相结合，因为企业职工是管理的主体。

③提升管理者的个人素养。首先，要想实现以人为主体的管理，管理者要积极发挥自身的影响力，引导职工的人性发展，促进职工的全面发展；其次，在实施每一项管理措施、制度、方法的时候，不仅要看到其取得的经济效果，而且要考虑对人的精神状态的影响。

④站在市场的角度，以人为主体的管理，是为人服务的，所以企业应该注重客户服务，满足客户的需要。即企业要研究市场需求的特点及其发展趋势，研究消费者，并据此确定企业的经营战略和发展方向。

4. 管理有效性的实质是什么？人类管理活动为何要遵循效益原理？

答：(1)管理有效性是指剔除客观基础条件优劣的影响，真正反映由于管理主体主观有效努力而产生经济效益的行为特性，包括效率和效果两个方面。管理有效性的实质是追求高效益。

(2)管理活动要遵循效益原理的原因在于：

①任何组织的管理都是为了获得某种效益，效益的高低直接影响着组织的生存和发展。

管理活动的中心和一切管理工作的出发点都应是，追求效益的不断提高。追求效益要学会自觉地运用客观规律。例如，必须学会运用价值规律，随时掌握市场情况，制定灵活的经营方针，灵敏地适应复杂多变的竞争环境，满足社会需求。

②效益是管理的重要目的。管理就是对效益的不断追求，这种追求遵循以下规律：

a. 局部效益与全局效益要协调一致。局部效益是全局效益的基础。当二者发生冲突时，管理者要把全局效益放在首位，使局部服从整体。

b. 追求长期、稳定的高效益。现代化的企业应根据市场的需要和发展变化作出正确的判断，以新品种、高质量、低成本迎接新挑战，从技术、市场、产品、人才等多方面进行改进，从而获得企业发展的长期动力。

c. 经济效益与社会效益并重。现代管理要求在全面提高经济效益和社会效益的基础上，实现系统的最佳管理效益，这正是管理效益原理的实质和核心内容。

③企业效益的高低决定了企业的生存与发展能力。市场评价体现的主要是经济效益。

5. 何谓适度原理？为什么说适度原理是管理实践中艺术地运用科学的管理理论与方法的具体体现？

答：(1)适度管理的内涵：

管理活动中存在许多相互对立、相互补充的选择，如管理范围的宽窄、管理幅度的大小、权力的集中与分散等，管理者要在两个极端之间寻找恰当的点进行管理，即适度管理。

适度管理是管理学与哲学相结合的产物。从哲学的角度来看，适度管理的含义有：①管理要讲究度，不能忽略或无视度的规律；②管理要适度，不能不足也不能过度，要在度的范围内实施管理活动；③当旧事物要被新事物取代时，适度就意味着冲破旧度、确立新度。

(2)原因：适度管理的根本原因是环境变化导致的组织活动的不可控性和不可预测性，以及针对同一问题存在相互矛盾、相互对立的选择。在此背景下，管理者的决策对组织活动和组织目标的实现起着至关重要的作用，因此管理者需要运用科学的理论和方法，结合实际情况作出适度恰当的选择。

3.3 考研真题

一、概念题

1. 人本原理[天津理工2023年研；天工大2023年研；华科2022年研；云南大学2017年研；电子科大2013年研]

相关试题：管理的人本原理[中山大学2009年研]

2. 效益原理[广工大2023年研；四川大学2013年研]

3. 责任原理[西华师大2020年研]

二、简答题

1. 简述管理的基本原理。[吉林大学2024年研；华科2013年研]

2. 简述系统原理的基本要点。[江西财大2014年研；中山大学2010年研]

3. 何为“以人为主体的管理”？又如何实现“以人为主体的管理”？[扬州大学2021年研]

相关试题：论述什么是“人本管理”？人本原理是什么？管理如何实现“以人为中心”？[论述题，中央民大2023年研]

4. 请谈谈海尔的“人单合一”模式符合哪些管理原理。[浙工大2018年研]

三、论述题

系统原理包含哪些内容？简要说明其对管理实践的指导意义。[中山大学2009年研]

3.4 考研真题详解

一、概念题

1. 人本原理[天津理工2023年研；天工大2023年研；华科2022年研；云南大学2017年研；电子科大2013年研]

相关试题：管理的人本原理[中山大学2009年研]

答：人本原理是指以人为主体的管理思想，认为管理活动中人是第一因素，强调人在管理中的核心地位和作用，把人的因素放在首位。在企业中，职工不只是管理的客体，也是管理的主体。同时企业管理以人的全面发展为目标，要为包括企业职工、企业客户在内的人的社会发展而服务。人本原理要求管理者在管理活动中要十分重视处理人与人之间的关系，充分调动人的主动性和创造性，把做好人的工作作为管理根本，使管理对象明确组织的整体目标、自己所担负的责任，自觉并主动地为实现整体目标努力工作。其主要观点为：①职工是组织的主体——尊重人；②职工参与是有效管理的关键——依靠人；③使人走向完美是现代管理的核心——发展人；④管理是为人服务的——为了人。

2. 效益原理[广工大2023年研；四川大学2013年研]

答：参见本章考研真题简答题第1题答案。

3. 责任原理[西华师大2020年研]

答：参见本章课后习题第2题答案。

二、简答题

1. 简述管理的基本原理。[吉林大学2024年研；华科2013年研]

答：原理是指某种客观事物的实质及其运动的基本规律。管理原理是在管理的实践过程中，结合各项管理制度和管理方法，通过对管理工作中实际问题的科学分析和总结而形成的具有普遍指导意义的基本规律。管理的基本原理主要包括五个方面：

(1)系统原理。系统是指在一定环境条件下，两个或两个以上相互联系、相互作用的要素按照一定的原则组成的具有特定结构和功能的有机整体。系统原理是指在管理实践活动中，运用系统论的基本思想和方法指导实践，解决和处理问题的基本规律。

(2)人本原理。即以人为主体的管理思想，强调企业的主体是职工，管理要为人服务；职工参与是有效管理的关键；管理的目标之一是促进人的全面发展。

(3)责任原理。责任原理认为，管理是追求效率和效益的过程，管理者要充分挖掘人的潜能。这就要求：①明确每个人的职责，包括职责界限、横向联系责任落实；②职位设计和权限委授合理；③奖惩要分明、公正、及时。

(4)效益原理。指现代管理的基本目标在于获得最佳管理效益，即创造出更多的经济效益，实现更好的社会效益，这就要求各项管理活动都要始终围绕系统的整体优化目标，通过不断地提高效益，使投入的人力、财力、物力、信息、时间等资源得以充分、合理、有效的利用，从而产出最佳的管理效益。

(5)适度原理。良好的管理要求管理者在处理组织内部的矛盾、协调各种关系时要把握好度的问题，环境的不确定性、组织管理面对的不确定性使得度的把握在很大程度上取决于管理者的直觉。管理活动中存在许多矛盾的选择，在这些相互对立的选择中，管理者必须在两个极端之间寻找最恰当的点，进行适度管理，实现适度组合。

2. 简述系统原理的基本要点。[江西财大 2014 年研；中山大学 2010 年研]

答：参见本章考研真题论述题答案。

3. 何为"以人为主体的管理"？又如何实现"以人为主体的管理"？[扬州大学 2021 年研]

相关试题：论述什么是"人本管理"？人本原理是什么？管理如何实现"以人为中心"？[论述题，中央民大 2023 年研]

答：参见本章课后习题第 3 题和考研真题第 1 题答案。

4. 请谈谈海尔的"人单合一"模式符合哪些管理原理。[浙工大 2018 年研]

答："人单合一"双赢管理模式是由海尔集团 CEO 张瑞敏先生提出的，意在解决信息化时代由于国际市场规模不断增大引发的竞争所带来的日益严重的库存问题、生产成本问题和应收账款问题，并将"人单合一"模式作为海尔在全球市场上取得竞争优势的根本保证。

人单合一双赢模式中，"人"就是员工，"单"就是用户，"人单合一"就是把员工和用户连到一起。而"双赢"则体现为员工在为用户创造价值的过程中实现自身价值。"人单合一"模式体现的管理原理包括以下方面：

(1)"人单合一"模式体现了系统原理。人、单、信息组成了相互联系、依赖、制约的系统，这就要求管理者必须认清管理系统的集合性、相关性、层次性等基本特征。

(2)"人单合一"模式体现了人本原理。即促使管理对象明确组织的整体目标、自己所担负的责任，自觉并主动地为实现整体目标努力工作。

(3)"人单合一"模式体现了责任原理。即在合理分工的基础上明确规定个人必须完成的工作任务和必须承担相应的责任，充分对用户负责。

"人单合一"模式是精益生产的新发展，"人单合一"的实质就是目标管理。"人单合一"模式就是将企业目标分解到各个订单上，将各个订单所承载的责任以分订单的形式下发给相关员工，由员工对各自的订单负责。管理部门通过评价各个订单的完成情况对员工进行绩效考评。

三、论述题

系统原理包含哪些内容？简要说明其对管理实践的指导意义。[中山大学 2009 年研]

答：系统原理是指在管理实践活动中，运用系统论的基本思想和方法指导实践，解决和处理问题的基本规律。系统原理是系统论在企业管理中的应用，为认识管理的本质和方法提供了新的视角。系统原理的内容及其对管理实践的指导意义如下：

(1)整体性原理。整体性原理以实现整体效果的最大化为目标，对系统要素之间、要素与系统之间的关系进行协调和引导，使局部利益服从整体利益，以实现整体利益的最大化。系统虽然是由若干个要素构成的，但绝不是这些要素的简单相加和机械组合，而是各要素按一定的相互依存关系构成的一个有机整体，从而实现系统的特定功能。这种总体功能的产生是一种质变，它的功能大大超过了各个部分功能的总和。因此，系统要素的功能必须要服从系统整体的功能，过于强调要素的功能而不重视系统的功能，往往会破坏系统的整体性和各个要素之间的关系，导致系统功能的失灵。因此，管理者在管理系统时要从整体出发，把握系统的整体效应，而不是片面地追求某个部分的效益最大化，适当弱化某个部分的功能可能带来系统整体效益的提升。

(2)动态性原理。系统是由相互联系和相互作用的要素组成的，当外部环境发生变化时，系统内部的要素之间的联系和作用也将发生相应的变化。因此系统作为一个运动着的有机体，其稳定状态是相对的，运动状态是绝对的。动态性原理就是要求人们要历史地、运动地、发展地考察并对待系统对象，正确把握系统的发展变化，并研究和总结其发展规律，以有效地实现系统的特定功能。因此，管理者应该了解系统动态的原理和规律，预见系统的发展趋势，主动控制系统使其向期望的目标顺利发展。

(3)开放性原理。系统是有机开放的，通过与外部环境进行着物质、能量、信息的交流，获得能量来维持系统的生命和活力。企业亦是如此，只有同外部社会进行交流以获取企业生存和发展的能量，才能保证企业系统的生机和活力，所以管理者必须以开放性原理为指导，不是从封闭中求生存，而是从开放中求发展。

(4)环境适应性原理。每个系统都存在于一定的环境之中，都要和环境发生联系，并随环境的改变而改变其结构和功能。系统可以能动地改善并适应环境。能适应环境的系统是一个充满活力的系统。管理者要尝试能动地改变环境，实事求是地作出科学的决策，以保证组织的可持续发展。企业要充分利用自身的资源，施加作用和影响于环境，以此为自身发展创造条件。如一个行业的领导者应该充分利用自己的优势，制定对自己有利的行业标准；一个准备到国外投资的企业应该尽量运用自身资源影响当地政府的政策，以便更好地融入投资环境，为企业打下更好的发展基础。

(5)综合性原理。综合性是指系统都是由相互联系和作用的多个要素为实现特定功能而组成的综合体。管理者既要学会把许多普普通通的东西综合为新的构思、新的产品、创造出新的系统，又要善于把复杂的系统分解为最简单的单元去解决。

第四章 管理道德与社会责任

4.1 复习笔记

【知识框架(庖丁解牛)】

- 管理道德与社会责任
  - 道德观
    - 功利主义道德观
    - 权利至上道德观
    - 公平公正道德观
    - 社会契约道德观
    - 推己及人道德观
  - 管理道德概述
    - 合乎道德的管理的特征
    - 管理道德的影响因素
    - 改善企业道德行为的途径
  - 企业社会责任
    - 社会责任：观点、描述方式
    - 企业的价值观
    - 企业的社会责任：追求、体现

【通关提要(提纲挈领)】

本章主要介绍管理道德与企业社会责任的相关内容。学习时，要着重掌握几种相关的道德观、影响管理道德的因素、改善企业道德行为的途径和企业的社会责任等知识点。本章主要考查概念题和简答题，复习时要把握各知识点的具体内容，能结合具体案例灵活运用。

【考点难点归纳(厚积薄发)】

考点一：道德观(见表4－1) ★★★★

表4－1 道德观

类型	主要内容
功利主义道德观	能给大多数人带来最大利益[最大福利]的行为才是善的，其出发点是追求伦理效用[有用性]的最大化[考虑大众利益，而非利己主义]
权利至上道德观	①尊重和保护个人基本权利[包括隐私权、思想自由、言论自由、生命与安全及法律规定的各种权利]的行为是善的。 ②从个人和群体的利益出发，主张个人应具有道德权利和法律权利

续表

类型	主要内容
公平公正道德观	①按照同工同酬原则和公平公正标准向员工支付薪酬的行为是善的。 ②强调应公平对待每一个人
社会契约道德观	企业按照当地政府和员工都能普遍接受的社会契约进行管理的行为是善的
推己及人道德观	不以经济利益为目标，强调"合作""和谐""双赢"[中国儒家道德观的高度概括]

【真题链接】有人认为"为了提高80%员工的工作保障，而辞掉20%的员工是合理的"是哪种管理道德观，它的主要缺点是什么？[论述题，扬州大学2021年研]

考点二：管理道德概述（见表4－2） ★★★★★

表4－2　管理道德概述

<table>
<tr><th>要点</th><th colspan="3">主要内容</th></tr>
<tr><td>合乎道德的管理的特征</td><td colspan="3">①遵循道德规范是组织的责任。
②组织应全面地看问题，兼顾自身和整个社会。
③尊重利益相关者，处理好组织与各利益相关者的关系。
④组织的行为是为了人。
⑤超越法律要求，道德比法律更能激发组织追求卓越。
⑥具有自律性。
⑦组织的价值观是行为的向导</td></tr>
<tr><td rowspan="7">影响管理道德的因素</td><td rowspan="4">个人特征</td><td>道德发展阶段</td><td>三个层次：前惯例层次、惯例层次、原则层次</td></tr>
<tr><td>价值观</td><td>代表着关于对与错的基本信念</td></tr>
<tr><td>自我强度</td><td>用来衡量一个人的信念强度</td></tr>
<tr><td>控制点</td><td>掌控自身命运的程度</td></tr>
<tr><td rowspan="2">组织特征</td><td>结构变量</td><td>组织结构设计、组织目标、绩效考评系统、奖励分配流程</td></tr>
<tr><td>组织文化</td><td>组织文化的内容和强度</td></tr>
<tr><td>道德问题强度</td><td colspan="2">①伤害的巨大性；②对行为错误的共识；③伤害的可能性；④结果的即时性；⑤与受害者的接近度；⑥效果的集中度</td></tr>
<tr><td>改善企业道德行为的途径</td><td colspan="3">①甄选高道德素质的员工。
②确立道德准则和决策规则，以减少道德的行为模糊性。
③管理者以身作则，在道德方面领导员工。
④设置合理的工作目标。
⑤道德培训，提高员工的道德素质。
⑥完善全面的绩效评估。
⑦独立的社会审计与监察。
⑧加强法制建设，提供正式的保护机制</td></tr>
</table>

【真题链接】

（1）合乎道德的管理有哪些特征？[简答题，桂林理工2022年研]

（2）管理道德的影响因素。[简答题，吉林大学2023年研]

（3）论述改善企业道德行为的途径。[论述题，武汉工程大学2023年研]

考点三：企业社会责任（见表4－3）★★★★

表4－3　企业社会责任

要点	主要内容		
企业价值观	含义	指关于价值的一定信念、主张和态度的系统观点	
	表现	全体员工对企业"应当是什么、做什么"的高度认同	
	发展阶段	工业化初期	股东利润最大化
		工业化中期	企业利润最大化＋员工利益
		工业化后期	利益相关者价值最大化
		后工业化时期	利益相关者价值最大化＋保护和增进社会福利
企业社会责任	追求	利益相关者价值最大化同时保护和增进社会福利	
	体现	经济责任	办好企业，把企业做强、做大、做久
		法律责任	企业各项行为要合法合规，承担质量责任等
		伦理道德责任	企业的经营管理行为应符合伦理道德
		慈善责任	进行社会福利投资，开展社会慈善事业
		环境责任	自觉保护环境资源，推行绿色管理

【真题链接】企业在现代管理中应承担哪些社会责任？［简答题，中南财大2020年研］

【拓展】社会责任（见表4－4）★★★

表4－4　社会责任

要点	主要内容	
两种观点	古典观点	指企业的唯一社会责任是利润最大化
	社会经济学观点	指企业的社会责任不仅有获得利润，还包括保护和改善社会福利
三种描述方式	社会义务	指企业为了履行特定的经济和法律责任而从事的社会活动［古典观点］
	社会响应	指企业为满足普遍的社会需要而从事社会活动［社会经济学观点］
	社会责任	指企业超越法律和经济义务去做正确的事情，以对社会有利的方式实施行动的意图［社会经济学观点］
企业是否应该参与社会事务	争论很多，但综合来看，社会参与与经济效益正相关，同时企业决策面临政府和社会的压力，因此管理者需要将社会目标纳入管理过程	
企业承担社会责任的意义和必要性	①可以降低个体交易成本，增加社会福利，达成双赢。 ②有利于提高企业商誉，增加企业的经济效益。 ③可以增加企业的核心竞争力。 ④可以赢得更多的合作者。 ⑤企业有能力也有义务去解决社会问题。 ⑥可以发现投资机会，拓宽自身的发展空间。 ⑦国际贸易的新规则促使企业积极承担各种社会责任	

4.2　课后习题详解

1. 在管理道德方面存在哪些基本观点？各种观点的要义和区别何在？

答：在管理道德方面存在五种基本观点，其要义和区别如下：

(1)各种观点的要义：

①功利主义道德观。功利观是指完全依据结果或后果制定伦理决策，它追求的是伦理效用的最大化。功利观对效率和生产力有促进作用，并符合企业利润最大化的目标；但是，功利主义也会导致一些利益相关者的权利被忽视。

②权利至上道德观。这种观点认为决策要尊重和保护个人基本权利，主张权利不能简单地被功利所藐视，而只能被另一种更基本或更重要的权利所超越，也不能剥夺一个人应有的道德权利和法律权利。权利观保护了个人的基本权利，但接受这种观点的管理者把对个人权利的保护看得太过重要，从而影响组织的生产力和生产效率。

③公平公正道德观。这种观点要求管理者公平公正地实施规则，要求公平地对待每个人。管理者可能会运用公平理论观来决定给那些在技能、绩效或职责处于相似水平的员工支付同等级别的薪水，其决策的基础并不是性别、个性、种族或个人爱好等似是而非的差异。

④社会契约道德观。这种观点认为企业按照当地政府和员工都能接受的社会契约进行管理，其基础是两种“契约”的整合：一种是允许企业处理并确定可接受的基本规则的社会一般契约；另一种是处理社区成员可接受的行为方式，这是一种更为具体的契约。社会契约不是一种正式的书面合约，而是一种关于行为准则的非正式协议，这些行为规范是从人群或社会共有的目标、观念和态度中产生的。

⑤推己及人道德观。这是中国儒家道德观的高度概括；它不以经济利益为目标，而是强调“合作”“和谐”“双赢”。

(2)各种观点之间的区别，主要是对“关于什么是善的”存在不同的看法，具体表现在：

①功利主义道德观认为，能给行为影响所及的大多数人带来最大利益的行为才是善的。这是一种完全根据行为结果即所获得的功利来评价人类行为善恶的道德观。

②权利至上道德观认为，能尊重和保护个人基本权利的行为才是善的。

③公平公正道德观认为，管理者不能因种族、性别、个性、个人爱好、国籍、户籍等因素对部分员工歧视，那些按照同工同酬的原则和公平公正的标准向员工支付薪酬的行为是善的。

④社会契约道德观认为，只要按照企业所在地区政府和员工都能接受的社会契约所进行的管理行为就是善的。

⑤推己及人道德观认为，追求“无怨”的“和为贵”才是善的，即强调“合作”“和谐”“双赢”的结果。

2. 合乎道德的管理具有哪些特征？

答：参见本章考研真题简答题第2题答案。

3. 影响管理道德的因素有哪些？

答：参见本章考研真题论述题第 1 题答案。

4. 管理者可以采取哪些办法来改善组织成员的道德行为？

答：参见本章考研真题论述题第 4 题答案。

5. 企业的社会责任主要体现在哪些方面？

答：参见本章考研真题简答题第 3 题答案。

4.3 考研真题

一、概念题

1. 管理道德[浙江理工 2018 年研；中国传媒大学 2012 年研]

2. 社会责任[中国海大 2018 年研；大连理工 2018 年研；安徽师大 2018 年研；中南财大 2017 年研；华南师大 2016 年研；吉林大学 2015 年研；暨南大学 2015 年研；浙大 2012 年研]

相关试题：

(1)企业社会责任[湖南师大 2022 年研；华南理工 2018 年研；南航 2018 年研]

(2)社会经济学观点的企业责任[中国传媒大学 2017 年研]

(3)企业的社会责任[西工大 2017 年研；厦门大学 2011 年研；东财 2011 年研；南京财大 2011 年研]

3. 权利至上道德观[青岛大学 2018 年研]

4. 绿色管理[湘潭大学 2021 年研；浙江理工 2017 年研；同济大学 2016 年研]

二、简答题

1. 判断：遵守规则以避免受到物质惩罚，只在符合其直接利益时才遵守规则，表明其道德发展阶段处于原则层次。[四川师大 2018 年研]

2. 合乎道德的管理有哪些特征？[桂林理工 2022 年研]

3. 简述企业社会责任的内涵及体现方面。[东华大学 2017 年研]

相关试题：

(1)企业在现代管理中应承担哪些社会责任？[中南财大 2020 年研]

(2)什么是企业社会责任？它主要体现在哪些方面？[论述题，桂林理工 2020 年研]

(3)比较社会责任和社会义务，并阐述企业是否应该承担社会责任。[论述题，华东理工 2019 年研]

(4)如何理解企业的社会责任？[南开大学 2018 年研；青岛大学 2018 年研]

(5)企业的社会责任包括哪些内容？[华电 2018 年研]

(6)什么叫社会责任？企业的社会责任体现在哪些方面？[河南师大 2017 年研；电子科大 2016 年研]

三、论述题

1. 试述管理者道德行为的主要影响因素。[中山大学 2008 年研]

相关试题：

(1)管理道德的影响因素。[简答题，吉林大学2023年研]

(2)请分析影响管理道德的主要因素。[简答题，扬州大学2023年研]

(3)简述管理道德及其影响因素。[简答题，山东大学2018年研；华科2017年研]

(4)影响管理道德的因素有哪些？[桂林理工2018年研]

(5)论述影响管理道德的因素。[中国传媒大学2017年研]

2. 从三鹿奶粉事件谈企业承担社会责任的必要性及其意义。[中南财大2009年研]

相关试题：

(1)结合我国国有企业改革，谈谈企业社会责任的内容和提升路径。[华中师大2016年研]

(2)企业承担社会责任的必要性和实现途径。[简答题，中南财大2015年研]

3. 组织是否应该承担社会责任？请概述主要的赞成与反对观点(各三个)，并简要论述你对此问题的看法和理由。[华中农大2017年研]

相关试题：有人说："我们支持企业承担社会责任，但这种社会责任的承担是有范围限制的，是有选择的。"你是否同意这一说法？为什么？[简答题，湘潭大学2017年研]

4. 论述改善企业道德行为的途径。[武汉工程大学2023年研]

相关试题：

(1)改善企业管理道德的途径。[简答题，南昌大学2020年研]

(2)管理者可以采用哪些办法来改善组织成员的道德行为？[简答题，扬州大学2019年研]

四、案例分析题

案例一

材料1：走进"同仁堂"

提起中药，许多人都不约而同会想到"同仁堂"。这家国内最负盛名的老药铺由乐显扬于1669年(清康熙八年)创办，至今已有340多年的历史，目前已发展成为中国北京同仁堂(集团)有限责任公司。在300余年的历史长河中，历代同仁堂人恪守"炮制虽繁必不敢省人工，品味虽贵必不敢减物力"的传统古训，树立"修合无人见，存心有天知"的自律意识，确保了同仁堂金字招牌的长盛不衰。在制药卖药的同时，还举办许多慈善事业，如冬季设粥厂，救济贫民；夏天送暑药，预防瘟疫；兴办义学，资助教育。三百年来，同仁堂历经变故，但依靠在社会上享有的声誉，始终不倒。

材料2：三鹿集团的兴起与破产

三鹿集团前身是1956年2月16日成立的"幸福乳业生产合作社"，经过几代人半个世纪的奋斗，在同行业创造了多项奇迹和"五个率先"：1983年率先研制、生产母乳化奶粉(婴儿配方奶粉)；1986年率先创造并推广"奶牛下乡、牛奶进城"城乡联合模式；1993年，率先实施品牌运营及集团化战略运作；1995年，率先在中央电视台一频道黄金时段播放广告；1996年，率先在同行业导入CI系统。2005年8月，"三鹿"品牌被世界品牌实验室评为中国500个最具价值品牌之一，2007年被商务部评为最具市场竞争力品牌。"三鹿"商标被认定为"中国驰名商标"；产品畅销全国31个省、自治区、直辖市。2006年位居国际知名杂志《福布斯》评选的"中国顶尖企业百强"乳品行业第一位。经中国品牌资产评价中心评定，三鹿品牌价值达149.07亿元。

三鹿集团的发展在2008年发生了重大变故。2008年6月28日，位于兰州市的解放军第一医院收治了首例患“肾结石”病症的婴幼儿，据家长们反映，孩子从出生起就一直食用河北石家庄三鹿集团所产的三鹿婴幼儿奶粉。7月中旬，甘肃省卫生厅接到医院婴儿泌尿结石病例报告后，随即展开了调查，并报告卫生部。随后，全国很多地方报道了相似情况。随着调查的深入，发现奶制品中添加了化工原料“三聚氰胺”，导致人体泌尿系统产生结石。三聚氰胺事件波及整个奶制品行业，公众对国内奶粉品牌整体缺乏信心。随后，三鹿集团进入破产程序。[北科2013年研]

问题：

1. 根据以上两个案例材料，你认为企业发展应该遵守哪些基本道德？

2. 如何理解企业社会责任与企业发展之间的关系？

案例二 百度魏则西事件

2016年21岁大学生魏则西的过世，引发了关于医疗搜索竞价排名的讨论，让百度推广成为全民关注的焦点。事件的大致情况是这样的：2014年魏则西查出自己患了滑膜肉瘤晚期，他用百度搜索滑膜肉瘤的治疗方法，排在搜索结果首位的是武警二院的“生物免疫疗法”。魏则西的父母马上和武警二院联系，见到了一个姓李的主任。这位李主任称这个技术是美国斯坦福研发出来的，有效率达到百分之八九十，可确保魏则西活20年。于是，魏则西在武警二院先后做了四次生物免疫疗法的治疗，共花了二十多万元，结果没几个月病情却恶化了，转移到了肺。2016年3月魏则西在知乎网上记录了自己求医的经历，他希望不再有更多的人受骗。在生命的最后时光，魏则西在知乎上认识了一个在美国的留学生，对方联系了多家美国医院后告诉他，生物免疫疗法在国外因为效率太低，20年前在临床阶段就被淘汰了，可到了国内，却成了最新技术，然后成了欺骗的手段。

2016年的五一假期，整个互联网都被“魏则西事件”刷屏了。百度高层恐怕很难预测到，魏则西的离世竟然给他们的公信力带来如此巨大的危机，一夜之间，中国最大的搜索引擎被推到了风口浪尖，成为众矢之的。[四川师大2018年研]

问题：

1. 企业是否只是一个经济实体？

2. 透过“百度魏则西事件”，你认为互联网企业的社会责任表现在哪些方面？

4.4 考研真题详解

一、概念题

1. 管理道德[浙江理工2018年研；中国传媒大学2012年研]

答：管理道德即管理伦理，有两种解释：一是“管理者的伦理(道德)”；二是“管理组织的伦理(道德)”。管理组织即企业管理、行政管理、社会管理的各种对象，它可以是企业，也可以是社会其他单位。这两种解释相互区别，又相互联系。应该说，“管理者的伦理(道德)”是“管理组织的伦理(道德)”的基础，前者对后者起着最重要的影响作用。因为管理者的伦理道德选择以及决策中的道德趋向必然影响管理组织的道德行为；作为导向，也必然影响管理组织中个体的道德行为。基于此，管理伦理或管理道德可以被确定为“管理者在管理实践中应当遵循的道德原则和道德规范”。道德管理的特征等，参见本章考点难点归纳相关内容。

2. 社会责任［中国海大 2018 年研；大连理工 2018 年研；安徽师大 2018 年研；中南财大 2017 年研；华南师大 2016 年研；吉林大学 2015 年研；暨南大学 2015 年研；浙大 2012 年研］

相关试题：

(1) 企业社会责任［湖南师大 2022 年研；华南理工 2018 年研；南航 2018 年研］

(2) 社会经济学观点的企业责任［中国传媒大学 2017 年研］

(3) 企业的社会责任［西工大 2017 年研；厦门大学 2011 年研；东财 2011 年研；南京财大 2011 年研］

答：参见本章考研真题简答题第 3 题答案。

3. 权利至上道德观［青岛大学 2018 年研］

答：参见本章课后习题第 1 题答案。

4. 绿色管理［湘潭大学 2021 年研；浙江理工 2017 年研；同济大学 2016 年研］

答：绿色管理是指管理者在进行管理决策和生产经营活动时考虑对自然环境的影响，要求企业将环境保护的观念融于企业的经营管理之中，它涉及企业管理的各个层次、各个领域、各个方面、各个过程，要求在企业管理中时刻考虑环保、体现绿色。组织进行绿色管理的方法包括：①法律方法（浅绿），指组织只做法律要求的事。该方法中组织仅遵守法律、规则和监管以实现环保，这个方法体现的环境敏感度最低，属于社会义务的范畴。②市场方法，指组织满足顾客与环境相关的任何需求，属于社会响应的范畴。③利益相关者方法，指组织满足各种利益相关者的环境要求，属于社会响应的范畴。④激进主义者方法（深绿），指组织主动寻求方法保护自然资源，这个方法体现的环境敏感度最高，属于社会责任的范畴。

二、简答题

1. 判断：遵守规则以避免受到物质惩罚，只在符合其直接利益时才遵守规则，表明其道德发展阶段处于原则层次。［四川师大 2018 年研］

答：这种说法是错误的。美国学者劳伦斯·科尔伯格研究认为，道德发展要经历三个层次，每个层次又分为两个阶段。三个层次分别为前惯例层次、惯例层次和原则层次。其中，前惯例层次只受个人利益的影响。决策的依据是本人利益，这种利益是由不同行为方式带来的奖赏和惩罚决定的。这一层次有两个阶段：①遵守规则以避免受到物质惩罚，做正确的行为是为了避免惩罚；②满足个人需要的就是正确的，只在符合自身的直接利益时才遵守规则。

2. 合乎道德的管理有哪些特征？［桂林理工 2022 年研］

答：合乎道德的管理具有以下七个特征：

(1)认为遵循道德规范是组织的责任。不仅要把遵守道德规范视作组织获取利益的一种手段，而且要把其视作组织的一项责任。

(2)组织应全面地看问题，兼顾自身和整体社会。有时，为了社会整体的利益，可能会牺牲组织自身的利益。

(3)尊重利益相关者，处理好组织与各利益相关者的关系。组织与利益相关者相互依存。

(4)组织的行为是为了人。应该把人看作目的而不仅仅是手段。

(5)道德比法律更能激发组织追求卓越。法律是所有社会成员必须共同遵守的最起码的行为规范，但仅仅遵守法律并不能更大地激发员工的责任感、使命感，不大可能赢得顾客、供应者、公众的信赖、支持。与之相反，遵守道德的管理者可能并未把组织的利益放在第一位，却能取得更为卓越的业绩。

(6)管理具有自律性。社会舆论和内心信念有时能唤醒人们的良知和羞耻感、内疚感，从而促使其进行自我行为调节。

(7)组织的价值观是行为的向导。组织的价值观有时成为组织中某种行为的判断依据。追求道德的管理者通常通过为组织树立较为崇高的价值观，来引导组织及其成员的一切行为，从而利用这种价值观来激发组织成员去作出贡献，给组织带来生机和活力。

3. 简述企业社会责任的内涵及体现方面。[东华大学 2017 年研]

相关试题：

(1)企业在现代管理中应承担哪些社会责任？[中南财大 2020 年研]

(2)什么是企业社会责任？它主要体现在哪些方面？[论述题，桂林理工 2020 年研]

(3)比较社会责任和社会义务，并阐述企业是否应该承担社会责任。[论述题，华东理工 2019 年研]

(4)如何理解企业的社会责任？[南开大学 2018 年研；青岛大学 2018 年研]

(5)企业的社会责任包括哪些内容？[华电 2018 年研]

(6)什么叫社会责任？企业的社会责任体现在哪些方面？[河南师大 2017 年研；电子科大 2016 年研]

答：(1)企业社会责任是指企业应该承担的，对社会及不同相关利益主体担负的经济责任、法律责任和道德责任。这三者的关系是：履行经济责任是企业的中心任务，但履行经济责任必须以履行法律责任和道德责任为前提和基础。

(2)企业社会责任的体现：

①经济责任。办好企业，把企业做强、做大、做久。企业应向投资者提供真实、准确的经营信息，努力提高投资者的投资回报。

②法律责任。企业的各项行为都要合法合规，如承担质量责任等。企业要善于发现消费者的需求，为消费者提供安全可靠的产品和服务，并保证产品质量，保护消费者的合法权益。

③伦理道德责任。一切企业的经营管理行为都应符合伦理道德规范。企业要遵守行业道德和职业道德；不在交易中恶意损害对手形象；不压制竞争，也不参与恶意竞争。

④慈善责任。进行社会福利投资，开展社会慈善事业。企业既要为社会提供产品、就

业、税收，还要支持社会的公益事业，为社会提供慈善捐助等。

⑤环境责任。自觉保护环境资源，推行绿色管理，如推动环保技术的应用，以绿色产品的研究和开发为重点，积极开展污染治理等。

三、论述题

1. 试述管理者道德行为的主要影响因素。［中山大学 2008 年研］

相关试题：

(1) 管理道德的影响因素。［简答题，吉林大学 2023 年研］

(2) 请分析影响管理道德的主要因素。［简答题，扬州大学 2023 年研］

(3) 简述管理道德及其影响因素。［简答题，山东大学 2018 年研；华科 2017 年研］

(4) 影响管理道德的因素有哪些？［桂林理工 2018 年研］

(5) 论述影响管理道德的因素。［中国传媒大学 2017 年研］

答：影响管理道德的因素主要包括：

(1) 道德发展阶段。道德发展分为前惯例层次、惯例层次和原则层次三个层级，每个层级有两个阶段。在每个连续的阶段，个人的道德判断对外界影响的依赖减少，变得更加内在化。

(2) 个人特点。影响管理伦理的个人特征包括：

①价值观。价值观是一种约定俗成的观念。每个人在进入组织时，就已经具有一套相对稳定的价值准则，不同的管理者常常有不同的价值观。价值观的依据可以是一些规则，也可以是法律观念，还可以是预计的结果或目的。价值观是行为的先导，因此，它也是伦理决策的关键。

②自我强度，用来衡量一个人信念的力量。自我强度高的人更可能去做他们认为正确的事情，其道德判断和行为更加具有一致性。

③控制点，指人们相信可以掌控自身命运的程度。“外部控制”论认为，生命中的事件是由命运、机会或运气控制的；“内部控制”论认为，生命中的事件是由自己的行动控制的。

(3) 组织结构。影响道德选择的组织结构变量包括：①组织的结构设计；②组织的目标；③组织的绩效考评系统；④组织的奖励分配流程。有些结构提供了强有力的指导，而另一些结构却只是给管理者制造困惑。结构设计如果能够使模糊性和不确定性最小，并不断提醒管理者什么是道德的，就更有可能促进道德行为。

(4) 组织文化。组织文化的内容和强度会影响道德行为。组织文化由共享的组织价值观构成，这些价值观反映了组织代表和相信什么，也创造了一个影响员工采取道德或不道德行为的环境。风险承受力高、管控能力强和冲突包容性高的文化最可能鼓励较高的道德标准。

(5) 道德问题强度。它会对管理者的伦理决策产生极大影响，主要取决于以下六个因素：

①伤害的巨大性：某种道德行为对受害者的伤害有多大？

②对行为错误的共识：有多少人认为这种行为是不可取的？

③伤害的可能性：不道德行为发生并造成实际危害的可能性有多大？

④结果的即时性：人们能否直接、快速地受到危害？

⑤与受害者的接近度：自己与该行为潜在的受害者在社会、心理或身体上的接近程度如何？

⑥效果的集中度：行为对有关人员的影响的集中程度如何？

2. 从三鹿奶粉事件谈企业承担社会责任的必要性及其意义。［中南财大 2009 年研］

相关试题：

(1)结合我国国有企业改革，谈谈企业社会责任的内容和提升路径。［华中师大 2016 年研］

(2)企业承担社会责任的必要性和实现途径。［简答题，中南财大 2015 年研］

答：企业社会责任是指企业应该承担的，对社会和不同利益相关者所负的经济责任、法律责任和道德责任。这三者之间的关系是：履行经济责任是企业的中心任务，但履行法律责任和道德责任是履行经济责任的前提和基础。企业在追求利润的同时，一般也会使社会受益，即企业的目标和社会的目标在许多方面是一致的。企业也是社会成员，也要为社会尽自己的责任；从长远角度看，承担社会责任也是企业能够长期存在和发展的必然选择。具体来看，企业承担社会责任的必要性和意义在于：

(1)企业承担社会责任、遵循伦理道德可以降低个体交易成本，增加社会福利，达到双赢的目的。从福利经济学家的观点来看，效率与经济活动中所有成员的福利状况有密切联系。如果一个人可以在不使任何他人境况变坏的条件下使自己的境况变得更好，那么这种情况能够改善整个经济体系的效率。如果一个人的最优是通过损害他人的利益实现的，这并未给整个经济体系的效率带来任何改善，那么这种状况就是违反企业商誉、企业信用和企业伦理的，被称为“反经济信用行为”。

(2)企业承担社会责任、遵循伦理道德能够提高企业商誉，增加企业的经济效益。商誉，是指企业的一种特殊信誉。具有商誉的企业，在同等条件下能获取比正常投资报酬率更高的超额收益。即提高企业的商誉，可以增加企业的经济效益。但企业商誉的形成必须有坚实的道德基础。

(3)企业承担社会责任、遵循伦理道德也是增加企业核心竞争力的关键。为了在激烈的市场竞争中取得竞争优势，企业必须抓住自己的核心竞争力。从某种意义上说，企业的道德、价值理念才是最终意义上的第一核心竞争力。所以说，现代企业产品的质量竞争、价格竞争、服务竞争，归根结底是企业经营理念的竞争。

(4)企业承担社会责任、遵循伦理道德可以赢得更多的合作者。一般来说，企业重视商誉和信用，会赢得更多合作者的信赖和支持。在互惠互利基础上的合作关系会更长久、更有利于共同的发展。

(5)企业有义务解决社会问题。很多社会问题(如噪声污染、空气污染、水污染、资源浪费、工业安全、消费者权益、计算机犯罪等)都是由企业造成的，企业在道义上有责任积极参与解决。如果企业不承担更多的社会责任，人们会转而要求政府监管企业，这会给企业带来很多限制。

(6)企业在承担社会责任、遵循伦理道德过程中可以发现投资机会，拓宽自身的发展空间。企业在承担社会责任时，可能会发现或发掘一些发展机遇和有利可图的投资机会，使企业在解决社会问题、取得社会效益的同时，也能获得重大的经济效益。

(7)国际贸易的新规则促使企业更加积极地承担社会责任。全球第一个社会责任国际标准体系目前已经成为重要的第三方认证准则。承担社会责任不仅可以使我国企业突破贸易壁垒和市场壁垒，获得一张进入国际市场的通行证，而且对快速提升企业品牌形象、进入和拓宽国际市场具有至关重要的作用。

3. 组织是否应该承担社会责任？请概述主要的赞成与反对观点(各三个)，并简要论述你对此问题的看法和理由。[华中农大2017年研]

相关试题：有人说："我们支持企业承担社会责任，但这种社会责任的承担是有范围限制的，是有选择的。"你是否同意这一说法？为什么？[简答题，湘潭大学2017年研]

答：企业社会责任是指企业应该承担的，对社会和不同利益相关者所负的经济责任、法律责任和道德责任。这三者之间的关系是：履行经济责任是企业的中心任务，但履行法律责任和道德责任是履行经济责任的前提和基础。企业也是社会成员，也要为社会尽自己的责任；从长远角度看，承担社会责任也是企业能够长期存在和发展的必然选择。

(1)反对企业承担社会责任的理论：

①"股东至上"理论。企业的所有权属于股东，因此企业最重要的目标就是最大限度地为股东创造财富。股东是企业的唯一所有人，因此授予企业的所有权力都只有在为了股东利益时才可以行使。因此，企业的首要目的就是为股东创造财富，自由市场经济中的社会问题应该由政治家们去解决。

②委托代理理论。在公司中，股东是委托人，管理者是代理人；管理者受股东的委托，负责公司的日常经营；在股东(委托人)难以对管理者(代理人)进行有效监督的情况下，作为自利的"理性经济人"的管理者会最大限度地追求他们自己的利益，而不是股东的利益。因此，管理者不可能成为可靠、高效的社会责任承担者。企业承担社会责任的结果是，无论是股东、员工、消费者利益，还是国民财富都不可能实现最大化，真正实现最大化的只是管理者自身的利益。

③企业社会责任与资本主义制度的关系。企业承担社会责任将可能导致公司不仅主宰经济，而且能够主导社会、文化与政治制度的形成，从而威胁到资本主义民主政治制度与自由市场的经济制度。费曼认为，企业管理者认同企业的社会责任不只是尽可能多地为股东赚钱已经成为一种趋势，很少有别的趋势如同这一趋势一样对自由社会的基础造成了如此彻底的破坏。

(2)支持企业承担社会责任的理论：

①长期利益理论。反对企业承担社会责任的理由之一是企业承担社会责任会损害企业为股东创造财富的能力。对此，20世纪70年代初，一些学者将企业的利益区分为短期利益与长期利益，并且认为企业承担社会责任有利于企业长期利益的最大化。20世纪70年代企业社会责任的研究重心不再是企业是否应该承担社会责任，而是承担什么样的社会责任，以及如何承担社会责任。

②利益相关者理论。与"股东至上"理论相反，利益相关者理论认为，虽然企业的所有权属于股东，但企业也需要考虑员工、客户、供应商、债权人等利益相关者的利益。企业是一个既为盈利也为社会服务的经济组织，公司的目的不仅是为股东赚钱，而且要为员工提供更加稳定的工作，为消费者提供高质量的产品，为整个社会福利作出贡献。

③团队生产理论。企业的生产需要投入土地、劳动力、资金等多种不同资源，企业的产品并非相互合作的各种不同资源产出的简单相加，生产所需的各种资源通常并不属于同一个人所有。企业的所有人并非只有股东，员工、债权人、客户、供应商也是公司的所有人，公司也应该承担照顾员工、债权人、客户、供应商等所有人利益的责任。

④战略管理理论。20世纪90年代后期开始，一些管理学家将企业战略管理理论与企业社会责任问题结合起来，认为企业可以通过承担社会责任而获得竞争优势，应该积极承担社会责任。

4. 论述改善企业道德行为的途径。[武汉工程大学2023年研]

相关试题：

(1)改善企业管理道德的途径。[简答题，南昌大学2020年研]

(2)管理者可以采用哪些办法来改善组织成员的道德行为？[简答题，扬州大学2019年研]

答：改善组织管理道德的途径主要有：

(1)甄选高道德素质的员工。理论上讲，一个组织可以通过严格的雇员甄选过程(通常包括笔试、面试、背景考查、试用等环节)了解求职者的个人道德发展水平、价值观、自我强度和控制中心等个人特征，并剔除那些在道德上不符合要求的求职者。当然这并非易事，有时是非标准很成问题的人也可能被录用。但是，如果结合其他方面的措施，此方法仍是一个较好的控制途径。

(2)确立道德准则和决策规则。道德准则是表明一个组织期望雇员遵守的基本价值观和道德规则的正式文件。制定明确的道德准则是减少组织成员伦理困惑的一种方法。道德准则既要相当具体，以便让组织成员明白应该以什么样的精神来从事工作、以什么样的态度来对待工作，也要相当宽泛，以便让成员有判断的自由。管理者对道德准则的态度及对违反者的处理方法对道德准则的实施效果有直接影响。

(3)管理者以身作则，在道德方面领导员工。管理者是组织成员言行的表率，而且他们所做的可能比所说的更为重要。例如，如果高层管理者将公司的资源据为己有，扩大他们的费用支出，给予朋友优待，他们等于向全体雇员暗示这些行为是可以接受的。高层管理者还可通过他们的奖惩行为来建立文化基调。

(4)设置合理的工作目标。明确且现实的目标有利于避免不道德行为的产生。如果对组织成员的要求是不现实的，即使是明确的目标也能引起道德问题。在不现实的目标压力下，即使讲道德的组织成员也会持不择手段的态度。当目标是清楚的、现实的，它会减少组织成员的迷惑并使之受到激励而不是惩罚。

(5)完善绩效评估。绩效评估所关注的是工作目标能否实现。但当绩效评估只关注经济目标时，结果就会使手段合理化，从而可能产生不道德行为。如果一个组织希望雇员保持高的道德标准，它就必须在其绩效评估过程中包括伦理道德方面的内容。

(6)对成员进行道德教育。越来越多的组织认识到对成员进行道德教育的重要性，并积极采取各种方式(研讨会、专题讨论会和类似的道德培训项目)来提高员工的道德素质。道德教育可以向成员灌输组织的行为标准。

(7)独立的社会审计。害怕被抓住的心理是遏制人们实施不道德行为的重要因素。被抓住的可能性越大，产生不道德行为的可能性就越小。按照组织的道德准则评价决策和管理行为的独立的社会审计提高了发现不道德行为的可能性。

(8)正式的保护机制。组织提供正式的机制，以保护那些处于道德困境的雇员能够按照自己的判断行事，而不必担心受到惩戒。组织可以采取道德顾问的方式。当雇员面对道德困境时，能够向道德顾问寻求指导。此外，组织可以设计一套专门的申诉程序，使成员能够放心地利用它举报有道德问题的人或告发践踏道德准则的人。

四、案例分析题

案例一

问题：［北科 2013 年研］

1. 根据以上两个案例材料，你认为企业发展应该遵守哪些基本道德？

答：根据案例，企业在发展过程中需要遵守的基本道德有：

(1)诚实守信。企业不仅要在生产运作过程中保质保量地完成企业目标，严格按照生产运作的要求生产产品，在销售过程中也要做到不欺骗消费者，真正做到从产品生产到销售的整个过程中质量合乎标准。同时，要保证营销活动的公开、公平、公正，以维护和增进全社会和消费者的长远利益，求得企业的长期发展。随着社会的进步，市场竞争的规范化、企业的可持续发展等都迫切要求企业实施诚信营销。同仁堂遵循诚实守信的基本道德，三百年来屹立不倒；三鹿集团违反了诚实守信的基本道德，最终破产。

(2)树立企业的社会责任。企业在获得企业利润的同时，应该注意自身所应承担的责任：通过消除产生不利影响的活动来承担社会责任；把不利的社会影响转化成企业的发展机会；通过制定各种规章制度、法律法规来限制企业对社会的影响。同仁堂举办各种慈善活动，承担了社会责任，享有百年盛誉；三鹿集团只考虑自己的利润，企业最终破产。

2. 如何理解企业社会责任与企业发展之间的关系？

答：企业社会责任与企业发展之间相互联系、相互促进。从长期看，企业承担社会责任既可以提升企业社会形象，增强企业核心竞争力，又可以优化企业内外部环境，并最终提升企业的长期盈利能力，促进企业发展。

(1)企业进行社会责任建设是增强企业核心竞争力的需要。企业核心竞争力是企业可持续发展的内在动力，是企业长期形成的、蕴涵于企业内质中、超越其竞争对手的独特能力。在核心竞争力的培育与成长过程中，企业社会责任发挥着无可替代的基础性作用。企业进行社会责任建设的意义：

①有利于企业讲究诚实守信，积极参与公益事业，赢得商业信誉。

②有利于得到利益相关者的认同和支持，增加销售收入，取得竞争优势。

③有利于激发员工工作的积极性和创造性，获得良好的人力资源，增强企业竞争力，最终有利于可持续发展。

(2)企业承担社会责任与企业提高经济效益呈正相关关系。经济效益是指人们在经济实践活动中的劳动成果与劳动消耗之比，即所得与所费之比。提高经济效益是企业生存与发展的关键。企业承担社会责任是企业经济效益提高的内在驱动力，主要体现在两个方面：

①企业处于相互联系的利益链条之中，承担社会责任能够获得民众与政府的支持，从

而减少与其打交道的成本。

②在管理过程中坚持道德原则与规范能够使部门之间、人员之间加强合作，降低合作成本和经营成本。企业成本的降低有利于企业经济效益的提高，为企业可持续发展奠定基础。

(3)企业履行社会责任，有利于得到利益相关者的支持：

①针对企业内部员工的责任，比如，员工关怀，对员工利益的保护以及劳动环境的改善，有利于提高员工的长期忠诚度，充分发挥员工的主动性和创造性，大大提高生产率。

②企业承担社会责任有利于得到公众和顾客的认同，有利于企业扩大产品销路，从而提高销售收入。

可见，优化企业的内外部环境，有利于企业的可持续发展。

(4)企业承担社会责任有利于树立良好的企业形象。企业形象是公众对企业综合认识后形成的综合印象，是通过企业的建筑物、领导人、经理人员、经营方针政策、日常管理行为等具体客观的东西作用于消费者的思想感情，进而产生的一种主观的综合印象。企业形象主要体现在以下方面：

①内在精神方面。企业应具有自己的社会哲学观，在自身发展的同时造福于民众和社会，承担一定的社会责任和社会义务。

②外部形象方面。企业应处理好与政府、民众及其他利益相关者之间的关系，对顾客应保证质量，对政府应照章纳税，对供应者应恪守信誉等。

总之，承担社会责任与企业发展是辩证统一的，处于良性互动的关系之中。企业承担社会责任，能够增强核心竞争力，提高企业经济效益，优化企业内外部环境，树立良好的企业形象，为企业可持续发展战略得以实施提供必要条件和根本保障。企业可持续发展战略的成功实施会使企业有更大的能力和热情主动承担社会责任。

案例二 百度魏则西事件

问题：［四川师大 2018 年研］

1. 企业是否只是一个经济实体？

答：企业不只是一个经济实体，同时也必须是一个伦理实体。

(1)纯经济观以传统的观点来看待企业的运作，认为公司管理当局的任务就是设法以最有效率的方法来组合各项生产资源，使生产成本最低，同时将产品卖给愿意支付最高价格的顾客，使企业的利润最大。其主要论点有：

①企业参与社会目标会冲击工商企业的根本使命。

②企业已经拥有较大的权力，不应再加大。

③并没有广泛的社会授权要求工商企业参与社会问题。

④企业无法承担大量的社会责任。

⑤企业的社会行为会降低企业的国际竞争力。

⑥缺乏对企业参与社会活动的全力支持。

⑦企业的社会参与可能使企业负担过量成本。

(2)社会经济观认为，企业除了应取得一定的利润外，还应为基本相关利益群体承担其应负的社会责任。其主要论点为：

①社会大众期望企业承担社会责任。

②企业承担社会责任是一种长期的自利。

③企业拥有解决社会问题的资源和能力。

④企业拥有大量的权力，根据推理，企业也相应承担同等程度的社会责任。

⑤现代社会是一个相互依存的系统，企事业单位的内部活动对外部环境有影响。

⑥通过企业的参与来防止社会问题的发生。

⑦企业承担一定社会责任的结果是使企业决策有了更大的自由和灵活性。

(3)企业具有经济角色和社会角色双重身份，因而具有伦理属性并须承担社会责任。企业是市民社会中伦理实体的一种具体存在方式，不仅是一个经济实体，而且首先并且更重要的是一个伦理实体。循环经济理论和现代企业以循环生产模式取代传统的线性模式，就是基于对企业“伦理实体”与“社会公器”的定位而取得的觉悟和进步。

2. 透过“百度魏则西事件”，你认为互联网企业的社会责任表现在哪些方面?

答: 企业社会责任是指企业应该承担的，对社会和不同利益相关者所负的经济责任、法律责任和道德责任。这三者之间的关系是：履行经济责任是企业的中心任务，但履行法律责任和道德责任是履行经济责任的前提和基础。互联网企业的社会责任的主要表现，参见本章考研真题简答题第2题答案。

通过“百度魏则西事件”可以看到，企业不只是一个经济实体，同时是、也必须是一个伦理实体，要对社会中的各个主体承担不同的社会责任。“魏则西事件”不仅是互联网企业恶意竞争的后果，也是企业未给消费者提供安全、正确的产品及产品信息的体现。这一事件警示企业要承担起应承担的社会责任，以求达到双赢的效果。

第五章　管理的基本方法

5.1　复习笔记

【知识框架(庖丁解牛)】

- 管理的基本方法
  - 管理方法论：管理方法、管理哲学
  - 管理的法律方法［调整］
    - 含义、内容、实质
    - 特点：严肃性、规范性、强制性
    - 作用、缺点、正确运用
  - 管理的行政方法［服从］
    - 含义、实质
    - 特点：权威性、强制性、垂直性、具体性、无偿性
    - 作用、缺点、正确运用
  - 管理的经济方法
    - 含义、内容、实质
    - 特点：利益性、关联性、灵活性、平等性
    - 作用、缺点、正确运用
  - 管理的教育方法
    - 含义、实质、任务
    - 特点：强制性、示范性、群体性、个体性、自主性
    - 作用、缺点、应用方式
  - 管理的技术方法
    - 含义、内容、实质
    - 特点：客观性、规律性、精确性、动态性
    - 作用、正确运用

【通关提要(提纲挈领)】

本章主要介绍管理的基本方法。学习时，要掌握各种方法的含义、特点、作用及其正确运用；同时，要结合实际深入理解各种方法的适用情境。本章主要考查概念题和简答题，不是考查重点，熟悉即可。

【考点难点归纳(厚积薄发)】

考点一：管理方法论(见表 5－1)　★★

表5-1 管理方法论

要点		主要内容
管理方法	含义	指用来实现管理目的而运用的手段、方式、途径和程序等的总称
	重要性	管理方法是管理理论和原理的延伸和具体化，是管理原理发挥作用的必要中介，是管理目标实现的手段和途径，其作用不可替代
	分类	①法律方法；②行政方法；③经济方法；④教育方法；⑤技术方法
管理哲学	含义	作为管理的世界观和方法论，一般指管理的普遍原理、原则和哲学观
	内容	①管理辩证法；②管理认识论；③管理文化；④管理的科学价值观

考点二：管理的法律方法(见表5-2) ★★★

表5-2 管理的法律方法

要点		主要内容
含义	指根据国家的法律法规等依法进行管理的方法	
内容	①建立健全各种法律法规；②对应的司法、仲裁工作	
实质	实现全体人民意志并维护其根本利益	
特点	严肃性	法由国家制定或认可，即按严格的法律程序和规定制定
	规范性	法是调整社会关系的行为规范，法律面前人人平等
	强制性	法由国家强制力保证实施
作用	双重性	①促进作用；②阻碍作用
	普遍作用	①维持正常管理秩序；②调节各管理因素间的关系；③使管理规范化、制度化
缺点	①缺少灵活性和弹性，不利于处理一些特殊问题和新问题。 ②原则上适用于管理的各个领域，但在某些领域无用	
正确运用	①各种法律法规要综合运用、相互补充；②要与其他方法一起综合使用	

考点三：管理的行政方法(见表5-3) ★★★

表5-3 管理的行政方法

要点		主要内容
含义	指以权威和服从为前提，依靠行政组织权威，运用各种行政手段，按照行政隶属关系来实施管理的方法	
实质	按行政组织中的职务和职位进行管理，强调职责、职权和职位	
特点	权威性	行政方法有赖于管理机关和管理者的权威
	强制性	以权威和服从为基础，属于“硬”约束
	垂直性	行政方法属于纵向垂直管理
	具体性	行政指令具有明确的指向性，行政方法更具体
	无偿性	以服从为前提，无偿
作用	①有利于集中统一管理，避免各行其是。 ②能够有效发挥管理职能，强化管理作用。 ③能够灵活处理各种特殊问题	

续表

要点	主要内容
缺点	①行政方法的管理效果直接受到组织领导水平的制约。 ②强调集中统一，不便于分权管理。 ③扭曲经济价值规律
正确运用	①重视行政方法本质上的服务性。 ②管理者的能力和水平会制约行政方法的管理效果。 ③信息是行政方法运用中最重要的因素。 ④行政方法应与经济方法等其他方法有机结合

【真题链接】

(1)简述管理的行政方法的特点。[简答题，广西大学2021年研]

(2)管理的行政方法有哪些作用?[简答题，桂林理工2022年研]

考点四：管理的经济方法(见表5-4)　★★★★

表5-4　管理的经济方法

要点		主要内容
含义		指以经济利益为基础，按客观经济规律的要求，运用经济手段进行管理的方法
内容		①价格；②税收；③信贷；④利润；⑤工资；⑥奖金；⑦罚款；⑧经济合同等
实质		以物质利益为基础，运用经济手段调动各主体的积极性、创造性和责任感
特点	利益性	利用人们对物质利益的追求来引导被管理者
	关联性	必须与其他方法结合才能发挥作用，单独使用有一定的盲目性
	灵活性	对不同管理对象或同一对象，采用的手段或方式都可不同
	平等性	被管理主体在经济利益的获取上是平等的
作用		①便于分权。 ②能够充分调动组织成员的积极性和主动性。 ③有利于组织提高经济效益和管理效率
缺点		以价值规律为基础，带有一定的盲目性和自发性
正确运用		①经济方法要与教育等其他方法综合运用。 ②经济方法的各种手段要综合运用，且要不断完善。 ③切忌重奖重罚，防止以罚代管

【真题链接】简述管理的经济方法有哪些特点。[简答题，桂林理工2021年研]

考点五：管理的教育方法(见表5-5)　★★★

表5-5　管理的教育方法

要点	主要内容
含义	指组织根据一定目的和要求，对被管理者进行有针对性的思想道德教育，以启发其思想觉悟进行管理的方法
实质	通过教育使受教育者的行为符合管理要求

续表

要点	主要内容	
任务	提高个人素质，调动其积极性和创造性	
特点	强制性	管理规章制度中强制规定了某些教育内容
	示范性	领导者行为对组织成员具有示范效应[言传身教、身教重于言教]
	群体性	重视群体教育及非正式组织的作用[教育和引导]
	个体性	个体具有特殊性，要求同存异、“因材施教”
	自主性	组织要为其成员的发展创造条件，鼓励个人主动接受教育
作用	①激发人们持久的工作热情和积极性。 ②对其他管理方法的综合运用起重要的促进作用	
缺点	强制性低，诱导力差。教育要真正产生作用，必须经过长期不懈的多方努力	
应用方式	①专业式教育；②情境式教育；③启发式教育；④互动式教育	

【真题链接】请简述如何应用管理的教育方法。[简答题，扬州大学2020年研]

考点六：管理的技术方法（见表5-6）★★★

表5-6　管理的技术方法

要点	主要内容	
含义	指管理者要在管理过程中自觉运用各类技术以提高效率和效果的管理方法	
内容	①信息技术；②决策技术；③计划技术；④组织技术；⑤控制技术	
实质	在管理中运用各种技术，发挥技术对管理的辅助作用	
特点	客观性	技术客观存在，其结果客观
	规律性	技术源于客观规律，技术方法具有规律性
	精确性	基础数据的正确性决定了技术结果的精确性
	动态性	管理技术要不断更新换代
作用	①信息技术能够提高组织获取信息的速度和质量。 ②组织决策的速度和质量有赖于决策技术的使用。 ③计划、组织和控制技术可以提高某些职能的执行效率。 ④技术运用为技术创新提供了可能	
正确运用	①技术无法解决所有问题。 ②要综合运用各种管理方法来解决管理问题。 ③管理者要不断学习新技术，补齐短板	

5.2　课后习题详解

1. 管理的法律方法的内容和实质是什么？有何特点和作用？如何正确运用？

答：法律方法是指根据国家的法律法规等，对人们的经济活动和其他活动依法管理，以执行管理职能的方法。

(1)法律方法的内容和实质:

①法律方法的内容包括建立健全各种法律法规以及与之对应的司法、仲裁工作。

②法律方法的实质是实现全体人民的意志并维护其根本利益，代表他们实行对社会经济、政治、文化活动的强制和统一管理。

(2)法律方法的特点和作用:

①法律方法的特点:

a. 严肃性。法律法规的制定有严格的法律程序和规则。

b. 规范性。所有主体都以法律法规为行动准则；法律法规对各主体有相同的约束力。

c. 强制性。法律法规的执行具有强制性，各个主体都必须遵守，没有例外。

②法律方法的作用:

a. 保证必要的管理秩序。法是调整社会关系的行为规范。法以权利和义务为机制，影响和指引人们的行为，调节社会关系，为管理活动提供良好的外部环境。

b. 调节各种管理因素之间的关系。法律方法具有一定的自动调节功能，能根据管理对象和任务的不同，规定管理过程中不同因素的义务和作用。

c. 使管理规范化、制度化。运用法律方法，可以使管理制度和管理方法规范化、固定化，以保证管理效率。

(3)法律方法的正确运用:

①各种法律法规在管理活动中要综合运用、相互补充。

②法律方法要与其他方法一起综合使用。

2. 管理的行政方法的内容和实质是什么？有何特点和作用？如何正确运用？

答: (1)行政方法的内容和实质:

①行政方法是指以权威和服从为前提，依靠行政组织权威，运用各种行政手段，按照行政隶属关系来执行管理职能并实施管理的一种方法。

②行政方法的实质是通过行政组织中的职务和职位来进行管理。它特别强调职责、职权和职位；任何部门或单位都要建立若干行政机构来发挥作用；各部门、单位都有各自的职责和权限范围。

(2)行政方法的特点和作用:

①行政方法的特点：权威性、强制性、垂直性、具体性和无偿性。

②行政方法的作用:

a. 便于集中统一管理。尤其是在高度集中和适当保密的领域，作用尤为显著。

b. 能有效发挥管理职能，强化管理作用。各部门和单位密切配合，相互衔接，并不断调整它们之间的进度和相互关系。

c. 能够灵活地处理各种特殊问题。行政方法具有时效性，能够及时地发出命令和指示，更加灵活地处理特殊问题和管理活动中的新情况。

(3)行政方法的正确运用:

①行政方法本质上具有服务性，管理者应对其有充分认知。

②管理者的能力和水平会制约行政方法的管理效果，如领导者的指挥艺术、心理素质、各种知识储备与能力等。

③信息是行政方法运用中至关重要的因素。及时获取各种有用和有效的信息，管理者才能正确决策，避免指挥失误。

④行政方法应与经济方法等其他方法有机结合使用。

3. 管理的经济方法的内容和实质是什么？有何特点？如何正确运用？

答：经济方法是指以经济利益为基础，按客观经济规律的要求，运用经济手段执行管理职能以获取效益的管理方法。

(1)经济方法的内容和实质：

①经济方法的内容包括价格、税收、信贷、工资、利润、奖金、罚款以及经济合同等。

②经济方法的实质是以物质利益为基础，运用经济手段处理国家、集体与劳动者三者之间的关系，从而更好地调动各主体的积极性、创造性和责任感。

(2)经济方法的特点：

①利益性。它主要利用人们对物质利益的追求来引导被管理者。

②关联性。即必须与其他方法结合才能发挥作用，单独使用经济手段往往带有一定的盲目性。

③灵活性。一方面，经济方法对不同管理对象，区别对待；另一方面，对同一对象，方式也有所不同。

④平等性。被管理主体在经济利益的获取上是平等的。

(3)管理的经济方法的正确运用：

①经济方法要与其他方法配合运用。单纯运用经济方法，会助长本位主义、个人主义思想，因此必须结合其他方法，搞好精神文明建设。

②经济方法的各种手段要综合运用，不断完善。既要发挥各种经济杠杆的作用，又要在整体上协调配合。

③切忌重奖重罚，防止以罚代管。奖惩要适度，这样才能引导好企业员工的行为。

4. 管理的技术方法的内容和实质是什么？有何特点？如何正确运用？

答：(1)管理的技术方法的内容和实质：

①管理的技术方法是指组织中的各级管理者根据管理需要自主运用各种技术以提高管理效率和效果的一种管理手段。这些技术包括信息技术、决策技术、计划技术、组织技术和控制技术等。

②管理技术方法的实质在于将技术应用于管理过程中，以提高管理效率和效果。优秀的管理者能够灵活运用各种技术方法，将技术与管理有机结合。

(2)管理的技术方法的特点：

①客观性。技术除了客观存在外，其产出结果也是客观的。

②规律性。技术方法源于客观世界普遍存在的规律。各种技术方法的步骤都有章可循，具有规律性。

③精确性。技术方法下，基于正确数据的产出结果是精确的。

④动态性。技术方法随着环境的变化和新问题的出现而不断演变，需要不断升级换代，以应对时代的需求。

(3)管理的技术方法的正确运用：

管理者要想正确运用技术方法，将技术与管理有机结合，须注意以下几点：

①技术不是万能的，需要根据不同的管理情境选用不同的技术。即技术有一定的局限性，其适用范围有限，不能盲目迷信。

②管理问题不能完全依赖技术方法来解决。管理者要综合使用各种管理方法以得到最好的解决效果。

③技术方法的使用有一定的前提条件。管理者要学习各种新技术的应用方法，明确其价值和局限所在，并合理利用。

5. 管理的教育方法的内容和实质是什么？如何正确运用？

答：管理的教育方法是指组织根据一定目的和要求，对被管理者进行有针对性的思想道德教育，启发其思想觉悟，以便自觉地根据组织目标去调节行为的管理方法。

(1)教育方法的内容和实质：

①教育方法包括思想品德教育、对被管理者的工作技能培训。

②教育方法的实质是要提高人的素质。实现人的全面发展是管理工作的重要任务。

(2)教育方法的正确运用：

作为管理的最好方法，要正确运用教育方法，应用不当会产生抗拒和反作用。教育方式应灵活方便，讲求实效。常用的较好的教育方式包括：

①专业式教育。所有的强制和专业教育都应尽可能请专业机构进行，有资格的权威人士会更加合适。

②情境式教育。可通过现场情境或模拟现场情境的方式进行教育，使组织成员身临其境地体会，从而收到较好的效果。

③启发式教育。采用晓之以理、动之以情的方式，启发、鼓舞、教育员工。

④互动式教育。采取平等、开放、讨论、互动的方式对管理中存在的问题进行沟通。

5.3 考研真题

一、多项选择题

在管理的基本方法中，具有强制性特点的管理方法有(　　)。[中科大 2013 年研]

A. 管理的经济方法　　B. 管理的行政方法

C. 管理的法律方法　　D. 管理的技术方法

二、概念题

1. 管理的法律方法[华东师大 2020 年研]

2. 管理的经济方法[扬州大学 2018 年研；中山大学 2009 年研]

相关试题：经济方法[中南财大 2008 年研]

三、简答题

1. 简述管理的行政方法的特点。[广西大学 2021 年研；青岛大学 2017 年研]

2. 管理的行政方法有哪些作用？[桂林理工 2022 年研]

3. 简述管理的经济方法有哪些特点。[桂林理工2021年研]
相关试题：管理的经济方法有哪些特点？[中科大2011年研]
4. 请简述如何应用管理的教育方法。[扬州大学2020年研]

5.4　考研真题详解

一、多项选择题

BC 【解析】管理的基本方法包括：法律方法、行政方法、经济方法、教育方法和技术方法。其中，法律方法的特点有：严肃性、规范性、强制性；行政方法的特点有：权威性、强制性、垂直性、具体性、无偿性；经济方法的特点有：利益性、关联性、灵活性、平等性；教育方法的特点有：强制性、示范性、群体性、个体性、自主性；技术方法的特点有：客观性、规律性、精确性、动态性。

二、概念题

1. 管理的法律方法[华东师大2020年研]
答：参见本章课后习题第1题答案。

2. 管理的经济方法[扬州大学2018年研；中山大学2009年研]
相关试题：经济方法[中南财大2008年研]
答：参见本章课后习题第3题答案。

三、简答题

1. 简述管理的行政方法的特点。[广西大学2021年研；青岛大学2017年研]
答：参见本章考点难点归纳相关内容。

2. 管理的行政方法有哪些作用？[桂林理工2022年研]
答：参见本章课后习题第2题答案。

3. 简述管理的经济方法有哪些特点。[桂林理工2021年研]
相关试题：管理的经济方法有哪些特点？[中科大2011年研]
答：参见本章课后习题第3题答案。

4. 请简述如何应用管理的教育方法。[扬州大学2020年研]
答：参见本章课后习题第5题答案。

综合案例　华为管理的灰度

思考题：

1. 你是如何理解开放、宽容、妥协与灰度四者之间关系的？

答：华为的“管理灰度”包含了三大核心思想，即开放、宽容和妥协。一个领导人重要的素质是方向、节奏，其水平即合适的灰度。坚定不移的正确方向来自灰度、妥协与宽容。合理地掌握合适的灰度，使各种影响发展的要素在一段时间内保持和谐，这种和谐的过程即妥协，其结果即灰度。灰度是一种世界观和方法论，其内涵是适应变化、审时度势。

开放、宽容、妥协是灰度管理理论生成的重要途径：

(1)开放。灰度本身就是一个开放体系，这是灰度管理的前提。开放是首要的，是灰度管理最基本的态度。与封闭相对，开放意味着贯通与流动、交互与交换、竞争与创新、格局与气度。开放是企业生命的根基，是生产力。它是华为能够适应瞬息多变的市场环境，并且在变化中始终保持创新精神和正确的前进方向，在市场竞争中立于不败之地的法宝。同时，它也是所有管理者必须具备的基本思维素养。

(2)宽容。宽容能够拓展灰度的空间，这是灰度管理的方法。“宽容，本质就是容忍人与人之间的差异。不同性格、不同特长、不同偏好的人能否凝聚在组织目标和愿景的旗帜下，靠的就是管理者的宽容”。宽容所体现出来的退让是有目的、有计划的，主动权掌握在自己手中。宽容是领导者的成功之道，也是管理者在管理实践中必须掌握的应用原则和手段。任正非认为，管理者必须学会宽容，尤其是在与人打交道时。每个人都有自己的特点和差异，管理者必须学会容忍这些差异，以达到更好的团队协作和更好的业绩。

(3)妥协。“妥协”是双方或多方在某种条件下达成的共识，即求同存异。它是打破极端思维的利器，是灰度管理的手段。坚持正确的方向，与妥协并不矛盾，相反妥协是对坚定不移方向的坚持。没有宽容就没有妥协，没有妥协就没有灰度，妥协其实是一种非常务实、通达的丛林智慧。妥协能够消除冲突，实现“双赢”和“多赢”。

总之，开放、妥协和灰度是华为文化的精髓，这三者相互联系、相互影响。其中，开放是妥协的前提，妥协是灰度的途径，灰度是开放的必然。这三者中统一的部分是变。而妥协与宽容是走向灰度的必由之路，是形成灰度的工具。

2. 请你从开放、宽容、妥协、灰度四者之间的关系来理解管理和管理者的含义。

答：从开放、宽容、妥协、灰度四者之间的关系，对管理和管理者的含义理解如下：

(1)管理的含义：

管理是为了实现组织的共同目标，在特定的时空中，对组织成员在目标活动中的行为进行协调的过程。管理的主要任务是解决组织内以及组织间的冲突性关系，而实现这个目标的原则是共赢和共识，这就需要开放、宽容和妥协。管理的本质是协调。在冲突处理中，管理者需要具备一定的管理技巧和艺术。其最终目标是在一定时间内，让各种影响发展的要素变得和谐，这就需要管理者掌握合适的灰度。灰度的度很难把握，需要管理者的智慧与能力。

(2)管理者的含义：

管理者是指协调和监管其他人的工作，以使组织目标能够实现的人。华为将自身的文化凝聚成三个词汇：开放、妥协和灰度，并将其视为管理者应当具备的认知能力和精髓思想。任正非认为，作为管理者，需要适当地放权，给予员工发言的权力，引导他们更好地参与企业管理。因为组织面对的环境复杂多变。而开放是创新的基础，是生产力。同时，管理者需要解决的冲突不仅存在于组织内部，也存在于组织之间。在这种情况下，管理者要以灰度把握企业管理的节奏；要以灰度看待企业中的关系，抓主要矛盾和矛盾的主要方面；要以灰度看待人才，不拘一格培养和选拔干部；要建设共赢、共识的组织文化，做到开放和宽容。甚至在某些情况下，管理者要学会妥协，以求得组织的整体利益最大化。

第二篇 决 策

第六章 决 策

6.1 复习笔记

【知识框架(庖丁解牛)】

- 决策
  - 决策概述
    - 定义、类型、依据、地位、原则
    - 特点：目标性、可行性、选择性、满意性、过程性、动态性
  - 决策理论
    - 古典决策理论[规范决策理论]：完全理性决策
    - 行为决策理论：有限理性决策
    - 回溯决策理论[隐含最爱理论]：直觉决策
  - 决策过程：诊断问题，识别机会→识别目标→拟定、评估备选方案→作出决定→方案实施→监督和评估
  - 决策的影响因素
    - 环境
    - 过去决策
    - 决策者的风险态度
    - 伦理
    - 组织文化
    - 时间
  - 决策方法
    - 集体决策方法
      - 头脑风暴法
      - 名义小组技术
      - 德尔菲法
    - 活动方向决策方法
      - 经营单位组合分析法
      - 政策指导矩阵
    - 活动方案决策方法
      - 确定型决策方法
      - 风险型决策方法
      - 不确定型决策方法

【通关提要(提纲挈领)】

本章主要介绍决策的相关内容，属于重点章节。学习时，要掌握决策的定义、类型、特点以及活动方案的决策方法，重点掌握决策过程的各个步骤以及影响决策的因素。本章

常考简答题，学习时应注重各概念之间的区别，在理解的基础上比较记忆。

【考点难点归纳(厚积薄发)】

考点一：决策概述(见表6－1) ★★★

表6－1 决策概述

要点	主要内容	
定义	指管理者为达成组织目标识别问题，并在多个备选方案中作出选择以解决问题并利用机会[目的]的过程[本质]	
特点	①目标性；②选择性；③可行性；④满意性；⑤过程性；⑥动态性	
类型	按时间分	①长期决策；②短期决策
	按决策内容分	①战略决策；②战术决策；③业务决策
	按决策主体分	①集体决策；②个体决策
	按决策起点分	①初始决策；②追踪决策
	按决策问题分	①程序化决策；②非程序化决策[比较见表6－2]
	按环境可控度分	①确定型决策；②风险型决策；③不确定型决策
地位和作用	①决策是重要的管理职能，贯穿于管理的全过程和各个方面。 ②决策能力是管理者必须具备的最基本、最重要的能力	
依据	①决策基于信息的数量和质量，信息的量和质直接影响决策水平。 ②管理者要通过成本—收益分析来判断所收集信息的种类、数量及来源等	
原则	遵循符合实际情况的满意原则，而非最优原则，具体原因包括： ①管理者难以获得全部的相关决策信息。 ②管理者从决策信息中挖掘出的价值有限。 ③管理者很难完全预测未来的执行结果	

【拓展】程序化决策与非程序化决策的差异(见表6－2)：

表6－2 程序化决策与非程序化决策的差异

	程序化决策	非程序化决策
问题类型	结构化	非结构化
管理层级	较低层级	较高层级
频率	重复的、日常的	新的、不常见的
信息	已有信息	模糊或不完整的信息
目标	清晰、明确	模糊
解决方法的时间框架	短期	相对较长
解决方法的依据	程序、规则和政策	判断或创造力

【真题链接】简述决策的特征。[简答题，湖南师大2023年研]

考点二：决策理论（见表 6－3） ★★★★

表 6－3 决策理论

理论	主要内容	
古典决策理论 [规范决策理论]	背景	盛行于 20 世纪 50 年代以前
	内涵	基于“经济人”假设，以组织经济效益最大化为目的
	理论假设	①作为决策者的管理者完全理性。 ②决策环境条件的稳定程度可以改变。 ③充分掌握有关信息即可制定实现组织目标的最佳决策
	主要观点	①决策者应掌握决策环境的全面信息。 ②决策者要充分明晰备选方案的具体情况。 ③决策者应建立合规合理的自上而下执行体系。 ④决策者以组织经济效益最大化为目的进行决策
	局限性	忽视了非经济因素在决策中的作用，现实指导性不足
行为决策理论	背景	始于 20 世纪 50 年代，西蒙提出“有限理性”标准和“满意度”原则
	主要观点	①人是有限理性的，处于完全理性和不理性之间。 ②决策者易受知觉偏差的影响，运用直觉多于逻辑分析。 ③决策受限于决策时间和可利用资源，往往相对理性。 ④风险型决策中，决策者关注风险多于经济利益，其风险态度影响方案选择。 ⑤决策行为往往追求满意结果，而非最佳方案
回溯决策理论 [隐含最爱理论]	背景	1967 年，皮尔·索尔伯格提出
	内涵	管理者会在决策后使决策合理化
	主要观点	①隐含最爱方案往往优于证实性备选方案的一个或两个方面。 ②决策是决策者证明其直觉决策合理化的过程

【真题链接】

(1)决策活动遵循满意原则而不是最优原则，为什么？[简答题，江南大学 2020 年研]

(2)简述行为决策理论的主要内容。[简答题，南昌大学 2023 年研]

(3)请论述赫伯特·西蒙“管理就是决策”这一观点。[论述题，桂林理工 2023 年研]

考点三：决策过程及影响因素（见表 6－4） ★★★★

表 6－4 决策过程及影响因素

要点	主要内容	
过程	①诊断问题，识别机会；②识别目标；③拟定备选方案；④评估备选方案；⑤作出决定；⑥方案实施；⑦监督和评估	
影响因素	环境	①环境特点影响组织活动决策。 ②组织对环境的习惯反应模式影响活动决策
	过去决策	作为当前决策的起点，其作用程度取决于前后决策者的关系

续表

要点	主要内容	
影响因素	决策者的风险态度	①风险偏好者会选取风险程度和收益都较高的行动方案。 ②风险厌恶者会选取较安全且收益水平较低的行动方案
	伦理	决策往往是"非零起点"，其伦理态度和标准影响决策
	组织文化	通过影响组织成员的态度等来影响决策
	时间	①时间敏感型决策，即必须迅速作出的决策。 ②知识敏感型决策，即对质量要求较高的决策
决策偏见和错误	过度自信、即时满足、锚定效应、选择性知觉、确认、框架效应、可获得性、代表性、随机、沉没成本、自利、事后聪明	

【真题链接】

(1)简述决策的过程。[简答题，西南林大 2024 年研；吉林大学 2023 年研；苏州大学 2021 年研]

(2)简述决策的影响因素。[简答题，湖南大学 2023 年研；西华师大 2023 年研]

考点四：决策方法 ★★★★★

1. 集体决策方法(见表 6-5)

表 6-5 集体决策方法

方法	主要内容	
头脑风暴法 [奥斯本]	作用	收集组织成员的新想法
	内涵	指为保证集体决策的创造性和质量，进行完全不受约束的自由联想和讨论
	四项原则	①不评价别人的建议，限制相互讨论。 ②强调建议应越多越好。 ③鼓励独立思考，广开思路。 ④可完善和补充已有建议
名义小组技术	适用情境	不完全了解问题性质且意见分歧严重的集体决策问题
	内涵	组建名义上的小组，成员独立思考并评出最佳方案
	作用	有效激发个人想象力和创造力，创造多个备选方案并选出支持方案
德尔菲法	适用情境	面临重大决策，且需要专业人士建议的决策情境
	内涵	通过专家探讨形成专业评审组对某一问题或机会的意见，由兰德公司提出
	运用关键	①基于决策所涉及的问题或机会性质，选择合适的专家。 ②决定适当数量的专家，通常 10~50 人为佳。 ③拟定意见征询表，其质量将直接决定决策有效性

2. 活动方向决策方法（见表6－6）

表6－6 活动方向决策方法

方法	主要内容		
经营单位组合分析法	基本思想	将组织的每一个经营单位标在由业务增长率和相对竞争地位组成的二维矩阵图上以确定其活动方向	
	维度	业务增长率	①有利于市场占有率的扩大；②决定投资机会的大小
		相对竞争地位	①主要体现在市场占有率的大小。②决定企业获取现金的能力和速度
	经营单位分类［见图6－1］	金牛型	市场占有率较高，业务增长率较低
		明星型	市场占有率和业务增长率都较高
		幼童型	业务增长率较高，市场占有率较低
		瘦狗型	市场份额和业务增长率都较低
政策指导矩阵	内涵	根据竞争能力和市场前景所构成的矩阵图分析评估各经营单位的状况，以确定其活动方向。由荷兰皇家壳牌公司创立	
	维度	市场前景	取决于盈利能力、市场增长率和法律法规限制等因素
		相对竞争力	取决于经营单位的市场地位、生产能力、产品研发等因素
	具体分类［见图6－2］	区域1、4	市场前景较好且竞争能力强，应优先发展
		区域2	市场前景好但竞争力一般，应重点分配资源
		区域3	市场前景好但竞争力弱，应针对具体情况区别对待
		区域5	市场前景和竞争力一般，应分配足够资源促进发展
		区域6、8	市场吸引力不强且竞争力较弱，应逐步放弃
		区域7	市场前景差但竞争能力强，为其他经营单位提供支持
		区域9	市场前景差且竞争力较弱，应尽快放弃

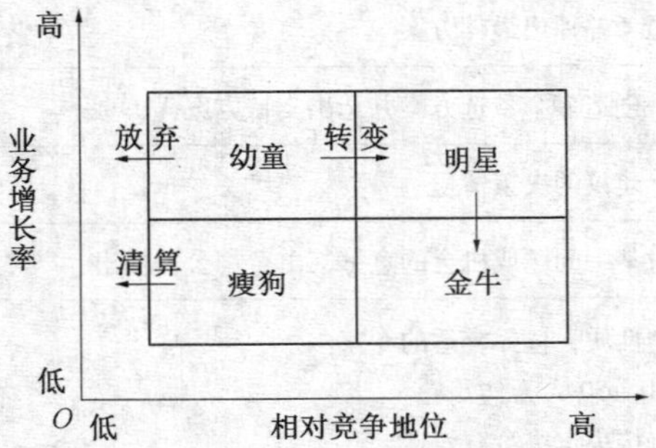

图6－1 企业经营单位组合图

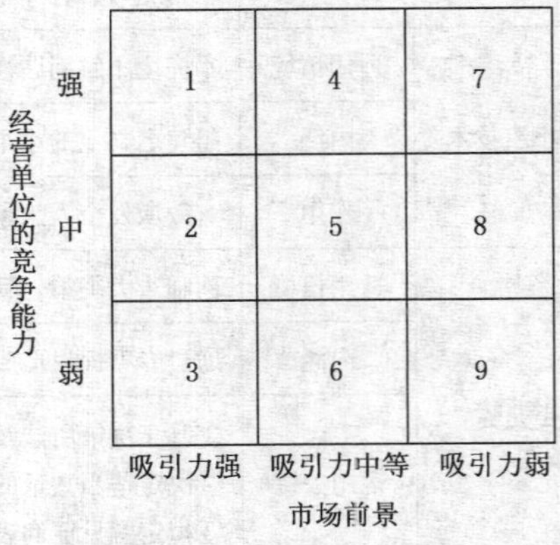

图6－2 政策指导矩阵

3. 活动方案决策方法(见表6-7)

表6-7 活动方案决策方法

类型	常用方法	适用情况
确定型决策方法	①线性规划；②量本利分析法[保本分析法或盈亏平衡分析法]	管理者确切了解且只有一种未来情况
风险型决策方法	决策树法	管理者了解每种未来可能情况，且有多种情况
不确定型决策方法	①小中取大法；②大中取大法；③最小最大后悔值法	管理者难以预测未来可能情况，且有多种情况

【拓展】决策的具体方法(另一种分类，见图6-3)：

- 决策方法
  - 定性决策方法
    - 集体决策方法
      - 头脑风暴法
      - 名义小组技术
      - 德尔菲技术
    - 有关活动方向的决策方法
      - 经营单位组合分析法
      - 政策指导矩阵
  - 定量决策方法
    - 确定型决策方法
    - 不确定型决策方法
      - 小中取大法
      - 大中取大法
      - 最小最大后悔值法
    - 风险型决策法
  - 计算机模拟决策方法
  - 决策模拟演练

图6-3 决策的具体方法

6.2 课后习题详解

1. 什么是决策？决策的原则和依据各是什么？

答：(1)决策的概念和原则，参见本章考研真题简答题第2题答案。

(2)决策的依据。管理者在决策时离不开信息。信息的数量和质量直接影响决策水平。这要求管理者在决策之前以及决策过程中尽可能地通过多种渠道收集信息。作为决策的依据，管理者要基于成本—收益分析法，确定收集信息的种类、数量以及途径等问题。当所收集的信息收益大于付出成本时，管理者才应该收集该信息。

2. 何谓追踪决策？与初始决策相比，其特点是什么？管理者在进行追踪决策时要注意什么？

答：(1)追踪决策是指在初始决策实施后，伴随着组织环境变化，对组织活动的方向、内容或方式作出重新调整时所进行的决策。

(2)与初始决策相比，追踪决策有如下特点：

①回溯分析。追踪决策是在原有方案已经实施，但环境条件有了重大改变的情况下进行的。它对初始决策的形成机制和环境条件进行客观分析，进而采取相应的调整措施。追

踪决策是一个扬弃的过程，是对初始决策合理内核的保留而非简单的全盘放弃。

②非零起点。追踪决策所面临的条件与对象经历了初始决策的实施并受到其影响，已不是起点决策，不可避免地要受到不同程度阻力的阻碍和过去决策的影响。

③双重优化。追踪决策是一个双重优化的过程，不仅要优于初始决策，而且要在能够改善初始决策实施效果的各种可行方案中选择最优或最满意的决策方案。

④心理效应。要充分考虑决策对象内部和外部的各种关系。

(3)管理者在进行追踪决策时需要注意必须对过去的初始决策进行客观分析，根据新的情况寻找调整或改变初始决策的原因，并采取相应的措施。追踪决策是一个扬弃初始决策不合理内容的过程。

3. 战略决策、战术决策与业务决策之间有何区别？程序化决策与非程序化决策之间有何区别？

答：战略决策是基于组织长远目标，对其发展大方向有影响的重大决策，具有长远性和方向性等特征。战术决策是为实现战略决策目标和判断所采取的方式、手段和资源等具体问题而制定的短期策略决策。业务决策(执行性决策)是指企业为保证日常生产经营活动的效果和效率所采取的一系列具有重复性、程序化的具体决策。

(1)战略决策、战术决策与业务决策的区别：

①调整对象不同。战略决策集中在“做什么”，目的是确定组织方向和内容；战术决策和业务决策集中在“如何做”，是在既定组织方向的基础上开展具体工作。

②涉及时空不同。战略决策面对组织在未来较长一段时间的活动，是战术决策和业务决策的基础；战术决策具有局部性、中期性，是战略决策的支持性步骤和过程；业务决策是解决组织某个部门在未来较短时间内的行动方案，是战略决策和战术决策落实的基础。

③作用影响不同。战略决策是形成和创新影响企业发展和效益能力的过程；战术决策和业务决策是利用企业自身能力，实施影响组织效率和生存的过程。

④决策主体不同。一般来讲，组织高层管理者制定战略决策；中层管理者制定战术决策；基层管理者制定业务决策。

(2)程序化决策与非程序化决策的区别，参见本章考研真题简答题第3题答案。

4. 决策的理论有哪些？

答：决策的理论包括以下内容：

(1)古典决策理论。又称规范决策理论，盛行于20世纪50年代前。古典决策理论基于“经济人”假设，强调管理者要作出经济效益最大化的决策。其主要内容包括：①决策者在决策前须充分掌握内外部环境信息；②决策者需要制定多个备选方案并要全面掌握具体情况；③为有效执行命令，决策者应建立合理合规的自上而下的组织体系；④决策者应以最大化经济效益为决策目标。

古典决策理论假设，管理者作为决策者是完全理性的，决策的环境条件是可以改变的；决策者在充分了解相关信息的情况下，完全可以作出最佳决策来达成组织目标。古典决策理论忽视了非经济因素在决策中的作用，不一定能指导实际的决策活动，从而逐渐被更为全面的行为决策理论所代替。

(2)行为决策理论。西蒙于20世纪50年代提出，强调管理行为的"有限理性"标准和"满意度"原则。基于组织行为学理论，行为决策理论充分考察决策动机、认知和测算的局限性，最终确定"令人满意"的决策方案。主要研究对象包括：①判断，即决策者评估事情发生的概率和具体过程；②抉择，即决策者在多个备选方案中挑选最终方案。判断和抉择过程的本质就是信息处理的过程，包括信息的获取、处理、输出和反馈。

(3)回溯决策理论。又称隐含最爱理论或当代决策理论，1967年由索尔伯格提出。回溯决策理论认为决策是直觉决策的合理化，强调直觉的作用和理性。

5. 决策过程包括哪几个阶段？决策过程要受到哪些因素的影响？

答：(1)决策过程，参见本章考研真题简答题第1题答案。

(2)决策过程的影响因素，参见本章考研真题论述题第1题答案。

6. 何谓经营单位组合分析法？如何利用它来进行企业经营决策？何谓政策指导矩阵？它有何特点？

答：(1)经营单位组合分析法由美国波士顿咨询公司创立。该法将组织的每一个经营单位标在由业务增长率和相对竞争地位组成的二维的矩阵图上，从而确定各个经营单位的活动方向。根据业务增长率和相对竞争地位，可将企业的经营单位分成四类，见复习笔记部分图6－1，本处略。

①"金牛"经营单位。相对竞争地位较高，但业务增长率低。高市场占有率会带来利润，而低业务增长率则需少投资。金牛型企业可以创造大量资金以供企业生产经营。

②"明星"经营单位。相对竞争地位高，且业务增长率较高。高业务增长率需多投资，以增加该经营单位的生产规模。

③"幼童"经营单位。相对竞争地位较低，但业务增长率较高。高业务增长率需多投资，低市场占有率带来少量现金。若企业认为能将此经营单位转变为"明星"，则需投入必要的资金以扩大其市场占有率；若认为不能转变成"明星"，则应及时放弃该领域。

④"瘦狗"经营单位。市场份额和业务增长率都较低。低业务增长率带来少量的现金，而维持其现存状况所需资金可能大于其所带来的现金。对于此类发展不景气的经营单位，应采取收缩业务或放弃该业务的战略措施。

(2)经营单位组合分析法的步骤。经营单位组合分析法作为一种分析工具，明确了企业的产品定位和发展方向，影响企业投资的选择。其分析步骤主要包括：

①根据经营业务的特征，将企业划分为不同的单位。

②基于经营单位情况，分别计算其市场占有率和业务增长率。

③根据经营单位在企业所占资产的比例，衡量各单位的相对规模。

④绘制企业的经营单位组合图。

⑤基于经营单位在经营单位组合图的位置，确定经营单位业务活动方向。

(3)政策指导矩阵。由荷兰皇家壳牌公司创立，是基于竞争能力和市场前景所构成的矩阵图，分析与评估各经营单位的状况，从而确定其活动方向。其中，市场前景主要由企业的盈利能力、市场增长率和法律法规限制等因素决定。相对竞争力主要由市场地位、生产能力、产品研发等因素决定。该矩阵是一个三乘三的矩阵，描述了企业各项业务的前景和竞争力且每项业务的定位都采用了一些变量，见复习笔记部分图6－2，本处略。

①处于区域1和4的经营单位一般具有高市场份额，拥有低成本和优越的技术地位。这类经营单位往往利润丰厚，但现金流量仅勉强够用，这是因为公司成长和持续投资。此类经营单位应当优先得到支持，属于领导者类型。

②处于区域2的经营单位需要进一步的投资以将其引入领导者地位，属于更加努力型。

③处于区域3的经营单位市场前景好但竞争力弱，应针对具体情况区别对待。这类经营单位中有少量如果得到足够的支持就可以转为明日的领导者，属于加倍或放弃型。

④处于区域5的经营单位属于增长型。当仅有2～4个主要竞争者，而这些竞争者又有足够的生产和研发能力支持时，其产品将归于此类。该类经营单位大多盈利丰厚且现金平衡。

⑤处于区域6和8的经营单位属于保护型。一般地，保护发生在竞争对手众多而该公司相对较弱时。这些经营单位的主要目标是在不动用更多资源的情况下使现金的产生最大化。

⑥处于区域7的经营单位属于产生现金型，是在一个低增长市场上具有强竞争力的市场地位。尽管利润丰厚，这样的经营单位并不具有新的且有吸引力的投资机会，因而集中于最大化地产生现金。对这类经营单位的最佳策略是阶段性撤离而不是快速退出。

⑦处于区域9的经营单位属于剥离型，该类经营单位已有亏损，应被售出或关闭。

7. 确定型决策方法、风险型决策方法和不确定型决策方法各有哪些？

答：根据所决策内容的未来情况可控程度，可将具体有关活动决策方法分为确定型决策方法、风险型决策方法和不确定型决策方法。参见本章考研真题简答题第4题答案。

6.3 考研真题

一、单项选择题

1. 下列决策哪一种更倾向程序化决策？（　　）［中国海大2018年研］

A. 组织结构调整　B. 多元化经营　C. 企业合并　D. 原材料订购

2. 决策过程中的“拍板”指的是（　　）。［中财2013年研］

A. 确定决策目标　B. 确定价值指标　C. 选择满意方案　D. 确定评价标准

3. 如果你是公司总经理，当企业出现以下几件事情需要作出决策时，你应把主要精力放在（　　）。［浙工大2018年研］

A. 重要供应商的联系　B. 资金的安排

C. 组织结构的调整　D. 生产计划的制定

4. 以下不属于常用的不确定型决策的方法是（　　）。［暨南大学2023年研］

A. 小中取大法　B. 大中取大法

C. 最小最大后悔值法　D. 量本利分析法

二、概念题

1. 决策［河北工程2022年研；桂林理工2020年研；华科2019年研；湘潭大学2017年

研；暨南大学2017年研；北邮2016年研；安徽大学2016年研；东北大学2015年研；大连理工2014年研；北师2012年研；武汉大学2011年研；华南理工2011年研]

2. 集体决策[西安交大2023年研；四川大学2006年研]

3. 程序化决策[华中师大2024年研；西南林大2024年研；汕头大学2022年研；首经贸2020年研；湘潭大学2020年研；广西民大2020年研；宁波大学2019年研；浙大2015年研；西工大2015年研；广工大2014年研]

4. 非程序化决策[北邮2023年研；扬州大学2018年研；河北大学2016年研；华南理工2013年研]

5. 风险型决策[华南农大2023年研；河南大学2023年研；东北大学2020年研；中央民大2019年研；安徽大学2018年研；南昌大学2018年研；同济大学2015年研；东财2011年研]

6. 不确定型决策[浙大2022年研；山东大学2018年研]

7. 古典决策理论[北邮2009年研]

8. 头脑风暴法[三峡大学2023年研；广西民大2022年研；大连理工2018年研；北二外2011年研；中山大学2009年研]

9. 德尔菲法[西南林大2024年研；中央民大2019年研；四川师大2018年研；山东大学2017年研；大连海事2017年研；四川大学2016年研；同济大学2015年研；南开大学2010年研]

10. 波士顿矩阵[安徽师大2018年研]

11. 有限理性决策[北邮2021年研；华电2018年研；中国传媒大学2017年研；中山大学2015年研]

三、简答题

1. 简述决策的过程。[西南林大2024年研；吉林大学2023年研；武汉工程大学2023年研；苏州大学2021年研]

相关试题：

(1) 简述决策的制定过程。[南京理工2023年研]

(2) 简述科学决策的过程。[人大2019年研]

(3) 结合实际谈谈决策制定过程。[中国传媒大学2019年研]

(4) 以考研过程中选择报考院校为例，简述决策的步骤。[安徽师大2018年研]

(5) 决策的过程包含哪些步骤？每个步骤应该注意哪些主要问题？[华中农大2018年研]

2. 什么是决策的满意原则？为什么在现代社会条件下要根据满意原则制定决策？[中南财大2014年研]

相关试题：

(1) 决策活动遵循满意原则而不是最优原则，为什么？[江南大学2020年研]

(2) 怎么理解管理决策只能追求满意，而不可能做到最优？[浙江理工2018年研]

(3) 如何理解决策遵循的是满意原则，而不是最优原则？[桂林理工2018年研]

(4) 为什么在决策中经常采用满意原则而不是最优原则？[东南大学2018年研；北科2011年研]

(5)在不完全信息条件下，管理者只能寻求满意的决策而不是最佳决策。[辨析题，中山大学2015年研]

(6)请联系实际，论述决策时为何应该遵循满意原则而不是最优原则。[论述题，四川师大2014年研]

(7)决策中为什么要遵循“满意原则”？[华南理工2010年研]

3. 简述程序化决策与非程序化决策的区别。[哈工大2015年研；四川大学2011年研]

相关试题：

(1)比较程序化决策与非程序化决策。[吉林大学2024年研；宁波大学2020年研]

(2)什么是程序化决策和非程序化决策？掌握两种决策方法对于管理者的意义在哪里？[浙工大2018年研]

(3)试述程序化决策与非程序化决策的区别和联系。[人大2012年研]

4. 何谓确定型决策、风险型决策与不确定型决策？[昆明理工2018年研]

相关试题：不确定型决策的方法。[浙工大2018年研]

5. 试比较集体决策与个人决策的优缺点。[南开大学2007年研；四川大学2007年研；人大2007年研]

相关试题：

(1)群体决策的优缺点。[中南财大2023年研]

(2)相对于个体决策而言，群体决策具有哪些优势？[浙大2020年研]

(3)个人决策与集体决策的差别。[论述题，哈工大2018年研]

6. 简述头脑风暴法的含义与原则。[安徽师大2018年研]

7. 德尔菲法的基本过程及其优缺点。[华中农大2018年研]

四、论述题

1. 决策的影响因素有哪些？[安徽大学2018年研；哈工大2015年研；北邮2012年研]

相关试题：

(1)简述决策的影响因素。[简答题，湖南大学2023年研；西华师大2023年研]

(2)影响决策的因素。[简答题，吉林大学2022年研；中国海大2018年研]

(3)影响决策的主要因素有哪些？古典决策理论与行为决策理论的基本内容是什么？[华侨大学2015年研]

2. 如何理解直觉决策？直觉主要有哪几种类型？[南开大学2018年研]

相关试题：

(1)直觉决策[概念题，浙大2019年研]

(2)什么叫直觉决策？管理者可以凭借哪五种直觉来帮助进行决策？[简答题，湘潭大学2017年研]

五、案例分析题

大学生阿东的选择

阿东是某高校某专业二年级的学生，大学一年级的时候因手里刚好有笔闲钱就与朋友阿西合伙在校外的“垃圾街”(学校门口的小吃街)盘了一个小吃店，店面大约20平方米，阿东和阿西请了两个帮手，除去人工和各项成本后，利润可观，这让他有了点成功创业的感觉。

进入二年级以后，小吃店的经营环境发生了变化：一是在垃圾街里面又新开了两家同类型的小吃店，产品和价格都非常有竞争力，分去了不少客源；二是垃圾街的卫生状况让人担心，环境卫生管理部门对垃圾街小吃店的监管越来越严格，小吃店在卫生方面上要投入更多的成本。

上星期，合伙人阿西告诉阿东，因私人原因不愿再继续经营垃圾街小店了，他提议了两个方案：要么把自己所占小店的股份转给阿东由阿东独自经营；要么和阿东一起直接把小店转让出去。这让阿东犯了难。独自经营在时间和经费上都有一定困难，首先在时间上，阿东感觉到二年级明显比一年级的学习压力大，自己也从来都没有要全身心投入到创业而暂停学业的打算；其次阿西的股份比自己的大，全部买下来可能超过10万元，筹集这笔钱以及相应的风险自己也没把握。但是如果就这样放弃阿东觉得心有不甘，自己还有创业梦呢。

看到阿东犯了难，阿西心里有点过意不去，于是告诉了阿东一个好消息：把垃圾街的小店让出去以后，如果阿东有兴趣，他有办法让阿东马上接手一个位置在学校超市旁边的小吃店，且垃圾街小店的转让费足以让阿东顺利接手这个小店。由于这个小吃店在学校里面，客源稳定，竞争也不会像在垃圾街那样激烈，而且房租、水电等成本费用也比垃圾街便宜三分之一，阿东有点心动。另外，据阿东所知，这个小店的具体位置在学生生活区，目前主要经营的是包子、粽子、茶叶蛋、豆浆、关东煮等小吃，但是由于没有什么特色，顾客流量目前不是很理想，而且在经营时间上，小店不是很自由，必须和学校超市保持一致。阿东面临着几种选择犹豫不决。[浙工大2018年研]

请根据案例，回答以下问题：

1. 决策的特点有哪些？

2. 请用SWOT矩阵分析阿东目前所处的状况，给出一个合理的选择。

3. 如果阿东决定接手校内小吃店，对小吃店的经营应如何定位？请至少拟定三种可行方案供阿东选择并指出各方案的优缺点。

6.4 考研真题详解

一、单项选择题

1. D 【解析】决策按照重复程度和有无既定处理程序，可以分为程序化决策和非程序化决策。程序化决策是指例行的、按照一定的频率或间隔重复进行的决策。程序化决策针对的对象主要是例行问题，如资金短缺、设备故障、产品质量、原材料采购等，这部分决策约占组织决策的80%。

2. C 【解析】决策过程的步骤之一是确定所拟定的各种方案的价值或恰当性，并确定最满意的方案。选择满意方案是决策者对方案进行“拍板定案”的工作。

3. C 【解析】组织机构的调整属于战略决策。战略决策是指与组织生存有关的、确定今后发展方向且带有长远性、全局性重大问题的决策。

4. D 【解析】D项，量本利分析法属于确定型决策方法。

二、概念题

1. 决策[河北工程 2022 年研；桂林理工 2020 年研；华科 2019 年研；湘潭大学 2017 年研；暨南大学 2017 年研；北邮 2016 年研；安徽大学 2016 年研；东北大学 2015 年研；大连理工 2014 年研；北师 2012 年研；武汉大学 2011 年研；华南理工 2011 年研]

答：参见本章考研真题简答题第 2 题答案。

2. 集体决策[西安交大 2023 年研；四川大学 2006 年研]

答：集体决策又称群体决策，是指由多人共同参与决策分析和决策制定的整个过程。集体决策的决策者是相互制约、相互补充的人群的共同体。集体决策通常包括会议机构决策和上下相结合决策。其中，具体包括德尔菲法、名义小组技术、头脑风暴法等集体决策方法。其优点包括：①更大范围地汇总信息；②拟定更多的备选方案；③得到更多的认同；④更友好地沟通；⑤作出更好的决策等。其不足有：①决策的时间比较长，成本比较高；②决策无明确的负责人，容易造成无人对决策后果负责的局面；③集体思维压制个人与集体不一致的观点，抑制创新和积极性。

3. 程序化决策[华中师大 2024 年研；西南林大 2024 年研；汕头大学 2022 年研；首经贸 2020 年研；湘潭大学 2020 年研；广西民大 2020 年研；宁波大学 2019 年研；浙大 2015 年研；西工大 2015 年研；广工大 2014 年研]

答：程序化决策是指决策可以程序化到呈现出重复和例行的状态，可以程序化到制定出一套处理这些决策的固定程序，每当它们出现时不需要再重复处理它们。通常将"程序化决策"称为"结构良好"的决策，程序化决策涉及的是例行问题。例行问题是指那些重复出现的、日常的管理问题，如管理者日常遇到的产品质量、设备故障、现金短缺、供货单位未按时履行合同等问题。

4. 非程序化决策[北邮 2023 年研；扬州大学 2018 年研；河北大学 2016 年研；华南理工 2013 年研]

答：非程序化决策是指具有极大的偶然性和随机性、很少重复发生、结构不清、无先例可循且具有大量不确定因素的决策，如组织结构变化、重大投资、开发新产品或开拓新市场、长期存在的产品质量隐患、重要的人事任免等。非程序化决策涉及的是例外问题，这种决策不是经常发生的，缺乏准确可靠的统计数据和资料，而且解决这类问题的经验也不足。这种决策在很大程度上依赖于决策者的知识、经验、洞察力和逻辑思维能力。

5. 风险型决策[华南农大 2023 年研；河南大学 2023 年研；东北大学 2020 年研；中央民大 2019 年研；安徽大学 2018 年研；南昌大学 2018 年研；同济大学 2015 年研；东财 2011 年研]

答：参见本章考研真题简答题第 4 题答案。

6. 不确定型决策[浙大 2022 年研；山东大学 2018 年研]

答：不确定型决策是指在不稳定条件下进行的决策。在不确定型决策中，决策者可能不知道有多少种自然状态，或者可能不知道每种自然状态发生的概率。常用的不确定型决策方法有小中取大法、大中取大法和最小最大后悔值法等。

7. 古典决策理论［北邮2009年研］

答：参见本章课后习题第4题答案。

8. 头脑风暴法［三峡大学2023年研；广西民大2022年研；大连理工2018年研；北二外2011年研；中山大学2009年研］

答：参见本章考研真题简答题第6题答案。

9. 德尔菲法［西南林大2024年研；中央民大2019年研；四川师大2018年研；山东大学2017年研；大连海事2017年研；四川大学2016年研；同济大学2015年研；南开大学2010年研］

答：参见本章考研真题简答题第7题答案。

10. 波士顿矩阵［安徽师大2018年研］

答：波士顿矩阵是由美国波士顿咨询集团（BCG）开发的、首先被广泛应用的业务组合矩阵，它提供了一种理解多元化业务以及帮助管理者确定资源配置优先等级的框架。波士顿矩阵通过对组织中的各种业务进行评估，并采用一个2×2的矩阵对业务进行划分，以确定哪一项业务具备了高潜能，哪一项业务是对组织资源的耗费。根据相对竞争地位和业务增长率两个维度，可把企业的经营单位分成“金牛”经营单位、“明星”经营单位、“幼童”经营单位、“瘦狗”经营单位四类。波士顿矩阵法的应用不但提高了管理人员的分析和战略决策能力，同时还帮助他们以前瞻性的眼光看问题，更深刻地理解企业各项业务活动之间的联系，及时调整企业的业务投资组合，即加大在更有发展前景的业务中的投资，紧缩那些没有发展前景的业务。

11. 有限理性决策［北邮2021年研；华电2018年研；中国传媒大学2017年研；中山大学2015年研］

答：有限理性决策是指管理者作出符合逻辑、前后一致的选择以实现价值的最大化。管理者理性地作出决策，但受到处理信息能力的限制，结果往往是作出让管理者满意的策略而非最好的策略，即接受“足够好”的策略。他们在处理信息的能力限制内是理性的。

三、简答题

1. 简述决策的过程。［西南林大2024年研；吉林大学2023年研；武汉工程大学2023年研；苏州大学2021年研］

相关试题：

(1) 简述决策的制定过程。［南京理工2023年研］

(2) 简述科学决策的过程。［人大2019年研］

(3) 结合实际谈谈决策制定过程。［中国传媒大学2019年研］

(4) 以考研过程中选择报考院校为例，简述决策的步骤。［安徽师大2018年研］

(5) 决策的过程包含哪些步骤？每个步骤应该注意哪些主要问题？［华中农大2018年研］

答：决策过程包括七个阶段：

(1)诊断问题，识别机会。“问题”是指“应有现象”(期望结果、既定标准等)与“实际现象”(现有情况、实际成果)之间的差异。通过调查研究组织内外的环境条件，决策者不仅要明确潜在机会或问题所在，还要查清导致各种差异的根本原因。需要注意的是：①精确地评估机会和问题需要尽可能多地收集可信赖的信息；②在解释高质量信息时也会发生扭曲；③在管理者收集到的信息之外，仍有其他因素对评估机会和问题造成影响。

(2)识别目标。识别目标不仅为方案的制订和选择提供了依据，而且为决策的实施和控制、为组织资源的分配和各种力量的协调提供了标准。以时间长短为判断标准，可分为长期目标、中期目标和短期目标。长期目标是指五年以上的目标，是企业通过实施特定战略所期望的结果；中期目标是指在一定的目标体系中受长期目标所制约的子目标，是达成长期目标的一种中介目标；短期目标是指时间在一至两年内的目标，是中期目标和长期目标的具体化、现实化和可操作化，是最清楚的目标。无论时间的长短，目标指导决策过程。

(3)拟定备选方案。一旦目标被识别出来，决策者就要提出达到目标和解决问题的各种方案。拟订决策方案时，要广泛运用各种决策方法，如头脑风暴法、德尔菲法等，这有助于提出富有创造性的方案。方案的拟订必须遵循详尽性和互斥性的原则。所谓详尽性，是指尽可能毫无遗漏地将既定主客观条件下实现某一决策目标的备选方案全部罗列出来，以获得最令人满意的方案。所谓互斥性，是指实现同一目标所拟订的各种可行方案由于特定时空资源的约束而具有排他性，执行其中某一方案，就不能同时执行另一个或另几个方案。

(4)评估备选方案。方案评价基于科学的态度，依据科学的标准进行，要研究各个方案的限制因素，综合评价各个方案。管理者应对每种方案的经济和社会效益进行比较。在评估过程中，要使用预定的决策标准以及每种方案的预期成本、收益、不确定性和风险，最后对各种方案进行排序。

(5)作出决定。评价和选择方案就是对各备选替代方案的经济与社会效益进行比较，作出决定即选择能够达到决策目标要求的“令人满意”的方案。

(6)方案选择与实施。选择方案是决策工作最关键的一步，也是抉择的实质性阶段。在作出抉择时，应当将可行性、满意度和可能效益三方面综合考虑，选择最好的方案。需要做好以下工作：①制定并保证相应方案的正确实施；②保证与方案相关的所有人员充分了解相关的指令；③将分解后的决策目标落实到每一个执行单位和个人；④为掌控方案的实施情况，应建立工作报告制度。

(7)监督和评估。管理者需要对方案的执行情况进行追踪和反馈控制，并对方案或目标进行修正，以适应组织内外部环境的变化。这一阶段，对组织中各层次、各岗位的执行情况进行检查和监督，及时将信息反馈给决策者。决策者根据得到的信息，掌握方案实施情况，判断与既定目标是否发生偏离或发生偏离的程度，并对其进行评价，选择和实施相应的措施。

2. 什么是决策的满意原则？为什么在现代社会条件下要根据满意原则制定决策？［中南财大 2014 年研］

相关试题：

(1)决策活动遵循满意原则而不是最优原则，为什么？［江南大学 2020 年研］

(2)怎么理解管理决策只能追求满意，而不可能做到最优？［浙江理工 2018 年研］

(3)如何理解决策遵循的是满意原则，而不是最优原则？［桂林理工 2018 年研］

(4)为什么在决策中经常采用满意原则而不是最优原则？［东南大学 2018 年研；北科 2011 年研］

(5)在不完全信息条件下，管理者只能寻求满意的决策而不是最佳决策。［辨析题，中山大学 2015 年研］

(6)请联系实际，论述决策时为何应该遵循满意原则而不是最优原则。［论述题，四川师大 2014 年研］

(7)决策中为什么要遵循“满意原则”？［华南理工 2010 年研］

答：(1)狭义的决策是一种行为，是在几种行动方案中作出选择。广义的决策是一个过程，包括在作出最后选择之前所必须进行的一切活动。决策是指管理者为达成组织目标，识别问题并在多个解决方案中分析判断出一个方案来解决矛盾以及利用机会的过程。其含义包括：①决策的主体是管理者；②决策的本质是一个过程，这一过程由多个步骤组成；③决策的目的是解决问题或利用机会。

(2)决策的满意原则。决策遵循符合实际情况的满意原则，而非最优原则。最优原则强调要使决策达到最优，必须获得与决策有关的全部信息，了解全部信息的价值所在，并据此制定所有可能的方案，进而准确预测每个方案的执行结果。

(3)在现代社会条件下要根据满意原则制定决策。现实中决策达到最优的条件往往得不到满足。具体有：①管理者难以获取全部的决策相关信息。组织的内外环境会影响组织的现在和未来，但决策者难以收集到相关信息。②管理者从决策信息挖掘的价值是有限的，从而决策者只能制定有限数量的方案。③管理者很难完全预测未来执行结果。因此，管理者在决策时要遵循满意原则。

3．简述程序化决策与非程序化决策的区别。［哈工大 2015 年研；四川大学 2011 年研］

相关试题：

(1)比较程序化决策与非程序化决策。［吉林大学 2024 年研；宁波大学 2020 年研］

(2)什么是程序化决策和非程序化决策？掌握两种决策方法对于管理者的意义在哪里？［浙工大 2018 年研］

(3)试述程序化决策与非程序化决策的区别和联系。［人大 2012 年研］

答：(1)程序化决策与非程序化决策的内涵：

程序化决策是在问题重复发生的情况下，决策者通过限制或排除行动方案，按照书面的或不成文的政策、程序或规则所进行的决策。这类决策要解决的具体问题是经常发生的，解决方法是重复的、例行的程序。

非程序化决策旨在处理那些不常发生的或例外的非结构化问题。

(2)程序化决策与非程序化决策的区别：

①重复的频率不同。程序化决策是重复性决策，用来解决经常重复出现的问题；非程序化决策具有极大的偶然性和随机性，很少重复发生。

②解决的问题不同。程序化决策一般用来解决重复出现、日常的管理问题即例行问题；非程序化决策解决的是偶然发生的、新颖的、性质和结构不明的、具有重大影响的问题，即例外问题。

③决策工具不同。程序化决策常用数学方法作为决策工具，主要数学工具有：线性规

划、动态规划、整体规划、贝叶斯决策论、排队论、概率论等；非程序化决策由于不是经常发生的，缺乏准确可靠的统计数据和资料，而且解决这类问题的经验也不足，所以在很大程度上要以决策者的知识、经验、洞察力和逻辑思维能力为决策依据。

④适用环境不同。程序化决策适用于生产方案决策、采购方案决策、库存决策、设备选择决策等；非程序化决策适用于新产品的开发、工厂的扩建、经营多元化等。

4. 何谓确定型决策、风险型决策与不确定型决策？［昆明理工 2018 年研］

相关试题：不确定型决策的方法。［浙工大 2018 年研］

答：(1) 确定型决策，是指决策环境条件是稳定或可控的。决策者掌握准确、可靠、可衡量的信息，能够确切地知道决策的目标以及每一备选方案的结果，常常可以很容易地迅速对各个方案进行合理的判断。常用的确定型决策方法有：

①线性规划，是指研究线性约束条件下线性目标函数的极值问题的数学理论和方法。

②量本利分析法，又称保本分析法或盈亏平衡分析法，是通过分析生产成本、销售利润和产品数量这三者的关系，掌握盈亏变化的规律，指导企业选择出能够以最小的成本生产最多产品并可使企业获得最大利润的经营方案。

(2) 不确定型决策，因面对不可预测的外部条件或缺少所需信息，而对备选方案或其可能结果难以确切估计。常用的不确定型决策方法有：

①小中取大法，是指管理者对未来持悲观态度，认为未来会出现最差的自然状态，决策时对各种方案都按带来的最低收益考虑，然后比较哪种方案的最低收益最高。

②大中取大法，是指管理者对未来持乐观态度，认为未来会出现最好的自然状态，决策时对各种方案都按带来的最高收益考虑，然后比较哪种方案的最高收益最高。

③最小最大后悔值法，是指管理者在选择了某方案后，若事后发现客观情况并未按自己预想的发生，会为自己事前的决策后悔。最小最大后悔值法是使后悔值最小的方法。

(3) 风险型决策又称随机决策。在这类决策中，决策者虽不能准确地预测出每一备选方案的结果，但因拥有较充分的信息而能预知各备选方案及其结果发生的可能性。作为常用风险决策方式，风险型决策是运用概率与图论中的树对决策中的不同方案进行比较，从而获得最优方案。风险型决策所处理的决策问题应具备的条件包括：

①有一个明确的决策目标。如收益最大，损失较小等。

②存在两个或两个以上可供选择的行动方案，并且最后只选定一个方案。

③存在两个或两个以上的不以决策者主观意志为转移的自然状态，或者存在一个不以决策者主观意志为转移的状态变量的概率分布。

④不同方案在各种自然状态下或某一概率分布下的损益值可以预先确定。

⑤各种自然状态发生的概率或者某一概率分布的概率密度函数可以预先算出或估计出来。风险型决策是以概率或概率密度函数为基础的，因而具有随机性。

5. 试比较集体决策与个人决策的优缺点。［南开大学 2007 年研；四川大学 2007 年研；人大 2007 年研］

相关试题：

(1) 群体决策的优缺点。［中南财大 2023 年研］

（2）相对于个体决策而言，群体决策具有哪些优势？［浙大2020年研］

（3）个人决策与集体决策的差别。［论述题，哈工大2018年研］

答：决策是决策主体在识别和分析问题的基础上，为解决问题或实现目标，根据一定准则从两个以上的备选方案中选择一个合理方案的分析判断过程。根据决策主体数目的不同，可以将决策分为集体决策与个人决策。两种决策方式各有其优缺点，具体如下：

（1）集体决策又称群体决策，是指由多个人组成一个决策小组进行决策并对该决策的后果负责的决策方式。集体决策有组织负责人，但该负责人并非最高决策者而是决策小组的组织者。

①优点：a. 集体决策有利于集中不同领域专家的智慧，解决日益复杂的决策问题；b. 集体决策能够利用多元化的信息，形成更多的可行性方案；c. 集体决策容易得到普遍的认同，有助于决策的顺利实施等。

②不足：a. 决策的时间过长。集体决策多人参加，意见纷繁多样，且花费较多的时间。b. 集体决策易导致"从众现象"和责任不明等问题。组织成员对于集体决策结果共同承担责任，但因最终结果责任人并不明确，可能会降低成员的责任感。

（2）个人决策是指由某一个人分析情况、提出决策方案并作出决定的决策方式。相对于集体决策，个人决策的优缺点如下：

①优点：a. 职责明确，有效杜绝互相推诿、不负责任的不良作风；b. 权力集中，行动迅速有力；c. 费时较少，降低了决策成本，在一定程度上提高了管理效益。

②不足：a. 个人的学识、经验、才干、精力可能对决策效果产生较大影响；b. 个人权力过分集中导致监督失效；c. 个人性格的薄弱可能在关键时刻无法得到有力弥补；d. 个人权重可能挫伤下属参与管理的积极性，不易形成民主管理风气。

管理者要针对实际情况对个人决策或集体决策作出选择，并且在决策过程中针对不同决策方式的不足，设计具体措施以扬长避短。

6. 简述头脑风暴法的含义与原则。［安徽师大2018年研］

答：头脑风暴法又称集体思考法或智力激励法，由奥斯本于1939年首先提出，是指通过召集专家会议等形式，充分利用集体思维所产生的思维连锁反应来引发创新性思维的方法。头脑风暴法适用于收集新设想和创造性意见，是一个产生新思想的方法。这种方法的参加者以5～6人为宜，时间一般为20～60分钟。其实施的四项原则包括：

（1）成员不评价他人的建议，将讨论控制在最低限度内。

（2）关注建议的数量而非质量，参与者不必有过多的顾忌。

（3）鼓励成员独立思考，拓展思路，强调想法的新颖性。

（4）对于已提出的建议，可进行必要的补充和完善，使其更具说服力。

7. 德尔菲法的基本过程及其优缺点。［华中农大2018年研］

答：德尔菲法是指听取有关专家对某一问题或机会的意见的决策方法。

（1）德尔菲法的基本过程：

应用这种技术的基本过程包括设法取得有关专家的合作，把要解决的关键问题分别告诉专家们，请他们单独发表自己的意见，在此基础上管理者收集并综合各位专家的意见，再把综合后的意见反馈给各位专家，让各位专家再次进行分析并发表意见。如果意见的差别很大，则让提供意见的专家集中进行讨论。如此反复多次，最终形成代表专家组意见的方案。主要包括：

①基于决策所涉及的问题或机会性质，选择合适的专家。

②决定适当数量的专家，通常 10～50 人为佳。

③拟定意见征询表，其质量直接关系到决策有效性。

（2）德尔菲法的优缺点：

①优点：a. 避免了集体决策中面对面的争论，有利于讲出新的意见和看法；b. 避免了面对面的集体决策容易形成的崇拜权威、服从权威意见、抑制创造性思维的缺陷，有利于小人物表达新思想、新观念，能够产生有价值的方案；c. 能较好地使参与决策的每一个专家畅所欲言。

②缺点：a. 决策时间较长；b. 信息处理的工作量大；c. 不利于直接交流。

四、论述题

1. 决策的影响因素有哪些？［安徽大学 2018 年研；哈工大 2015 年研；北邮 2012 年研］

相关试题：

（1）简述决策的影响因素。［简答题，湖南大学 2023 年研；西华师大 2023 年研］

（2）影响决策的因素。［简答题，吉林大学 2022 年研；中国海大 2018 年研］

（3）影响决策的主要因素有哪些？古典决策理论与行为决策理论的基本内容是什么？［华侨大学 2015 年研］

答：决策的影响因素包括：

（1）环境：

①环境特点影响组织的活动选择。环境对组织决策的影响表现在两个方面：a. 环境的变化使组织面临新的问题，从而需要新的决策；b. 决策主体在进行决策时又受到所处环境的影响和制约。科学的决策需要充分考虑和评估内外部环境的现状及其变化趋势。

②对环境的习惯反应模式影响组织的活动选择。不同组织对相同环境可能采取不同的反应。当调整组织与环境关系的模式形成后，就会逐渐趋于稳定，从而影响管理者决策。

（2）过去决策。组织的决策都或多或少要受到以往决策的影响。组织中“非零起点”的目前决策都不可能不受到以往决策的影响。过去决策所带来的良好效果和记忆必然为未来的决策提供有益的借鉴，过去失败的决策必然给未来的决策带来消极影响。若过去决策是由现任决策者制定，则决策者倾向继续实施；若过去决策不是由现任决策者制定，决策者则可能对其进行调整。

（3）决策者的风险态度。人的理性是有限的，决策者对未来的预知不可能与实际发生的情况完全一样，导致方案实施后未必能产生期望的结果，即决策是有风险的。决策者的风险态度会影响组织活动所选择的方案。风险偏好型决策者敢于冒风险，敢于承担责任，因此有可能抓住机会，但也可能遭受一些损失。风险厌恶型决策者不愿冒风险，不敢承担责任，虽然可以避免一些无谓的损失，但也有可能丧失机会。风险中性的决策者对风险采取理性的态度，既不偏好也不规避。由此可见决策者对待风险的态度会影响决策活动。

(4)伦理。决策者的伦理态度和伦理标准会影响决策。

(5)组织文化。指处于一定经济文化背景下的组织，在长期发展过程中逐步生成和发展起来的独特的价值观，以及以此为核心而形成的日趋稳定的行为规范、道德准则、群体意识和风俗习惯等。组织文化对决策的选定和实施都将产生重大影响。欢迎变化的组织文化有利于新方案的通过与实施；而抵御变化的组织文化不利于那些对过去作出重大改变的方案的通过，即使决策者费尽周折让方案勉强通过，也要在正式实施前，设法创建一种有利于变化的组织文化，这增加了方案的成本。

(6)时间。决策受时间的制约。决策是在特定的情况下把组织的当前情况与组织未来可能的行动联系起来，并旨在解决问题或把握机会的管理活动。这就决定了决策必然受时间的制约，一旦超出了时间的限制，情况发生了变化，再好的决策也不可能达到预期目标。时间敏感型决策是指那些必须迅速作出的决策；知识敏感型决策是指那些对时间要求不高、而对质量要求较高的决策。

2. 如何理解直觉决策？直觉主要有哪几种类型？[南开大学 2018 年研]

相关试题：

(1)直觉决策[概念题，浙大 2019 年研]

(2)什么叫直觉决策？管理者可以凭借哪五种直觉来帮助进行决策？[简答题，湘潭大学 2017 年研]

答：(1)直觉决策是指不经下意识的考虑而对某种方案所作出的决策，是基于决策者的经验以及积累所作出的判断。无论是理性决策还是有限理性决策，直觉决策都可以与之相辅相成。经历过类似问题或情况的管理者，往往可以凭借以往经验在获得的信息有限时就迅速行动。在决策时具有强烈感觉和情感的个体实际上实现了更高水平的决策绩效，尤其是在他们制定决策且能够理解自己的感受时。

(2)管理者可以凭借以下五种直觉来帮助进行决策：

①基于经验的决策，即管理者根据其过去的经验制定决策。

②影响发动的决策，即根据感觉或情绪制定的决策。

③基于认知的决策，即管理者根据技能、知识和训练制定决策。

④潜意识的心理过程的决策，即管理者运用潜意识的信息帮助其制定决策。

⑤基于价值观和道德的决策，即管理者根据道德价值观或文化制定决策。

五、案例分析题

大学生阿东的选择

请根据案例，回答以下问题：[浙工大 2018 年研]

1. 决策的特点有哪些？

答：决策的特点主要包括：

(1)目标性。任何决策都包含目标的确定。决策要有明确目标，没有目标就不存在决策。目标是组织在未来特定时限内的具体追求，是拟订行动方案、评价和比较这些方案的出发点，是检验未来活动效果的依据。

(2)可行性。任何决策方案的实施都离不开资源的支撑，要充分考虑其实施条件与资源的限制。决策方案需要与组织的能力和资源相吻合，与组织的环境状况相适应。

(3)选择性。决策的关键和实质是选择，要有若干备选方案。如果只有唯一的方案，决策也就无从谈起。根据事先拟定的选择标准，依据一定程序和规则，从多个备选方案中选择最符合组织的决策方案。

(4)满意性。决策者在决策时应遵循满意原则，即作出能够满足合理目标要求的决策。

(5)过程性。决策是一个动态循环过程。决策并不是简单的单次行为，而是一系列选择的综合过程。在这一系列决策中，每个决策本身就是一个过程，各阶段往往是相互联系、交错重叠的，难以截然分开。

(6)动态性。从权变理论角度看，没有一成不变的、普遍适用的、最好的管理理论和方法，一切应取决于当时的既定情况。决策也是一样。决策要充分分析变化的管理背景和要解决的主要问题，及时调整研究思路和方法，灵活运用基本的管理理论，处理好两难困境，实现不断创新。

2. 请用 SWOT 矩阵分析阿东目前所处的状况，给出一个合理的选择。

答：根据 SWOT 矩阵分析，即从优势、劣势、机会和挑战四个方面来进行综合考虑，针对阿东目前所处情况分析如下：

(1)选择维持原有"垃圾街"小吃店：①优势：客源稳定，竞争压力相对较小，运营成本低；②弱势：其他竞争者加入，监管严查；③机会：维持并扩大原有市场；④风险：学习压力，无法全身心投入，需要创业资金数额大，投资风险可能难以承受。

(2)选择接收学校超市小吃店：①优势：原有客户基础和经营基础；②弱势：经营品种单一，客户流量目前并不理想；③机会：可开拓新市场；④风险：经营时间不自由，存在投资风险。

(3)综合考虑：

①综合优势和机遇两方面，阿东可以利用手头宽裕的利润购买学校里面的小吃店。校内小吃店客源稳定，竞争不会像垃圾街那样激烈，而且房租、水电等成本费用也便宜。

②综合劣势和机遇两方面，利用竞争少且成本较低的机遇能够吸引大批学生消费者。

③综合挑战和优势两方面，由于经营时间缺乏自由，阿东可以改进产品质量并引入新产品，或与学校超市开展合作。

④综合挑战和劣势两方面，阿东可以选择放弃购置学校里面的小吃店。

综上所述，阿东应利用手头宽裕的利润购买学校里面的小吃店，改进产品质量并引入新产品，或与学校超市开展合作。

3. 如果阿东决定接手校内小吃店，对小吃店的经营应如何定位？请至少拟定三种可行方案供阿东选择并指出各方案的优缺点。

答：对小吃店经营定位的三种可行方案及其优缺点分析如下：

(1)阿东可以改进现有产品质量并引入新产品。这有利于吸引学生消费，但新产品不一定与学生需求相符合。

(2)与学校超市开展合作，采取买一赠一等促销活动。这能够增加利润，但不一定能得到超市同意或因利润分配与超市出现分歧。

(3)可以通过办理会员卡、打折等方式。这能够吸引学生购买，但可能出现优惠活动结束后学生不再消费的情况。

第七章　计划与计划工作

7.1　复习笔记

【知识框架(庖丁解牛)】

- 计划与计划工作
  - 计划概述
    - 计划的概念、内容[5W1H]
    - 计划与决策的区别和联系
    - 计划的性质、作用
  - 计划的类型
    - 计划的分类
    - 计划的层次体系
  - 计划编制过程
    - 确定目标
    - 认清现在
    - 研究过去
    - 预测并确定重要前提条件
    - 拟定并选择可行性行动计划
    - 制定主要计划
    - 制定派生计划
    - 制定预算，使计划数字化

【通关提要(提纲挈领)】

本章主要介绍计划的概念、性质、类型和编制过程，比较简单。学习时，要着重掌握计划和决策的区别和联系，熟悉计划的概念和性质，掌握计划的制定过程。本章主要考查概念题、简答题和论述题，复习时要整体把握，分点记忆。

【考点难点归纳(厚积薄发)】

考点一：计划概述(见表7-1)　★★

表7-1　计划概述

要点	主要内容	
计划的概念	名词	指对未来行动方案的文字说明
	动词	指为了实现组织目标，预先进行策划安排

续表

要点	主要内容	
计划的内容［5W1H］	What	做什么？目标与内容
	Why	为什么做？原因
	Who	谁去做？人员
	Where	何地做？地点
	When	何时做？时间
	How	怎样做？手段、方式
计划与决策	区别	需要解决的问题不同： ①决策：选择组织活动方向、内容及方式等。 ②计划：组织在一定时期内行动任务的具体安排
	联系	①决策是计划的前提，计划是决策的逻辑延续。 ②二者相互渗透，甚至相互交织
计划的性质	①目标性；②基础性；③普遍性和秩序性；④追求效率	
计划的作用	①为组织成员指明方向，协调组织活动；②为组织的未来预测变化，减少冲击；③减少重叠和浪费性的活动；④利于控制；⑤尽量避免仓促决策可能造成的损失；⑥有助于在最短时间内完成工作，使各项工作均衡平稳进行	

【真题链接】

(1)计划与决策的联系与区别。［论述题，暨南大学 2023 年研］

(2)计划的内容(包括"5W1H")是什么？［简答题，华侨大学 2018 年研］

(3)在动态的环境下管理者无法有效地计划。上述观点是否正确，并辨析其原因。［观点辨析，广东财大 2022 年研］

考点二：计划的类型　★★★

1. 计划的分类(见表 7－2)

表 7－2　计划的分类

划分标准	主要内容	
期限长短	①长期计划(一般是 5 年以上)；②短期计划	
表现形式	①正式计划；②非正式计划	
职能空间	①业务计划；②财务计划；③人事计划	
综合性程度［作用性质］	战略性计划［长期性、整体性］	①应用于整体组织，为组织未来较长时期(通常为 5 年以上)设立总体目标。 ②战略性计划是战术性计划的依据
	战术性计划	规定总体目标如何实现，是战略性计划的落实
内容明确性	具体性计划	具有明确的目标，但缺少灵活性
	指导性计划	只规定一般的方针和行动原则，给予行动者较大的自由处置权
程序化程度	程序性计划	针对重复出现的例行问题
	非程序性计划	针对不重复出现的非例行问题

【真题链接】指导性计划［概念题，西安交大2023年研；安徽大学2020年研］

2. 计划的层次体系（孔茨与韦里克，见表7－3）

表7－3　计划的层次体系

要点		主要内容
抽象	使命（或目的）	指明组织在社会上的作用和地位
↓	目标	指组织使命的具体化
	战略	指为了实现目标而采取的行动和利用资源的总计划
	政策	指组织成员作出决策或处理问题所应遵循的行动方针的一般规定
	程序	指制定处理组织未来活动的一系列步骤。它规定了某项活动应该按照怎样的时间顺序进行处理的行动指南
	规则	指执行程序时所应遵循的原则和规章［最简单］
	方案（或规划）	指综合性的计划。一个主要方案（规划）通常需要很多支持计划
具体	预算	指以数字形式表示预期结果的一种特殊计划

考点三：计划编制过程（见表7－4）　★★★★

表7－4　计划编制过程

要点	主要内容
编制过程	确定目标→认清现在、研究过去→预测并有效确定计划的重要前提条件→拟定并选择可行性行动计划→制订主要计划、派生计划→制订预算，使计划数字化
影响因素	①组织层级；②环境不确定性程度；③未来承诺期限
制定技术	①环境扫描；②定性和定量预测技术；③情景计划法；④滚动计划法；⑤作业计划方法［甘特图法、线性规划法］；⑥排队论方法等

【真题链接】简述计划的编制过程。［简答题，华南农大2023年研；安徽师大2023年研；北邮2020年研；中财2019年研］

7.2　课后习题详解

1. 简述计划的概念及其性质。

答：（1）计划的概念：

计划是组织根据环境的需要和自身的特点，经过深思熟虑后，确定组织在一定时期内的目标，并通过计划的编制、执行和监督来协调，组织各种资源以顺利达到预期目标的过程。

计划有两种含义，一个是动词含义的计划工作（planning），另一个是名词含义的计划（plan）。作为动词的计划，通常是指包括定义组织目标、制定全局战略以实现这些目标、开发一个全面的分层计划体系等一系列相关联的特定行为或活动过程，实际上就是计划工作。作为名词的计划，是指计划工作的结果和产物，是关于组织未来的蓝图，反映组织在未来一段时间内的目标、实现目标途径的策略和安排。计划包括对组织所拥有的和可能拥有的人力、物力、财力等资源所进行的设计和谋划的结果。计划包括各种明确的书面化的使命、目标说明以及战略、政策、预算书等。

(2)计划的性质，参见本章考研真题简答题第1题答案。

2. 理解计划的类型及其作用。

答：计划将目标实现所需完成的任务更加具体化，将其进行时间和空间上的分解，从而落实到组织的不同部门和不同成员。由于人类活动的复杂性和多元性，计划的种类也变得十分复杂和多样。计划可以按照不同的标准进行分类，常见的分类标准有以下几种：

(1)按计划的期限分为：长期计划和短期计划。长期计划是指组织在较长时期(通常为5年以上)的发展方向和方针，规定了各个部门在较长时期内的目标和要求；短期计划更加具体，规定了各个部门短时期，特别是最近的时段中，应该从事何种活动，以及达到何种要求。

(2)按计划的职能空间分为：业务计划、财务计划和人事计划。业务计划是指针对企业特定的战略项目和其目标的文件，并在规定的时间必须完成或达到，内容主要涉及“物、供、产、销”；财务计划是指以货币形式协调安排计划期内投资、筹资及财务成果的问题，内容主要涉及“财”；人事计划是指为保证企业的生存和发展而提供相应人力资源的长期和短期的安排，内容主要涉及“人”。

(3)按涉及时间长短及其范围广狭的综合性程度标准分为：战略性计划和战术性计划。战略性计划基于组织整体制定，涉及未来较长时期，强调组织整体的协调。战术性计划所涉及的时间跨度比较短，内容具体明确，并通常要求具有可操作性。

(4)按计划内容的明确性标准分为：具体性计划和指导性计划。具体性计划具有明确的目标；指导性计划只规定大的方针和行动原则，给予行动者更大的自由处置权。

(5)根据计划的程序化程度分为：程序性计划和非程序性计划。程序性计划对重复出现的工作进行计划安排，每当出现，可以使用既定程序处理；非程序性计划对不重复出现的工作进行安排，处理这类问题没有一成不变的方法和程序，须用个别方法加以处理。

3. 解释孔茨与韦里克的计划层次体系的基本内容。

答：哈罗德·孔茨和海因·韦里克将计划分为一种金字塔形层次体系，从上到下的过程是从抽象到具体的过程，分为八个层次：

(1)目的(或使命)。指明确组织机构在社会上的作用和地位。它决定了组织的性质，是区分各组织的标志。如科研机构的使命是科学研究、技术研发，企业的使命是产品和服务的生产销售。

(2)目标。目标是目的或使命的具体化，主要表现为企业和内部各个部门一定时期内的行动标准。目标受组织目的或使命支配，并为完成组织使命而努力。如销售产品和服务是企业的目的或使命，但是企业在完成这个使命的时候会继续细化为各部门的目标。

(3)战略。战略是为了实现组织总目标而采取的行动和利用资源的总计划，具有指导全局和长远发展的作用。战略并不需要确切地描述这个组织怎样去完成它的目标，这些属于主要的或次要的支持性计划的内容。

(4)政策。指组织成员作出决策或处理问题所应遵循的行动方针的一般规定。政策不要求采取行动，而是用来指导和决策行动的。政策与战略虽然经常混同使用，但二者是有明显区别的。

(5)程序。指制定处理组织未来活动的一种必需的步骤。不同于战略，它是行动的指南，而非思想的指南；不同于政策，它没有给行动者自由处理的权力。在实践活动中，程序往往成为组织的规章制度。

(6)规则。指执行程序中的每一个步骤工作时所应遵循的原则和规章。与程序不同的是，规则虽指导行动但并没有说明时间顺序；程序可看成是一系列的规则，但一项规则不一定是程序的组成部分，如“禁止乱扔垃圾”是一条规则，但和程序没有任何联系。与政策不同的是，政策的目的是指导行动，并留有一定酌情处理的余地；而规则虽也指导行动，但执行人员运用时没有自行处理的权利。

(7)方案(或规划)。方案是一个综合性的计划，一个主要方案(规划)通常需要很多支持计划。

(8)预算。指以数字表示预期结果的一种数字化的特殊计划形式。预算中的数字可以是财务性的，即货币形式的现金、开支、收入等指标；也可以是非财务性的，即非货币形式的工时、期限、生产量等。预算不仅将工作计划内容数量化、精确化，为汇总工作提供便利的手段，同时还可以直接作为控制工作的依据，因而预算的编制很重要。

4. 计划编制包括哪几个阶段的工作?

答：参见本章考研真题论述题答案。

7.3　考研真题

一、概念题

1. 计划[广工大2024年研；浙江师大2022年研；宁波大学2020年研；暨南大学2017年研；四川大学2017年研；哈工大2016年研；南昌大学2015年研；武大2011年研；中山大学2011年研；首经贸2008年研]

2. 战略性计划[东北林大2023年研；河南大学2023年研；宁波大学2020年研；中国海大2018年研；华南理工2014年研；北二外2009年研]

相关试题：战略计划[吉林大学2016年研；华中师大2015年研；东北大学2015年研]

3. 指导性计划[西安交大2023年研；安徽大学2020年研；华侨大学2018年研]

4. 预算[吉林大学2016年研；中国传媒大学2012年研；东财2009年研]

二、简答题

1. 简述计划的性质。[宁波大学2017年研；吉林大学2012年研]

相关试题：

(1)计划的内容(包括“5W1H”)是什么？[华侨大学2018年研]

(2)计划的性质和基本内容。[燕山大学2016年研]

2. 计划与决策的联系和区别。[暨南大学2023年研]

相关试题：

(1)简述决策和计划的关系。[华科2023年研]

(2)简述计划与决策的区别。[华科2019年研]

3. 有人认为"计划赶不上变化，因此不需要再做计划"，如何评价这种观点？[浙江财大2018年研]

三、论述题

1. 如何理解计划？计划编制包括哪几个阶段的工作？请简要说明其内容。[南京大学2015年研]

相关试题：

(1)简述计划的编制过程。[简答题，华南农大2023年研；安徽师大2023年研；北邮2020年研；中财2019年研]

(2)计划工作的主要内容。[西南财大2018年研]

(3)简述计划制定的基本步骤。[简答题，浙江理工2018年研]

(4)请阐述组织的计划管理过程包含哪些阶段，各阶段的主要工作是什么。[南航2017年研]

2. 孔茨与韦里克的计划层次体系。[西安建大2023年研]

7.4 考研真题详解

一、概念题

1. 计划[广工大2024年研；浙江师大2022年研；宁波大学2020年研；暨南大学2017年研；四川大学2017年研；哈工大2016年研；南昌大学2015年研；武大2011年研；中山大学2011年研；首经贸2008年研]

答：参见本章课后习题第1题答案。

2. 战略性计划[东北林大2023年研；河南大学2023年研；宁波大学2020年研；中国海大2018年研；华南理工2014年研；北二外2009年研]

相关试题：战略计划[吉林大学2016年研；华中师大2015年研；东北大学2015年研]

答：战略性计划是指关于企业活动总体目标和战略方案的计划。战略计划的任务不在于看清企业目前是什么样子，而在于看清企业将来会成为什么样子。其主要应用于整体组织，即为组织未来较长时期(通常为5年以上)设立总体目标。战略性计划的内容包括愿景和使命陈述、战略环境分析、战略选择等。要制定一系列战术计划将战略计划付诸实施。战略性计划的显著特点是长期性和整体性。

3. 指导性计划[西安交大2023年研；安徽大学2020年研；华侨大学2018年研]

答：指导性计划是指只规定一般的方针和行动原则，给予行动者较大自由处置权的计划。它指出重点但不把行动者限定在具体目标或特定的行动方案上。指导性计划可以是上级主管部门下达的，也可以是同级部门编制的。它对于计划执行者不具有严格的约束力，是一种参考性的计划。在环境较为不确定时，内部组织比较松散，决策权力分散并下移，权力层级不明确，组织结构设计可以采用柔性灵活的指导性计划。

4. 预算［吉林大学 2016 年研；中国传媒大学 2012 年研；东财 2009 年研］

答：预算是指以数字表示预期结果的一种数字化的特殊计划形式，通常为规划服务。预算帮助主管人员从收支角度，全面了解活动的规模、重点和预期成果；预算也是计划和控制工作的连接点。预算的类型主要有：①收入预算；②费用预算；③利润预算；④现金预算；⑤可变预算；⑥固定预算。

二、简答题

1. 简述计划的性质。［宁波大学 2017 年研；吉林大学 2012 年研］

相关试题：

(1)计划的内容(包括"5W1H")是什么？［华侨大学 2018 年研］

(2)计划的性质和基本内容。［燕山大学 2016 年研］

答：(1)计划的性质：

①目标性。决策活动为组织确定了存在的使命和目标，并选择了实现方式，计划就是在决策工作的基础上进一步展开和细化。

②基础性。计划是决策的延续，是组织、领导和控制等一系列的管理工作的基础。

③普遍性和秩序性。一方面，计划工作是全体管理人员的一项职能；另一方面，由于组织性质的不同，计划工作的普遍性中又有一定的秩序性，主要表现为计划工作的纵向层次性和横向协作性。

④追求效率。计划对组织目标的贡献是：计划是衡量计划效率性的指标。

(2)计划的内容，参见本章考点难点归纳相关内容。

2. 计划与决策的联系和区别。［暨南大学 2023 年研］

相关试题：

(1)简述决策和计划的关系。［华科 2023 年研］

(2)简述计划与决策的区别。［华科 2019 年研］

答：决策是指关于组织活动方向、内容以及方式的选择；计划是指对一定时期内行动任务的具体安排。二者相互区别、相互联系。主要体现在：

(1)二者的区别：

决策是关于组织活动方向、活动内容和活动方式的选择或调整。任何一个组织，都因一定的社会需要而存在。因此，在从事这项活动之前，必然要对活动方向、内容和方式进行选择。可见，决策是管理的首要职能。而计划是对组织内部一定时期内不同成员行动任务的具体安排，是在决策的基础上进行的工作。

(2)二者的联系：

①决策是计划的前提，计划是决策的延续。决策为计划的任务安排提供了依据，计划为决策目标的实施提供了保证。

②计划与决策相互渗透，有时甚至无法分割。在决策的制定过程中，实际上已经孕育着决策的实施计划；而计划的编制过程实际上是决策的组织落实过程，也是对决策进行更为详细的检查、修订的过程。

3. 有人认为"计划赶不上变化，因此不需要再做计划"，如何评价这种观点？［浙江财大 2018 年研］

答：这种观点是不对的。未来的情况是千变万化的，计划是预测并设法消除这些变化对组织造成不良影响的一种有效手段。计划工作是面向未来的，而未来有很多不确定因素。计划虽然无法做到完全消除未来的不确定性和环境的变化性，但通过计划过程，可以预测未来可能的变动以及各种变动对组织的影响，并制定相应的补救措施，并在需要的时候对计划作出必要的修正，以有效回避风险，最大限度地提高计划的科学性，保证组织的长期稳定发展。

三、论述题

1. 如何理解计划？计划编制包括哪几个阶段的工作？请简要说明其内容。［南京大学 2015 年研］

相关试题：

（1）简述计划的编制过程。［简答题，华南农大 2023 年研；安徽师大 2023 年研；北邮 2020 年研；中财 2019 年研］

（2）计划工作的主要内容。［西南财大 2018 年研］

（3）简述计划制定的基本步骤。［简答题，浙江理工 2018 年研］

（4）请阐述组织的计划管理过程包含哪些阶段，各阶段的主要工作是什么。［南航 2017 年研］

答：（1）计划的含义，参见本章课后习题第 1 题答案。

（2）计划编制的步骤：

①确定目标。将目标进行分解，落实到小处。将整体目标细化到各个环节该做什么事，将长期目标分解为短期目标。

②认清现在。认清现在需要将组织、部门放在大环境背景下，考察大环境、竞争对手与组织自身的动态变化，从而寻求合理有效地实现目标的途径。

③研究过去。借鉴过去的事件，发现规律，指导当下的工作。

④预测并有效确定重要前提条件。前提条件是指环境满足何种条件才能实现计划。对前提条件的认识越清楚，计划就越有效。此外，组织成员越认同这一前提条件，计划就越协调。

⑤确定可行性行动计划。拟订尽可能多的计划，并具有创新性；备选计划越令人满意，行动就越有效。评价行动计划可行性时，要注意全面考虑、总体、动态进行。

⑥制订主要计划。将所选择的计划用文字表达出来，需要清楚地确定和描述"5W1H"的内容。

⑦制订派生计划。基本计划需要派生计划的支持，如业务计划派生的生产计划等。

⑧制订预算，用预算使计划数字化。预算将计划数字化、简单化，使得指标体系更加明确，也更易于控制计划实施。

2. 孔茨与韦里克的计划层次体系。［西安建大 2023 年研］

答：参见本章课后习题第 3 题答案。

第八章　计划的实施

8.1　复习笔记

【知识框架(庖丁解牛)】

- 计划的实施
  - 目标管理
    - 目标管理的含义、基本思想
    - 目标的性质和作用
    - 目标管理的过程
    - 提高目标管理效果的途径
  - 滚动计划法
    - 基本思想
    - 评价
    - 适用范围
  - 网络计划技术
    - 含义
    - 网络图：组成、关键路线
    - 评价：优点、局限
  - 业务流程再造
    - 含义
    - 七个原则[哈默]
    - 实施体系

【通关提要(提纲挈领)】

计划是管理工作的首要职能，本章主要介绍计划实施的几种方法。学习时，要重点掌握计划实施的目标管理法、网络计划技术和业务流程再造。本章主要考查概念题和简答题，复习时要把握各方法的基本思想和实施过程，同时要能结合具体案例具体分析。

【考点难点归纳(厚积薄发)】

考点一：目标管理(见表 8－1)　★★★★★

表 8－1　目标管理

要点	主要内容
含义	又称成果管理，是指组织中管理人员和所有成员共同制定目标，共同实施目标的一种管理方法。它以目标为导向，以人为中心，以成果为标准
提出者	由美国管理学家彼得·德鲁克于 1954 年提出

续表

要点		主要内容
基本思想		①企业通过把任务转化为各级目标来保证企业总体目标的实现。 ②目标管理是一个目标体系，企业总目标层层分解到个人和部门。 ③个人的分目标是企业总目标实现的基础，同时也是个人和部门对企业总目标的贡献。 ④部门和个人依据设定的目标进行自我指挥、自我控制。 ⑤部门和个人的目标，是组织进行考核和奖惩的依据
目标	性质	①层次性；②多样性；③网络性；④可考核性；⑤可实现性；⑥挑战性；⑦信息反馈性
	作用	①指明管理工作的方向；②为组织决策提供依据；③激励组织成员；④促使组织稳定发展
过程		制定完整的目标体系→明确组织作用→执行目标→检查成果[自查、商谈、评价]→实行奖惩→新的目标管理循环
提高效果的途径		①制定明确的目标；②组织成员共同参与；③明确具体的目标完成期限；④注重绩效反馈

【真题链接】简述目标管理的基本思想。[简答题，暨南大学2023年研；上政2023年研]

考点二：滚动计划法(见表8－2) ★★★

表8－2 滚动计划法

要点		主要内容
含义		指对计划采用分期制定、近细远粗、执行反馈、定期调整、按期顺延滚动的方法
基本思想		按环境变化和计划执行情况定期修订未来计划，并逐期向前推移，使短、中期计划有机结合
评价	优点	①使计划更加切合实际，提高近期计划的质量。 ②使长、中、短期计划相互衔接。 ③使计划的弹性增强，组织的应变能力提高
	缺点	加大了计划编制和实施工作的任务量
适用范围		品种比较稳定情况下的生产计划和销售计划的调整

考点三：网络计划技术(见表8－3) ★★★

表8－3 网络计划技术

要点		主要内容
含义		指以网络图为基础的计划模型，如关键路径法、计划评审技术、组合网络法等
网络图[基础]	含义	又称箭线图或统筹图，反映了项目及其组成部分的逻辑关系
	组成	①"→"，工序；②"○"，事项[结点]；③路线[路径]
	关键路线	指网络中最长的路线。关键路线上的工序是关键工序
评价	优点	①能清晰表明工序顺序及其相互关系、关键环节和路线，利于系统整体效益的最优化。 ②可以优化工程的时间进度与资源利用。 ③能够事前评估目标达成的可能性。 ④便于组织与控制。 ⑤易于操作，应用广泛
	局限	①无法确定作业时间或对进度估计不准确，使其丧失意义。 ②强调时间因素，忽略了费用因素

考点四：业务流程再造——BPR(见表8-4) ★★★

表8-4　业务流程再造——BPR

要点		主要内容
含义		又称业务流程重组，指以业务流程为改造对象和中心、以关心用户需求和满意度为目标，从根本上对现有业务流程进行再思考和再设计
七个原则 [哈默]		①围绕最终结果而非具体任务来实施再造工程。 ②让使用最终产品的人参与流程过程。 ③将信息处理融入产生该信息的实际工作中。 ④将地域上分散的资源集中化。 ⑤将并行工序连接，而不是将任务集成。 ⑥决策点下移并将控制融入过程中。 ⑦在源头获取信息
实施体系	观念再造	组建BPR小组→制订计划并培训、宣传→确定核心流程→设置合理的目标→组建项目实施团队
	流程再造	培训团队→分析流程的结果和联系→分析并量化现有流程→再造活动效益判断和标杆瞄准最佳实践→业务流程再设计→新业务流程的审评和实施
	组织再造	组织人力资源评审→技术结构与技术能力的评审→新组织形式的设计→构建新的技术基础结构和应用技术
	试点和切换	选定试点流程，组建团队→确定参与的顾客和供应商→启动试点，监督并提供支持→审评试点和团队反馈→切换次序，分段实施
	实现远景目标	评价再造成效→收集改进业绩的效益及信息→发展新用途→不断改进、创新

【**真题链接**】简述业务流程再造的过程。[简答题，桂林理工2021年研]

8.2　课后习题详解

1．何谓目标管理？其特点是什么？如何利用目标管理组织计划的实施？

答：(1)目标管理的内涵：

目标管理是一种综合的以工作和人为中心的管理方法，它首先由组织内上下级管理者、员工一起制定组织目标，并由此形成组织内每一成员的分目标，明确规定每个成员的职责范围，最后又用这些目标来进行管理、评价和决定对每一个部门和成员的奖惩。

(2)目标管理的特点：

①以目标为中心。目标管理强调明确的目标是有效管理的首要前提。确定目标是一切管理活动的前提，也是任务完成情况的考核依据。组织通过将使命转化为各级目标，来保证组织目标的实现。

②强调系统管理。目标管理是一个目标体系，组织总目标层层分解到各个部门和个人，形成协调的目标网络体系，从而保证组织目标的整体性和一致性。

③重视人的因素。目标管理是一种参与式的、自我控制的管理，部门和个人依据设定

的目标进行自我管理、自我控制，重视人的因素。

(3)目标管理的实施过程，参见本章考研真题论述题第2题答案。

2. 网络计划技术的基本原理是什么?

答：网络计划技术是20世纪50年代末在美国产生和发展起来的，包括以网络为基础制订计划的各种方法，如关键路线法(CPM)、计划评审技术(PERT)、组合网络法(CNT)等。在我国，也有人将网络计划技术译为“计划协调技术”“计划评审技术”“统筹法”等。

网络计划技术的原理是：把一项工作或项目分解成各种作业，然后根据作业的先后顺序进行排列，通过网络的形式对整个工作进行统筹规划和控制，从而以最少的资源、最短的工期完成工作。

网络计划技术的基础是网络图。它将每项任务分解成众多工作步骤，根据时间的先后顺序用箭线将它们连接起来，并标注出所需的时间。网络图包含工序、事项、路线三种基本要素。

3. 滚动方式计划有何基本特点?

答：滚动方式计划是指每次编制修订计划时，要根据前期计划执行情况和客观条件的变化，将计划期向未来延伸一段时间，使计划不断向前滚动、延伸。滚动方式计划的基本特点包括：

(1)计划分为若干执行期，近期计划的内容一般要详细、具体，是计划的具体实施部分，具有指令性；远期计划的内容较笼统，是计划的准备实施部分，具有指导性。

(2)计划在执行一段后，要对以后的各期计划内容进行适当修改和调整，并向未来延续一个新的执行期。

滚动方式计划法使计划与实际紧密结合，使长期计划、中期计划、短期计划有机结合，可以规避风险，提高组织的竞争力。采用滚动计划法，可以避免不确定性给组织带来的不良后果。

4. 何为业务流程再造? 简述业务流程再造的基本过程。

答：参见本章考研真题简答题第3题答案。

8.3 考研真题

一、概念题

1. 目标管理[湖北大学2024年研；河南大学2024年研；东财2023年研；天津理工2023年研；安徽师大2020年研；武汉理工2019年研；西安交大2017年研；四川大学2017年研；陕西师大2016年研；华南师大2016年研；暨南大学2015年研；首师大2015年研；西北大学2015年研；华东师大2014年研；北科2012年研；中山大学2011年研]

2. 滚动计划法[天工大2023年研；中央民大2019年研；西安交大2017年研]

3. 网络计划技术[西华师大2023年研；北邮2013年研；中山大学2012年研]

相关试题：网络计划法[中南财大2008年研]

4. 网络图[河北大学2017年研；中南财大2014年研；中山大学2008年研]

5. 业务流程再造[武汉工程大学2023年研]

相关试题：流程再造[桂林理工2023年研；首师大2012年研；华中师大2008年研；四川大学2007年研]

二、简答题

1. 简述目标管理的基本思想。[暨南大学2023年研；上政2023年研；南昌大学2020年研；广工大2017年研；宁波大学2017年研；山东大学2016年研；吉林大学2015年研]

2. 你认为大学能引进目标管理的方法吗？为什么？[南开大学2007年研]

3. 什么是业务流程再造？简述业务流程再造的基本过程。[湘潭大学2015年研]

相关试题：

(1)简述业务流程再造的过程。[桂林理工2021年研]

(2)业务流程再造的关键阶段有哪些？[中科大2013年研]

4. 何谓流程再造？流程再造可能受到哪些因素的影响？如何有效地组织流程再造？[中山大学2009年研]

三、论述题

1. 在现代管理活动中，如何理解和评价目标管理？[复旦大学2007年研]

相关试题：

(1)目标管理有何特点？结合实际，论述目标管理的局限性。[广西民大2020年研]

(2)简述目标管理的主要内容。[简答题，浙江财大2020年研]

(3)什么是目标管理？[简答题，吉林大学2024年研；桂林理工2018年研]

(4)目标管理的基本特征。[简答题，中山大学2017年研]

(5)简介目标管理(Management by Objectives)及其构成元素。[简答题，对外经贸2017年研]

2. 论述目标管理的过程及其成功实施的主要决定因素。[山东大学2017年研]

相关试题：

(1)请简述目标管理的思想及过程。[简答题，北邮2023年研；吉林大学2019年研]

(2)简述目标管理的思想和实施过程。[简答题，东南大学2020年研]

(3)联系实际谈谈目标管理的过程，并分析对目标管理成功实施的影响因素主要有哪些。[山东大学2018年研]

(4)论述目标管理的基本过程。[安徽大学2017年研；天津商大2015年研]

(5)简述目标管理的过程。[简答题，中南财大2023年研；中国传媒大学2015年研]

四、案例分析题

一家电器公司决定在整个公司内实行目标管理。事实上之前他们在为销售部门制定奖金系统时已经用了这个方法。公司通过对比实际销售额与目标销售额，支付给销售人员相应的奖金，这样销售人员的实际薪资就包括基本工资和一定比例的个人销售奖金两部分。销售大幅度提升了，但苦了生产部门，他们很难完成交货计划，销售部抱怨生产部不能按时交货，总经理和高级管理层决定为所有部门和个人、经理以及关键员工建立一个目标设定流程。为了实施这个新的方法，他们需要用绩效评估系统。生产部门的目标包括按时交货和库存成本两个部分，他们请了一家咨询公司指导管理人员设计新的绩效评估系统，并就现有的薪资结构提出改进的建议。他们付给咨询顾问高昂的费用修改基本薪资结构，包括岗位分析和工作描述，还请咨询顾问参与制定奖金系统，该系统与年度目标的实现程度密切联系。他们指导经理们如何设定组织目标和制定绩效评估流程。总经理期待着很快能提高业绩，然而不幸的是，公司业绩不但没有上升，反而下滑了。部门间的矛盾加剧，尤其是销售部和生产部，生产部埋怨销售部预测准确性太差，而销售部埋怨生产部无法按时交货，每个部门都指责其他部门的问题，客户满意度下降，利润也在下滑。[浙工大2018年研]

根据上述资料分析公司为什么推行目标管理但没有取得预期效果，并给出建议。

8.4 考研真题详解

一、概念题

1. 目标管理[湖北大学2024年研；河南大学2024年研；东财2023年研；天津理工2023年研；安徽师大2020年研；武汉理工2019年研；西安交大2017年研；四川大学2017年研；陕西师大2016年研；华南师大2016年研；暨南大学2015年研；首师大2015年研；西北大学2015年研；华东师大2014年研；北科2012年研；中山大学2011年研]

答：参见本章课后习题第1题答案。

2. 滚动计划法[天工大2023年研；中央民大2019年研；西安交大2017年研]

答：参见本章考点难点归纳相关内容。

3. 网络计划技术[西华师大2023年研；北邮2013年研；中山大学2012年研]

相关试题：网络计划法[中南财大2008年研]

答：参见本章考点难点归纳相关内容。

4. 网络图[河北大学2017年研；中南财大2014年研；中山大学2008年研]

答：网络图是指把一项工作或项目分解成诸多步骤的工作，根据这些工作在时间上的衔接关系，通过用箭线表示先后顺序，画出一个相互联系、并注明所需时间的箭线图。网络图有三个要素：①“→”，工序。它代表一项活动、工作、作业。箭尾开始，箭头结束。②“○”，事项。这是两个工序之间的连接点。它表示前道工序结束、后道工序开始的瞬间。③路线。即网络图中从始点到终点，由一系列首尾相连的结点和箭线所组成的一条通道。网络图是网络计划技术的基础。

5. 业务流程再造[武汉工程大学2023年研]

相关试题：流程再造[桂林理工2023年研；首师大2012年研；华中师大2008年研；四川大学2007年研]

答：参见本章考研真题简答题第3题答案。

二、简答题

1. 简述目标管理的基本思想。[暨南大学2023年研；上政2023年研；南昌大学2020

年研；广工大 2017 年研；宁波大学 2017 年研；山东大学 2016 年研；吉林大学 2015 年研]

答：参见本章考点难点归纳相关内容。

2. 你认为大学能引进目标管理的方法吗？为什么？［南开大学 2007 年研］

答：我认为大学教育并不适合引进目标管理的方法，原因如下：

（1）目标管理是美国管理学家彼得·德鲁克于 1954 年提出的，在此之前，追求工作的成果与尊重人一直是所有管理方法难以解决的矛盾。目标管理则提出了解决这一矛盾的有效思路，即把制定目标和考核成果作为管理的重点，而将实现目标的过程留给员工，尊重他们的自主性和能动性。目标管理的具体做法是通过制定和分解可考核的目标，将责任明确地落实到每个员工身上；减少实现目标过程中的控制，让员工自主发挥；严格按照目标考核工作结果和按考核结果实施奖惩，激励员工自觉追求目标。目标管理因其特有的优点而得到广泛应用，并在成果容易衡量、目标比较单一具体的系统中取得了极大的成功。但是，目标管理并不能适用于所有情况。

①目标管理有两个基本假设：

a. 系统的最终成果能够通过可考核的量化目标预先表示出来。实现真正的目标管理，必须先制定可考核的量化目标。

b. 强烈的个人分工负责制有利于实现系统目标。目标管理要求目标要分解到人，责任要落实到人，强调对个人奖惩的意义和作用。

但是，并非所有的系统都能满足这样的假设，因此目标管理的适用范围是有限的。

②美国著名管理学家哈罗德·孔茨等观察和研究后认为，如果一个系统在以下几方面存在困难，就不适用目标管理：

a. 把广泛且一般的组织目标转化成详细具体的组织各单位的目标。

b. 计量业绩和提供正确的反馈。

c. 确定什么是功勋的业绩和相应地奖励个人。

d. 用数量表示长期目标和短期目标协调一致。

e. 对快速变化的环境作出调整。

（2）从大学教育的特点来看，它也不适合目标管理。

①教育与学习的成果不易被衡量。教育工作的好坏落实到学生思想和能力方面的提高，特别是思想觉悟的提高、正确道德观念和良好行为习惯的形成，这些因素都是潜移默化地改变，难以具体衡量。

②教育工作具有渐进性。学生思想观念的变化和知识能力的积累不是一朝一夕可以成就的，这就要求教育工作不能急于求成、忽左忽右。这一特点也决定了其不适合用目标管理的方法来衡量。对教育工作的管理，要从其实际特点出发选择恰当的管理方法。

3. 什么是业务流程再造？简述业务流程再造的基本过程。［湘潭大学 2015 年研］

相关试题：

（1）简述业务流程再造的过程。［桂林理工 2021 年研］

（2）业务流程再造的关键阶段有哪些？［中科大 2013 年研］

答：（1）业务流程再造的概念：

业务流程再造又称业务流程重组、企业经营过程再造，是指通过对企业战略、增值运营流程以及支撑它们的系统、政策、组织和结构的重组与优化，达到工作流程和生产力最优化的目的。它强调以业务流程为中心，以关心客户的需求和满意度为目标，对现有的业务流程进行根本的再思考和彻底的再设计，从而使企业在成本、质量、服务和速度等方面获得突破性改善。流程再造的意义是通过对企业原有业务流程的重新塑造，包括进行相应的资源结构调整和人力资源结构调整，提高企业整体竞争力。企业将由以职能为中心的传统形态转变为以流程为中心的新型流程导向型企业，实现企业经营方式和管理方式的根本转变。

(2)业务流程再造的基本过程。业务流程再造由以下五个关键阶段组成：

①观念再造。这一阶段是为了使企业员工正确理解 BPR 的重要性，在企业内部树立正确的观念，具体步骤为：a. 组建 BPR 小组；b. 制订计划、开展培训和宣传；c. 寻找核心流程；d. 设置合理的目标；e. 项目实施团队的创建。

②流程再造。即通过调研分析现有的流程，重新进行设计，构建新流程。其具体步骤为：a. 培训团队；b. 找出流程的结果和联系；c. 分析和量化现有流程；d. 再造活动效益判断和标杆瞄准最佳实践；e. 业务流程再设计；f. 审评和实施新的业务流程。

③组织再造。即在新流程实施前，对组织基础结构进行评审和变革，从而不断改进业务流程。其具体步骤为：a. 组织人力资源的审评；b. 技术结构与技术能力的审评；c. 新组织形式的设计；d. 新技术基础结构的创建和应用技术。

④试点和切换。进入实施改进阶段之前，需在实施过程进行试点，然后推广。其具体步骤为：a. 选定试点流程，组建队伍；b. 确定参与试点的顾客和供应商；c. 启动试点，同时监督、支持试点；d. 审评相关试点的反馈；e. 切换次序，分段实施。

⑤实现远景目标。包括：a. 评价流程再造的成效；b. 获取改进业绩的效益及其信息；c. 发展流程再造所得能力的新用途；d. 持续改进、创新。

4. 何谓流程再造？流程再造可能受到哪些因素的影响？如何有效地组织流程再造？［中山大学 2009 年研］

答：(1)流程再造的含义，参见本章考研真题简答题第 3 题答案。

(2)影响流程再造的因素：

①组织的文化。组织文化特别是组织的价值观念会导致工作环节和工作步骤的明显差异，进而可能产生不同的效率。

②工艺技术特征。工艺技术特征对组织流程的影响在于它决定了组织工作流程中物质、能量和信息传递的内容。不同的工艺和技术要求不同的设备、不同的人员素质、不同的原材料投入。因此，它决定工作环节的差异和逻辑关系与转换关系的差异。每次技术与工艺的变革都将引发工作流程的变化。从生产流程来看，随着信息技术的发展，工业化的大规模的流水线生产正在让位于大规模定制生产。可以预见技术工艺未来的巨大进步，必然导致现有企业组织流程的改变。

③管理风格。管理的风格是由领导的风格和方式、企业的组织结构和组织战略特性所决定的，管理风格与工作流程有着密切关系。管理风格的差异会导致对工作环节的不同设置。如在计划流程中，民主式的管理风格会产生更多的由下而上的组织决策流程。反之，

集权式管理风格更容易形成从上至下的命令服从过程。管理风格也影响着逻辑关系的选择和转换关系的安排。在低成本战略的企业中，人事管理的工作流程更多是严格的秩序关系、平稳的转换关系，重视程序对于人员的控制；而在差异化战略的企业中，它的人事管理流程则突出发挥员工的积极性和创造性。

(3)有效的组织流程再造的步骤：

①发现与准备阶段：a. 在回顾企业战略、结构、业务流程，重新定义发展目标的基础上，明确企业定位，确定可开展的项目群；b. 进行初步分析，分析流程再造给企业带来的变化；c. 选择前期项目切入点并明确其范围，或选择典型的样板(示范项目)。

②重新设计阶段：a. 运用业务活动图示法等工具对业务流程进行细致的区分；b. 设计多种体现简化、整合自动化原则的新业务流程方案；c. 对各个方案进行投入—产出或成本—效益分析与评价。

③具体实施阶段：a. 选取合适方案，并准备好应急方案；b. 实施方案；c. 更新相关数据，为下一步工作做准备。

(4)有效地实施组织流程再造应采取以下措施：

①建立一个良好的信息工作平台。利用 IT 手段建立信息共享平台，实现信息从以往的纵向传播转向纵横向结合传播的转变，以信息为动力实现企业资源的整合。

②要实现企业管理思想的转变。必须树立具有个性的管理思想，打破条块分割的职能管理思想，进而实现整体流程的再造和管理。

③采用系统的观点，使整体流程最优化。企业在流程再造的过程中，必须追求企业整体流程最优化，而不是要求每个环节都是最优的。

④充分发挥个人在群体中的主观能动性。企业应充分调动员工的积极性来支持企业的变革。

三、论述题

1. 在现代管理活动中，如何理解和评价目标管理？［复旦大学 2007 年研］

相关试题：

(1)目标管理有何特点？结合实际，论述目标管理的局限性。［广西民大 2020 年研］

(2)简述目标管理的主要内容。［简答题，浙江财大 2020 年研］

(3)什么是目标管理？［简答题，吉林大学 2024 年研；桂林理工 2018 年研］

(4)目标管理的基本特征。［简答题，中山大学 2017 年研］

(5)简介目标管理(Management by Objectives)及其构成元素。［简答题，对外经贸 2017 年研］

答：目标管理是 20 世纪 50 年代中期出现于美国，以泰罗的科学管理和行为科学理论为基础形成的一套管理制度。凭借这种制度，可以使组织的成员亲自参与工作目标的制定，实现“自我控制”，并努力完成工作目标。

(1)对目标管理的理解：

①目标管理是参与管理的一种形式。目标的实现者同时也是目标的制定者，即由上级与下级在一起共同确定目标。首先确定出总目标，然后对总目标进行分解，逐级展开，通

过上下协商，制定出企业各部门、各车间直至每个员工的目标；用总目标指导分目标，用分目标保证总目标，形成一个“目标—手段”链。

②目标管理强调“自我控制”。目标管理的主旨在于，用“自我控制的管理”代替“压制性的管理”，它使管理人员能够控制自己的成绩。这种自我控制可以成为更强烈的动力，推动他们尽自己最大的力量把工作做好，而不仅仅是“过得去”就行了。

③目标管理促使权力下放。集权和分权的矛盾是组织的基本矛盾之一，唯恐失去控制是阻碍大胆授权的主要原因之一。推行目标管理有助于协调这一对矛盾，促使权力下放，有助于在保持有效控制的前提下，把局面搞得更有生气一些。

④目标管理注重成果第一的方针。采用传统的管理方法，评价员工的表现，往往容易根据印象、本人的思想和对某些问题的态度等主观因素来评价。实行目标管理后，由于有了一套完善的目标考核体系，从而能够按员工的实际贡献大小客观地评价一个人。

⑤目标管理力求组织目标与个人目标更密切地结合在一起，以增强员工在工作中的满足感。这对于调动员工的积极性，增强组织的凝聚力起到了很好的作用。

综上所述，目标管理是指组织的最高领导层根据组织面临的形势和社会需要，制定出一定时期内组织经营活动所要达到的总目标，然后层层落实，要求下属各部门主管人员以至每个员工根据上级制定的目标和保证措施，形成一个目标体系，并把目标完成的情况作为各部门或个人考核依据的一种管理方法。

(2)对目标管理的评价：

①目标管理的优点。目标管理中，由于员工参与目标的设置，并有充分的自主权，下属更愿意投入到实现组织目标的过程中去。其优点主要体现在：

a. 目标管理使员工知道他们所期望的结果。

b. 目标管理通过使管理人员制定目标及其完成目标的时间来推进计划工作的开展。

c. 目标管理改善了上下级的沟通。

d. 目标管理使员工更加清楚和明白组织的目标。

e. 通过注意对具体业绩的评价，目标管理使评价过程更为公正合理。

f. 目标管理使员工了解到他们工作的完成情况直接关系到组织目标的实现。

②目标管理的缺点。尽管目标管理有许多优点，在实践中普遍受到重视，但是也存在一些局限性。目标管理的局限性主要表现在：

a. 目标管理看起来简单，实施起来难。在目标管理中，管理者必须向下级详细解释和说明目标管理的理念、制定目标的程序和目标管理的好处等，而且要反复对目标进行讨论，甚至还要对奖惩标准进行争论。没有大量甚至反复的工作，目标管理就不可能达到应有的效果。特别是在目标的设置上，真正可考核的目标是很难确定的；一些目标会随年度不同而变化，一些目标难以量化，制定上下级都能够满意的目标往往很难；在制定目标时，也经常出现讨价还价的现象。

b. 易强调短期目标，不利于长期目标的完成。在多数实行目标管理的组织中，管理人员为了便于明确目标，一般都愿意设置短期目标，很少超过一年。这就导致了员工看重眼前利益，甚至还会产生急功近利的行为，对组织长期目标的实现不利。

c. 目标停滞的危险。在目标管理中，一旦进入目标的实施阶段，目标的改变就非常困难。因为改变目标易打乱目标体系，管理人员需重新征求有关部门和员工的意见才能进行；而目标的高低又与奖惩挂钩，涉及部门、下属的切身利益。所以，此时调整目标，困难往往比较大。为了避免纠缠，尽量不作目标调整，以求目标稳定，员工情绪稳定。

鉴于上述分析，在实际中推行目标管理时，除了掌握具体的方法外，还要特别注意把握工作的性质，分析其分解和量化的可能；提高员工的职业道德水平，培养合作精神，建立健全各项规章制度，注意改进领导作风和工作方法，使目标管理的推行建立在一定的思想基础和科学管理基础上；要逐步推行，长期坚持，不断完善，从而使目标管理发挥预期的作用。

2. 论述目标管理的过程及其成功实施的主要决定因素。［山东大学 2017 年研］

相关试题：

(1) 请简述目标管理的思想及过程。［简答题，北邮 2023 年研；吉林大学 2019 年研］

(2) 简述目标管理的思想和实施过程。［简答题，东南大学 2020 年研］

(3) 联系实际谈谈目标管理的过程，并分析对目标管理成功实施的影响因素主要有哪些。［山东大学 2018 年研］

(4) 论述目标管理的基本过程。［安徽大学 2017 年研；天津商大 2015 年研］

(5) 简述目标管理的过程。［简答题，中南财大 2023 年研；中国传媒大学 2015 年研］

答：(1) 目标管理的基本过程如下：

①制定目标。目标的制定是实施目标管理的第一阶段，同时也是最重要的阶段。如果目标设置合理、明确，具体管理实施和评估就会更加容易。制定目标包括确定组织的总体目标和各部门的分目标。

②明确组织的作用。目标管理最理想的情形，就是每个目标和子目标都应有对应的责任人。但是，建立一个完美的组织结构使每一目标都成为某个人的责任是不现实的。

③执行目标。组织为达到分目标，必须从事一定的活动，需要利用一定的资源。为了保证目标活动的展开，组织必须授予组织成员一定的权力，使之有能力调动和利用资源。明确的目标，为组织成员指明了努力的方向；而权力则使他们具有了相应的责任心，从而充分发挥他们的判断能力和创造能力，促进目标执行活动的有效进行。

④成果评价。包括上级对下级、下级对上级、同级关系部门以及各层次自身的评价。

⑤实行奖惩。组织对其成员的奖惩，要基于上述各种评价的综合结果。奖惩包括物质和精神两个方面。公平合理的奖惩有利于维持和调动组织成员的工作积极性；反之，则会影响成员的行为。

⑥新的目标管理循环。成果评价与成员行为奖惩，为下一阶段的工作提供了参考和借鉴。在此基础上，为组织成员及其各个层次、部门的活动制订新的目标并组织实施，展开了目标管理的新一轮循环。

(2) 目标管理成功实施的主要决定因素包括：

①短期目标服务于长期目标。组织的长期计划和短期计划要相互协调地有机结合起来，这样才能使计划工作取得成效。短期目标的设定是为了实现长期目标。确定短期目标的过程，也就是为了实现长期目标而对所必须从事的各项工作评定轻重缓急的过程。

②目标要具有可考核性。当计划期结束时，人们能够知道自己是否实现了目标，这就

要求目标是具体、可量化的，不是抽象的。许多情况下，目标制定得不尽如人意的根源就是目标过于含糊不清，难以实际实施。诸如“极大提高本部门员工的士气”之类的目标是没有意义的，因为到计划期结束时，无法知道这一目标是否已经完成。无法考核往往造成目标流于形式，难以取得实效。

③目标要具有合理性。期望理论指出，人们在工作中的积极性或努力程度(激发力量)是效价和期望值的乘积。其中，期望值是指人们对自己能够顺利完成这项工作可能性的估计，即对工作目标能够实现的概率的估计。因此，如果一个目标要对其接受者产生激励作用，那么对接受者来说，这个目标要具有合理性，不能太低以至于没有挑战性，也不能过高使人们失去信心，即应当是人们经过一定的努力可以实现的。

④注重信息反馈。信息反馈是把目标管理过程中目标的设置、目标实施情况不断地反馈给目标设置和实施的参与者，让他们时时知道组织对自己的要求及自己的贡献情况。在较为理想的信息反馈中，管理者能够及时发现员工在实施过程中与目标的偏移、遇到的问题、展现出的能力上的不足等，并给予必要的帮助或者纠正，以提高目标正确实现的可能性。

四、案例分析题

根据上述资料分析公司为什么推行目标管理但没有取得预期效果，并给出建议。[浙工大 2018 年研]

答：(1)该电器公司推行目标管理没有取得预期效果的原因：

案例中，电器公司聘请咨询顾问参与设定组织目标和制定绩效评估流程，但对于销售部和生产部两个部门员工的具体工作目标缺乏细化。另外，过于注重专业咨询公司和高层管理者对目标管理的意见而忽视了员工意见，使得生产部和销售部相互埋怨；同时两个部门之间缺乏必要的沟通和反馈，进而导致各部门工作目标难以实现，推行的目标管理也没有取得预期的效果。

(2)对该电器公司推行目标管理的建议：

①制定目标要相互配合、协调。个人目标服务于部门目标，部门目标服务于总体目标。总目标、部门目标和个人目标之间应相互协调。

②增加沟通的渠道。部门之间的相互抱怨、推诿损害公司的效益，因此，应加强部门之间的沟通，找出问题所在，并提出具体的解决方法。摒除“部门利益至上”的观念，共同服务于总目标。

③定期进行成果评价。及时的工作反馈有利于员工切实衡量自己目标的实现程度，了解自己的工作对总目标实现的重要性，能够提高员工的工作积极性，增强责任意识。

④制定公平的奖惩制度。保持组织员工的工作热情和积极性需要公平合理的奖惩。

⑤完善目标管理的流程。制定具体的个人目标和部门目标，以确立目标所对应的责任，避免责任不明、互相推诿的现象发生。

综合案例　南京钢铁的数字化转型

思考题：

1. 工业企业数字化转型的痛点和难点是什么？再结合相关材料，谈谈如何解决。

答：（1）工业企业数字化转型的痛点和难点：

①缺乏一个高层次的数字化战略。许多工业企业习惯于传统的生产方式和管理模式，缺乏数字化转型的意识和能力。如果企业的高层管理者没有意识到数字化转型的急迫和重要性，那么企业数字化转型就没有成功的可能。

②没有一个合适的技术平台。在企业数字化转型过程中，其业务需求快速多变，新技术层出不穷，封闭的系统或平台会严重阻碍数字化转型。

③缺乏数字化人才，尤其是缺乏数字化转型领导者。这是企业在数字化转型道路上的一个重要障碍。

④缺乏完整的数据，且存在道德和安全问题。许多工业企业在生产过程中采集的数据不够完整和准确，导致无法对生产过程进行有效的监控和分析。

⑤转型成本高昂。数字化转型需要大量的投入，包括技术设备、人员培训、数据管理系统等方面的投资。这些成本可能给一些小型企业造成巨大的负担。

（2）解决方法：

①投入大量资金，因企施策推进数字化转型。按照"政府支持＋企业自主＋市场化运作"的思路，把握"宜信则信、宜网则网、宜智则智"原则，引导企业结合实际需要和既有条件，选择适宜路径实施数字化转型。从材料可知，南钢为了实现全面的数字化转型，在"十二五"期间投资了8亿元，"十三五"期间的投资超过15亿元，"十四五"期间的计划投资超25亿元。

②完善数字化转型顶层设计。南钢制定了"工业互联网＋数据治理"双轮驱动的推进模式，统一顶层设计，确保数字化战略的整体性和系统性。同时，在顶层设计的基础上采取逐步实施业务的行动路径，分阶段实现数字化转型目标。

③以"担保＋保险＋服务"方式推进企业信息化和网络化。加快培育、筛选一批合格的数字化产品和服务供应商，为企业提供模块化、易部署、低成本、柔性化的软件和系统解决方案，提高易用性、通用性，满足企业转型、转行、转移需要。

④完善各项支持政策与保障措施。包括：a. 加强关键技术与核心部件攻关；b. 切实缓解企业资金压力；c. 加强人才支撑；d. 健全数据安全与监管体系等。

2. 你从南钢的数字化转型中学到了什么？

答：我从南钢的数字化转型中学到了以下几点：

（1）数字化转型是一个系统工程，需要统筹规划、分步实施。南钢自20世纪90年代开始陆续建设相关信息化管理系统，可以看出其转型是有计划的。制定工作计划可以帮助我们规划好工作任务，明确工作目标和工作内容，合理安排时间和资源，避免遗漏，减少错误的发生，提高工作质量，让工作更有条理、更有效率。

(2)数字化转型需要明确的目标和范围。南钢在数字化转型之前明确了数字化转型的目标和范围，包括数字化转型的方向、时间表和具体的目标指标。这样可以避免在数字化转型过程中出现盲目或方向不清的问题。

(3)数字化转型需要根据环境变化，灵活调整方向。为响应国家号召，南钢开始探索数字化无人区，构建实时可靠、安全共享、智慧决策的内部智慧工厂和外部全链路价值循环的产业运营生态。这是响应时代背景的重大决策，及时把握住了机会。

(4)数字化转型需要整合内外部资源，创建优秀团队。南钢“建立了由董事长挂帅的数字化管理委员会，成立了由工程院院士领衔的46位专家组成的数字化转型专家智库”。这个团队的水平比较高，为数字化转型的成功奠定了一个很好的基础，也让追随者更有信心。

(5)数字化转型需要建立开放的合作生态系统。南钢在数字化转型中，通过建设工业互联网平台，实现了数据的统一采集和共享。这样不仅提高了数据质量，而且打破了数据“孤岛”，形成了数据地图，促进了数据共享。同时，南钢还通过数字化服务平台与供应商、客户、渠道方等相关方互联，形成了开放的合作生态系统。这样可以实现数字化技术和服务的更好融合，推动企业转型升级。

第三篇 组 织

第九章 组织设计

9.1 复习笔记

【知识框架(庖丁解牛)】

- 组织设计
  - 组织设计概述
    - 组织设计的含义和内容
    - 管理幅度、管理层次及其影响因素
    - 组织形态
    - 组织设计的任务
    - 组织设计的原则
      - 因事设职与因人设职相结合原则
      - 权责对等原则
      - 命令统一原则
  - 组织设计的影响因素
    - 外部环境
    - 经营战略
    - 技术及其变化
    - 企业发展阶段
    - 规模
  - 部门化：职能部门化、产品部门化、区域部门化、矩阵组织
  - 集权与分权
    - 权力：概念、分类
    - 集权与分权的相对性
    - 组织中的集权倾向
      - 产生原因
      - 优势
      - 过分集权的弊端
    - 分权及其实现途径：标志、影响因素、实现途径

【通关提要(提纲挈领)】

本章主要介绍组织设计的基本内容，属于重点章节。学习时，要重点掌握组织设计的原则、管理跨度、组织矩阵、部门化，熟知集权与分权，理解并区分制度分权与授权、扁平组织结构和锥形组织结构。本章主要考查概念题、简答题和论述题，学习时要整体把握基本概念和具体内容，重点记忆。

【考点难点归纳(厚积薄发)】

考点一：组织设计概述(见表9－1) ★★★

表9－1 组织设计概述

要点		主要内容
组织设计		指管理者为实现组织目标对组织要素及其连接方式进行的横纵向分工的设计
设计内容		①部门职能设计；②权力体系设计；③岗位职责设计；④管理幅度和管理层次设计；⑤执行体系设计
管理幅度	定义	指管理者直接有效管理的下属数量，是组织设计的前提
	影响因素	①主管和下属的工作能力。 ②工作的内容和性质，包括：a. 所处管理层次；b. 下属工作的相似度；c. 计划和制度的完善程度；d. 非管理事务的多少。 ③工作条件，包括：a. 参谋助手的数量；b. 信息技术的配置；c. 工作地点。 ④工作环境
管理层次	定义	指组织纵向分工和层次结构的等级，是组织结构的基本形态
	主要影响	与管理幅度成反比，与管理规模成正比
组织形态		管理幅度和管理层次决定了两种基本的组织形态，包括： ①扁平结构，即管理幅度较大，管理层次较少。 ②锥形结构，即管理幅度较小，管理层次较多
组织设计的任务	任务	设计清晰的组织结构，规划和设计组织中各部门的职能和职权
	步骤	①设计岗位职务；②划分部门职责；③综合形成组织结构
设计原则	因事设职与因人设职相结合	①组织设计要充分考虑现有员工特点。 ②确保岗位职责与组织内外人力资源情况相匹配。 ③强调以人为中心，培养能为企业和社会作出贡献的员工
	权责对等	规定动作，明确权利与责任
	命令统一	制定制度化组织管理等级链，统一指挥

【真题链接】

(1)影响管理幅度的因素。[简答题，吉林大学2022年研；华电2018年研]

(2)论述组织设计的一般原则。[论述题，人大2023年研]

考点二：组织设计的影响因素(见表9－2) ★★★

表9－2 组织设计的影响因素

影响因素	主要内容		
外部环境	层次	任务环境	指直接影响组织目标实现能力的环境因素
		一般环境	指间接影响组织任务达成的环境因素
	特点	不确定性，取决于环境的复杂性和变动性	
	主要表现	①影响部门和岗位的设计；②影响各部门关系；③影响组织结构，如稳定环境要求结构稳固，多采用机械式管理系统，而多变环境则采用柔性管理系统	

续表

影响因素	主要内容		
经营战略	主要影响	①战略类型不同，业务类型就不同。 ②战略重点改变，会引起组织的工作重点变化	
	分类	按经营领域分	①单一经营战略；②多种经营战略
		按竞争方式和态度分	①保守型战略→刚性结构；②风险型战略→柔性结构；③分析型战略→混合结构
技术及其变化	特点	应用先进的技术和物质手段支撑组织活动	
	分类	①生产技术，主要应用于资源转换的物质过程。 ②管理技术，协调和控制物质生产过程	
企业发展阶段	创业阶段	组织结构不正规，主要由高层管理者决策，多为非正式沟通	
	职能发展阶段	基于职能专业化，各部门联系加深	
	分权阶段	基于产品或地区事业部，部分决策权下放	
	参谋激增阶段	组织内参谋助手增多，但影响统一命令效果	
	再集权阶段	高层管理者再次高度集中决策权力	
企业规模	①规范化；②分权化；③复杂性；④专职管理人员数量		

【真题链接】

(1)论述组织设计的影响因素。[论述题，湖南师大2023年研]

(2)组织设计的主要任务和影响因素。[简答题，山东财大2023年研]

(3)简述影响组织设计的因素。[简答题，南京理工2023年研]

考点三：部门化(见表9-3)　★★★★

表9-3　部门化

要点	主要内容	
职能部门化	含义	基于相似工作性质归类，横向设定组织的职能管理部门
	优势	①具有专业化分工的优势。 ②有助于维系高层管理者的权威，保持组织统一性。 ③有助于组织成员的交流培训，提升技术水平
	局限性	①不利于指导企业产品结构的调整。 ②不利于培养高层管理者。 ③影响部门协调性，不利于组织整体目标的实现
产品部门化	含义	基于组织生产的产品类型，进行组织部门化
	优势	①推动企业经营多元化和专业化相结合。 ②有助于及时调整企业生产方向。 ③有助于推进企业的内部竞争。 ④有助于培养高层管理者
	局限性	①对部门管理者能力要求较高。 ②过分强调本部门利益，影响企业的统一指挥。 ③管理费用和待摊成本增加，影响企业竞争力

续表

要点		主要内容
区域部门化	含义	基于地理区域位置，进行部门设置
	评价	优势和局限性与产品部门化类似
矩阵组织	含义	指综合利用横纵两种系统所形成的复合组织结构
	优势	①具有弹性和适应性，可根据工作需要在短期内迅速完成重要任务。 ②有助于组织学习和知识交流，产生新观点和新设想。 ③有助于各部门间的协调和沟通
	局限性	①可能使项目成员产生临时观念，降低工作责任心。 ②双重领导，权责不清晰，员工在工作活动中可能无所适从

【真题链接】

(1)常见的部门化方式及各自缺点。[简答题，中山大学 2018 年研]

(2)试述矩阵组织结构的优缺点，举例说明。[论述题，郑大 2021 年研]

考点四：集权与分权(见表 9－4) ★★★★

表 9－4 集权与分权

要点		主要内容
权力	概念	指个体由于处于某个管理岗位，对整个组织或他人所产生的一种影响力
	分类	①专长权；②个人影响权；③制度权[或法定权]
组织中的集权倾向	概念	集权是指组织权力集中归属于较高层次的管理者的权利形态
	产生原因	①组织历史；②领导特性；③政策统一与行政效率
	优势	快速决策，统一指挥
	弊端	①决策质量下降；②组织适应能力差；③员工工作热情下降
分权及其实现途径	概念	分权是指组织权力分散于基层管理者的权力形态
	划分标志	①决策频度；②决策幅度；③决策重要性；④决策控制程度
	有利因素	①组织规模增大；②活动分散性增强；③管理人员的培训需要
	不利因素	①强调政策统一性；②缺乏高素质的管理人员
	优势	民主化决策，调动个体积极性，培养中下层管理者
	弊端	不利于高层管理者统一指挥
	途径	①制度分权：将权力分配给职位。 ②授权：领导艺术的体现，根据工作要求和下属能力分权

【真题链接】

(1)分析组织集权产生的原因及过分集权的弊端。[论述题，南昌大学 2023 年研]

(2)简述影响集权与分权的因素。[简答题，郑大 2021 年研；北工商 2016 年研]

(3)影响组织分权程度的因素是什么？[简答题，浙大 2020 年研]

9.2 课后习题详解

1. 管理幅度问题是如何提出的？如何确定有效的管理幅度和合理的管理层次？

答：(1)管理幅度是指管理者直接有效管理的下属员工的数量。其问题的提出主要是管理者的时间和精力有限。有效的管理幅度受到诸多因素的影响，主要有：管理者与被管理者的工作内容、工作能力、工作环境与工作条件等，具体参见本章考研真题简答题第3题答案。管理幅度决定管理层次，进而影响组织结构的基本形态。

(2)管理层次是指在职权等级链上所设置的管理职位的级数。管理层次受到组织规模和管理幅度的影响。它与组织规模成正比；在相同的组织规模下，与管理幅度成反比。一般来讲，组织规模越大，管理层次越多；且在相同规模下，管理幅度越大，管理层次越少，反之亦然。

2. 组织的基本结构形态有哪两种类型？这两种结构形态各有何特点？

答：参见本章考研真题简答题第2题答案。

3. 组织设计的任务是什么？设计时要考虑哪些因素的影响？依据哪些基本原则？

答：(1)组织设计的任务，参见本章考研真题简答题第6题答案。

(2)影响组织设计的主要因素，参见本章考研真题简答题第5题答案。

(3)组织设计依据的原则，参见本章考研真题简答题第1题答案。

4. 为什么说部门化是横向分工的结果？职能部门化、产品部门化、区域部门化有哪些优势和局限性？

答：(1)横向分工是根据不同的标准，将对组织活动的管理劳动分解成不同岗位和部门的任务；部门化是将整个管理系统分解之后并再分解成若干个相互依存的基本管理单位，是在管理劳动横向分工的基础上进行的。因此，横向分工的结果是部门的设置，或组织的部门化。

(2)职能部门化、产品部门化、区域部门化三者的优势和局限性，参见本章考研真题论述题第2题答案。

5. 何谓矩阵组织？有何特点？又如何运用之？请举例说明。

答：(1)矩阵组织的含义：

矩阵组织是指综合利用横纵两种系统所形成的复合组织结构。矩阵组织基于专业化分工，设置专门的职能部门和业务部门。当某项工作下达后，由采取职能部门成员临时组建的项目组执行工作任务。矩阵组织项目成员既要接受原有职能部门管理者的指挥，又要受到项目部门的管理。

(2)矩阵组织的特点：

①优点：a. 机动性强。矩阵组织以项目的形式组成，成员从不同的部门抽调，具有很好的机动性，且随着项目的开发与结束进行项目组的组合和解散。b. 目标明确、人员结构合理。矩阵组织的目标十分明确、具体，各项目组有着特定的攻关任务，人员来自与任务

相关的部门，人员结构合理。c. 通过异质组合实现创新。矩阵组织的人员从各职能部门抽调而来，有着不同的专长，成员荣誉感强，工作热情高，目标一致，不同部门的员工在一起有利于相互启发，集思广益，思维的碰撞有利于创新。d. 沟通顺畅。矩阵组织是对统一指挥原则的一种突破，由于成员同时拥有两名上司，且纵向与横向的联系形成了网络状的信息传递通道，组织内部的沟通更加顺畅。

②局限性：a. 稳定性差。由于矩阵组织的成员来自不同的部门，被抽调后势必影响原部门的工作，当项目任务完成后，成员回到原有部门时的岗位安排容易出现问题，影响组织的稳定性。b. 多头指挥。矩阵组织的网状结构固然能够缩短沟通路径，但由于每一名成员都要同时接受项目组和职能部门的领导，如果上级领导不能进行充分的沟通和协调，容易出现多头指挥的局面，不仅让下属无所适从，而且会影响目标的实现。c. 权责不对等。为了保持组织的机动性，项目组负责人同样属于临时抽调，任务完成之后回到原部门工作，其责任大于权力，这在一定程度上会对负责人的积极性造成消极影响。

(3)矩阵组织的运用及举例：

矩阵组织适用于一些临时性的、需要多个部门密切配合的项目。企业可以通过矩阵组织来完成涉及面广、临时性的、复杂的重大工程项目、新产品研发或管理改革任务。如军工工业、航天工业(飞机、导弹)公司采用这种组织结构形式，具有突出的优越性。一般工业企业中的科研、新产品试制和规划工作，也可运用这种形式。

6. 有效的管理要求适度的集权和分权，怎样才能使集权与分权合理地组合？请举例说明。

答：集权是指组织权力集中归属于较高层次的管理者；分权是指组织权力分散于基层管理者。集权和分权相互对立，但互为一体。现实中不存在绝对的集权和分权。确定集权与分权的合理程度，需要考虑以下几个方面的影响因素：

(1)组织的历史。组织自身独立发展起来的倾向集权。

(2)领导的个性。管理者的性格特点和对于权力的追求程度。

(3)政策的统一与行政的效率。集权适用于内部结构相似、政策统一、行政效率高的组织。

(4)组织规模。组织规模越大，管理的层次越多。组织规模越大，管理层级、部门数量、管理人员势必越多，沟通路径和复杂性增加，需要及时分权以分担管理人员的压力，提高决策的速度和质量。

(5)活动的分散性。组织单元模块在地理位置或业务范围上的分散程度。

(6)培训管理人员的需要。只有给予低层次管理人员实践权力的机会，组织才能培养出能统御全局的人才，为组织内部高层管理储备力量。

以华为为例，华为在成立初期因高度中央集权而得到发展，随着业务增长以及组织扩大，在分权改革的同时，依靠战略导向保障总部一线权力不被滥用或无效益使用，实现分权与集权的合理组合。在组合过程中，华为既受组织原有集权历史、领导者个性以及政策的统一与行政效率的影响要实行一定的集权，又受组织规模扩大、培训管理人员以及活动分散性的影响要适当分权。

7. 谈谈组织分权的两个主要途径(制度分权和授权)的内涵及其区别。

答：分权可以通过两种途径来实现：一是改变组织设计中对管理权限的制度分配，即制度分权；二是促成主管人员在工作中充分授权，即授权。制度分权和授权是两个极相似的概念，其实质都是权力的转移，但二者又有着本质的区别。

(1)制度分权和授权的内涵：

制度分权是指根据组织设计对于组织规模和活动特征的考量，所产生的部门职能和岗位职责的制度化的职责和权限。而授权是指上级管理者随着职责的委派而将部分职权委让给对其直接报告工作的部属的行为。其本质含义是：管理者不要去做别人能做的事，而只做那些必须由自己来做的事。真正的管理者必须知道如何有效地借助他人的力量去实现组织的目标。

(2)制度分权和授权的区别：

①制度分权的基础是组织结构设计，具有必然性；而授权往往与管理者个人的能力和精力、拥有的下属的特长和业务能力有关，具有随机性。

②制度分权是权力在组织系统中的分配，而授权是组织中的管理者将部门职权授予下属或参谋，由其代为履行职责的一种形式。

③制度分权具有恒久性，往往伴随着组织结构的调整而调整，授权则更加灵活，可以是长期性的，也可以是临时性的。

④制度分权的主体是组织，而授权的主体是拥有职权的管理者；制度分权的对象是部门或岗位，内容全面，而授权的对象是具体的人员，授权内容也局限在上级管理者的部门职权。

制度分权与授权是互相补充的，组织设计中职权的运用、员工的能力以及可能的新问题难以预测，需各层次领导者采用授权加以补充。

9.3 考研真题

一、单项选择题

组织结构中，既有职能划分的垂直领导系统，又有按项目划分的横向领导系统的结构是(　　)。[中国海大 2018 年研]

A. 职能制组织结构　　B. 矩阵制组织结构

C. 事业部制组织结构　　D. 直线职能制组织结构

二、概念题

1. 组织设计[湖南师大 2022 年研；西南财大 2021 年研；北大 2019 年研；四川师大 2018 年研；长安大学 2017 年研；四川大学 2016 年研；东财 2015 年研；华南理工 2013 年研；中财 2011 年研]

2. 管理幅度[中国海大 2023 年研；安徽大学 2023 年研；汕头大学 2022 年研；广西民大 2022 年研；东北大学 2020 年研；山东大学 2017 年研；广工大 2015 年研；北科 2014 年研；深圳大学 2011 年研]

相关试题：管理跨度[大连理工 2021 年研；中南财大 2017 年研；哈工大 2016 年研；

陕西师大 2015 年研]

3. 组织的扁平结构[中山大学 2009 年研]、扁平结构[东财 2010 年研]

4. 矩阵组织[华侨大学 2023 年研]

相关试题：矩阵式组织结构[大连理工 2021 年研；暨南大学 2011 年研；四川大学 2011 年研]

5. 职能部门化[中南财大 2023 年研；安徽师大 2018 年研]

6. 集权[桂林理工 2023 年研；华南理工 2013 年研]

相关试题：分权与集权[中山大学 2009 年研]

三、简答题

1. 简述组织设计的原则。[西南林大 2024 年研；广西民大 2022 年研；吉林大学 2017 年研；广工大 2015 年研；电子科大 2013 年研；华南理工 2010 年研]

相关试题：

(1) 论述组织设计的一般原则。[论述题，人大 2023 年研]

(2) 简述组织结构设计的原则。[湖南大学 2023 年研]

(3) 组织设计应遵循哪些基本原则？[桂林理工 2018 年研]

2. 试比较扁平式组织结构与锥形式组织结构的优缺点。[中山大学 2008 年研]

相关试题：

(1) 请比较扁平式组织结构和锥形式的组织结构各自的优势和劣势。[四川师大 2018 年研]

(2) 简述锥形式组织的优缺点。[华侨大学 2018 年研]

(3) 简述组织结构中的扁平结构形态的特点及优缺点。[湘潭大学 2017 年研]

3. 简述管理跨度的定义，以及影响管理跨度的相关因素。[上海大学 2018 年研]

相关试题：

(1) 管理跨度的影响因素。[大连理工 2021 年研]

(2) 影响管理幅度的因素。[吉林大学 2022 年研；华电 2018 年研；北工大 2016 年研；广工大 2016 年研；北科 2013 年研]

(3) 管理幅度问题是如何提出的？如何确定有效的管理幅度和合理的管理层次？[桂林理工 2018 年研]

(4) 简述管理幅度与管理层次的关系及其对组织结构形态的影响。[华南理工 2017 年研]

(5) 请解释管理幅度的概念并简述其管理学启示。[对外经贸 2016 年研]

4. 组织扁平化是企业组织变革的重要趋势之一，请问企业成功地推动组织扁平化应具备哪些条件？[南开大学 2006 年研]

相关试题：

(1) 什么是组织扁平化？请简述组织扁平化的意义和可能产生的问题。[南航 2018 年研]

(2) 组织扁平化有什么优点？为什么现在越来越多的企业采用扁平化的管理方式？[同济大学 2015 年研]

5. 影响组织结构设计的主要因素包括哪些？[社科院 2020 年研；厦门大学 2018 年研；山东大学 2015 年研；大连理工 2014 年研；武大 2011 年研]

相关试题：

(1)简述影响组织设计的因素。[南京理工2023年研]

(2)简述影响组织结构选择的权变因素。[湘潭大学2021年研;东南大学2018年研;哈工大2018年研;浙江财大2018年研]

(3)试述影响组织结构设计的关键要素。[论述题,人大2019年研]

(4)组织设计的影响因素。[华南师大2022年研;安徽大学2018年研]

(5)影响组织设计的权变变量。[武汉地大2020年研;中山大学2017年研]

(6)组织结构的定义及影响组织结构设计的四个因素。[哈工大2017年研]

(7)影响组织结构的主要权变因素有哪些?简述主要观点。[华中农大2017年研]

6. 组织设计的目的与任务。[昆明理工2018年研]

相关试题:组织设计的主要任务和影响因素。[山东财大2023年研]

7. 简述影响集权与分权的因素。[郑大2021年研;北工商2016年研]

相关试题:

(1)影响组织分权程度的因素是什么?[浙大2020年研]

(2)请论述集权与分权的影响因素。[论述题,湘潭大学2020年研]

(3)集权适用的管理情景。[大连理工2019年研]

(4)简述组织分权的主要影响因素。[华侨大学2018年研]

(5)请阐述"集权"和"分权"的管理重点以及各自可能产生的管理问题。[论述题,南航2017年研]

(6)哪些因素会影响组织中集权与分权的程度?[深圳大学2013年研]

四、论述题

1. 试述矩阵组织结构的优缺点,举例说明。[郑大2021年研]

2. 常见的部门化方式及各自缺点。[中山大学2018年研]

相关试题:

(1)部门化有哪些类型?[简答题,同济大学2024年研]

(2)简述什么是职能部门化及其优缺点。[简答题,宁波大学2017年研]

3. 分析组织集权产生的原因及过分集权的弊端。[南昌大学2023年研]

相关试题:组织中集权倾向产生的原因及过分集权的弊端是什么?[简答题,华南理工2011年研]

五、案例分析题

比特丽公司是美国一家大型联合公司,总部设在芝加哥,下属有450个分公司,经营9000多种产品,其中许多产品,如克拉克捧糖、乔氏中国食品等,都是名牌产品。公司每年的销售额高达90多亿美元。

多年来,比特丽公司一直采用积极的并购战略,取得了快速发展。公司的传统做法是:每当购买一家公司以后,一般都保持其原来的主打产品,使其为联合公司开拓一个新的市场;另一方面,对下属各分公司采用分权的管理形式,允许新并购的分公司保持其原来的生产管理结构,这些都不受总公司的限制和约束。由于实行这种战略,公司变成由许多没有统一目标、彼此又没有什么联系的分公司组成的联合总公司。1976年,原董事长退休以后，德姆就是在这种情况下被任命为新董事长。新董事长德姆的意图是要使公司朝着他新制定的战略方向发展。根据他新制定的战略，德姆卖掉了下属56个分公司，但同时又买下了西北饮料工业公司。

据德姆的说法，公司除了面临发展方向方面的问题外，还面临着另外两个主要问题：一个是下属各分公司都面临着向市场介绍并推销新产品的问题，为了刺激各分公司的工作积极性，德姆决定采用奖金制，对下属干得出色的分公司经理每年奖励5万美元。但是，对于这些收入远远超过5万美元的分公司经理人员来说，5万美元奖金恐怕起不了多大的刺激作用。另一个更严重的问题是，在维持原来的分权制度下，应如何提高对增派参谋人员必要性的认识，应如何发挥直线与参谋人员的作用问题。德姆决定要给下属每个部门增派参谋人员，以更好地帮助各个小组开展工作。但是，有些管理人员认为只增派参谋人员是不够的，有的人则认为，没有必要增派参谋人员，可以采用单一联络人联系几个单位的方法，即集权管理的方法。

德姆还在联合公司总部专门设有一个财务部门，但是这个财务部门根本就无法控制这么多分公司的财务活动，因此造成联合公司总部甚至无法了解并掌握下属部门支付支票的情况等一系列问题。[暨南大学2023年研；山东大学2018年研]

问题：

1. 比特丽公司可以在分权方面做得更好吗？

2. 你对德姆的激励方法有何看法？

3. 参谋人员有何作用？如何协调直线和参谋人员之间的关系？

9.4 考研真题详解

一、单项选择题

B **【解析】**矩阵组织是一种由纵横两套系统交叉形成的复合结构组织。矩阵制组织结构既有按职能划分的垂直领导系统，又有按产品或项目划分的横向领导关系，每一名下属同时接受两名上司的领导。

二、概念题

1. 组织设计[湖南师大2022年研；西南财大2021年研；北大2019年研；四川师大2018年研；长安大学2017年研；四川大学2016年研；东财2015年研；华南理工2013年研；中财2011年研]

答：组织设计是指以组织结构安排为核心的组织系统的整体设计工作，实质是对管理人员的管理劳动进行横向和纵向的分工。组织设计的目的是发挥整体大于部分之和的优势，使有限的人力资源形成综合效果。组织设计因组织的战略、所处的环境、技术水平以及规模而异。组织设计所遵循的原则有：①因事设职与因人设职相结合的原则；②权责对等的原则；③命令统一的原则。

2. 管理幅度[中国海大2023年研；安徽大学2023年研；汕头大学2022年研；广西民大2022年研；东北大学2020年研；山东大学2017年研；广工大2015年研；北科2014年

研；深圳大学 2011 年研］

相关试题：管理跨度［大连理工 2021 年研；中南财大 2017 年研；哈工大 2016 年研；陕西师大 2015 年研］

答：管理幅度又称管理跨度，是指主管人员有效地监督和管理直接下属的人数。确定管理幅度最有效的方法是随机制宜，即依据所处的条件而定。影响管理幅度的因素主要有：①主管人员与其下属双方的能力。②面对问题的种类。问题是复杂的、较困难的或涉及方向性战略时，管理幅度不宜过大。③组织沟通的类型及方法。下属人员相互沟通比较容易，对下属考核的制度较健全时，管理幅度可加大。④授权。适当的授权可减少主管的监督时间和精力，可增大管理幅度。权责划分明确，也可增大管理幅度。⑤计划。事前有良好的计划，可增大管理幅度。⑥组织的稳定性。这一点也会影响到管理的幅度。

3. 组织的扁平结构［中山大学 2009 年研］、**扁平结构**［东财 2010 年研］

答：参见本章考研真题简答题第 2 题答案。

4. 矩阵组织［华侨大学 2023 年研］

相关试题：矩阵式组织结构［大连理工 2021 年研；暨南大学 2011 年研；四川大学 2011 年研］

答：参见本章课后习题第 5 题答案。

5. 职能部门化［中南财大 2023 年研；安徽师大 2018 年研］

答：职能部门化，是指将相似的工作进行归类。根据职能进行部门的划分，适用于所有组织，它是将同类人员集中在一起以提高工作效率。职能部门化可以带来专业化分工的种种好处，有利于维护组织的统一性，有利于工作人员的培训、相互交流，从而提高技术水平。但职能部门化不利于指导企业产品结构的调整，不利于高级管理人才的培养，可能使本来相互依存的部门之间的活动不协调，影响组织整体目标的实现。

6. 集权［桂林理工 2023 年研；华南理工 2013 年研］

相关试题：分权与集权［中山大学 2009 年研］

答：集权是指决策权在组织系统中较高层次的一定程度的集中。在组织管理中，集权和分权是一个相对的概念。绝对的集权意味着职权全部集中在一个人手中，这样的人不需要配备下级管理者，管理组织设计也就成为多余；而绝对的分权也不可能，因为上层管理者一旦没有了监督和管理的权利与义务，那也就没有必要设置这样的职位，管理组织的存在必然意味着某种程度的分权。过分集权会降低决策的质量，降低组织的适应能力，降低组织成员的工作热情。在现代社会经济组织中，绝对的集权并不常见，通常集权和分权兼而有之。

三、简答题

1. 简述组织设计的原则。［西南林大 2024 年研；广西民大 2022 年研；吉林大学 2017 年研；广工大 2015 年研；电子科大 2013 年研；华南理工 2010 年研］

相关试题：

(1) 论述组织设计的一般原则。［论述题，人大 2023 年研］

（2）简述组织结构设计的原则。［湖南大学2023年研］

（3）组织设计应遵循哪些基本原则？［桂林理工2018年研］

答：组织设计依据的原则包括：

（1）因事设职与因人设职相结合原则。组织职位或部门的设置首先应考虑该职位或部门所要完成的工作任务，即因事设职，使得每件事都有人做。但因事设职并不意味着在设置职位时，可以不考虑人的因素。管理必须以人为本，组织结构设计应能够让有能力的人有机会去做他们真正喜欢、能够胜任的工作，使人员在工作中得到发展和提高。

（2）权责对等原则。指组织中各个层级的管理者需要拥有开展工作所需要的相应权力，同时承担相应责任。组织中的职位与权力存在明确的对应关系，各岗位职务说明书要对每一个职位所需要承担的工作内容进行清晰界定。权责对等原则要求管理者在被授予的权限范围内行事，并承担相应的责任，避免有权无责、有责无权现象的出现。

（3）命令统一原则。统一命令或统一指挥的原则是指组织成员只能接受一个上级管理者的领导。任何组织都是一个多层次的责权结构。组织机构的运转都是建立在组织的行政权力结构体系之上的。要使组织机构能够有效地作为一个整体进行运作，在组织结构设计时，必须对行政权力结构的设置命令统一，即组织中每一个下属都只能接受一个上级的命令；而且只能够向一个上级主管直接汇报工作，避免多头领导。

2. 试比较扁平式组织结构与锥形式组织结构的优缺点。［中山大学2008年研］

相关试题：

（1）请比较扁平式组织结构和锥形式的组织结构各自的优势和劣势。［四川师大2018年研］

（2）简述锥形式组织的优缺点。［华侨大学2018年研］

（3）简述组织结构中的扁平结构形态的特点及优缺点。［湘潭大学2017年研］

答：管理层次与管理幅度的反比关系决定了两种基本的管理组织结构：

（1）扁平式组织结构，指在组织规模已定的条件下，管理幅度较大、管理层次较少的一种组织结构。

①优点：a. 由于管理层次少，上下级沟通距离短，易于密切上下级关系，上下沟通快，信息纵向流通快，组织效率高，并且管理费用低；b. 由于信息传递的层次少，信息失真的可能性较小；c. 由于管理跨度大，被管理的员工自主性较高，易于提高积极性，获得满足感。

②局限性：a. 由于管理跨度大，主管不能充分监督和指导每位下属；b. 主管不能及时、准确地掌握最重要、最关键的信息。

（2）锥形式组织结构，是管理幅度较小且管理层次较多的高、尖、细的金字塔式组织结构。

①优点：由于管理跨度小和管理层次多，人员分工精细，管理严密。

②局限性：a. 影响了信息从基层传递到高层的速度，提高了信息失真的可能性；b. 影响各层主管积极性的发挥；c. 较难计划和控制工作。

3. 简述管理跨度的定义，以及影响管理跨度的相关因素。［上海大学2018年研］

相关试题：

（1）管理跨度的影响因素。［大连理工2021年研］

(2)影响管理幅度的因素。[吉林大学 2022 年研；华电 2018 年研；北工大 2016 年研；广工大 2016 年研；北科 2013 年研]

(3)管理幅度问题是如何提出的？如何确定有效的管理幅度和合理的管理层次？[桂林理工 2018 年研]

(4)简述管理幅度与管理层次的关系及其对组织结构形态的影响。[华南理工 2017 年研]

(5)请解释管理幅度的概念并简述其管理学启示。[对外经贸 2016 年研]

答：(1)管理跨度的内涵：

管理跨度即管理幅度，是指管理者直接和有效地控制下属人员的数量。其中，管理幅度决定管理层次，进而影响组织结构基本形态。管理层次是指在职权等级链上所设置的管理职位的级数。一般来讲，组织规模越大，管理层次越多，且在相同规模下，管理幅度越大，管理层次越少，反之亦然。

(2)影响管理跨度的因素：

①主管和下属的工作能力。如果主管可以在较短时间内，对下属的问题给出适当的指导建议，并使下属理解，则可放宽管理跨度。如果下属完全具备独立完成工作的能力，很少向上司请示，也可适当放宽管理跨度。

②工作的内容和性质。主要包括：a. 主管所处的管理层次。主管的工作在于决策和用人。管理者的决策和用人会由于不同的管理系统层次而分配不同占比。b. 下属工作的相似性。主管对从事相近工作内容和性质的下属的指导大体相似，可适当放宽管理跨度。c. 计划的完善程度。单纯执行计划，且计划本身详尽周到，下属对计划的目的和要求明确，主管指导下属所需的时间就不多；反之，有效管理跨度就会减小。d. 非管理事务的多少。管理层次越高，主管的非管理性事务越多，对管理跨度也会产生消极的影响。

③工作条件。主要包括：a. 助手的配备情况。如果主管有助手的辅助，则可适当放宽管理跨度。b. 信息手段的配备情况。在先进技术的帮助下，主管可以高效地处理信息，从而及时全面地掌握下属的工作情况并给出恰当的建议，有利于主管管理跨度的扩大。c. 工作地点的相近性。在地理位置上，下属的工作岗位相对集中，主管会更容易与下属进行沟通交流，可适当扩大管理跨度。

④工作环境。管理者调整管理内容和政策的幅度和频度要根据组织环境稳定性判断。环境剧烈变化时，会出现越来越多的新问题，下属会频繁向主管请示；而主管此时需用更多精力去关注环境变化并提出应对措施。一般来讲，环境不稳定时，管理者的管理跨度同样受限。

4. 组织扁平化是企业组织变革的重要趋势之一，请问企业成功地推动组织扁平化应具备哪些条件？[南开大学 2006 年研]

相关试题：

(1)什么是组织扁平化？请简述组织扁平化的意义和可能产生的问题。[南航 2018 年研]

(2)组织扁平化有什么优点？为什么现在越来越多的企业采用扁平化的管理方式？[同济大学 2015 年研]

答：当管理层次减少而管理幅度增加时，金字塔状的组织形式就被"压缩"成扁平状的组织形式。扁平化组织信息传递速度快，可以使高层尽快发现问题并及时采取纠偏措施，信息失真的可能性较小；有利于下属主动性和首创精神的发挥。企业要成功推动组织扁平化需具备以下条件：

(1)分权与集权相结合。组织扁平化管理实际上是权力中心下移，减少决策在时间和空间上的延迟过程，通过将一定的决策权授予较低层级和较多组织成员，增强员工的参与感和自主性。这要求企业必须由组织集权化向组织分权化转变，分权程度要根据企业的具体情况而定。组织扁平化管理的本质内涵应界定为“有控制的分权”，而不是绝对的“集权”或“分权”。

(2)企业实行团队式管理。团队是扁平化组织的基础。扁平化组织本质上是一个知识体系，竞争优势的建立在于如何对组织拥有的知识、信息进行整合、创造和管理，从而更直接地面向市场、面向用户。扁平化组织内部应形成一个个完整、统一的知识团队，通过团队式管理，不断释放整体知识能量，创新和拓展企业价值创造空间。

(3)建立学习型组织。在扁平化组织中，人力资源成为组织的第一资源，人力资源的本质是凝聚在人身上的知识、信息、技能等。扁平化组织充分授权、分权，加大管理幅度，决策重心下移，对人力资源的要求很高，要求员工都是各自领域的专家，知识员工是企业的主要载体。

(4)计算机网络技术支撑企业运作。计算机网络技术是组织结构扁平化的支撑，只有当组织的信息技术得到相当程度的普及，通过网络等手段同时将指令传递到不同层级的人员时，实施扁平化管理才能得到保证。

5. 影响组织结构设计的主要因素包括哪些？[社科院 2020 年研；厦门大学 2018 年研；山东大学 2015 年研；大连理工 2014 年研；武大 2011 年研]

相关试题：

(1)简述影响组织设计的因素。[南京理工 2023 年研]

(2)简述影响组织结构选择的权变因素。[湘潭大学 2021 年研；东南大学 2018 年研；哈工大 2018 年研；浙江财大 2018 年研]

(3)试述影响组织结构设计的关键要素。[论述题，人大 2019 年研]

(4)组织设计的影响因素。[华南师大 2022 年研；安徽大学 2018 年研]

(5)影响组织设计的权变变量。[武汉地大 2020 年研；中山大学 2017 年研]

(6)组织结构的定义及影响组织结构设计的四个因素。[哈工大 2017 年研]

(7)影响组织结构的主要权变因素有哪些？简述主要观点。[华中农大 2017 年研]

答：(1)组织结构设计的内涵：

组织结构的设计是指管理者为实现组织目标，对劳动分工进行的横向分工和纵向分工，形成和整合组织部门化。个体劳动者不存在组织结构问题，集体活动较之个体活动，劳动者多且工作内容复杂，具有组织结构设计的必要性和重要性。

(2)影响组织设计的主要因素：

①外部环境。组织外部环境直接或间接影响组织业务活动的全部外部环境因素，可分为直接影响组织活动的任务环境和间接影响组织业务的一般环境。环境的复杂性和动态性决定了外部环境具有不确定性的特征。环境变化对企业的影响主要体现在：

a. 对职务和部门设计的影响。组织存在于社会系统之中，与其他社会子系统存在较为紧密的劳动分工关系。要根据不同社会分工方式，具体设立部门职责和岗位职责。

b. 对各部门关系的影响。当产品供过于求时，一般会强化组织的营销部门的职能作用；当产品的需求大于供给，一般会强化生产部门的职能作用。

c. 对组织结构总体特征的影响。基于外部环境稳定程度，组织结构可分为机械式管理系统和灵活管理系统。

②经营战略：

a. 集权组织通常采取单一经营战略；分权组织通常采取多种经营战略。

b. 刚性结构组织一般采取保守型战略；柔性结构组织一般选择风险型战略；刚柔兼具的组织一般采取介于保守型战略和风险型战略之间的分析型战略。

③技术及其变化：

a. 生产技术对企业组织的影响主要有：技术复杂程度的提升有助于企业大批量连续生产代替单件小批量生产；柔性结构组织一般采取单件小批生产和连续生产，刚性结构组织一般采取大批量生产；要根据不同生产技术特点设计适合的组织结构。

b. 信息技术对企业组织的影响主要有：推进扁平化组织结构的产生；管理者可通过先进技术获取更多信息进行决策，达到集权化，另一方面，管理通过信息沟通实现信息由上至下和自下而上的快速传递，提高员工参与和工作自主性，达到分权化；推动跨部门沟通和部门内的协调沟通；提供了组织员工更大的工作自主权；提高专业人员比例。

④企业发展阶段。美国学者坎农提出组织发展五阶段的理论，指出不同的发展阶段要有不同的组织结构形态。

a. 创业阶段。此阶段的组织结构不正规，主要由高层管理者决策，多为非正式沟通。

b. 职能发展阶段。企业不断壮大，基于职能专业化，各部门联系程度加深，结构逐渐正规化。

c. 分权阶段。基于产品或地区事业部，管理者的主要精力放在战略层决策等工作任务上，开始将部分决策权下放。

d. 参谋激增阶段。组织内参谋助手增多，推进组织体系和工作流程的制度化和正规化，但影响统一命令效果和工作效率。

e. 再集权阶段。高层管理者优化和精简组织体系，再次高度集中自身决策权力。

⑤规模：

a. 规范化。大型组织一般具有严格的规章制度，利用标准化工作程序进行组织活动，考核业务的指标更为具体准确，拥有较高的规范化程度；小型组织多依赖于管理者的能力和管理控制，组织结构较为松散，缺乏规范性。

b. 分权化。面对动态变化的环境和工作任务范围的增大，组织规模越大，分权需求越迫切；在高度集中的分权化组织，一般决策多数由基层管理者作出，提高决策速度和信息反馈及时性。

c. 复杂性。由于横向和纵向关系的复杂性，大型组织一般会采取设置专门部门应对该问题。由于组织部门规模不断扩大，部门管理者控制力相对减弱，会催生新的部门，但部门过多往往造成尾大不掉的格局。此外，组织员工不断增加，在一定控制幅度条件下的管理层级数增多，增加了管理成本，降低了管理效率。

d. 专职管理人员的数量。大型组织具有拥有大量专职管理者和专业人员的特点。随着企业活动规模的扩大，必然增加对直接生产以及直接生产者的需要，进而必然产生对管理者以及对管理者的管理劳动进行管理的必要。

6. 组织设计的目的与任务。［昆明理工 2018 年研］

相关试题：组织设计的主要任务和影响因素。［山东财大 2023 年研］

答：（1）组织结构的设计是指按照组织目标在对管理活动进行横向和纵向分工的基础上，通过部门化形成组织框架并进行整合。相较个人活动，集体活动的活动内容复杂且参与人数多，组织结构的设计具有必要性和重要性。

（2）组织设计的根本目的，是保证组织目标的实现，是使目标活动的每项内容都落实到具体的岗位和部门，即“事事有人做”，而且要保证“有能力的人有机会去做他们真正胜任的工作”。

（3）组织设计的任务，即提供组织结构系统图和编制“职务说明书”。职务说明书要能简明地指出：该管理职务的工作内容、职责与权力，该职务在组织中与其他职务之间的区别与联系，职务人员需具备的专业背景、知识结构、工作经验、管理能力等基本条件。为了达到组织设计的理想效果，组织设计者需要完成以下几项工作：

①职务设计与分析。设计一个全新的组织结构需要从最基层开始。组织首先需将总任务目标进行层层分解，分析并确定完成组织任务究竟需要哪些基本的职能与职务，然后设计和确定组织内从事具体管理工作所需的各类职能部门以及各项管理职务的类别和数量，分析每位职务人员应具备的资格条件、应享有的权利范围和应负的职责。

②部门划分。根据每位职务人员所从事的工作性质以及职务间的区别和联系，按照组织职能相似、活动相似或关系紧密的原则，将各个职务人员聚集在“部门”这一基本管理单位内。

③结构的形成。在职能与职务设计以及部门划分的基础上，必须根据组织内外能够获取的现有人力资源情况，对初步设计的职能和职务进行调整和平衡，同时要根据每项工作的性质和内容确定管理层级并规定相应的职责、权限，通过规范化的制度安排使各个职能部门和各项职务形成一个严密、有序的活动网络。

7. 简述影响集权与分权的因素。［郑大 2021 年研；北工商 2016 年研］

相关试题：

（1）影响组织分权程度的因素是什么？［浙大 2020 年研］

（2）请论述集权与分权的影响因素。［论述题，湘潭大学 2020 年研］

（3）集权适用的管理情景。［大连理工 2019 年研］

（4）简述组织分权的主要影响因素。［华侨大学 2018 年研］

（5）请阐述“集权”和“分权”的管理重点以及各自可能产生的管理问题。［论述题，南航 2017 年研］

（6）哪些因素会影响组织中集权与分权的程度？［深圳大学 2013 年研］

答：参见本章课后习题第 6 题答案。

四、论述题

1. 试述矩阵组织结构的优缺点，举例说明。［郑大 2021 年研］

答：参见本章课后习题第 5 题答案。

2. 常见的部门化方式及各自缺点。［中山大学 2018 年研］

相关试题：

(1) 部门化有哪些类型？［简答题，同济大学 2024 年研］

(2) 简述什么是职能部门化及其优缺点。［简答题，宁波大学 2017 年研］

答：常见的部门化方式及其优势和局限性具体如下：

(1) 职能部门化，是根据业务活动的相似性来设立管理部门。需根据活动的标准、业务性质、所需技能来判断这些活动对实现同一目标（或分目标）是否有作用。

①优势：a. 符合活动专业化的分工要求，能够充分有效地发挥员工的才能，调动员工学习的积极性，并且简化了培训，强化了控制，避免了重叠，最终有利于管理目标的实现。b. 有助于维系高层管理者的权威，保持组织统一性。c. 有助于组织成员的交流培训，提升技术水平。

②局限性：a. 不易区别各种产品给企业带来的贡献，不利于调整企业产品结构。b. 各部门的负责人长期只从事某种专门业务的管理，不利于高级管理人才的培养。c. 容易出现部门主义，影响组织整体目标的实现。

(2) 产品部门化。指划分管理单位，把同一产品的生产或销售工作集中在相同的部门组织进行。

①优势：a. 能使各部门专注于产品的经营，充分合理地利用专有资产，提高专业化经营的效率水平。b. 有利于企业及时调整生产方向。按产品设立管理部门，有助于比较不同部门对企业的贡献，使决策部门加强对企业产品与服务的指导和调整，从而形成合理的产品结构。c. 有利于促进企业的内部竞争。由于各个产品部门对企业的贡献容易辨认，因此可能导致部门间的竞争，进而促进不同的产品部门努力改善本单位工作，有利于促进企业的成长。d. 有利于高层管理人才的培养。产品部门化为“多面手”式的管理人才提供了较好的成长条件。

②局限性：a. 需要较多的具有像总经理那样能力的人去管理各个产品部。b. 各个部门的主管可能过分强调本单位利益，从而影响企业的统一指挥。c. 部门中某些职能管理机构的重复会导致管理费用的增加，同时也增加了总部对“多面手”式人才的监督成本。

(3) 区域部门化，是按照地域的分散化程度划分企业的业务活动，继而设置管理部门管理其业务活动。企业业务活动在地理位置上的分散曾是区域部门化的主要原因。区域部门化的贡献和弊端类似产品部门化。

3. 分析组织集权产生的原因及过分集权的弊端。［南昌大学 2023 年研］

相关试题：组织中集权倾向产生的原因及过分集权的弊端是什么？［简答题，华南理工 2011 年研］

答：集权是指组织权力集中归属于较高层次的管理者；分权是指组织权力分散于基层管理者。集权和分权彼此对立但又互相依存，存在于同一连续的整体之中。在现实中，不存在绝对的分权和绝对的集权。

(1)组织中集权倾向产生的原因：

①组织的历史。自身独立发展起来的组织，倾向集权。

②领导的个性。若组织的领导者自信且个性强，组织更倾向集权。因为集权保证领导者个人意志被绝对服从。

③政策的统一与行政的效率。如果组织内部结构相似、政策统一、行政效率高，则可以采取集权的方式进行层级整合。

(2)过分集权的弊端。高度集权对小规模的组织具有一定的必要性且可显示出其优越性。但随着组织规模的发展，如果将许多决策权过度集中在管理高层，则可能出现以下弊端：①降低决策的质量。当一个组织的规模较大时，主管与基层之间的沟通耗时长、效率低、成本高，严重影响了决策的正确性和及时性。②降低组织的适应能力。高度集权使得各部门的一切行动都服从于主管命令，从而不能对外界环境的变化作出自我适应和自我调整。③降低组织成员的工作热情。权力的高度集中，使得基层管理人员和操作人员的积极性、主动性、创造性下降，从而使组织的发展失去基础。

(3)解决过分集权倾向的方法。一个组织的分权程度，不在于形式上是否按地域或职能等进行划分，或者是否设立了更多的子部门或管理层次，关键在于决策或命令是保留还是下放。如果一个组织内，更多、更重要的决定可由较低管理层次作出，而较高管理层次更多的职能运行受较低层次管理决策的影响，这就意味着该组织采取较分权的管理方式。分权可以通过两种途径来进行：改变组织设计中的权力分配(即制度分权)与主管人员在工作中授权。从促进分权的角度来看，组织规模的扩大，组织活动的分散化以及培养后备管理队伍的需要，都对分权提出要求。

五、案例分析题

问题：[暨南大学2023年研；山东大学2018年研]

1. 比特丽公司可以在分权方面做得更好吗?

答：比特丽公司可以在分权方面做得更好，如可以引进事业部制组织结构。

(1)事业部制是指满足企业规模扩大和多样化经营而产生的一种组织结构形式，即在总公司领导下把分权管理与独立核算结合在一起，按产品、地区或市场划分经营单位(即事业部)，每个事业部有自己的产品和特定的市场，完成某种产品从生产到销售的全部职能，实行独立核算、自负盈亏。

(2)事业部制的优点：

①每个事业部都有自己的产品和市场，能灵活自主地适应市场的新情况并迅速反应，即有高度的稳定性和良好的适应性。

②权力下放，有利于最高领导层摆脱日常行政事务成为坚强有力的决策机构，又能使各事业部发挥经营管理的积极性和创造性，提高企业的整体效益。

③各事业部自成系统，独立经营，有利于培养全面管理人才。

④事业部作为利润中心，易于评价每种产品对公司总利润的贡献大小，便于衡量并考核事业部及经理工作效率标准，用以指导企业发展的战略决策。

⑤便于组织专业化生产形成经济规模，各事业部门之间的竞争增强企业活力，促进企业的全面发展；各事业部自主经营，责任明确，使得目标管理和自我控制有效进行，高层领导的管理幅度可以适当扩大。

2. 你对德姆的激励方法有何看法？

答：德姆的激励方法过于片面，需要结合各分公司经理个人需求的多样性进行激励。

(1)马斯洛的需要层次论将人的需求分为五个层次：生理需要、安全需要、社交或情感需要、尊重需要、自我实现需要。只有当人的低层次的需求满足后，高层次的需求才会出现。在特定时候，如果人的所有需求都没有得到满足，则最迫切的是满足最主要的需要。对于分公司经理而言，基本的生理需要和安全需要已经得到满足，应该加强归属感、地位、自我价值实现等方面，以满足其较高层次的需要。

(2)根据赫茨伯格的双因素理论，影响人们行为的因素主要有保健因素和激励因素。保健因素是那些与人们的不满情绪有关的因素，如公司的政策、管理和监督、人际关系、工作条件等。保健因素处理不好，会引发员工对工作的不满情绪；处理得好，可以预防或消除这种不满。但这类因素并不能对员工起激励的作用，只有激励因素才能真正调动员工工作的积极性。对于分公司经理而言，基本的需要已经得到满足，即使加薪也只能消除不满意，并不能产生激励，所以最好能够给予分公司经理更多的授权或职位晋升，使其感受到被公司所重视。

(3)根据麦克利兰的成就需要理论，成就需要是指争取成功希望做得最好的需要，权力需要是指影响或控制他人且不受他人控制的需要。因此，应当积极调动分公司经理的成就需要和权力需要，不断提升其参与感和成就感。可鼓励分公司经理自行设定工作计划和时间安排，独立承担经营责任，为其创造迅速获得信息反馈与保持适度风险的环境。

管理者制定激励方案时，要根据组织内外部环境和组织员工个体需求来综合判断，采取多样化的激励方式，而不应该固化组织激励管理方式。

3. 参谋人员有何作用？如何协调直线和参谋人员之间的关系？

答：组织的规模越大，活动越复杂，参谋人员的作用就越重要。现实中，企业组织活动过程复杂，而常缺乏具有专门知识的高层主管。企业中很难找到各项业务精通的全才，需要具有专门知识的助手协助高层次主管工作。参谋人员具有不同专门知识。参谋人员作为直线主管的助手进行工作。直线与参谋的矛盾会降低组织的效率。通过采取下列措施处理二者之间的矛盾以正确发挥参谋的作用：

(1)明确职权关系。为防止直线和参谋之间可能出现的矛盾，双方需明确各自的工作性质及职权关系特点。越是明确相互之间的职权关系和自身的工作性质，双方就越会重视对方的价值、尊重对方。

(2)授予必要的职能权力。为使参谋部门具有相应的权力和责任，直线主管需将本属于自己的权力授予给有关部门或人员。

(3)为组织中的参谋人员提供开展工作的必要条件。只有当参谋人员有条件及时地了解直线部门活动的进展情况时，他们才能提出有用的建议。

第十章　人员配备

10.1　复习笔记

【知识框架(庖丁解牛)】

人员配备
- 人员配备概述：含义、任务、程序、原则、配置原理
- 管理人员的选聘
  - 确定需求
  - 来源：外部招聘、内部提升
  - 选聘标准、选聘程序
  - 选聘的意义
- 管理人员的考评
  - 含义、目的、作用
  - 内容：贡献考评、能力考评
  - 工作程序和方法
- 管理人员的培训
  - 重要性
  - 目标、内容、原则
  - 方法
    - 工作轮换
    - 设置助理职务
    - 临时职务与“彼得现象”

【通关提要(提纲挈领)】

本章作为组织设计的逻辑延续，主要介绍组织中人员配备的各种知识。学习时，要清楚人员配备的任务，掌握管理人员选聘的来源和程序、管理人员培训的方法等内容；同时要了解“彼得现象”及其产生原因。本章主要考查概念题和简答题，复习时要分点记忆、重点理解。

【考点难点归纳(厚积薄发)】

考点一：人员配备概述(见表10－1)　★★★

表10－1　人员配备概述

要点	主要内容	
含义	指为每个岗位配备合适的人，实现组织与人员的相互匹配	
任务	组织角度	①维持组织系统有效运转；②为组织储备人力资源；③保持组织成员的忠诚度
	个人角度	①使组织成员的能力得到发挥和运用；②使组织成员素质不断提高；③使组织成员的工作表现得到公正评价

续表

要点	主要内容
程序	①确定所需人员量；②配备合适的人员；③人员培训计划的制定和实施
原则	①因事择人、因材器使原则；②量才使用、用人所长原则；③人事动态平衡原则；④任人唯贤原则；⑤程序化、规范化原则
配置原理	①要素有用原理；②能位对应原理；③互补增值原理；④动态适应原理；⑤弹性冗余原理

【真题链接】

(1)简述人员配备的任务。[简答题，吉林大学2024年研]

(2)试论人员配备的原则。[论述题，湖南师大2023年研]

考点二：管理人员的选聘(见表10-2) ★★★

表10-2 管理人员的选聘

要点	主要内容
确定需求	①组织现有人力资源状况；②管理人员流动率；③组织未来发展需要
来源	外部招聘+内部提升[具体内容见表10-3]
选聘标准	①强烈的管理欲望；②正直、诚信；③冒险精神；④良好的决策能力；⑤善于沟通
选聘程序	①公开招聘；②初步甄选；③考核初步合格者的知识和能力；④民意调查；⑤确定具体人员
意义	①为组织输送新鲜血液；②激发老员工积极性，促使他们创造更大的价值

表10-3 外部招聘与内部提升

	外部招聘	内部提升
优点	①具有“外来优势”。 ②能够缓和内部竞争者间的关系。 ③能够为组织注入新鲜“血液”	①能够鼓舞士气，调动员工的积极性。 ②能够吸引外部优秀人才。 ③保证选聘工作的公平正确。 ④利于受聘者快速开展工作
局限性	①外来人员不了解组织情况。 ②对应聘者缺乏深入的了解。 ③挫伤内部成员的积极性	①导致与其他成员的紧张关系。 ②可能出现“近亲繁殖”效应
方法	发布广告、借助中介、校园招聘、网络招聘、熟人推荐	推荐法、布告法、档案法

【真题链接】

(1)简述管理人员选聘的来源及其优缺点。[简答题，华侨大学2021年研]

(2)简述内部招聘和外部招聘的优缺点。[简答题，东南大学2020年研]

考点三：管理人员的考评(见表10-4) ★★★

表10-4 管理人员的考评

要点	主要内容
含义	指考评主体对考评对象在一定时期内的工作绩效或能力所作出的评价

续表

要点		主要内容
目的和作用		①管理人员工作报酬的确定依据；②人事调整的依据，对聘任的检查反馈；③培训管理人员的依据；④加强组织内部沟通的手段
内容	贡献考评	即职务要求的贡献与实际贡献的评价和对比，对实现企业目标的贡献程度。是确定报酬的主要依据[对上下级同时考评]
	能力考评	以一定时间内管理人员的管理工作来评估其现实能力和发展潜力
工作程序		①确定考评内容，设计合理的考评表。 ②选择考评者[上级、关系部门、下级]。 ③分析考评结果，对照分析可信度。 ④反馈考评结果[面谈或书面通知]。 ⑤建立企业人才档案，分类管理
方法		书面描述法、关键事件法、评分表法、行为定位评分法、多人比较法、360度反馈法
影响		①反映组织对管理人员工作的认可程度；②影响管理人员在组织中的地位和发展

考点四：管理人员的培训(见表10－5) ★★★

表10－5 管理人员的培训

要点		主要内容
重要性	组织	①可以提高企业竞争力；②能够提高管理队伍的稳定性和忠诚度
	管理者	可以提高工作质量、创新能力和整体素质
	员工	①为个人提供发展机会，增强归属感和竞争力；②获得较高收入的机会
目标		①传递信息；②改变态度；③更新知识；④提升能力
原则		①因材施教原则；②激励性原则；③实践性原则；④反馈及强化性原则；⑤目标性原则；⑥延续性原则；⑦职业发展性原则
方法	工作轮换	管理工作轮换＋非管理工作轮换，培养管理技能
	设置助理职务	减轻高层管理者负担，培训、考察待提拔的管理人员
	临时职务	①使受培训者充分体验高层管理工作，展示其管理能力，或迅速弥补所缺乏的管理能力。 ②防止“彼得现象”：组织中的员工总会晋升到与其能力不匹配的职位上

10.2 课后习题详解

1．工作分析的作用和内容是什么？如何在此基础上评估组织对管理人员的需要量？

答：(1)工作分析的作用和内容，参见本章考研真题简答题第1题答案。

(2)评估组织管理人员的需要量时需要考虑的因素有：

①组织现有人力资源状况。配备管理人员是为了组织活动能够及时有效地开展，因此要根据组织结构，依据管理职位的数量和种类来确定组织所需的管理人员的数量。

②管理人员的流动率。任何组织都会出现管理人员外流的现象，同时组织管理队伍也会有正常的病老残退。因此，管理人员要充分考虑各种形式的人员流动。

③组织未来发展的需要。随着组织的日益发展，管理人员的工作量将会不断增加，从而对管理人员的需要也会不断增加。因此，确定组织未来的管理人员数量，还要预估组织发展与业务扩充的要求。

2. 怎样评估现有人员的能力和素质？如何从组织外部招聘合适的管理人员？

答：(1)对现有人员能力素质的评估应该从贡献和能力两个方面进行：

①贡献考评，指对一定时期内管理人员在担任某个职务时，对组织目标所做贡献的考核，即职务要求的贡献与实际贡献的评价和对比，它是确定管理人员报酬的主要依据。在评估贡献时应尽可能把管理人员的个人努力和部门成就区别开来，即力求在所辖部门的贡献或问题中辨识出有多大比重应归因于主管人员的努力；贡献考评既是对下属的考评，也是对上级的考评。

②能力考评，指对管理人员一定时期内管理工作的考核，评估他们的现有能力和发展潜力，即分析他们是否胜任当前所任职务，任现职后素质和能力是否得到提高，能否承担更重要的工作。由于管理人员的能力要通过日常的具体工作来表现，因此，能力考评切忌只考虑抽象概念。

(2)从组织外部招聘合适的管理人员时，应做到：

①明确组织需求。明确组织需求是企业招聘工作的出发点，只有清楚了解本企业的人力资源需求，才能有针对性地招聘合适人员。通过工作分析和组织未来人力资源预测了解组织人员数量和质量需求，确定管理人员的选聘标准。

②制定完善的招聘计划和招聘程序。明确管理人员的选聘标准之后，需要制定详细的招聘计划，包括招聘时间、招聘流程等。

③选择合适的外部招聘途径。一般来说，外部招聘途径主要包括：广告招聘、校园招聘、网络招聘、人才交流市场、公共服务机构、员工推荐、猎头公司等方式，企业应该根据自身实际情况选择适宜的招聘方式。

3. 如何使人员的稳定与流动合理地组合，从而在帮助每个管理人员找到最恰当的工作岗位，使人才得到最充分、最合理的使用的同时，保持组织的稳定性？

答：(1)组织需要通过人事考评了解人力资源状况和特点，重视管理人员的培训工作。因此，组织要想在帮助每个管理人员找到最恰当的工作岗位，使人才得到最充分、最合理的使用的同时，保持组织的稳定性，可以通过管理人员的培训来实现。

(2)管理人员的培训，不仅可以为组织的发展准备干部，而且对管理人员自身也非常重要。对管理人员进行培训，能够提高管理人员的工作适应能力，改善员工的工作态度，加强其对企业的责任感和对企业文化的归属感，扩大其知识储备，拓展其工作领域，增加其工作信心和工作积极性，从而有效激发管理人员的工作潜能。管理队伍的稳定与组织的人员培训工作是相互促进的：①培训提供了个人发展的机会，能够减少管理人员的离职；②管理干部的稳定性又能促进企业放心地进行人力投资。

(3)改变态度和培养技能需在管理工作实践中长期努力，补充更新知识可以通过集中脱产或业余学习在较短时间内完成。培养能力与改变态度的培训方法有：

①工作轮换。员工长期从事同一职位的工作，特别是那些从事常规性工作的员工，时间长了会觉得工作很枯燥，缺乏变化和挑战。同时，员工也不希望自己只掌握一种工作技能，而是希望能够掌握更多不同的工作技能以提高对环境的适应能力。

②设置助理职务。设置助理职务不仅可以使主要负责人专注于重要的问题，减轻其工作负担，还可以培训待提拔的管理人员。

③设置临时职务，避免“彼得现象”。“彼得现象”是指在实行等级制度的组织里，每个人都崇尚爬到能力所不及的层次。由于一些管理人员提升后不能保持原先的业绩，组织可能会出现效率大滑坡。检验某个管理人员是否具备担任较高职务条件的一种可行方法，是安排他担任某个临时性的“代理”职务，通过对代理者的考察，组织可以更好地了解他的独立工作能力。取消“代理”对代理者本人不会造成伤害，还可以避免组织错误的提拔。

4. 为什么不仅要考评管理人员的贡献，还要考评其能力？管理人员考评的目的和作用是什么？

答：一般来说，确定工作报酬的考评着重于管理人员的现时表现，人事调整或组织培训的考评偏向分析管理人员的技能和潜力。现实中，具体的人事考评是为一系列目的服务的，因此不仅要考评管理人员的贡献，还要考评其能力。

(1)考评管理人员能力的原因：

①贡献考评是评价和对比组织要求某个管理职务及其所辖部门提供的贡献与该部门的实际贡献；能力考评是分析他们是否符合现任职务所具备的要求，任现职后素质和能力是否有所提高，从而能否担任更重要的工作。

②考评管理人员能力的原因在于：对管理人员的贡献考评不能完全反映管理人员的工作能力。能力的大小与贡献的多少并不存在一一对应关系。能力考评能有效指导企业的人事调整或培训与发展计划。

(2)管理人员考评的目的和作用：

①为管理人员报酬的确定提供依据。企业分配时要求工作薪酬与工作者能力和贡献相结合。

②成为人事调整的依据。起初配备的管理人员并不能完全符合职位要求。因此，必须根据管理人员在工作中的实际表现，对组织的人事安排经常进行调整。

③为管理人员的培训提供依据。人事考评能够帮助企业制定培训和发展规划，帮助了解管理人员的状况。

④有利于促进组织内部的沟通。由于考评而带来的沟通的增加，会促进人们对组织目标与任务的理解，融洽组织成员特别是管理人员之间的关系，从而有利于组织活动的协调进行。

5. 为什么会出现“彼得现象”？如何防止“彼得现象”的出现？

答：参见本章考研真题论述题答案。

10.3 考研真题

一、概念题

1. 工作分析[南航 2017 年研；东财 2015 年研；浙大 2011 年研]

2. 工作轮换[西工大 2015 年研；东财 2009 年研]

二、简答题

1. 什么是工作分析？请简述工作分析的意义。[南航 2018 年研]

2. 如何确定组织管理人员的需要量？[北科 2008 年研]

3. 试述外部招聘的优势和局限性。[中山大学 2008 年研]

相关试题：

(1)简述管理人员选聘的来源及其优缺点。[华侨大学 2021 年研]

(2)简述内部招聘和外部招聘的优缺点。[东南大学 2020 年研]

(3)简述外部招聘的优缺点。[安徽财大 2017 年研；河南师大 2017 年研]

4. 简述招聘管理人员的要求。[湖南大学 2023 年研]

相关试题：

(1)简述管理人员选聘的标准。[青岛大学 2019 年研]

(2)简述员工招聘中对管理人员的一般要求。[安徽师大 2018 年研]

三、论述题

在人员管理中，常常有“彼得现象”出现。为什么会出现“彼得现象”，如何防止“彼得现象”的出现？[南京大学 2007 年研]

相关试题：

(1)简述“彼得原理”。[简答题，温州大学 2017 年研]

(2)什么是“彼得现象”？怎样防止“彼得现象”的产生？[湖南大学 2013 年研；山东大学 2011 年研]

10.4 考研真题详解

一、概念题

1. 工作分析[南航 2017 年研；东财 2015 年研；浙大 2011 年研]

答：参见本章考研真题简答题第 1 题答案。

2. 工作轮换[西工大 2015 年研；东财 2009 年研]

答：工作轮换是指把员工从某一工作岗位调换到另外的工作岗位，使其充分了解组织的各个环节。工作轮换包括管理工作轮换与非管理工作轮换。管理工作轮换是在提拔某个管理人员担任较高层次的职务以前，让他先在一些较低层次的部门工作，以积累不同部门的管理经验，了解各管理部门在整个公司中的地位、作用及其相互关系；非管理工作轮换是根据受培训者的个人经历，让他们轮流在公司生产经营的不同环节工作，帮助他们取得各种工作的知识，熟悉公司的各种业务。作为管理技能培养的一种重要方法，工作轮换能够提高受训人的技术知识和管理能力，培养受训人的合作精神和系统观念，使他们明确系统的各部分在整体运行和发展中的作用，从而在遇到问题时，能从系统的角度思考问题、解决问题。

二、简答题

1. 什么是工作分析？请简述工作分析的意义。［南航 2018 年研］

答：（1）工作分析是对组织中某个特定职务的设置目的、任务或职责、权力和隶属关系、工作条件和环境、任职资格等相关信息进行收集与分析，并对该职务的工作作出明确的规定，且确定完成该工作所需的行为、条件、人员的过程。工作分析的内容包括：①工作描述，即确定工作的具体特征，主要包括：工作名称、工作活动和程序、工作条件和物理环境、社会环境、职业条件等；②工作要求，主要包括：工作程序和技术要求、工作技能、独立判断与思考能力、操作能力、工作态度和特殊能力要求等。

（2）工作分析的意义，包括：①为人力资源规划提供依据；②工作说明书中的要求依赖于工作分析的过程与结果；③人员遴选方法的标准可从工作分析中获得；④建立科学、合法的考核标准；⑤通过工作分析得到各岗位胜任所需要的知识与技能；⑥明确各岗位对组织的相对价值，为岗位工资的建立奠定基础；⑦明确了晋升和发展的路径以及相应资格条件，有力地促进了职业发展在激励员工方面所发挥的作用；⑧通过工作分析可对工作进行再设计，使工作内容更加丰富化，提高员工工作的满意度；⑨通过工作分析还可为组织的定岗定员提供依据；⑩通过工作分析，可以为组织提供特定岗位员工津贴或劳动与安全保护措施提供依据和支持。

2. 如何确定组织管理人员的需要量？［北科 2008 年研］

答：参见本章课后习题第 1 题答案。

3. 试述外部招聘的优势和局限性。［中山大学 2008 年研］

相关试题：

（1）简述管理人员选聘的来源及其优缺点。［华侨大学 2021 年研］

（2）简述内部招聘和外部招聘的优缺点。［东南大学 2020 年研］

（3）简述外部招聘的优缺点。［安徽财大 2017 年研；河南师大 2017 年研］

答：外部招聘是指从组织外部选拔合格人员来担任某一职务。

（1）外部招聘的优势：

①被聘干部具有“外来优势”。“外来优势”主要是指被聘者没有“历史包袱”，如果确有工作能力，便可迅速地打开局面。

②外部招聘可以缓解内部竞争者之间的紧张关系。当内部无法找到合适的候选人，或者从内部挑选会导致打击内部人的工作积极性时，外部招聘就有助于缓和内部矛盾，进而找到一个大家都能接受的“外部人”。

③能够为组织带来新鲜空气。外部人的工作方式有其自身特质，尚没有被组织所“同化”，这就可能给组织带来新的价值。同时，候选人员来源广泛，具备各类条件和不同年龄层次，有利于满足企业选择合适人选的需要，也有利于组织吸收外部先进的经营管理观念、

管理方式和管理经验，不断开拓创新。

(2)外部招聘的局限性：

①外聘干部不了解组织的内部情况，也缺乏一定的人事基础。因此，需要一段时间的适应才能进行有效的工作。

②成本和风险相对较高。由于对外部人员不了解，招聘环节的设计要更加全面细致以准确甄别候选人。即便如此，外部招聘的风险依然很高，如果招聘到不合适的人员，未来的损失会更大。

③外聘招聘会挫伤内部员工的积极性。如果组织中有胜任的人未被选用或提拔，从外部招聘就会打击大家的工作积极性，不利于外部人员团结和组织成员共同工作。如果形成外聘制度，则更需慎重决定，因为影响面可能更大。

4. 简述招聘管理人员的要求。［湖南大学 2023 年研］

相关试题：

(1)简述管理人员选聘的标准。［青岛大学 2019 年研］

(2)简述员工招聘中对管理人员的一般要求。［安徽师大 2018 年研］

答：管理的本质特征是组织和协调他人的工作。对管理人员的一般要求包括：

(1)强烈的管理欲望。这是有效地进行管理工作的前提。担任管理工作，不仅能获得较高的地位、声望和报酬，而且能获得心理上的满足。

(2)正直、诚信。正直、诚信是管理人员应该具备的基本品质。具有正直、诚信品质的管理人员能够脚踏实地地工作，不拉帮派，不哗众取宠，不做表面文章。当然，只具备这种品质而没有工作知识和能力也不能成为合格的管理人员。但缺乏正直诚信品质的管理者会给组织带来更大的破坏。

(3)冒险精神。管理的任务不仅需要执行上级的命令，还需要在工作中不断创新。创新既有可能成功又有可能失败，因为创新无规律可循。因此，要创新就要敢于冒风险。

(4)良好的决策能力。管理人员要组织和协调好下属的工作。管理过程中充满了决策。管理人员要拥有分析问题的能力，需要善于观察，透过现象看本质，预估事物的发展趋势，并制定出相应的解决方案；还要有比较各种备选方案后迅速选择并采取行动的果断决策的能力。

(5)善于沟通。组织成员之间相互理解是组织成功的基本保证。理解要借助信息的沟通来完成。管理人员要具备良好的沟通能力和表达能力，协调好与上下级之间的关系，以促进组织目标的实现。

三、论述题

在人员管理中，常常有"彼得现象"出现。为什么会出现"彼得现象"，如何防止"彼得现象"的出现？［南京大学 2007 年研］

相关试题：

(1)简述"彼得原理"。［简答题，温州大学 2017 年研］

(2)什么是"彼得现象"？怎样防止"彼得现象"的产生？［湖南大学 2013 年研；山东大学 2011 年研］

答：英国管理大师劳伦斯·J. 彼得发现，“在实现等级制度的组织里，每个人都崇尚爬到能力所不及的层次”，这就是著名的彼得现象。即在组织中，某个员工由于表现优异而不断升职，最终达到自己无法胜任的职位，形成了一种职位上升的“盲区”，导致组织效率下降的现象。

(1)“彼得现象”出现的原因。组织提拔管理人员往往主要根据他们过去的工作成绩和能力。在较低层次上表现优异、能力突出的管理者，能否胜任较高层次的管理工作，答案是不确定的。

(2)为防止“彼得现象”出现，组织可以在管理者担任高层次管理工作的能力得到某种程度的证实以后再考虑晋升问题。安排某个管理人员担任某一临时职务是防止“彼得现象”产生的一种方法。通过考察代理者，组织可以更好地了解其独立工作能力。具体措施包括：

①加强岗位分析，建立相互独立的行政和技术职务岗位晋升机制。要防止同类岗位内部出现“彼得原理”陷阱，还必须对不同级别的各个岗位进行岗位分析，明确各个岗位必须承担的责任；明确岗位规范，细化各个岗位对具体的经验技能、业务水平、学历、性格等不同能力的要求，做到“能岗匹配”，挑选最适合相应岗位的人才，使人的能力得到充分发挥。建立有效的岗位研究体系后，在人员晋升时参照晋升者的实际情况与晋升岗位的标准进行比较，予以取舍。

②科学评价员工的能力和潜能，加强人才甄选：

a. 在被提升之前应加强对人员的甄选把关。采用现代测评技术，以科学的手段对被测试者进行多角度测试，综合评价被试者的能力和潜能。

b. 清晰直观地掌握员工的工作状况，建立人员置换图。人员置换图依据考评结果将人员分为立即可提升、不久可提升、有可能提升、基本胜任不考虑提升、不胜任可能降职五类。

c. 建立正常的免、降职制度，健全监督检查机制，加大对不胜任者免、降职的力度。

d. 加强对晋升的前馈控制，建立轮岗交流制度、助理职务制度、临时性代理职务制度以及提升试用期制度等。

③建立岗位培训机制。企业应建立学习型组织，不断引导企业各层各类人员加强学习，通过企业的内部培训、外部培训、专家讲座、模拟训练以及岗位交流等方式，建立一整套的企业岗位培训机制，提升人力资本存量，以期持续胜任本职岗位要求。岗前培训可以有效预防“彼得现象”，在岗培训则对已经出现的问题有一定的补救作用。

④实行宽带薪酬体系。宽带薪酬是指对多个薪酬等级以及薪酬变动范围进行重新组合，转变为少数薪酬等级和相对较宽的薪酬变动范围。典型的宽带薪酬结构只有不超过 4 个等级的薪酬级别，薪酬变动率一般在 100% 以上，甚至达到 200% ~300%。在拉大同等级员工薪酬的同时，缩小不同等级员工之间的薪酬差异，实现薪酬扁平化。这一薪酬体系对不大适合晋升，而更适合留在本职工作岗位的各级行政管理人员和专业技术人员的激励更有效果，同时也能引导员工重视个人技能增加和能力提高。

以上措施是从企业的角度考虑，对个人而言，只有客观评价自身的才能，懂得取舍，才能有效避免“彼得现象”的出现。

第十一章　组织力量的整合

11.1　复习笔记

【知识框架(庖丁解牛)】

- 组织力量的整合
  - 正式组织与非正式组织
    - 正式组织：概念、特征、作用
    - 非正式组织
      - 概念、特征
      - 影响：积极作用、潜在危害
    - 正式组织与非正式组织的比较
    - 积极发挥非正式组织的作用
  - 直线与参谋
    - 直线、参谋及其相互关系
    - 直线与参谋的矛盾
    - 正确发挥参谋的作用
  - 委员会
    - 运用理由
    - 局限性
      - 时间上的延误
      - 决策的折中
      - 权利和责任的分离
    - 提高工作效率

【通关提要(提纲挈领)】

本章主要介绍组织力量的整合。学习时，应重点掌握正式组织与非正式组织的区别、非正式组织的影响及运用，掌握参谋的作用及其正确发挥，熟悉委员会的局限性。本章主要考查概念题和简答题，学习时要整体把握，分点记忆。

【考点难点归纳(厚积薄发)】

考点一：正式组织与非正式组织(见表 11－1)　★★★★

表 11－1　正式组织与非正式组织

要点	主要内容	
正式组织	概念	指为实现组织目标，人为设定规章制度等具有一定结构和特定功能的组织系统
	特征	①强调组织结构设计的安排和正式规则。 ②正式组织活动以成本和效率为主要评价标准。 ③强调理性原则的规范机制
	作用	有助于企业制度化和程序化地有序运营

续表

要点	主要内容	
非正式组织	概念	指组织个体基于情感需求和心理特征，以共同情感和经历为纽带，自发形成的、独立于正式组织之外的组织系统
	特征	①无明确结构、形态，可辨识性差。 ②自愿自发形成的潜在规则。 ③强调感性原则，侧重心理、非理性因素
	积极作用	①可以满足组织成员的个体需要。 ②易产生和加强合作精神。 ③有助于正式组织更好地发挥培训作用。 ④能够自觉或自发地帮助正式组织维护正常活动秩序
	潜在危害	①如与正式组织目标冲突，则不利于正常组织工作的开展。 ②要求组织成员保持一致性易导致个体压力，束缚其发展和创新。 ③影响正式组织的变革，形成组织惰性
总体评价	①非正式组织的存在具有客观性和必要性，应给予鼓励并提供发展条件，发挥其与正式组织相契合的优势。 ②营造良好的组织文化氛围来规范非正式组织的行为，使之积极作出贡献	

【真题链接】

(1)什么是非正式组织，其积极和消极作用分别是什么？[论述题，扬州大学2023年研]

(2)简述正式组织与非正式组织的含义和区别。[简答题，广东财大2023年研]

(3)非正式组织的存在及其对组织目标的影响。[论述题，南昌大学2020年研]

考点二：直线与参谋(见表11－2) ★★★

表11－2 直线与参谋

要点	主要内容	
直线关系	指决策、指挥和命令的关系，授予直线人员决策和行动的权力[最普遍]	
参谋关系	指服务和协助的关系，授予参谋人员思考、筹划和建议的权力	
二者关系	①参谋关系要基于直线关系，直线管理者有直接管理的权力，参谋则作为助手进行辅助工作。 ②直线和参谋有不同的职权关系和组织作用，应协同配合，以实现组织目标	
二者矛盾	直线角度	参谋干扰直线统一指挥，对部门缺乏深入了解且过度自信
	参谋角度	参谋处于边缘，往往被直线成员忽略，不受直线管理者重视
正确发挥参谋作用	①明确职权关系；②授予必要的职能权力；③为参谋人员提供必要条件	

【真题链接】如何正确处理直线人员与参谋人员的矛盾？[论述题，广西大学2020年研]

考点三：委员会(见表 11－3)　★★★

表 11－3　委员会

要点	主要内容	
运用理由	①综合评价不同意见，提高组织决策的正确性和全面性。 ②协调各种管理职能，加强部门间的合作和信息沟通。 ③充分代表不同利益相关者，激发组织成员作出贡献。 ④有效组织并参与管理，调动管理活动执行者的积极性	
局限性	时间延误	会议费时，很难达成一致决议，以致错失行动的最好时机
	决策折中	决策是综合各方利益的结果，决策质量有限
	权力和责任分离	影响评测委员会的工作效率
提高工作效率	①审慎使用；②选择合适成员；③确定适当规模；④发挥委员会主席的作用；⑤考核委员会工作	

【**真题链接**】简述如何提高委员会工作效率。[简答题，青岛大学 2019 年研]

11.2　课后习题详解

1. 正式组织和非正式组织有何区别？非正式组织的存在及其活动对组织目标的实现可能产生何种影响？如何有效地利用非正式组织？

答：(1)正式组织与非正式组织的区别，参见本章考研真题简答题第 1 题答案。

(2)非正式组织对正式组织的影响，参见本章考研真题论述题答案。

(3)有效利用非正式组织的方法，参见本章考研真题论述题答案。

2. 组织中为什么会存在参谋关系？直线关系与参谋关系的角色是什么？如何恰当处理直线与参谋间的矛盾，从而有效地发挥参谋人员的作用？

答：(1)参谋关系存在的必要性。参谋关系要基于直线关系。当组织的规模越来越大，活动越来越复杂，需要的参谋数量会越来越多，其作用也会越来越重要。现实中，企业组织活动过程复杂，而常缺乏具有专门知识的高层。主管企业中很难找到精通各项业务的全才，需要具有专门知识的助手协助高层次主管工作。参谋人员通常就是指运用不同知识辅助直线管理者的助手。与此同时，组织便出现了参谋关系。

(2)直线关系与参谋关系的角色、直线与参谋间矛盾的处理，参见本章考研真题简答题第 3 题答案。

3. 委员会工作方式有何贡献和局限性？如何提高委员会的工作效率？

答：(1)委员会工作方式的贡献：

①提高决策的正确性和全面性。其优点包括：a. 可以提出更多的解决方案；b. 可以综合各种专门知识；c. 可以完善各种设想。

②加强各职能部门间的合作。实现企业目标有赖于不同的职能部门。组织应常通过建立由主要职能部门经理组成的执行委员会或管理委员会来协调不同部门的活动，进行组织间的信息交流。

③充分代表不同利益相关者，激发组织成员的贡献。委员会是由代表不同利益集团的成员构成，居委会使组织内的各方利益集团拥有了表态的平台。

④调动执行者参与管理的积极性。委员会工作能够推动制定和执行管理活动的进程。委员会使更多人了解关于解决某问题的方案，激励更多人参与决策过程，为方案实施创造了很好的外部条件。

(2)委员会工作方式的局限性：

①时间上的延误。委员会需多次召开会议来综合多方意见，作出多方基本可接受的决策，而这些会议需要消耗大量时间。而在委员会讨论时可能错过了行动的最好时机。

②决策的折中。委员会可以发挥完善决策的作用，但同样存在降低决策质量的风险。因为只有充分考虑了各方利益、满足了各个委员的要求，委员会才能最终得到全体一致的决策。但这种决策与其说是集体的意见，不如说是各种利益冲突的结果，是各种势力妥协、折中的产物。决策的质量是有限的，甚至没有实质性的内容。

③权力和责任的分离。委员会的决策可能反映每个人的意见，但并未反映任何人的所有意见。任何人都不愿意对那些只代表了自己部分利益和观点的决策及行动负完全的责任，严重影响组织成员评测委员会的工作效率。

(3)提高委员会工作效率的措施，参见本章考研真题简答题第4题答案。

11.3　考研真题

一、单项选择题

1. 下列关于正式和非正式组织的表述正确的是(　　)。[电子科大2014年研]

A. 既然有非正式组织，管理者就不应让正式组织存在

B. 非正式组织和正式组织可能存在合作关系，也可能存在竞争关系

C. 既然有正式组织，就不应该存在非正式组织

D. 在管理中，管理者可以忽视非正式组织的作用

2. (　　)不属于委员会决策方式的优点。[浙工大2018年研]

A. 决策权力和责任的统一

B. 综合各种意见，提高决策的正确性

C. 调动各方积极性，有利于决策的执行

D. 发挥集体智慧

二、概念题

1. 非正式组织[中国农大2023年研；安徽大学2023年研；汕头大学2022年研；西安交大2022年研；社科院2020年研；武汉理工2019年研；四川师大2018年研；华侨大学2018年研；吉林大学2015年研；同济大学2013年研；华南理工2011年研；北二外2010年研]

2. 参谋职权[中国海大2018年研；华电2014年研；东财2009年研]

三、简答题

1. 正式组织与非正式组织有何区别？[中国海大2018年研]

相关试题：

(1)简述正式组织与非正式组织的区别和联系。[南华大学2023年研]
(2)正式组织与非正式组织的区别。[南昌大学2017年研]
2. 非正式组织的危害有哪些?[江西财大2014年研;中科大2012年研]
相关试题:试述非正式组织的不利影响。[华科2016年研]
3. 简述管理中直线与参谋关系的处理。[四川大学2007年研]
相关试题:如何正确处理直线人员与参谋人员的矛盾?[论述题,广西大学2020年研]
4. 简述如何提高委员会工作效率。[青岛大学2019年研]
相关试题:如何提高委员会的工作效率?[浙工大2018年研]

四、论述题

论述非正式组织对正式组织的影响以及发挥非正式组织作用的措施。[北二外2009年研]
相关试题:
(1)非正式组织的存在及其对组织目标的影响。[南昌大学2020年研]
(2)试分析非正式组织的作用。[华科2017年研]

11.4 考研真题详解

一、单项选择题

1. B 【解析】非正式组织是指工作性质相近、社会地位相当、对一些具体问题的认识基本一致、观点基本相同,或者在性格、业余爱好以及感情相投的基础上,产生一些被大家所接受并遵守的行为规则,从而逐渐趋向固定的团体。其积极作用有:满足员工加强合作的需要;促进正式组织中的工作开展;维护正式组织的秩序。因此非正式组织和正式组织存在合作关系。同时,非正式组织可能存在如下危害:①非正式组织的目标如果与正式组织冲突,则可能对正式组织的工作产生极为不利的影响;②非正式组织要求成员一致性的压力,往往也会束缚成员的个人发展;③非正式组织的压力还会影响正式组织的变革,发展组织的惰性。因此,非正式组织和正式组织又存在一定的竞争关系。

2. A 【解析】委员会的优点有:①综合各种意见,提高决策的正确性;②协调各种职能,加强部门间的合作;③代表各方利益,诱导成员的贡献;④组织参与管理,调动执行者的积极性。其局限性有:①时间上的延误;②决策的折中;③权力和责任的分离。

二、概念题

1. 非正式组织[中国农大2023年研;安徽大学2023年研;汕头大学2022年研;西安交大2022年研;社科院2020年研;武汉理工2019年研;四川师大2018年研;华侨大学2018年研;吉林大学2015年研;同济大学2013年研;华南理工2011年研;北二外2010年研]

答:非正式组织是指组织个体基于情感需求和心理特征,以共同情感和经历为纽带,自发形成且独立于正式组织之外的组织系统。其特点包括:①没有明确的组织目标、组织活动,以感情和融洽的关系为主要标准,有不成文的行为规则;②带头人无正式权力,是自然领袖,在团体中有一定的影响力;③维系非正式组织的主要是接受与欢迎、孤立与排斥等感情上的因素。

2. 参谋职权［中国海大 2018 年研；华电 2014 年研；东财 2009 年研］

答：参谋职权是指组织中的参谋人员拥有的某些特定的权力，如建议、审核、对直线职权的评价等，是对直线职权的一种补充。从性质上说，参谋职权是一种顾问性或服务性的职权，并不具有指挥权和决策权。拥有参谋职权的管理者可以向直线管理者提出建议或提供服务。参谋的形式包括个人参谋和专业参谋两种。个人参谋是直线人员的参谋和助手，为直线人员提供咨询并协助执行职责，如管理者的个人助理；专业参谋常常是一个独立的机构或部门，往往聚合了一些专家，为各级直线主管提供专业性建议与服务。

三、简答题

1. 正式组织与非正式组织有何区别？［中国海大 2018 年研］

相关试题：

(1) 简述正式组织与非正式组织的区别和联系。［南华大学 2023 年研］

(2) 正式组织与非正式组织的区别。［南昌大学 2017 年研］

答：正式组织与非正式组织的区别如下：

(1) 目标不同。正式组织存在明确的目标，以目标为导向开展活动，更加重视活动为组织带来的效益；非正式组织并不存在明确稳定的共同目标，追求的是和谐的人际关系和成员的归属感、满足感。

(2) 行为逻辑不同。正式组织要求成员按照组织人格行事，通过非人格化的规章制度约束成员的行为；非正式组织则尊重参与者的个人人格，通过与组织目标无关的约定俗成的规则限制其行为，参与者的行为受情感支配。

(3) 结合紧密程度不同。正式组织有严格的管理层级和岗位职责，通过正规化的组织体系将成员联系在一起，层级分明，信息沟通受到严格的层级约束，越权是组织中的大忌；非正式组织不存在明确的结构和层级，信息传递的通道完全是开放的、发散的，因此不存在越权的问题。

(4) 权威来源不同。正式组织中领导者的权威更多地来自职位性因素，非职位性因素只是一种补充；非正式组织中并没有稳定的领导者，权威来自参与者的非职位性因素，如资历、人品等。

2. 非正式组织的危害有哪些？［江西财大 2014 年研；中科大 2012 年研］

相关试题：试述非正式组织的不利影响。［华科 2016 年研］

答：参见本章考研真题论述题答案。

3. 简述管理中直线与参谋关系的处理。［四川大学 2007 年研］

相关试题：如何正确处理直线人员与参谋人员的矛盾？［论述题，广西大学 2020 年研］

答：(1) 直线关系与参谋关系的角色内涵：

①直线关系是一种指挥和命令的关系，授予直线人员的是决策和行动的权力，直线管理人员拥有指挥和命令的权力。

②参谋关系是指服务和协助的关系，授予参谋人员思考、筹划和建议的权力。

(2) 直线与参谋关系的处理：

直线与参谋的矛盾往往是组织缺乏效率的原因之一，可以采取下列措施处理二者之间的矛盾：

①明确职权关系：

a. 明确各自的职责关系。直线与参谋的关系可以简单概括为“直线决策、指挥、执行，参谋思考、筹划、建议”。

b. 完善直线管理者与参谋的沟通机制。直线管理者应在决策前充分听取参谋的建议并对采纳情况、不采纳的理由进行及时反馈，而不是等到问题出现时才寻求参谋的支持。

②授予必要的职能权力。为了有利于参谋发挥作用，克服直线管理者非理性因素的影响，组织可以在必要时授予参谋部分职能权力。

③向参谋人员提供必要的条件。参谋人员只有在一定的工作条件下，特别是在了解直线部门活动进展情况时，才能为直线管理者提出有用的建议。

4. 简述如何提高委员会工作效率。[青岛大学 2019 年研]

相关试题：如何提高委员会的工作效率？[浙工大 2018 年研]

答：提高委员会工作效率的措施如下：

(1)审慎使用委员会工作的形式。开展委员会工作要针对需要整合多方意见且没有严格时间限制的、具有长远性和全局性的特定决策场景。该方式并不适用于组织日常琐碎业务。

(2)选择合适的委员会成员。委员会成员具有良好的沟通和表达能力是提高工作效率的前提条件，这要求成员具备相应的技能和良好的个人素质。要根据委员会的性质来选择恰当的委员。

(3)确定适当的委员会规模。沟通的效果和委员会的性质影响着委员会的规模。委员会利用开会、讨论的方式来展开工作。委员会研讨成员过多，往往会浪费大量的时间和精力去阐明自己观点和理解他人观点，严重影响讨论的质量。但委员会成员过少则会使讨论结果具有片面性，不能完全代表各方利益，不能全面包含组织的不同观点。

(4)发挥委员会主席的作用。委员会主席应充分发挥组织和引导表达、综合各方意见的角色作用，具体包括确定会议主题，制定详细工作计划，确定日程等工作。

(5)考核委员会的工作。全面掌握工作情况是考核委员会工作的前提。会议效率作为重要指标，是指会议结果与支出费用间的效率比值。委员会召开会议直接成本的计算公式是：$C=A\times B\times T$。其中，C 为会议的直接成本；A 为与会者平均小时工资率；B 为与会人数；T 为会议延续的时间。在委员会人数及其工资一定的条件下，提高委员会工作效率的重要途径是减少为取得特定结果所需的会议时间。

四、论述题

论述非正式组织对正式组织的影响以及发挥非正式组织作用的措施。[北二外 2009 年研]

相关试题：

(1)非正式组织的存在及其对组织目标的影响。[南昌大学 2020 年研]

(2)试分析非正式组织的作用。[华科 2017 年研]

答：(1)非正式组织是指组织个体基于情感需求和心理特征，以共同情感和经历为纽带，自发形成且独立于正式组织之外的组织系统。非正式组织强调感性原则，侧重于心理侧面、非理性侧面，是在组织内部自愿自发形成潜在规则以维系成员关系的无明确结构、可辨识性差的组织形态。

(2)非正式组织对正式组织的影响：

①积极影响：

a. 可以满足组织成员的个体需要。非正式组织是组织成员基于情感和心理需求自愿自发形成的，可以满足组织成员的某项社会需求。

b. 有利于促进组织内部沟通。非正式组织没有层级分明的组织结构，参与者的沟通是水平交叉的，这有利于提高组织内部的信息传递质量。

c. 有利于增加组织成员间的默契，增强凝聚力。非正式组织参与者的沟通往往是在没有压力的情况下进行的，长期的交流有利于他们之间形成默契，也有利于组织内部形成和谐的氛围，增强组织的凝聚力，调动成员的工作积极性。

d. 有利于组织活动的有序开展。非正式组织只有依托正式组织才能生存，因此它同样关注自身的发展，能够自觉地抵制组织成员违反组织规定、违背公序良俗的丑恶行为的出现，并以独特的方式加以惩戒。这对组织的制度、文化形成有益的补充，有利于组织活动的有序开展。

②消极影响：

a. 当非正式组织的潜在规则与正式组织目标冲突，不利于正式组织工作的开展，阻碍正式权威的有效管理。

b. 要求组织成员保持一致性，产生个体压力，束缚其发展和创新。非正式组织往往多度追求组织成员的一致和相互认可，如果在守旧型组织中组织成员表现过于突出或积极，则容易不被认可，进而导致员工工作积极性不高。

c. 影响正式组织的变革，形成组织惰性。非正式组织中容易产生阻碍革新的因素，不利于正式组织的变革。

(3)发挥非正式组织作用的措施：

①通过提高组织成员在决策中的参与性，避免目标冲突。组织成员对组织目标的不理解及较低的认同度往往是由决策过程不透明、缺乏参与造成的，吸纳非正式组织代表参与决策过程能够增进了解，有效避免两种组织之间的目标冲突。

②加强沟通与信息共享，避免小道消息蔓延。谣言止于智者，如果组织能够加强沟通，实现必要的信息共享，流言、小道消息可不攻自破。

③关心成员的工作、生活状况，对非正式组织进行正确引导。组织成员对工作采取敷衍态度，却生龙活虎地投入非正式组织，往往是因为工作没有成就感。因此，组织需要关心成员的工作生活状况，对于其参与非正式组织活动给予充分的理解和尊重，将其主要精力引导到正式组织的工作中来。

④鼓励各级管理者参与非正式组织的活动，树立权威。管理者参加非正式组织活动既是了解组织成员真实想法的重要途径，也有利于树立起亲民形象，提高自身威望。

⑤营造有利于整合的组织文化和氛围。组织及制度的设计者对于非正式组织要采取一种开放、包容的态度，认识到它与正式组织的互补性，营造出有利于二者整合的组织文化和氛围，而不是将非正式组织视为洪水猛兽，一味地打压限制。同时，对非正式组织的发展可能带来的风险也要有清醒的认识。

第十二章　组织变革与组织文化

12.1　复习笔记

【知识框架(庖丁解牛)】

- 组织变革与组织文化
  - 组织变革概述
    - 定义、动因[内外部环境]
    - 类型、目标、作用
    - 内容：人员、技术与任务、结构
  - 管理组织变革
    - 过程与程序
    - 阻力及其管理
      - 阻力：个人、团体
      - 消除对策
    - 压力及其管理
      - 压力的定义、症状
      - 压力的起因：组织、个人
      - 减轻方法
    - 组织冲突及其管理
      - 冲突的含义、原因
      - 冲突的影响：竞争胜利、失败
      - 冲突的结果：建设性、破坏性
      - 组织冲突的类型及避免
  - 组织文化及其发展
    - 概念、特征
    - 结构、内容
    - 功能与塑造：功能、形成、塑造途径

【通关提要(提纲挈领)】

本章主要介绍组织变革与组织文化。学习时，需重点掌握组织变革的内容、类型、阻力及组织冲突管理，把握组织文化的概念、特征、结构、内容及功能。本章主要考查概念题、简答题和案例分析题，复习时要整体把握基本概念和具体内容，并能结合案例灵活运用。

【考点难点归纳(厚积薄发)】

考点一：组织变革概述(见表12－1)　★★★

表12－1　组织变革概述

要点	主要内容
定义	指组织根据内外环境变化及时对组织要素进行结构性变革，以更高的效能应对组织未来发展

续表

要点	主要内容	
动因	外部环境	①宏观政治经济社会环境变化；②科技进步；③资源变化；④市场变化，如消费者需求、竞争观的改变
	内部环境	①组织战略、结构调整；②克服组织低效，提高组织整体管理水平；③信息畅通、快速决策要求；④员工构成、态度变化；⑤新设备
类型	战略性变革	对组织的战略选择作出变革
	结构性变革	根据环境变化对组织结构及运行机制进行变革
	流程主导性变革	按组织关键目标和核心能力对业务流程进行变革
	以人为中心的变革	引导员工在观念、态度和行为方面进行变革
目标	适应环境变化，提高组织效能，使组织、管理者、员工更具环境适应性	
内容	结构变革	改变组织结构维度：工作专门化、部门化、指挥链、管理跨度、集权与分权、正规化等
	人员变革	改变员工的态度、期望、技能、行为等
	技术与任务变革	重组作业流程与方法，对工艺、技术和方法等进行变革
作用	①使组织目标更明确，提高成员认可度和满意度；②使组织任务和工作方法更明确；③提高管理效率；④提高组织稳定性和适应性	

【真题链接】

(1)什么是组织变革？试述组织变革的主要内容。[论述题，暨南大学2023年研]

(2)请论述组织变革的动因有哪些。[论述题，桂林理工2023年研]

考点二：管理组织变革 ★★★★

1. 组织变革的过程与程序(见表12－2)

表12－2 组织变革的过程与程序

要点	主要内容	
过程	解冻阶段	打破现状[改革前的心理准备]
	变革阶段	转换行为，实施变革
	再冻结阶段	强化、支持新的行为模式，巩固新状态[行为强化]
程序	①组织诊断，发现变革征兆；②分析原因，制定变革方案；③选择方案，实施变革计划；④评估效果并反馈	

2. 组织变革的阻力及其管理(见表12－3)

表12－3 组织变革的阻力及其管理

要点	主要内容	
阻力	个人阻力	①利益阻力。变革会在组织结构、管理等方面作出改变，影响现有员工的权力。 ②心理阻力。因不确定性、习惯等而导致的担忧、恐惧和抵制
	团体阻力	①结构调整的显性阻力。变革会对利益进行重新分配，影响某些群体的利益和权力。 ②人际关系调整产生的阻力。组织成员间的关系会随变革进行调整，新的关系磨合需要时间，若发生冲突，将引起员工抵触情绪

续表

要点	主要内容
管理对策	①分析变革动力和阻力，并采取措施推动变革。 ②创新组织文化，深入影响员工。 ③创新策略方法和手段，保障变革顺利进行

【拓展】减少变革阻力的技巧(见表 12－4)：

表 12－4　减少变革阻力的技巧

技巧	含义	使用情境	优点	缺点
教育与沟通	帮助员工看清变革阻力的逻辑，减少变革阻力	变革阻力由于错误信息导致	消除误解	缺乏相互信任时可能会不奏效
参与	直接受变革影响的个体参与决策过程，表达感受，提高决策质量并增强认同	变革抵制者拥有为组织作贡献的特长	提高参与度和接受度	耗时；导致糟糕的解决方案
促进与支持	帮助员工应对伴随变革而来的恐惧和焦虑，包括员工咨询、治疗、新技能培训和短暂的带薪休假	变革抵制者出现恐慌和焦虑情绪	能够促进必要的调整	代价高；不保证成功
谈判	进行价值交换达成协议，以减少变革阻力	抵制来自某个强势群体	“获得”承诺	成本较高；给予他人对组织施压的机会
操纵与拉拢	企图通过各种隐蔽性手段影响他人对变革的看法，包括歪曲事实使变革看起来更有吸引力	必须获得某个强势群体的支持	成本不高且易获得支持	可能出现事与愿违的结果，导致变革推动者失去可信度
威逼	直接对变革抵制者进行威胁或强迫			可能不合法；可能会削弱变革推动者的可信度

【真题链接】如何减缓组织变革的阻力？[简答题，湘潭大学 2023 年研]

3. 组织变革中的压力及其管理(见表 12－5)

表 12－5　组织变革中的压力及其管理

要点	主要内容		
定义	指个人在动态环境下因工作待遇、发展机会等的不确定性而产生的心理负担		
起因	工作因素	任务要求	与员工工作相关的因素，包括工作设计[自主性、任务多样性、自动化程度]、工作条件和具体的工作布局
		角色要求	组织对员工在特定职位角色的要求
		人际要求	由其他员工所造成的压力
		组织因素	组织结构、管理者的管理风格
	个人因素	家庭问题、个人经济问题、内在人格特质	

续表

要点	主要内容		
症状	生理反应	因新陈代谢变化存在高血压、头疼和心脏病发作等的潜在风险	
	心理反应	与工作相关的不满、紧张、焦虑、易怒、厌倦和拖延	
	行为反应	生产率、缺勤率、工作流动率的变化，饮食习惯变化，失眠等	
减轻方法	组织因素	员工甄选	确保员工能力与职位要求相匹配
		改善组织沟通	将模糊性诱发的压力维持在最低水平
		目标管理	提供明确的绩效目标，通过反馈降低模糊性
		工作再设计	通过提高挑战性或减少工作量，减轻来自厌倦或超载的压力
	个人因素	①提供员工咨询，帮员工释放压力；②提供员工健康计划，化压力为动力	

4. 组织冲突及其管理（见表 12－6）

表 12－6 组织冲突及其管理

要点	主要内容	
含义	指组织的团队或个体间因利益、价值观等产生的抵触、争执等心理或行为上的对立状态	
产生原因	沟通因素	因表达和理解能力不同，沟通可能产生误解，造成冲突
	结构因素	①组织规模的大小；②成员参与管理的范围；③直线组织与外围组织的矛盾；④资源分配不均衡引发的矛盾
	个人行为因素	组织成员的价值观、性格等个体差异会造成沟通困难
影响	竞争胜利	①提高组织内部团结度和成员忠诚度。 ②放松组织内部气氛，但成员易失去进取动力。 ③加强内部协作，增加对员工的关心，减少对工作的关心。 ④组织成员易感到满足，忽略自身不足
	竞争失败	①胜败相差极小时，失败容易被遮掩，成员间产生偏见。 ②失败时，团体可能内斗以及最终解散，也可能吸取教训，实现成功。 ③团队组织性和纪律性增强，趋向集权化。 ④成员自信心受到打击，开始检讨工作
结果	建设性冲突	指基于组织利益，组织成员对组织建设和发展提出意见的冲突
	破坏性冲突	指因各方面分歧，员工相互抵触、争执，降低组织效率，并最终影响组织发展的冲突
类型及避免方法	正式与非正式组织间	①认同非正式组织存在的必要性和客观性，使其目标与正式组织目标相一致。 ②建立良好的组织文化，规范非正式组织的行为
	直线与参谋间	①明确必要的职权关系；②授予参谋人员必要的权力和工作条件
	委员会成员间	①选择有责任心的成员加入，注意其理论和实践背景。 ②限制委员会规模。 ③主席应积极引导成员高效沟通
管理	促进和制造建设性冲突，消除、减缓破坏性冲突	

【真题链接】组织冲突产生的原因有哪些？［简答题，桂林理工 2023 年研］

考点三：组织文化　★★★★

1. 组织文化概述(见表 12－7)

表 12－7　组织文化概述

要点	主要内容	
概念	指组织在长期发展过程中形成的成员共享的价值观、行为方式等的总和	
特征	①独特性；②稳定性；③继承性；④发展创新性	
结构	潜层次：精神层	员工共同的潜在意识形态，包括管理哲学、价值观念、道德观念等[核心和主体]
	表层：制度层	指对组织和成员的行为产生规范性、约束性影响的部分，由具有组织特色的规章制度、道德规范和行为准则组成
	显现层：物质层	指组织文化抽象出的外在物质显现，包括组织的工作流程、产出、文化设备等
内容	组织价值观	指组织内部成员对组织内管理经营活动等客观事物的总体评价和基本观点
	组织精神	指组织成员长期形成的看待各种事物的共同心理趋势、价值取向，是组织的精神支柱
	伦理规范	指道义上，社会要求人们应当遵守的行为准则

【真题链接】

(1)组织文化[概念题，西南财大 2021 年研；浙大 2020 年研；东南大学 2019 年研]

(2)简述组织文化的特征。[简答题，东北大学 2021 年研；华科 2019 年研]

(3)简述组织文化的含义和特征。[简答题，湖南大学 2023 年研]

2. 组织文化的功能与塑造(见表 12－8)

表 12－8　组织文化的功能与塑造

要点	主要内容		
功能	整合	组织文化能增强员工对组织的认同感和归属感，使组织成员之间形成凝聚力	
	适应	组织文化能帮助员工建立新的价值观念，以适应变化的外部环境	
	导向	组织文化是软性约束，能不断向个人价值观渗透，引导组织成员的行为	
	发展	组织文化会在发展过程中向社会辐射传播，并收到反馈，不断更新和优化	
	持续	组织文化经过长期的倡导和培育形成，具有继承性，不因组织变动轻易消失	
形成	管理者的倡导	①在日常工作中，言传身教。 ②通过关键性成功事件，使组织成员将组织价值观和行为准则内在化	
	组织成员的接受	社会化	指组织通过培训、言传身教等方式不断向员工传达组织文化
		预社会化	指组织招募员工时，观察其行为是否与组织文化相匹配
塑造途径	①确定恰当正确的组织价值观；②强化员工认同感；③提炼定格；④巩固落实；⑤在发展中不断丰富和完善		

【真题链接】

(1)什么是组织文化？组织文化的传承方式有哪些？[论述题，人大 2019 年研]

(2)试述塑造组织文化的途径。[简答题，浙工大 2018 年研]

12.2 课后习题详解

1. 如何理解组织文化的概念?

答: 一般而言，文化是一种知识体系、情感体验、行为准则，指具有相同的教育和生活经验的许多人所共有的心理程序。有文化不一定有组织文化。组织文化(organizational culture)是指组织在长期的生存和发展中所形成的为组织所持有的且被组织多数成员共同遵循的最高价值标准、基本信念和行为规范等的总和及其在组织中的反映。

组织文化是与组织共生的特殊文化现象，包括价值观、愿景、组织精神等，通过外显的环境装饰、设施设备与内隐的工作作风、方式等表现出来。组织文化不仅对企业组织的运转是一种必不可少的润滑剂，而且能够创造良好的组织气氛和组织环境，从观念、信仰层次调动组织成员的工作积极性和忠诚心，是其他管理手段无法取代的。但是，不恰当的组织文化也有可能成为组织发展的障碍。

2. 组织文化的基本特征有哪些?

答: 参见本章考研真题简答题第8题答案。

3. 组织文化有哪些基本要素?

答: 从最能体现组织文化特征的内容来看，组织文化的基本要素包括:

(1)组织精神。指组织成员长期并肩作战后逐步形成的对各种事物的共同心理趋势、价值取向，是组织的精神支柱，为企业带来活力。企业常用口号来表现组织精神，鼓舞组织成员。组织精神是组织文化中的本质要素，是组织成员的集体意识，它反映了组织成员集体志向的决心和追求。组织精神常与组织的价值观念紧密相连，是组织规范化和信念化了的意识表现，反映组织经营管理中积极的主导意识。组织精神是员工努力工作的精神源泉，也是组织赖以生存和发展的精神支柱，对组织的成败兴衰起决定作用。组织精神常以厂风、厂歌和口号等形式来激励和统一每个组织成员的意志。组织精神是更高层次的原动力。

(2)组织价值观。指指导组织内管理经营等活动的基本原则和观点，包括企业能为社会带来什么、企业的规章制度是否有效、企业中的其他成员工作如何、企业内如何对待员工等。价值观的指导性作用使其在组织文化中占领核心地位，它代表了企业认同什么样的价值、什么样的工作方式等，因此，能陪伴企业一直留存的价值观一定是经过大浪淘沙而来的经典的、能带来价值的、有益的内容。

(3)伦理规范。指以道德规范为基础，由社会提出并应当遵守的行为准则，包括人与人、人与组织、组织与社会等方面的行为规范。组织伦理规范可以分为两个部分：一部分是组织对于组织成员的道德，另一部分是组织对于整个社会的道德。组织道德是社会道德的一部分，受社会道德的约束，同时它又对社会道德产生反作用。当一个组织树立起与社会道德相应的道德时，这个组织的行为规范就有了标准，从而才能和谐地协调组织内部的各种关系。组织道德并没有强制性的约束力，但具有强大的舆论约束力，因而组织道德在组织文化建设中起着重要的作用。

4. 组织文化有哪些重要功能？

答：组织一旦形成完整而有力的组织文化，组织运行和发展的方方面面就会受到组织文化的影响，组织行为和组织成员的行为在很大程度上就会被组织文化所左右。许多成功组织的实践证明，组织文化的力量对于组织的存续与发展至关重要，它可以在组织中发挥其他因素无法相比的巨大作用。

具体而言，组织文化在组织中的功能主要有以下几点：

(1)整合功能。组织文化是指组织在发展中形成的价值观、团体意识和行为规范等的总和，包括价值观、愿景、组织精神等。组织文化通过外显的环境和内隐的精神传达，潜移默化着组织成员的思维和行为方式。它把组织成员思想感情、工作学习、利益需求与组织的命运联结在一起，使人们对组织产生认同感和归属感，使他们感到个人的工作、学习生活等任何事情都离不开组织这个集体，认识到组织利益是大家共存共荣的根本利益，从而以组织的生存和发展为己任，愿意与组织同甘苦、共命运。

(2)调适功能。组织文化能帮助员工建立起新的价值观念，使组织成员适应外部变化，从而推动组织与社会协同发展。对一个企业来说也是如此，因为无论是各国企业，履行社会责任都是其发展的一个重要条件，只有协调好与社会的关系，才能取得良好的经济效益。具体地说，通过文化建设，企业尽可能调整自己，以便适应公众的情绪，满足顾客不断变化的需要，跟上政府新法规的实施；企业既要勇于迎接同行竞争，又要文明公平地竞争，这样企业与社会之间就不会出现裂痕，即使出现裂痕，也会很快弥补。

(3)导向功能。组织文化是一种软性的约束，通过外显的环境和内隐的工作方式、风格等不断影响着组织成员的价值取向、行为取向，将组织的共享价值观内化入员工的个人价值观，促进组织成员的目标与组织整体的目标相一致。由于组织文化规定了组织成员的价值取向和行为准则，对人们的行为有着持久而深刻的影响力，所以组织文化在组织中具有导向作用。

(4)发展功能。组织文化能够通过多种渠道传递给员工和社会，使组织成员感受到组织及自身工作的价值和意义，激励员工工作，推动组织发展。在不断地向社会传递组织文化的同时，社会也会不断地向组织作出反馈，使得组织文化不断发展、优化。

(5)持续功能。组织文化受到国家或民族价值观的影响，还与组织所在的行业以及组织追求的目标有关，由于以上因素都是无法改变或基本不改变的，因此组织文化往往是非常稳定和牢固的，具有持续性，不会轻易受组织的结构等变动和外界环境变动的影响而变动或消失。

5. 为什么说组织价值观是组织文化的核心？

答：组织文化是指组织的共享价值观、团体意识、精神和行为规范等的总和。组织文化往往受到组织成员的认可和遵循，组织文化的整合、适应、引导等功能能够潜移默化地塑造组织成员的思维和行为方式。组织文化中的价值观是组织文化的核心，其原因如下：

(1)价值观的指导作用使其在组织文化中占核心地位。它指导着组织内管理经营等活动，代表了组织存在的价值。因此，能留存到现在的价值观一般是经过历史沉淀而来的经典的、有益的内容。同时，组织价值观也是组织精神和组织伦理规范形成的基础。

(2)组织价值观是指导组织内管理经营等活动的基本原则和观点，包括组织存在的意义、组织的规章制度的重要性、组织与员工的关系等。其特点包括：①价值观是企业所有员工共同持有的；②企业价值观是支配员工精神的主要价值观；③企业价值观是长期积淀的产物，而不是突然产生的；④企业价值观是有意识培育的结果，而不是自发产生的。

(3)组织文化以价值观为核心。价值观是把所有员工联系到一起的精神纽带，是企业生存、发展的内在动力，是企业行为规范制度的基础。

6. 联系某企业实际分析构造企业文化的途径。

答：拥有企业文化的企业未必成功，但没有企业文化的企业一定不会成功。因此，企业文化的建设是企业管理的重要内容之一。从企业文化的形成过程来看，价值观是企业文化的核心，企业经营管理实践活动则是传播和渗透价值观的媒介。失去了这一媒介的作用，价值观将无法得到体现，企业个性将无所依附。通过一些企业的文化构造案例，对企业文化的构造途径分析如下：

(1)确定合适的价值观标准。选择组织价值观有两个前提：一是要立足于本组织的具体特点；二是要使组织价值观与组织文化各要素相互协调。比如，日本电信电话的"着眼于未来的人间组织"、劳斯公司的"为人类创造最佳环境"、雷欧·伯纳特广告公司的"创造伟大的广告"等。

(2)强化员工的认同感。确定了恰当的组织价值观后，需要将该价值观标准通过各种方式传达给员工，不断强化组织成员对该组织文化的认可，从而能够真正将组织文化内化到工作过程中。强化员工认同组织价值观有多种方法，其目的是真正有效地将组织价值观转化为员工的共同心态。可以采用的实施方法有反复法、翻译法、环境法、培训法、典范法、游戏法和英雄式领导法。如海尔创业初期，为了扭转员工的质量观念，张瑞敏抓住机会，通过砸毁 76 台冰箱，在员工心中树立起了质量第一的观念，为随后的严格管理建立了契机。海尔企业员工的普遍认同、主动参与是海尔文化的最大特色。

(3)提炼组织文化并书面化。在组织运营过程中，领导者的行为、组织模范人物的行为以及组织全体员工的行为都应有一定的规范。制定规范，可以根据以下程序进行：

①精心分析。员工对组织文化认同并尝试实践后，组织需要从员工处收集对组织文化的反馈意见，收集后进行评估分析，将实际认可实践的情况与之前计划的方案效果进行比较，找出差异和问题，并综合专家和员工的合理建议。

②全面归纳。在系统分析的基础上，进行综合化的整理、归纳、总结和反思，采取去粗取精、去伪存真、由此及彼、由表及里的方法，制定组织规范。

③精练定格。把经过论证检验的组织精神、组织价值观、组织伦理与行为以条理化、完善化、格式化的方式，进行必要精加工处理，并用精练的语言表述出来。

如海尔将其企业文化描述为"敬业奉献、追求卓越"。

(4)落实并不断完善组织文化。在组织发展过程中，采取某种奖优罚劣的规章制度来巩固落实组织文化。如海尔集团严格制定并实施了"赛马机制""动态转换""在位要受控""升迁靠竞争"等制度规范，这才使得海尔在组织文化的建设中取得了突出成就。

12.3　考研真题

一、单项选择题

组织文化是组织在长期的实践活动中所形成的并且为组织成员普遍认可和遵循的具有本组织特色的（　　）、团体意识、工作作风、行为规范和思维方式的总和。[暨南大学 2023 年研]

A. 决策逻辑　　B. 价值观念　　C. 人际关系　　D. 权力结构

二、概念题

1. 组织变革[北邮 2023 年研；中央民大 2023 年研；华东师大 2023 年研；湘潭大学 2023 年研；西安交大 2022 年研；宁波大学 2020 年研；河北大学 2018 年研；对外经贸 2017 年研；中财 2016 年研；华南理工 2015 年研；南昌大学 2015 年研；燕山大学 2011 年研]

2. 组织冲突[桂林理工 2022 年研；北科 2011 年研]

相关试题：冲突[华电 2018 年研；华科 2016 年研]

3. 组织文化[中国农大 2023 年研；华东师大 2023 年研；中南财大 2023 年研；浙大 2022 年研；西南财大 2021 年研；东南大学 2019 年研；青岛大学 2018 年研；广东财大 2017 年研；湘潭大学 2017 年研；安徽大学 2017 年研；暨南大学 2016 年研；中山大学 2015 年研；中财 2015 年研；华科 2013 年研；山西财大 2013 年研]

相关试题：企业文化[上海大学 2018 年研；南开大学 2009 年研；中山大学 2008 年研]

4. 核心价值观[华科 2019 年研；中财 2010 年研]

三、简答题

1. 组织变革主要有哪几种类型？[西安交大 2017 年研；浙江财大 2016 年研；广东财大 2015 年研；北师 2012 年研]

相关试题：

(1)什么是组织变革？组织变革有哪些类型？[上外 2020 年研]

(2)什么是组织变革？试述组织变革的主要类型及变革内容。[中山大学 2013 年研]

2. 简述组织变革的内容。[中国海大 2018 年研]

相关试题：什么是组织变革？试述组织变革的主要内容。[论述题，暨南大学 2023 年研]

3. 阻碍组织变革的因素有哪些？[上海交大 2015 年研]

相关试题：

(1)组织变革阻力的原因。[中财 2019 年研]

(2)何为组织变革？组织变革产生阻力的原因是什么？[广工大 2016 年研]

4. 组织变革的三个阶段及方法。[哈工大 2017 年研]

5. 简述常用冲突管理的策略。[安徽师大 2018 年研]

相关试题：管理者解决组织冲突的策略有哪些？[中山大学 2016 年研]

6. 什么是组织文化？如何塑造组织文化？[浙江财大 2018 年研]

相关试题：

(1)请结合实际，论述组织文化是如何塑造的。[论述题，山东财大 2023 年研]

(2)简述组织文化的塑造途径。[武汉工程大学 2023 年研]

(3)什么是组织文化？组织文化的传承方式有哪些？[论述题，人大 2019 年研]

(4)试述塑造组织文化的途径。[浙工大 2018 年研]

(5)组织文化的塑造途径。[中国海大 2018 年研；华科 2016 年研]

(6)什么是组织文化？员工通过何种方法“学习”组织文化？[安徽师大 2018 年研]

(7)组织文化的含义及组织文化是如何形成的。[论述题，哈工大 2017 年研]

7. 简述组织文化的建立和维持过程。[华中农大 2017 年研]

8. 简述组织文化的特征。[东北大学 2021 年研；大连海事大学 2017 年研]

相关试题：简述组织文化的含义和特征。[湖南大学 2023 年研]

9. 试述组织文化对各项管理活动的影响。[中南财大 2008 年研]

相关试题：

(1)简述组织文化如何影响管理事项。[中南财大 2017 年研]

(2)讨论组织文化及其对管理者行为的影响。[广工大 2017 年研]

10. 简述你对“企业文化就是老板文化”的看法。[上海大学 2018 年研]

相关试题：简述在组织文化的形成过程中企业家的作用。[昆明理工 2018 年研]

四、论述题

1. 结合实际，分析组织变革的动力和阻力有哪些？如何促进组织变革和创新？[南开大学 2008 年研]

相关试题：

(1)影响组织变革的外部动因。[简答题，浙大 2022 年研]

(2)组织变革的动因。[简答题，中南财大 2020 年研]

(3)简述为什么要进行组织变革。[简答题，中央民大 2019 年研]

(4)为什么有些人会抵制变革？通常可采用哪些措施减少组织变革的阻力？[杭州师大 2016 年研]

2. 如何减缓组织变革的阻力？[湘潭大学 2023 年研]

相关试题：减少变革阻力的策略有哪些？[中山大学 2016 年研]

3. 试论述组织冲突的积极影响和消极影响，应该如何处理组织冲突。[广工大 2017 年研]

相关试题：有人认为“冲突对组织是有危害的”；有人认为“冲突对组织不可避免，并且也并非有害的”；也有观点认为，“冲突是保持组织活力的必要手段，要维持最低的冲突”。对此，你怎么看？请结合实际谈谈如何进行冲突管理。[湘潭大学 2017 年研]

五、案例分析题

时代·华纳公司的组织文化碰撞

公司兼并的成功与失败，和公司文化的相容性密切相关。也许收购对象在财务状况和产品方面很有吸引力，但购并结果如何往往取决于这两个公司的文化是否相容，时代·华纳公司的例子正说明了这一点。

时代·华纳公司是世界上最大的大众传播媒介公司之一，每年总收入为 145 亿美元。公司是在 1989 年时代公司收购了华纳通讯公司的基础上建立的。时代公司当时拥有多家知名的宣传出版物，如《运动天地》《人物》《时代》《财富》等，这是他们兼并的资本。华纳公司当时主要经营电影、有线电视、音乐唱片等项目。时代与华纳两大巨人联手的目的，就是创造一个综合性的传播媒介企业集团。

收购后的头5年中，管理人员和股民所期望的大好局面并没有出现。1990年，公司亏损2.27亿美元，1993年仍亏损1.64亿美元。当然，导致这种状况的原因很多，尤其是在收购产权时，公司付出了很大代价，支付债务利息成了一项沉重的负担。但主要问题是，两种差异很大的组织文化难以很快融合。

从亨利·路斯(Henry Luce)创建时代公司之日起，时代公司就把编辑出版事务同商业事务相分离，并得到了长足的发展。时代公司的文化保守、家长制作风浓重，与其新闻价值观相一致，公司培养了一种强烈的整体观念。公司给员工提供稳定的工作环境，提供一种家庭感，实行终身雇佣制，这在美国公司中是比较难得的。但华纳公司则相反，作为一个商业经营气氛很浓的公司，它的产品——音乐唱片、电视系列剧等在不断变化，要求公司不断地参与市场交易。好莱坞及其他一些娱乐行业的价值观影响了华纳公司的文化。华纳公司员工流动率很高，这里的环境中充满着“高风险—高报酬”的气氛。时代公司的老员工谈到华纳公司在好莱坞的交易商时，常不屑一顾使用“品质低劣”这个词来描绘他们。时代公司的员工在一个鼓励人们谨慎从事的环境中成长，而华纳公司的员工则生活在快节奏与冒险之中。以后这两种文化能够和谐共处吗？用句双关语来说，时间(Time，时代公司的英文原意)会告诉我们！[华中农大2018年研]

问题：

1. 结合案例，谈谈组织文化对企业的发展有什么样的作用。

2. 时代和华纳公司在组织文化方面有哪些显著差异？你认为合并后的企业应形成怎样的组织文化才能更好地发展？

3. 企业合并时怎样做到(多种)组织文化的兼容和创新？

12.4　考研真题详解

一、单项选择题

B 【解析】题干为组织文化的定义。组织文化的内容包括组织价值观、组织精神、伦理规范以及组织素养等。

二、概念题

1. 组织变革[北邮2023年研；中央民大2023年研；华东师大2023年研；湘潭大学2023年研；西安交大2022年研；宁波大学2020年研；河北大学2018年研；对外经贸2017年研；中财2016年研；华南理工2015年研；南昌大学2015年研；燕山大学2011年研]

答：组织变革是指组织根据内外部环境变化，对组织中的要素进行结构性变革，以更好的状态、更高的效率应对未来发展。变革是一个持续动态的过程。组织变革往往包括结构、技术与任务以及人员等方面的变革。组织变革的具体目标有：①完善组织结构；②优化组织管理功能；③和谐组织的社会心理气氛；④提高组织效能。

2. 组织冲突[桂林理工 2022 年研；北科 2011 年研]

相关试题：冲突[华电 2018 年研；华科 2016 年研]

答：组织冲突是指组织的团队与团队间、个人与个人间、个人与团队间由于利益、价值观、性格、工作方式等冲突或分歧而产生的抵触、争执等心理或行为上的对立状态。组织冲突的产生不仅会使个体体验到一种过分紧张的情绪，而且会影响正常的群体活动与组织秩序，对管理产生重大的影响。在管理学中，组织冲突既包括群体内个人与个人之间的冲突，也包括群体与群体之间的冲突。引起组织冲突的原因主要有三大方面，即沟通因素、结构因素和个人行为因素。处理组织冲突的措施通常包括回避、建立联络小组、树立超级目标、采取强制办法、解决问题等。

3. 组织文化[中国农大 2023 年研；华东师大 2023 年研；中南财大 2023 年研；浙大 2022 年研；西南财大 2021 年研；东南大学 2019 年研；青岛大学 2018 年研；广东财大 2017 年研；湘潭大学 2017 年研；安徽大学 2017 年研；暨南大学 2016 年研；中山大学 2015 年研；中财 2015 年研；华科 2013 年研；山西财大 2013 年研]

相关试题：企业文化[上海大学 2018 年研；南开大学 2009 年研；中山大学 2008 年研]

答：组织文化是指组织长期的生产经营活动中形成带有组织特点的使命、愿景、价值观、组织精神和行为规范等的总和。组织文化为员工所认可、遵循，它是一种与组织共生的特殊文化现象，通过外显的环境装饰、设施设备与内隐的工作作风、方式等表现出来。组织文化的基本特征包括超个体的独特性、相对稳定性、融合继承性及发展性。组织文化不仅对企业组织的运转是一种必不可少的润滑剂，而且能够创造良好的组织气氛和组织环境。企业文化属于组织文化的一种，是目前发展得比较成熟的一种组织文化，它具备组织文化所有的特点，同时包含的内容更加细致。企业文化除了价值观、精神和伦理道德外，还强调企业的外在形象、企业标志、经营哲学等内容。

4. 核心价值观[华科 2019、2017 年研；中财 2010 年研]

答：核心价值观又称企业哲学，是关于如何兴办企业的、不随时间而改变的行为规范和指导原则，是一个企业重要和永恒的信条。核心价值观无须外界的评判，对于企业内部成员有着内在的价值和重要性。确立核心价值观主要把握四个方面：①出自内在的信念、立场和主张；②由企业内部决定；③直言不讳；④抓住真正的核心。

三、简答题

1. 组织变革主要有哪几种类型？[西安交大 2017 年研；浙江财大 2016 年研；广东财大 2015 年研；北师 2012 年研]

相关试题：

(1) 什么是组织变革？组织变革有哪些类型？[上外 2020 年研]

(2) 什么是组织变革？试述组织变革的主要类型及变革内容。[中山大学 2013 年研]

答：组织变革是指组织在内外部变化因素的影响下，由组织成员推动的，对组织战略、结构、流程、人员等方面进行调整以更高效地适应未来发展。进行组织变革，首先要明确从哪里开始变革以及改变什么。早期的研究者根据研究的侧重点不同，将组织变革划分为不同的类型。而在20世纪90年代以后，学者们对于组织变革类型的划分逐渐趋于一致，将组织变革分为：

(1)战略性变革。即对组织存在意义有影响的使命和战略选择等方面进行变革。企业为了获得可持续的竞争优势，根据所处的外部环境或内部情况已经发生或预测会发生或想要发生的变化，结合环境、战略、组织三者之间的动态协调性原则，改变企业战略内容的发起、实施和可持续化。

(2)结构性变革。即对组织结构展开的变革，通常是为了应对环境的变化，在进行结构性变革时，组织不仅会调整组织的结构，还会根据调整的结果对权力和责任再次分配，使组织在面对变化时更加灵活，易于合作。

(3)流程主导性变革。即组织紧密围绕其关键目标和核心能力，充分应用现代信息技术对业务流程进行重新构造，对组织结构、组织文化、用户服务、质量、成本等方面产生重大改变。

(4)以人为中心的变革。即组织根据人本主义的观念，通过对员工的培训和再教育等流程，使员工在观念、态度和行为方面与组织保持一致。

2. 简述组织变革的内容。[中国海大2018年研]

相关试题：什么是组织变革？试述组织变革的主要内容。[论述题，暨南大学2023年研]

答：组织变革的内容包括：

(1)对人员的变革。组织变革的过程中，无论哪种类型的变革都要涉及人员的调整，变革也可能受到组织成员的阻力或推力。组织需要对人员进行变革，促使组织成员推动变革，以更好的态度和方法开展工作。因此，管理者对人员的变革着重于其态度、价值观，以及适应其他变革的人员结构的变革。对人员的变革能够转变员工工作态度，影响工作努力，改进工作绩效。对人员的变革包括组织变动和组织发展两部分，组织变动涉及人员流动、人员选择和人员培训，组织发展涉及人员的态度、观念、行为和关系的改变。一般来说，对人员的变革更加强调组织发展。其目的是努力创造一种良好的组织气氛，促进组织成员之间相互关系的改变，使组织中个人和群体更加有效地工作。

(2)对技术与任务的变革。随着社会的不断发展，科学技术也在不断进步，组织的任务内容也会随之变化。对技术与任务的变革本质上是一种业务流程重塑。在这个过程中，管理者基于价值最大化、成本最小化等原则，将新设备、新技术、新理念、新流程等引入生产和管理环境，使业务流程的各个阶段都能够有效整合，从而提升组织效率。在变革过程中，新技术、新理念等可能会导致工作任务内容变更，因此管理者同时也能将工作任务进行更合理的组合，以提高生产效率、管理效率。

(3)对结构的变革。组织的结构变革是随着组织的人员和技术变革同时进行的，结构变革是指对组织结构六要素的工作专门化、部门化、指挥链、管理跨度、集权与分权、正规化等方面进行革新。结构所涉及的内容主要有：①权力重新分配。结构变革首先要考虑的问题就是组织的集权与分权问题。组织所处的环境、组织发展的阶段、组织正规化程度都会影响到组织的集权和分权的程度。②结构再设计，指对结构要素的调整和整个结构的重新设计及组织整体的结构扩张或缩减。③工作再设计，指管理者可以通过重新设计职位体系和工作程序、修订职务书等来变革组织结构。④控制系统的改变。组织的控制系统包括对财务、人力资源、生产过程、产品质量和投资计划等方面的控制，要随技术、市场等作出相应的调整。

3. 阻碍组织变革的因素有哪些？［上海交大 2015 年研］

相关试题：

(1)组织变革阻力的原因。［中财 2019 年研］

(2)何为组织变革？组织变革产生阻力的原因是什么？［广工大 2016 年研］

答：组织变革是指组织在内外部变化因素的影响下，由组织成员推动的，对组织战略、结构、流程、人员等方面进行调整以更高效地适应未来发展。进行组织变革，意味着打破原有状态，建立新的组织状态。面对变革，组织中的一些人必须放弃自己原有的观念和行为方式，以适应新的方式。因此，组织变革不可能一帆风顺，势必遇到来自各个方面的阻力。具体而言，主要有三方面的因素：

(1)组织因素。在组织变革中，组织惰性是变革阻力的主要因素。这是指组织在面临变革形势时表现得比较刻板、缺乏灵活性，难以适应环境的要求或者内部的变革需求。造成组织惰性的因素较多，如组织内部体制不顺、决策程序不良和文化陈旧等，都会使组织产生惰性。此外，组织文化和奖励制度等组织因素及变革的时机也会影响组织变革的进程。

(2)群体因素。组织变革的阻力还来自群体方面，研究表明，对组织变革形成阻力的群体因素主要有群体规范和群体内聚力等。群体规范具有层次性，边缘规范比较容易改变，而核心规范由于包含着群体的认同，难以变化。同样，内聚力很高的群体也往往不容易接受组织变革。

(3)个体因素。在组织内，人们往往会由于担心组织变革的后果而抵制变革，主要包括以下两方面：

①职业认同与安全感。在组织变革中，人们需要从熟悉、稳定和具有安全感的工作任务，转向不确定性较高的变革过程，其“职业认同”受到影响，从而产生对组织变革的抵制。

②地位与经济上的考虑。员工通常会认为变革影响他们在组织中的地位，或者担心变革会影响自己的收入；又或者由于个性特征、职业保障、信任关系、职业习惯等方面的原因，产生对于组织变革的抵制。

4. 组织变革的三个阶段及方法。［哈工大 2017 年研］

答：组织变革是一件十分严肃、认真的事情，必须缜密设计其程序、步骤。美国学者科特·勒温曾于 20 世纪 40 年代初提出组织变革三阶段及相应的措施：

(1)解冻阶段，是人们逐步认识到组织必须变革的过程。主要是激发组织成员对组织现状的不满，产生摒弃旧事物、创造新事物的愿望，逐步认识只有变革才有出路，下决心进行变革。

①主要使用三种力量：a. 推动力，引导员工行为脱离现状的力量；b. 约束力，阻碍偏离现有平衡状态的力量；c. 推动力与约束力的合力。

②选择好变革突破口，一般可以从四个方面的一点或几点的组合上进行：a. 结构性变革，即权力关系、协调机制、工作再设计等结构变量；b. 技术变革，如工作过程、工作方法、技术设备等变量；c. 环境变革，包括工作场所、位置、安排、布局等；d. 人员变革，

涉及员工态度、技能、期望、观念、行为等。

(2)变革阶段，是从旧状态向新状态过渡的过程。在这一阶段，主要是要指明变革的方向，确定变革计划，实施变革方案，使组织成员形成新态度与新行为，调整或再造组织，逐步制定新制度。

(3)再冻结阶段，是变革后的行为强化阶段。在这一阶段，主要是通过采取建立新的规范、制度体系和激励机制等强化措施，把变革后形成的新态度与新行为加以“冻结”的过程。主要是防止新行为与新态度恢复到变革以前的状态。

5．简述常用冲突管理的策略。[安徽师大2018年研]

相关试题：管理者解决组织冲突的策略有哪些？[中山大学2016年研]

答：组织冲突是指组织的团队与团队间、个人与个人间、个人与团队间由于利益、价值观、性格、工作方式等冲突或分歧而产生的抵触、争执等心理或行为上的对立状态。组织冲突会造成破坏性结果和建设性结果两种截然不同的结果，对组织产生不同的影响。为了尽可能降低破坏性结果的水平，提升建设性结果的水平，管理者需要综合分析各项影响因素，尽早识别出组织冲突可能的结果和程度，如会产生破坏性结果还是建设性结果，尽可能降低组织破坏性冲突的水平，提高组织建设性冲突的水平。

(1)解决冲突的策略。当冲突出现后，如果觉得冲突的水平过高或过于激化，有可能带来破坏性，则需要着手解决冲突。解决冲突的方法大体上可以分为两类：一类是由冲突双方自己解决冲突，这类方法主要是协商与谈判的方法；另一类是由第三方介入帮助冲突双方解决冲突，主要是调解和仲裁的方法。

①协商与谈判。这是解决冲突或管理冲突的最普遍的方法和策略，是指冲突双方进行公开的交流，讨论彼此的分歧，进行讨价还价或者作出让步。协商与谈判可以使冲突双方直接进行，也可以派代表进行。如果经过协商与谈判，冲突双方找到了共同可以接受的方案，那么冲突就得到了解决。

②调解或仲裁。在有些情况下，冲突双方无法直接解决冲突，因此需要有第三方介入帮助解决冲突。第三方是指与冲突没有直接关系的人。由于第三方特定的身份、地位或能力等因素，其介入会有助于冲突双方解决矛盾。第三方介入解决冲突主要有两种形式：调整和仲裁。

(2)激发冲突策略。由于组织中保持适度的建设性的冲突水平会使得组织的运作更为有效，因此，必要的时候应设法创造这样的冲突策略。

①需要激发冲突的组织形态。要想有效地激发冲突，首先必须识别组织中目前的状态是否需要增加冲突的水平。通常认为，当组织中出现以下状况中的一种或几种时，可以考虑适当激发矛盾：a. 组织缺乏创造性的新思想；b. 人们过分注重不伤害他人的感情；c. 人们不愿表达不同见解；d. 人们不喜欢变革。

②激发冲突的方法主要有：a. 改变冲突观念和组织文化；b. 引进异质的组织成员；c. 引入竞争机制；d. 委任比较民主的领导者；e. 组织的重新建构和引入检查者的角色。

6．什么是组织文化？如何塑造组织文化？[浙江财大2018年研]

相关试题：

(1)请结合实际，论述组织文化是如何塑造的。［论述题，山东财大 2023 年研］
(2)简述组织文化的塑造途径。［武汉工程大学 2023 年研］
(3)什么是组织文化？组织文化的传承方式有哪些？［论述题，人大 2019 年研］
(4)试述塑造组织文化的途径。［浙工大 2018 年研］
(5)组织文化的塑造途径。［中国海大 2018 年研；华科 2016 年研］
(6)什么是组织文化？员工通过何种方法“学习”组织文化？［安徽师大 2018 年研］
(7)组织文化的含义及组织文化是如何形成的。［论述题，哈工大 2017 年研］
答：参见本章课后习题第 1 题和第 6 题答案。

7. 简述组织文化的建立和维持过程。［华中农大 2017 年研］
答：(1)一般认为，组织文化的形成过程有四个阶段：

①组织创建者的经营理念与经营哲学形成阶段。组织文化的最初源头是组织的创始人。组织的创始人对组织早期文化的建立具有重要影响。早期的组织规模较小，组织的创始人很容易对组织成员的行为、理念等产生影响。由于规模小，创始人和员工的直接接触更多，创始人个人的价值观念、工作风格、性格等会在工作过程中“言传身教”地传达给员工，渗透进组织的价值标准、行为规范中。从一定意义上说，组织文化就是创始人的设想和偏好与员工自身经验相互作用的结果。

②甄选阶段。决策者对候选人是否适合于组织的判断，将显著地影响到谁能被雇佣的最终决定。这种努力确保了员工与组织之间恰当的匹配，不管是有意还是无意，都会保证所聘员工的价值观与组织的价值观基本一致，至少与组织价值观的大部分一致。甄选阶段通过筛选掉那些可能会有损于组织核心价值观的人，起到维系组织文化的作用。

③高层管理人员的言传身教阶段。组织高层管理人员的举止行为对组织文化也有重要的影响。高层管理者通过自己的言行举止，把行为准则渗透到组织中去。例如，公司是否鼓励冒险，管理者应给其下属多大的自由，什么是得体的着装，等等。

④社会化阶段。不管组织的人员甄选和录用工作做得有多好，新员工都难以被彻底灌输组织文化。这是由于他们对组织文化不熟悉，容易对组织已有的观念和习惯构成潜在的干扰。因此，组织要帮助新员工适应组织文化，这种适应过程被称为社会化。

(2)组织文化的塑造和维持过程，参见本章课后习题第 6 题答案。

8. 简述组织文化的特征。［东北大学 2021 年研；大连海事大学 2017 年研］
相关试题：简述组织文化的含义和特征。［湖南大学 2023 年研］
答：组织文化是指影响组织成员行动、将不同组织区分开的共享价值观、原则、传统和行事方式。组织文化经过长时间的演变形成共同的行为准则。组织文化的基本特征有：

(1)超个体的独特性。组织文化具有鲜明的个性和特色，具有相对于个体的独立性，每个组织都有其独特的文化积淀，这是由组织的生产经营管理特色、组织传统、组织目标、组织成员素质以及内外环境不同所决定的。

(2)相对稳定性。组织文化是在一定的时代背景、社会政治背景下，受国家或民族的价值体系所影响形成的，这种文化已经经历了去糟粕、留精华的过程，被组织成员长期信奉，因此不会随组织要素的调整而轻易变化或消失。而精神文化由于其内隐性，与物质文化相比，形成不容易，消失更难，具备更强的稳定性。

(3)融合继承性。一方面，组织文化的相融性体现在它与组织环境的协调和适应性方面。另一方面，因为组织在一定的时空条件下产生、生产和发展，所以组织文化是历史的产物。组织文化的继承性体现在：继承优秀的民族文化精髓；继承组织的文化传统；继承外来的文化实践和研究成果。

(4)发展性。发展既是时代的呼唤，又是组织文化自身的内在要求。优秀的组织文化往往在继承中创新，随着企业环境和国内外市场的变化而改革发展，引导大家追求卓越、追求成效、追求创新。

9. 试述组织文化对各项管理活动的影响。［中南财大 2008 年研］

相关试题：

(1)简述组织文化如何影响管理事项。［中南财大 2017 年研］

(2)讨论组织文化及其对管理者行为的影响。［广工大 2017 年研］

答：组织文化对各项管理活动的影响具体如下：

(1)凝聚员工。组织中最重要、最活跃的因素是人，而人在一个组织中是否结合成一个有机的整体，不仅需要组织化的制度分工对全体成员进行制度化的安排，而且还需要员工具有共同的价值观、共同的行为准则和行为方式，能够认同自己工作的组织，能够与组织同呼吸、共命运，能够自觉地为实现组织目标而努力，这些是制度和规则难以发挥作用的。优秀的组织文化能够统一员工的价值观、行为准则和利益指向，将员工凝聚为一个团结整体，这就是组织文化所发挥的凝聚作用。

(2)激励员工。优秀组织文化的形成，有助于员工获得较高的心理满足。在拥有优秀组织文化的组织中工作，员工能够感受到温暖，能够进行深度的沟通，并获得多方面的满足。优秀的组织文化所树立的良好的组织形象会使员工感到自豪，从而愿意为这样的集体努力工作，贡献自己的力量。

(3)规范行为。价值观是组织文化的核心。一旦这样的价值观深入人心，就会成为人们自觉的行为准则，约束自己的行为。优秀的组织文化运用教育使人们在内心形成强有力的内在约束机制，这个约束机制可以强有力地规范员工行为，使全体员工的行为与组织的要求保持高度的一致。

(4)树立良好形象。组织同个人一样，都应有自己的形象，企业形象是提高企业竞争力的重要手段。塑造企业形象，离不开优秀的组织文化。一种优秀的组织文化会通过企业的外在物质特征和员工的行为展示给社会。好的组织文化能够提高员工与社会的融合程度，容易为社会所接受，能够为企业更好地取得社会的支持提供帮助。

10. 简述你对“企业文化就是老板文化”的看法。［上海大学 2018 年研］

相关试题：简述在组织文化的形成过程中企业家的作用。［昆明理工 2018 年研］

答：企业文化不同于老板文化，具体阐释如下：

(1)企业文化是指企业在长期的实践活动中所形成的并且为企业员工普遍认可和遵循的具有本企业特色的价值观念、团体意识、工作作风、行为规范和思维方式的总和。企业文化的主要特征包括：①超个体的独特性；②相对稳定性；③融合继承性；④发展性。

(2)企业家在组织文化的形成过程中发挥了以下作用：①组织文化的最初源头是组织的企业家创始人，组织的创始人对组织早期文化的建立具有重要影响。早期的组织规模较小，组织的创始人很容易对组织成员的行为、理念等产生影响。②企业家通过自己的言行举止，把行为准则渗透到组织当中，促进企业成员对重要价值观和行为准则的认同。

(3)企业在一定的时空条件下产生、生产和发展，企业文化是历史的产物，它的形成需要经过长期的倡导和培育。也正如任何文化都有历史继承性一样，企业文化一经形成，便会具有稳定性，并不会因为企业组织结构和产品业务的变动调整而立即消失。因此，可以说企业家自身的价值观念、工作作风、思维方式以及领导风格对企业文化的形成产生了重要影响，但企业文化并不等同于老板文化。

四、论述题

1. 结合实际，分析组织变革的动力和阻力有哪些？如何促进组织变革和创新？［南开大学 2008 年研］

相关试题：

(1)影响组织变革的外部动因。［简答题，浙大 2022 年研］

(2)组织变革的动因。［简答题，中南财大 2020 年研］

(3)简述为什么要进行组织变革。［简答题，中央民大 2019 年研］

(4)为什么有些人会抵制变革？通常可采用哪些措施减少组织变革的阻力？［杭州师大 2016 年研］

答：(1)组织变革的动力：

①外部环境因素。任何组织都必须与外界环境进行交流，力争使自身与外界环境取得平衡。组织变革的外部动因主要是指组织的管理者难以控制的外界环境因素对组织变革的促进作用，其中最主要的是市场、资源、技术和环境变化的影响。

a. 资源变化。主要包括一个组织所需要的资金、能源、设备、原料、劳动力、信息等投入物的质量、数量和价格的变化，涉及组织生存与发展的自然资源、资本资源、信息资源和人力资源的变化。

b. 科学技术的变化。科技变化是促进组织变革的强大动因。新技术、新材料、新工艺、新设备的出现，会带来产品、组织管理、专业分工、人际关系等一系列变化，以空前的广度深入影响和改革社会生产方式、组织方式和生活方式。

c. 社会环境的变化。是指社会行为价值观的变化和社会的体质或制度结构的变化，也包括社会的政治因素、法律因素、文化因素、政府政策以及顾客、竞争者、供应者、公众等因素的变化，但对组织变革影响较大的是前两类因素的变化。

②内部环境因素。任何组织内部都存在使整个组织成长和衰败的因素，组织变革的内部动因主要是组织成员的变化，组织运行和成长中的矛盾所引起的。对组织变革影响较大的内部推动因素主要有组织目标和价值观的变化，组织运行效能的变化，组织成员心理和行为的变化，以及组织自身管理方式、管理技术方法的变化等。

a. 组织目标和价值观的变化。组织目标的确立与保持要靠价值观系统来维系，组织价值观系统的变化，会导致人们对目标的价值、目标的选择、目标的可行性等进行新的权衡，从而引起目标的变化。组织目标一旦变化，组织的任务、各项工作的基础、组织稳定、组织决策、组织活动的依据和标准等都会发生变化，自然成为组织变革的动因。

b. 组织运行效能低下。一个组织决策迟缓，错误不断，无法把握机遇；一个组织因循守旧，墨守成规，难以产生新思想；一个组织内部沟通阻塞，冲突频繁，这都迫切需要通过组织来诊治“病症”，提高组织运作效能。因此组织运作效能低下是从内部促使组织变革的动因之一。

c. 组织成员心理和行为的变化。任何组织中，人都是最宝贵的资源和动力。但是人的工作积极性受制于其动机、态度、行为等社会心理与行为因素的影响，如果组织成员的价值观念、工作期望、工作态度、工作行为等发生变化，与组织目标、组织结构、组织关系、权责系统相互矛盾或不适应时，往往需要对组织或组织的部分进行相应的变革，从而调动积极性，发挥人力资源的作用。

(2)组织变革的阻力，参见本章考点难点归纳相关内容。

(3)促进组织变革与创新的措施。想要促进组织变革与创新，必须要明确变革的内容和侧重点，有序推动组织变革创新，同时也要强化推动力，克服阻力。具体而言，有以下三方面的内容：

①明确组织变革的内容。

②有序推进组织变革，其具体程序如下：

a. 确定变革的问题。组织必须要结合自身的实际情况来确定是否需要变革以及所要变革的内容。

b. 组织诊断。为了准确地掌握组织需要变革的方面，要对组织进行诊断。组织诊断首先要采取行之有效的方式将组织现状调查清楚，然后对所掌握的材料进行科学分析，找出愿景与现状的差距，以便进一步确定需要解决的问题和所要达到的目标。

c. 提出方案。一般来说，变革方案要有几个，即人们常用上策、中策、下策这类方法进行选择。在各备选方案中必须明确问题的性质和特点，解决问题需要的条件，变革的途径，方案实施后可能造成的后果等内容。

d. 选择方案。即在提出的方案中，通过对比分析选出一个较优的方案。对于选出的方案，既要考虑到它的针对性、可行性，也要考虑到方案实施后能带来的综合效益。

e. 制订计划。在选定方案的基础上，必须制定出一个较为具体、全面实施的计划，包括时间安排、人员的培训、人员的调动、物力和财力的筹备等内容。

f. 实施计划。在实施变革计划时，既要注意选择发起变革的适当时机，特别是恰当地选择变革的突破口和着力点，变革先在哪个领域里实施，以便开局胜利。

g. 评价效果。评价效果就是检查计划实施后是否达到了变革的目的，是否解决了组织中存在的问题，是否提高了组织的效能。

h. 反馈。反馈是组织变革过程中关键的一环，是经常性的工作。反馈信息揭示的问题较为严重时，需要根据上述步骤再循环一次，直到取得满意的结果为止。

③要促进组织变革与创新，还需要推进组织变革的动力，同时克服组织变革的阻力，通过清晰合理的组织变革程序，针对组织的人员、结构、技术和任务进行变革。从个人和组织两个层次调动变革中的积极因素，上级给予足够的支持，下级给予充分的配合，在鼓

励创新的氛围里方可播下创新的火种。可以采取的相应措施有：a. 客观分析变革的推力和阻力的强弱；b. 创新组织文化；c. 创新策略方法和手段。

2. 如何减缓组织变革的阻力？［湘潭大学 2023 年研］

相关试题：减少变革阻力的策略有哪些？［中山大学 2016 年研］

答：减缓组织变革阻力的策略包括：

(1) 教育与沟通。教育与沟通通过帮助员工看清变革阻力的逻辑，从而减少变革阻力。当变革阻力是因错误信息导致时使用这种技巧。这种方法的优点是可以消除误解，缺点是缺乏信任时可能会不奏效。

(2) 参与。指使那些直接受变革影响的个体参与决策过程。参与使这些个体能够表达自己的感受，提高决策过程的质量，以及增强对最终决策的认同。当变革抵制者拥有为组织作贡献的特长时使用这种技巧。其优点是可以提高参与度和接受度。其缺点是这种方法不仅耗时，而且可能导致糟糕的解决方案。

(3) 促进与支持。指帮助员工应对伴随变革而来的恐惧和焦虑。这种帮助可能包括员工咨询、治疗、新技能培训和短暂的带薪休假。当变革抵制者出现恐慌和焦虑情绪时使用这种技巧。其优点是能够促进必要的调整。其缺点是代价高，不能保证成功。

(4) 谈判。指通过进行价值交换以达成协议，从而减少变革阻力。当抵制来自某个强势群体时使用这种技巧。其优点是能够“获得”承诺。其缺点是成本比较高，给予了其他人对组织施加压力的机会。

(5) 操纵与拉拢。指企图通过各种隐蔽性的手段影响他人对变革的看法。这可能包括歪曲事实，从而使变革看起来更有吸引力。当获得某个强势群体的支持是必要的时候使用这种技巧。其优点是成本不高且易于获得支持。但是，可能出现事与愿违的结果，导致变革推动者失去可信度。

(6) 威逼。威逼包括直接对变革抵制者进行威胁或强迫。当获得某个强势群体的支持是必要的时候使用这种技巧。其优点是成本不高且易于获得支持。其缺点是可能不合法，也可能会削弱变革推动者的可信度。

3. 试论述组织冲突的积极影响和消极影响，应该如何处理组织冲突。［广工大 2017 年研］

相关试题：有人认为“冲突对组织是有危害的”；有人认为“冲突对组织不可避免，并且也并非有害的”；也有观点认为，“冲突是保持组织活力的必要手段，要维持最低的冲突”。对此，你怎么看？请结合实际谈谈如何进行冲突管理。［湘潭大学 2017 年研］

答：组织冲突是指组织的团队与团队间、个人与个人间、个人与团队间由于利益、价值观、性格、工作方式等冲突或分歧而产生的抵触、争执等心理或行为上的对立状态。组织冲突会造成破坏性结果和建设性结果两种截然不同的结果，对组织产生不同的影响。

(1) 组织冲突的积极影响：

①组织内部更加团结，成员对团体更加忠诚。

②组织内部气氛更为轻松，但易失去奋斗意志。

③使组织内部各成员、各部门间的协作更加顺畅，减少对工作关心的同时增加对员工的关心。

④组织成员容易感到满足和舒畅。

(2)组织冲突的消极影响:

①胜败相差不大，团体易掩饰失败，团体之间容易产生偏见。

②组织冲突失败的话，团队内部可能出现互相责怪的混乱内斗，甚至解体，有时反而能够使团队成员吸取教训，重新开始。

③组织中的组织性和纪律性明显增强，有集权化的倾向。

④极大地打击了成员的自信心，必须重新进行检讨和反思。

(3)组织冲突管理的策略，参见本章考研真题简答题第5题答案。

五、案例分析题

时代·华纳公司的组织文化碰撞

问题:［华中农大2018年研］

1. 结合案例，谈谈组织文化对企业的发展有什么样的作用。

答:组织文化包括组织愿景、价值观等内容。受组织所在的时代、民族、地域等因素的影响，其在组织发展的过程中，不断被优化完善，形成组织统一的价值标准、基本信念、行为规范等。这些内容受全体组织成员的认可与遵循。结合案例，组织文化的作用包括以下方面:

(1)整合功能。组织文化通过外显的环境和内隐的一些精神传达，潜移默化着组织成员的思维和行为方式，使员工对组织产生认同感和归属感。如时代公司文化保守、家长制作风浓重，培育了一种强烈的整体观念，给员工提供了一种家庭感。

(2)调适功能。组织文化能帮助员工建立起新的价值观念，使组织成员适应外部变化，从而推动组织与社会协同发展。具体地说，通过文化建设，企业尽可能调整自己，以便适应公众的情绪，满足顾客不断变化的需要。如一方面，华纳公司的组织文化会受到好莱坞以及其他娱乐公司价值观的影响;另一方面，员工们在冒险、快节奏的文化气氛中，调整产品不断适应商业需求的变化。

(3)导向功能。组织文化是一种软性的约束，通过外显的环境和内隐的工作方式、风格等不断影响着组织成员的价值取向、行为取向。如在时代公司，员工谨慎从事，与新闻行业的价值观和目标一致;而华纳公司的员工敢于冒险创新，与其追求新颖的商业目标相符。

(4)持续功能。组织文化往往非常稳定、牢固，具有持续性，不会轻易受组织的结构等变动和外界环境变动的影响而变动或消失。如时代公司和华纳公司即使发生并购，组织进行了变革，其组织文化也几乎没有改变。

2. 时代和华纳公司在组织文化方面有哪些显著差异?你认为合并后的企业应形成怎样的组织文化才能更好地发展?

答:(1)时代和华纳公司在组织文化上的差异:

①组织价值观。指指导组织内管理经营等活动的基本原则和观点，价值观的指导性作用使其在组织文化中占领核心地位，它代表了企业认同什么样的价值、什么样的工作方式等。时代公司的文化保守、家长制作风浓重;而华纳公司的文化趋向变革和创新。在公司业务处理上，时代公司把编辑出版事务同商业事务相分离;而华纳公司要求不断参与市场

交易。

②组织精神。即组织成员在组织活动过程中逐步形成的对组织生活和活动过程的固定看法。时代公司培养了一种强烈的整体观念，公司给员工提供稳定的工作环境，提供一种家庭感，实行终身雇佣制；而华纳公司的员工生活在快节奏与冒险之中，流动率高，员工之间多存在竞争。

③伦理规范。即从道德意义上考虑的，处理人与人、人与社会相互关系时应遵循的道理和准则，是以社会舆论为主要约束力的一系列指导行为的观念规范。时代公司的员工在一个鼓励人们谨慎从事的环境中成长，通过给员工提供一种家庭感进行激励；而华纳公司主要是以高报酬的方式对员工进行激励。

(2)合并后的组织文化走向。时代和华纳的并购属于强强联合，因此应采取多元化型的文化整合模式。为了避免文化冲突造成内耗，合并后应在相当一段时间内允许双方企业在极其有限的文化接触、交流的前提下，彼此保持各自文化的独立，以维持各自优势。

3. 企业合并时怎样做到(多种)组织文化的兼容和创新?

答：组织文化整合是指企业在并购过程中将相异或矛盾的文化特质在相互适应、认同后形成的一种和谐、协调的文化体系。以该案例为例，企业并购的文化整合路径的基本步骤包括：

(1)并购双方文化的识别与评估。文化识别是指通过掌握和比较并购双方在经营理念、价值观和行为模式等方面的差异，借以鉴别二者相互冲突以及可融合的领域。文化评估则是在分析文化差异的基础上，依据一定的指标体系对双方文化因素进行精确的评价和估量。文化差异往往会成为并购后组织文化冲突的主要成因，因此并购双方的文化识别与评估是消除文化冲突的前提条件，以便增强并购双方文化的吸引力，为组织文化的融合和重建创造必要条件。

(2)文化整合模式的确定与实施。依据双方企业的不同特点、并购类型等因素，确定适宜的文化整合模式，充分考虑和分析文化整合中存在的风险问题，确立文化整合的方法和时机，继而实施已经确定的文化整合方案。根据并购类型和双方的文化包容度，可将文化整合模式分为同化型、转化型、多元化型三种类型。

(3)并购文化的融合与管理：

文化整合是一个长期的过程，其中文化的融合和重建都极其重要。融合并非两种文化的相互适应和叠加，而是不同文化之间的接触、交流、渗透、内化的一体化过程，涉及对异质文化的科学"扬弃"，保留并弘扬两种文化中优质、科学的成分，从而塑造出新的组织文化。该案例中，时代与华纳两种具有显著差异的文化由于缺乏对彼此的包容和认同，使得文化整合一直难以达到预期目标，文化重塑更无从谈起。

基于融合之上的文化重塑应特别注意对弱势文化的识别与评估，从中萃取优秀的文化成分加以创新、吸收，同时对强势文化的复杂成分科学甄别，不可强行推行。因此，对于融合后的文化成果要进行持续的管理，及时应对外部环境的变化，进一步巩固文化成果。

综合案例　吉利并购沃尔沃后的文化整合

思考题：

1. 吉利实现企业文化整合过程中的关键点是什么？

答：企业文化整合是不同的企业文化通过相互接触、交流、吸收、渗透融为一体的过程，是协调不同企业文化间的差异与冲突，以促成相互间认同、融合、统一的过程。一般来说，它会以原有的优势文化为基础，吸收异质文化中的某些优良成分，重塑企业文化。即企业文化整合是以原有企业文化为基础，通过扬弃、创新、再造和重塑，最终形成符合企业变化和发展的新文化的过程。

由案例材料可知，吉利实现企业文化整合过程中的关键点是：文化融合。具体分析如下：

(1)吉利与沃尔沃的文化差异，首先表现在民族文化层面，不同的文化背景下如何开展有效的交流与合作是两家企业长期面临的重大课题。其次表现为目标定位不同：吉利汽车在整车制造方面更考虑经济适用、性价比高的问题，属于中低端车；而沃尔沃主打安全舒适、绿色环保，定位高端车。因此，吉利汽车能否借鉴其先进技术、技术的转化能力以及是否会因技术运用而导致成本上升或加强对沃尔沃成本控制使得沃尔沃质量下降，成为二者文化整合中的重点。

(2)吉利实现企业文化整合采取的措施：

①独立自主经营，实现“一企两制”。吉利制定了两个品牌发展战略，保留了沃尔沃原有的管理团队、研发中心和生产基地，有效地利用了沃尔沃的资源。而沃尔沃对企业的自主经营权使得其充分发挥自身的创造性。二者实现双赢。

②重构吉利内部文化，加强对话交流。如建立双方人才交流机制，促进价值认同；成立“沃尔沃－吉利对话与合作委员会”，以对话方式深度沟通。

③加强企业文化管理与研究。如雇佣专业的文化整合团队，定期开展跨文化培训；雇佣具有丰富跨国管理经验的国际化管理人才管理沃尔沃；成立全球型企业文化研究中心，加强国际合作。

综上，吉利并购沃尔沃后通过企业文化整合实现了有效融合，现实结果表明吉利汽车借助沃尔沃成功实现品牌溢价，利用沃尔沃先进技术和成熟的海外销售网络为吉利汽车进入国际市场打下了坚实的基础。沃尔沃借助吉利成功实现盘活，在保持原有目标定位的基础上充分激发活力和创造力。

2. 如果你是沃尔沃的管理者，你还希望吉利能够在文化整合方面做些什么？

答：企业文化的整合是企业在多层面上对本组织的文化进行梳理和同一化的过程，是企业群体的共同意识、共同价值观调整、再造的过程。这一过程包括对内文化整合和对外文化整合两大整合过程。企业文化的整合应当根据企业发展的具体情况，从实际出发，制定文化整合的目标和措施，运用多种方法，对企业文化内容和文化因素进行系统化整理，建立以价值观为核心的文化体系，引导员工端正文化心态、思想观念、价值取向和行为方式，从而形成企业的向心力和凝聚力。

作为沃尔沃的管理者，我希望吉利在文化整合方面还可以采取以下措施：

(1)制定企业文化目标，建立统一文化价值观，构建文化融合系统。

①明确目标，正确对待文化差异。在进行企业重组前，要明确整合后的企业文化目标，以及如何在整合过程中实现这些目标。对待文化差异的正确态度是认知、尊重和协调，而不是忽略差异和向差异性妥协。文化融合是和差异发生化合，而不是同化或被同化。良好的文化融合是企业突破成长瓶颈的关键路径。

②建立统一的文化价值观，达成文化共识。这个统一的文化价值观应该代表整个企业的核心价值观，并得到所有员工的认可和支持。要通过培训、文化宣传和员工参与等方式，让所有员工对整合后的企业文化有一个共识。与内外部环境和员工共享价值观是文化融合实施取得优良绩效的重要保障。

③构建文化融合系统。文化融合策略实施要与企业的战略、制度、企业形象、组织的执行力和领导力、基础治理等要素相互协调，以发挥最大的效能。文化融合要渗透在组织的日常管理活动中，对组织个体与组织的相互匹配以及组织与环境的匹配产生重要影响。要推进企业文化的融合与再造，实现企业文化的协同发展。

(2)深化沟通网络，完善跨文化沟通机制。

①建立有效的跨文化沟通机制并完善，促进企业内部信息的透明度和准确性。在整合过程中，需要建立清晰的沟通渠道。这些渠道应该能够有效地传递整合后的文化目标和价值观，以及如何在日常工作中实现这些目标和价值观。

②加强跨文化沟通培训，创造文化交流的机会，提高员工的跨文化沟通能力。在整合过程中，需要为员工创造文化交流的机会。这可以通过企业文化节日、文化培训、跨部门交流等方式来实现，以加强员工之间的沟通和理解。

(3)坚持文化融合基本原则，适时调整。

整合企业文化需要一个长期而系统的过程，始终要坚持文化宽容的原则、坚持扬弃的原则、坚持共性与个性相结合的原则、坚持借鉴与创新相结合的原则。在整合过程中，要持续关注企业文化的变化和发展，并及时做出调整，以确保整合的成功。

第四篇　领　导

第十三章　领导与领导者

13.1　复习笔记

【知识框架(庖丁解牛)】

- 领导与领导者
  - 领导概述
    - 含义：指挥、带领、引导、鼓励
    - 与管理的区别
    - 作用：指挥、协调、激励
    - 权力来源
  - 领导特质理论及要求
    - 观点、有效领导相关特质
    - 要求：领导者素质、全球化要求、领导集体构成
  - 领导行为理论
    - 领导方式的基本类型：专权型、民主型、放任型
    - 领导方式的连续统一体理论：七种典型领导方式
    - 管理方格理论：五种典型领导方式
  - 领导权变理论
    - 理论概述
    - 菲德勒的领导权变理论
    - 其他：情境领导理论、路径—目标理论
  - 领导艺术
    - 做好本职工作
    - 善于沟通，倾听意见
    - 建立合作和信任关系
    - 做时间的主人

【通关提要(提纲挈领)】

本章主要介绍领导与领导者的相关知识，属于重点章节。学习时，要熟知领导的含义和作用、领导艺术，重点掌握不同理论下的多种领导方式及其影响因素，特别是管理方格理论和菲德勒的领导权变理论，要能结合具体案例分析。本章主要考查简答题、论述题和案例分析，要准确记忆各理论的主要观点、分析维度和适用情境，并灵活运用。

【考点难点归纳(厚积薄发)】

考点一：领导概述（见表13－1） ★★★

表13－1 领导概述

要点		主要内容
含义	指带领、引导下属在一定条件下实现组织目标的过程	
与管理的区别	①管理是管理者基于合法性、回报性、强制性命令下属的行为；领导是领导者基于个人影响力、专长权和模范作用引领他人的行为。 ②领导者不一定是管理者。如非正式组织中的领导者。 ③管理者不一定是领导者。是否被领导者领导取决于追随者意愿，不完全取决于职权；有职权的管理者如无人服从，管理将失去效果	
作用	指挥作用	带领下属认清局势，指明实现目标的路径，并引领其作出行动
	协调作用	组织协调不同性格、能力的下属精诚合作
	激励作用	激发员工的工作热情，强化其在工作中的进取动力
权力来源	①法定性权力；②奖赏性权力；③惩罚性权力；④感召性权力；⑤专长性权力	

【真题链接】简述领导与管理的区别。［简答题，中国农大2023年研］

考点二：领导特质理论及相关要求（见表13－2） ★★★

表13－2 领导特质理论及相关要求

要点		主要内容
观点	成功的领导源于领导者个人特质［先天遗传或后天习得］	
十种领导相关特质	驱动力	①表现出较高的努力程度和较强的主观能动性。 ②具有较强的成功欲望，积极进取
	领导欲	乐于承担责任，有影响和领导他人的强烈欲望
	诚实与正直	基于诚信可靠和言行一致与下属建立信任关系
	自信	对目标和决策表现出自信，使下属信服
	智慧	高智慧，能创造愿景、解决问题并正确决策
	工作相关知识	有较高的专业知识水平，能明智决策
	外向性	精力充沛、善于交际、果断坚定
	自我内疚倾向	具有强烈的责任感
	情绪智力	能感知他人的需要，倾听和理解他人
	责任心	自律、信守承诺
评价	①拥有上述特质只能说明个体具有成为有效领导者的潜质。 ②忽视了领导者与组织成员的互动和情景因素，并不能充分识别有效领导者	
相关要求	领导者素质	①思想品质；②业务素质；③身体素质
	全球化要求	①确定使命；②事业导向；③资源配置；④有效沟通；⑤激励他人；⑥信息决策；⑦人才培养；⑧承担责任；⑨诚实守信；⑩快速学习
	领导集体构成	①年龄结构；②知识结构；③能力结构；④专业结构

考点三：领导行为理论(见表 13－3) ★★★★

表 13－3　领导行为理论

<table>
<tr><th>要点</th><th colspan="3">主要内容</th></tr>
<tr><td rowspan="3">领导方式的基本类型</td><td>独裁/专权型</td><td colspan="2">领导者作出所有决策，下属只需服从</td></tr>
<tr><td>民主型</td><td colspan="2">领导者发起共同讨论，然后决策，与下属合作</td></tr>
<tr><td>放任型</td><td colspan="2">领导者给予下属完全自由，仅提供信息并承担对外联系的工作</td></tr>
<tr><td>领导方式的连续统一体理论</td><td colspan="3">由美国学者坦南鲍姆和施米特提出，认为在专权和放任两种极端情况之间存在着多种过渡类型的领导方式，它们构成了一个连续的统一体，见图 13－1</td></tr>
<tr><td rowspan="7">管理方格理论</td><td>理论概述</td><td colspan="2">由布莱克和穆顿提出，基于“关心员工”[纵坐标]和“关心生产”[横坐标]两个维度，并利用从 1(低)到 9(高)的量表来评估领导行为类型，见图 13－2</td></tr>
<tr><td rowspan="5">五种典型的领导方式</td><td>1.1 贫乏型</td><td>低度关心生产，低度关心员工</td></tr>
<tr><td>9.1 任务型</td><td>高度关心生产，低度关心员工</td></tr>
<tr><td>5.5 中庸型</td><td>中度关心生产，中度关心员工</td></tr>
<tr><td>1.9 乡村俱乐部型</td><td>低度关心生产，高度关心员工</td></tr>
<tr><td>9.9 团队型</td><td>高度关心生产，高度关心员工</td></tr>
<tr><td>评论</td><td colspan="2">团队型管理最有效，但缺乏实证研究</td></tr>
</table>

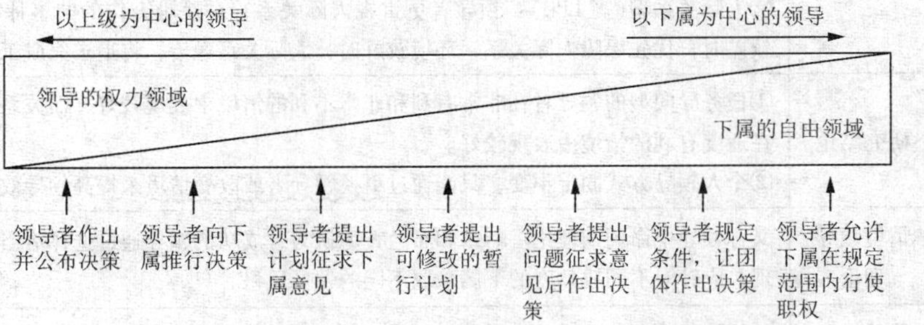

图 13－1　领导方式的连续统一体理论

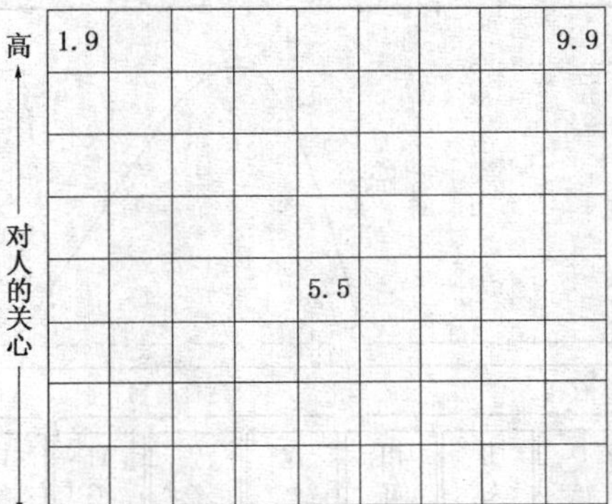

图 13－2　管理方格图

【真题链接】简述管理方格理论及其作用。[简答题，上海大学 2018 年研]

考点四：领导权变理论(见表 13－4) ★★★★

表 13－4 领导权变理论

要点	主要内容		
理论概述	观点	不存在一种普遍适用的领导方式。领导方式是领导者特征、追随者特征和环境的函数：领导方式 $S=f$(领导者特征 L，追随者特征 F，环境 E)	
	因素	领导者特征	品质、工作能力、价值观等
		追随者特征	品质、工作能力、价值观等
		环境	岗位特性、组织特征、社会因素、文化因素、心理因素等
理论代表：非德勒的领导权变理论	含义	不同领导方式适用于不同情境，有效的组织绩效依赖于领导方式与情境中控制力、影响力的合理匹配	
	三大权变维度	职位权力	权力越大，员工服从程度越高，领导环境越好
		任务结构	任务越清晰，员工越有责任心，领导环境越好
		上下级关系	下属越愿意追随、服从上级，领导环境越好
	领导方式	通过最难共事者问卷(LPC 问卷)确定个人领导方式。任何领导情境都可用上述三个权变情境变量来评估，它们结合起来构成了对领导者有利或不利的八类情境，具体见图 13－3。 ①工作任务型(低 LPC)：领导者更重视工作任务的完成，对最难合作的同事评价偏敌意。环境较差时，优先完成任务；环境较好时，任务能完成，会进一步搞好人际关系。 ②人际关系型(高 LPC)：领导者更重视人际关系，对最难合作的同事评价偏善意。环境较差时，优先保障人际关系；环境较好时，人际关系融洽，将追求完成工作任务	
	研究结论	①任务导向型的领导者在非常有利和非常不利的情境中表现较好，而关系导向型的领导者在适度有利的情境中表现较好。 ②个人领导方式固定不变，只能通过更换领导者或改变情境来提高领导效率	
其他理论	情境领导理论	又称领导生命周期理论。赫塞和布兰查德认为，成功的领导通过选择恰当的领导方式来实现，应针对不同成熟度的下属采取不同的领导风格	
	路径—目标理论	罗伯特·豪斯认为，领导者的工作是帮助下属达成目标，并提供必要的指导和支持，以确保各自的目标与群体或组织的总体目标一致	

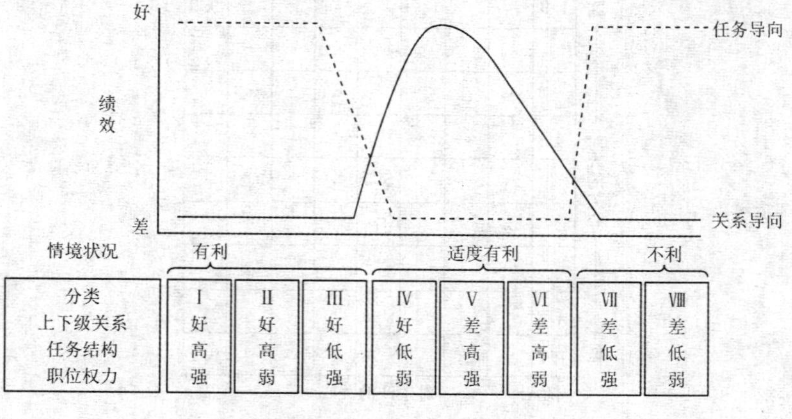

图 13－3 菲德勒的领导权变理论

【真题链接】领导权变理论及其在实践中的应用。[论述题，上外 2020 年研]

【拓展】当代的领导观(见表 13－5)　★★

表 13－5　当代的领导观

要点		主要内容
领导者—成员交换理论(LMX)		①领导者会根据下属特点采取不同的领导方式，将下属分为圈内人[建立亲密关系的员工]和圈外人[不想亲近的员工]，会奖励圈内人、惩罚圈外人。 ②圈内人拥有更高的工作绩效和工作满意度，并采取高忠诚等行动。 ③要发展成熟的领导者和下属关系，以促进有效领导。
魅力型领导	含义	指热情、自信，其人格魅力和行动能影响员工采取行动的领导者。
	内容	①显著影响组织绩效和员工满意度，但可能更关注个人利益。 ②可通过学习变得富有魅力。 ③适用于一些信念性强的工作或高强度和高不确定性的环境。
变革型—交易型领导	交易型领导	采用社会交换[或交易]方式实施领导，即用奖赏交换员工产能。
	变革型领导	①基于且优于交易型领导，采用激励和鼓舞[变革]方式进行领导，能提升员工的努力程度和绩效水平。 ②与魅力型领导者相比，变革型领导者的绩效水平更高。 ③变革型领导多用于创新型企业。
诚信领导	含义	指注重道德修养的领导者。
	影响	追随者一般会产生强烈的情感承诺，从而提高工作绩效和组织公民行为。
道德领导	含义	指领导者通过自身行为和人际互动为员工创造道德期望，并通过双向沟通、强化和制定决策的方式激发下属表现这类行为，开创了一种让员工感到能且应当做得更好的文化。
	影响	①有道德的领导者直接影响追随者，并使这种影响随指挥链下传。 ②高道德水平的领导者工作更投入、更满意，其员工绩效也更高。
仆人式领导	内涵	超越个人利益，关注帮助员工成长与发展的机会。
	特点	①关心员工个人问题，注重员工幸福感；②给予员工责任和决策影响力；③帮助下属成长成才；④以身作则。
追随力	内涵	领导者—追随者双向互动：领导者激励、吸引追随者，追随者影响领导者。
	良好追随力品质标准	①自我管理；②追求身外之物；③热情；④提升能力，追求产出最大化；⑤自信诚实、可靠守信。

考点五：领导艺术(见表 13－6)　★★★

表 13－6　领导艺术

要点	具体要求
做好本职工作	应授权给下属，领导者只需管没有对下属授权的例外工作
善于沟通，倾听建议	①倾听下属心声并加以分析。 ②观察对方交谈神态，捕捉隐含信息。 ③不随意打断下属、岔开话题，不要急迫地解释、质问。 ④鼓励下属对某些问题作进一步说明。 ⑤回答问题时态度诚恳，抓住关键，不使用官腔。 ⑥控制情绪，不感情用事

续表

要点	具体要求
建立信任和合作关系	①信任对方；②关心他人；③平易近人；④一视同仁
做时间的主人	①合理规划并使用时间；②提高工作效率

13.2　课后习题详解

1．领导的实质和作用是什么？如何去实现这种作用？

答：(1)领导的实质：

领导是指带领、引导下属在一定条件下实现组织目标的过程。其内涵具体如下：

①领导者必须有下属或追随者。

②领导者拥有能够指挥、鼓励、引导追随者的能力或力量。这些能力包括领导者自身的专业能力(包括个人的知识、工作经验)、个人影响力(包括个性、品质)以及管理的制度权力(包括控制奖惩、职位权力)。

③领导的目的是影响下属以共同努力实现组织目标。

(2)领导的作用：

①指挥作用。在工作活动中，领导在更高的层级，拥有更广阔的视野，应该有全局观，逻辑缜密，思路清晰地帮助下属分析当前环境，并高瞻远瞩地指出前进的方向和路径。

②协调作用。在众多员工一起工作的团队中，不同的员工价值观、个人性格、个人特长、工作态度、沟通表达能力、事业心等有所不同，团队合作过程中难免出现矛盾或是人力资源配置不合理的情况，最终导致偏离组织目标，因此领导者应当充分发挥协调作用，将员工根据其长处、性格、处事方式等分配到最佳位置，发挥出团队作战的最优水平。

③激励作用。领导者要激发员工的工作热情，使其在工作中保持高昂的积极性。

(3)实现领导作用的途径：

①领导者应主动积极地带领下属预防危机，解决问题，为实现组织目标而努力，使领导的指挥作用发挥到极致。

②领导者应了解团队成员，妥善处理人际关系，合理分配工作任务，让团队成员形成“1+1>2”的协同效果，向组织目标的实现奋进，从而激发领导的协调作用。

③领导者要通情达理、关心下属，为其排忧解难，激发和鼓舞斗志，发掘、充实并加强其积极进取的动力，才能很好地发挥激励作用。

2．领导者的权力来源是什么？如何正确地使用这些权力？领导和管理是一回事吗？

答：(1)领导权力是指影响他人的能力，在组织中是指排除各种障碍完成任务、达到目标的能力。法兰西和雷温等人认为，领导权力有五种来源：

①法定性权力。由个人在组织中的职位决定。个人由于被任命担任某一职位，因而获得了相应的法定权力和权威地位。但拥有法定的权威，并不等于就是领导。

②奖赏性权力。指个人控制着对方所重视的资源从而对其施加影响的能力。奖赏性权力是否有效，关键在于领导者要确切了解对方的真实需要。

③惩罚性权力。指通过强制性的处罚或剥夺而影响他人的能力。利用人们对惩罚和失去既得利益的恐慌心理而影响和改变他们的态度和行为。

④感召性权力。指由于领导者拥有吸引别人的个性、品德、作风而引起人们的认同、赞赏、钦佩、羡慕，进而使他人自愿地追随和服从。感召性权力的大小与职位高低无关，只取决于个人的行为。

⑤专长性权力。指知识的权力，指因人在某一领域所特有的专长而影响他人。

(2)领导者使用权力时应注意：

①慎重用权。不滥用权力，确实需使用权力时应当机立断。

②公正用权。在使用权力时要保持威信。

③例外处理。领导者既要维护规章制度的严肃性，必要时也有权进行例外处理。在进行例外处理时，要有正当理由，光明正大，并强化“期望行为”。

(3)领导和管理不同，二者有区别，参见本章考研真题简答题第1题答案。

3. 虽然没有任何迹象说明领导能力来源于家庭的遗传或者一些特别的个人素质，并且无论你是否具备这些天生条件，你都可以成为一个有效的领导者。但是，一般认为作为一名领导者，必然具备一些基本素质。这些素质主要有哪些?

答：作为一名领导者，必须具备一些基本的素质和条件，这些素质和条件主要包括：

(1)思想素质。领导者应具有企业家精神，有强烈的事业心、责任感；道德作风优良，品行端正，公平公正公开，不徇私，做下属的道德楷模；同时自身要谦恭，对待他人要保持尊重，懂得剖析自己，反省自己，胜不骄，败不馁；有较高的情商，能通过自身人格魅力影响他人，平易近人，关心下属等。

(2)业务素质。领导者要有一定的业务知识和较高的业务技能。

①领导者应掌握的业务知识：

a. 掌握市场经济运行的基本原理，了解经济发展趋势，熟悉建设中国特色社会主义的理论和思想，对新时代的新机遇敏感。

b. 熟知、掌握管理的基本原理和各项管理基本知识，并能够将这些原理和知识运用到管理实践中，提升管理效果。

c. 熟知自然科学和技术科学的基本知识，掌握行业发展动向，了解企业在行业中的位置，熟悉本企业的产品和服务。

d. 了解如何做好员工的思想政治工作，利用心理学、组织行为科学、社会学等学科知识做好员工的工作，发挥好领导的协调和鼓励作用。

e. 能熟练应用计算机工具，通过网络获取外部情报，通过公司信息管理系统整理分析市场信息和企业管理信息，并指导管理工作。

②领导者应具有的业务技能，包括：a. 较强的概念技能；b. 较强的管理技能，如决策、组织、指挥和控制、沟通、协调以及创新的能力；c. 知人善任的能力。

(3)身体素质。领导者要身体强健、精力充沛，这样才能处理好诸多的领导工作。

4. 中国企业家调查系统在1997年做的一次大型调查中显示(《管理世界》1998年第2期，第123页)，86.2%的企业经营者认为提高企业竞争力的关键是“好的领导班子”(“高

素质的职工队伍”为 50.7%，“强有力的技术创新能力”为 32.2%）。何谓领导班子？“好的领导班子”的基本要求是什么？

答：（1）领导班子的含义：

领导班子是指一个组织的领导集体。组织中的领导者不止一位，应是一个领导团队。一个组织的领导者就是由这个组织的若干领导者按一定的结构组成的整体，即领导班子，也是一个领导集体。在领导班子中，拥有最高的领导力的领导者是领导集体的核心，为领导集体指明组织的大方向。领导班子的结构也对领导效果有影响。合理的领导班子结构，能够实现合理的人员配置，优化人力资源的使用，使得领导工作具备协同性，提高领导的效果，发挥巨大的集体力量。

（2）“好的领导班子”的基本要求：

①合理的年龄结构。年龄结构是指领导集体中各成员按年龄分布和组合的状况。一个领导集体中应有一个合理的老、中、青比例，有一个与管理层次相适应的平均年龄界限。合理的年龄结构有利于各年龄段的领导成员互相取长补短，充分发挥各自的最佳效能，有利于领导集体实现正常的新陈代谢，保证领导力量的有序交替，从而保持领导活动的连续性与稳定性。

②合理的知识结构。指由不同知识特长和不同专长的领导者组成的最佳立体知识结构。随着科学技术和经济的发展，现代企业也引入越来越多的先进技术，领导者应该对先进的科学技术发展有所了解并针对性深入熟悉，才能为企业引入最佳技术。同时，经济的发展使得企业的经营管理环境越来越复杂，这就对领导者的管理知识和经济金融知识提出了新的要求。

③互补的能力结构。领导者的领导效果与很多因素有关，领导者有丰富的知识储备还不够，还需要能将理论与实际结合，灵活运用这些知识，才能真正产生好的管理效果和领导效果，为企业创造价值。一个优秀的领导者应该具备运用有限信息进行决策的能力、在危机和机遇下理智快速的判断能力、在组织管理中出色的指挥、组织和工作协调能力等。但很多情况下，所有的能力集于一个领导者是不现实的，因此，应该各取所长，组建出能力能够互补的领导班子，既有能制定战略的人，又有能实际实施的人，还有能够进行外交的人。形成最佳的能力架构，发挥出领导集体的最佳效果。

④合理的专业结构。一个企业拥有很多不同的部门，负责很多不同的工作，领导班子的领导者需要对这些不同的工作和业务领域都有深入的了解，才能作出好的管理决策和安排，因此领导班子需要合理的专业结构，招募各种领域、各种职能的优秀专业人才，强化领导集体的专业能力和管理能力。随着经济和科技的发展，引入创新的技术手段成为提高生产经营成果的关键，因此需要更专业的、对最新的科学技术足够了解的领导者。

除上述结构要素外，性格、地区、种族等结构要素也要在不同的管理情境中得到重视，以组建起优秀且富有成效的领导集体。

5. 领导有效性的实质是什么？领导者培训哪些方面的心理习惯以获得领导的有效性？

答：（1）领导是一种特殊形式的社会活动，这种活动也需要讲求效益，即以较少的投入取得较大的产出，这种投入和产出之比，就表现为领导的有效性。在企业管理中，领导的有效性是一个综合性的概念，它指的是通过领导活动实现企业目标的程度。一个企业或群体的领导是否有效，可以从以下几个方面反映出来：①下级的支持；②相互关系的密切、和谐；③员工的评价；④激励程度；⑤沟通的效果；⑥工作效率；⑦目标的实现。领导活动是领导者、被领导者和环境三方面因素相互影响、共同作用的过程。领导有效性的实质，是这三方面因素的契合或适应程度。

(2)著名管理学家德鲁克认为，一个有效的领导者，应该具备以下五项习惯：

①知道把时间用在什么地方。领导者自己应该意识到对于众多工作事项，自己的时间是非常有限的，应该有效地利用时间，合理安排工作。关于利用时间，德鲁克提供了简便易行的办法：记录时间、安排时间和集中时间。

②有效的领导者应该关注外部作用，不要仅机械地关注工作本身，忽略工作目标，应该把有限的时间和精力用在最关键的事项上，关注结果导向的重要事件。在开始一项工作的时候，他们首先想到的问题是“人们要求我取得什么成果”，而不是像现实生活中的许多领导者那样，从要做的工作开始着手。

③有效的领导者把工作建立在优势上，包括自身优势、上下级的优势、同事的优势等，即建立在领导者优势能力的基础之上。领导者安排员工时不应受个人情感影响，应因才安置，取人所长，注重员工自身的素质和能力。当然，还要运用上级的长处为提高自己工作的有效性服务。

④有效的领导者把精力集中于少数主要领域。在该领域内，领导者可通过优秀的工作来作出成果。他们给自己定出优先考虑的重点，并坚持重点优先的原则。他们知道必须先做首要的事情，不做次要的事情，否则将一事无成。

⑤有效的领导者作有效的决策。他们知道决策首先是个有关系统的问题——按适当的顺序采取适当步骤的问题。他们知道有效的决策常常是根据“不一致的意见”作出的判断，而不是建立在“统一的看法”基础上的。他们知道，许多快速作出的决策都是错误的决策。领导者纵观全局，掌握着关键事项的决策权，对企业的方向甚至存亡都有决定性影响，因此要注重决策的质量，不要过分注重于决策的速度与花样繁多的战术。

6. 从所学的领导方式及其理论中，你得到哪些启示？

答：从所学的领导方式及其理论可知，选择适合组织的领导方式能够使领导效果事半功倍。领导方式主要有专权型、民主型和放任型三种，适用于不同的管理环境。

(1)专权型领导，是指领导者一人作决策，是一种更加集权的领导方式。领导者单独作出决策后，命令下属执行其决策和安排；在这个过程中，下属不参与决策的制定。当组织的内外部环境较为稳定，有明确的程序和规章制度时，员工只要听从上级的工作安排，完成工作任务就能够实现工作目标。此时，决策不需要员工参与，适合专权型的领导方式。当组织遇到巨大的危机、需要进行重大变革时，专权式的领导方式的效果会更好。

(2)民主型领导，是指领导者邀请员工共同探讨组织事项，集思广益，进行决策的领导方式。这种领导方式更加考虑员工的建议，实施授权管理，能够很好地激发员工的工作热情、提高员工的工作投入度，让员工对组织产生一种主人翁意识，同时，也能够在这个过程中促进员工自身能力的提升。研究结果表明，这种领导风格更有利于提高工作绩效。

(3)放任型领导，是指领导者给予员工极大程度的自由，完全让员工自己根据情况作出决策并实施行动方案。这种领导方式需要下属具备一定的工作经验与较高的能力，领导者仅仅需要为员工提供充分的决策信息，做好对外联系工作。

以上三种领导方式各有特点，适用于不同的环境。不同的管理层级、不同的职能工作、不同的业务领域以及不同的团队构成，决定了不同的领导方式。领导者应根据实际管理情境选择适合的领导方式。

13.3 考研真题

一、单项选择题

根据菲德勒的权变理论，对一个管理者的工作最有影响的因素不包括（　　）。[暨南大学2023年研；中国海大2018年研]

A. 职位权力　　B. 任务结构

C. 领导者与下级关系　　D. 个人特质

二、概念题

1. 领导[浙江理工2019年研；山东大学2018年研；华侨大学2018年研；四川大学2017年研；河工大学2016年研；东北大学2015年研；华中农大2013年研；武大2011年研；中山大学2011年研]

2. 领导者[广工大2024年研；浙大2019年研]

3. 管理者与领导者[华东理工2019年研；中山大学2015年研]

4. 管理方格理论[天工大2023年研；华东理工2019年研；山东大学2015年研]

5. 权变理论[南艺2024年研；桂林理工2022年研；华南师大2014年研；华南理工2013年研；人大2010年研]

6. 奖赏性权力[安徽师大2018年研]

7. 领导者的法定权力[浙江理工2018年研]

8. 变革型领导与事务型领导[中山大学2017年研]

相关试题：变革型领导者[湘潭大学2020年研；中国传媒大学2019年研]

三、简答题

1. 简述领导与管理的区别。[中国农大2023年研；吉林大学2012年研；北科2011年研]

相关试题：

(1)结合企业的实际情况，谈谈管理和领导的区别。[浙工商2019年研]

(2)有人说管理应对复杂性，领导突出变革，你怎样理解领导和管理的关系？[论述题，南开大学2018年研]

2. 简述管理方格理论。[中国地大2018年研；首经贸2014年研]

相关试题：简述管理方格理论及其作用。[上海大学2018年研]

3. 领导权变理论的内容。[中南大学2018年研]

相关试题：

(1)领导权变理论及其在实践中的应用。[论述题，上外2020年研]

(2)权变管理理论及其特点。[中央民大2019年研]

(3)简述权变理论的主要观点。[东华大学2019年研]

(4)详述菲德勒的领导权变模型的内容。[论述题，浙工商 2019 年研]

(5)从领导理论看，领导的有效性主要同哪些因素有关？如何才能提高领导的有效性？[南航 2018 年研]

(6)论述菲德勒领导权变理念的主要内容。[论述题，南艺 2023 年研]

(7)用菲德勒的权变领导理论说明权变理论。[同济大学 2016 年研]

(8)简述菲德勒关于领导工作的权变理论。[电子科大 2014 年研]

四、论述题

1. 美国学者坦南鲍姆和施密特提出了“领导方式的连续统一体理论”，请论述这种理论的基本内容和观点。[电子科大 2011 年研]

相关试题：简述领导方式的连续统一体理论。[简答题，华东师大 2021 年研]

2. 利克特的领导方式内容。[哈工大 2018 年研]

五、案例分析题

领导风格及其有效性

Kelly Johnson 和 Ben Rich 是洛克希德马丁公司高科技研发项目部门“臭鼬工厂”的两位前任领导，在业界享有极高的声誉。两人的领导风格虽然迥然不同，却都在任职期间创造了臭鼬工厂项目研发的诸多奇迹。

Kelly Johnson(1910—1990)出生于密歇根州一个瑞典移民家庭。他 13 岁时就曾赢得他的第一个飞机设计奖。在密执安大学读书期间，他曾解决了洛克希德公司 Model 10 飞机的气动稳定性问题。Kelly Johnson 是航空业的传奇人物，一生领导完成了 40 多架飞机项目，其中包括 U2 侦察机、SR-71 黑鸟飞机等。鉴于他的贡献，Kelly Johnson 于 2003 年荣登世界航空 100 年最重要最具贡献的航空人物的第八名。

创立臭鼬工厂之后，Kelly Johnson 显示了极为强势和雷厉风行的领导风格。他把自己的领导风格称为“down-to-brass-tacks”(触及本质)，主张对下属严格管理，要求下属在任何时候都要做到“Be quick, be quiet, and be on time”(迅速、安静、准时)。他的技术专长和领导风格使得下属对他既“敬”又“畏”。然而，每当出现艰难而富有挑战性的项目时，公司和军方都会不约而同地选择他。因为这位坏脾气的科学家总是能一眼看出问题的所在，按时高质量地完成项目。在 Kelly Johnson 以高龄退休时，他却选择了与其性格迥然不同的 Ben Rich 作为自己的接班人。

Ben Rich 深知自己不是像 Kelly Johnson 那样的科学天才，因此在决策时他总是依靠自己的团队。上任后他的第一个行动就是放松管制，让手下自己决定具体的工作程序和方法，而他自己总是用幽默的俏皮话在一旁作啦啦队。尽管 Ben Rich 并不回避批评他人，但他更多的则是依靠称赞来激励士气。员工们对他的评价是——完美的管理者：善于应付艰难的局面，保护自己的团队，争取更多的项目和资金，充分显示团队的价值。

下属们对上述两位前任领导的评价是：“Kelly 用他的坏脾气来管理，而 Ben 则用他糟糕的俏皮话来管理”。[南航 2018 年研]

请回答以下问题：

1. 领导的本质是什么？领导的权力有哪些类别？

2. **Kelly Johnson 和 Ben Rich 是成功的领导人吗？他们在权力运用中各有什么特点？**

3. **通过本案例，你认为怎样才能成为一名有效的管理者？**

13.4 考研真题详解

一、单项选择题

D 【解析】非德勒将领导环境具体化为三个方面：①职位权力，指组织赋予领导者在该职位上的权力及权力的威力，包括领导者对下属的强制权、奖励权等。②任务结构，指工作任务是否明确和部下的负责程度。③上下级关系，即群众和下属乐于追随的程度。

二、概念题

1. 领导［浙江理工 2019 年研；山东大学 2018 年研；华侨大学 2018 年研；四川大学 2017 年研；河工大学 2016 年研；东北大学 2015 年研；华中农大 2013 年研；武大 2011 年研；中山大学 2011 年研］

答：领导是指领导者运用各种影响力，使个人或某个组织服从、接受和实现某个或某些目标的过程。领导是一种人际关系，是一个动态的管理过程。领导的概念包括三个要素：①领导者必须有下属或追随者；②领导者拥有能够指挥、鼓励、引导追随者的能力或力量；③领导的目的是影响员工以共同努力实现组织目标。

2. 领导者［广工大 2024 年研；浙大 2019 年研］

答：领导者是指担负领导职责，负责实施领导过程的主管人员，他们担负着管理者和领导者双重角色。现代领导者在组织中担负起两个方面的职责：①引导职责，指领导者有责任指导各项活动的开展和协调；②服务职责，指领导者有责任为各项活动的开展提供条件和帮助。二者相辅相成，服务职责发挥得越好，引导职责就越能有效地实现。权力和权威是实施领导的有效工具，领导者需要用自己所拥有的权力和权威进行控制和指挥，发挥其在组织中的影响力。

3. 管理者与领导者［华东理工 2019 年研；中山大学 2015 年研］

答：管理者是指那些通过协调和监督他人的活动达到组织目标的人；而领导者是指那些能够影响他人并拥有职权的人。领导者和管理者既相互联系又相互区别。领导者不一定是管理者，领导者可以运用来源广泛的权力使受其影响的有关人员去执行超出职权命令范围的行动，如非正式组织中的领导者。管理者也不一定是领导者，可以依靠其特定职位所赋予的职权指挥下级从事职责范围内的工作。

4. 管理方格理论［天工大 2023 年研；华东理工 2019 年研；山东大学 2015 年研］

答：参见本章考研真题简答题第 2 题答案。

5. 权变理论［南艺 2024 年研；桂林理工 2022 年研；华南师大 2014 年研；华南理工 2013 年研；人大 2010 年研］

答：参见本章考研真题简答题第 3 题答案。

6. 奖赏性权力[安徽师大 2018 年研]

答：参见本章课后习题第 2 题答案。

7. 领导者的法定权力[浙江理工 2018 年研]

答：参见本章课后习题第 2 题答案。

8. 变革型领导与事务型领导[中山大学 2017 年研]

相关试题：变革型领导者[湘潭大学 2020 年研；中国传媒大学 2019 年研]

答：(1)变革型领导者是指采用激励和鼓舞变革的方式使下属出色地完成任务。他们关注员工所在意的事和发展需求；他们改变下属对事情的看法，帮助员工用新的方式来看待旧问题；而且他们激励、调动和鼓舞下属付出更多的努力来实现团队目标。

(2)事务型领导者又称交易型领导者，即通过社会交换或交易来实施领导，通过用奖赏交换员工的产能来引导和激励下属朝既定的目标努力。

三、简答题

1. 简述领导与管理的区别。[中国农大 2023 年研；吉林大学 2012 年研；北科 2011 年研]

相关试题：

(1)结合企业的实际情况，谈谈管理和领导的区别。[浙工商 2019 年研]

(2)有人说管理应对复杂性，领导突出变革，你怎样理解领导和管理的关系？[论述题，南开大学 2018 年研]

答：领导和管理不同，二者有本质上的区别。领导是指带领、引导下属在一定条件下实现组织目标的过程。管理是指在特定的环境下，对组织所拥有的资源进行有效的计划、组织、领导和控制，从而达成既定的组织目标的过程。二者的区别如下：

(1)从范围上来说，一般意义上，管理的范围要大一些，而领导的范围相对要小一些。

(2)从作用上来说，管理是为组织活动选择方法、建立秩序、维持运转，领导在组织中的作用则表现在为组织活动指明方向、设置目标、创造态势、开拓局面等方面。

(3)从层次上来说，领导具有战略性、较强的综合性并且贯穿在管理的各个阶段。从整个管理过程来看，如果把管理过程划分为计划、执行和控制三个主要阶段，领导活动处在不同阶段之中，集中起来就表现为独立的职能，即为了实现组织目标，使计划得以实施，使建立起来的组织能够有效运转，组织和配备人员，并对各个过程结果进行监督检查。

(4)从功能上来说，管理的主要功能是解决组织运行的效率问题，而领导的主要功能是解决组织活动的效果问题。效率涉及的是活动的方式，而效果涉及的是活动的结果。

(5)从本质上说，管理是建立在合法的、有报酬的和强制性权力基础上对下属命令的行为。而领导可能建立在合法的、有报酬的和强制性的权力基础上，也可能更多地建立在个人影响权和专长权以及模范作用的基础上。

2. 简述管理方格理论。[中国地大 2018 年研；首经贸 2014 年研]

相关试题：简述管理方格理论及其作用。[上海大学 2018 年研]

答：管理方格理论是美国得克萨斯大学的布莱克和穆顿提出的。这一理论充分概括了密歇根大学和俄亥俄州立大学两项研究所提炼的员工导向和生产导向维度。在这种领导理论中，首先把管理人员按他们的绩效导向行为(对生产的关心)和维护导向行为(对人员的关心)进行评估，给出等级分值。以此为基础，把分值标注在两个维度坐标界面上，并在这两个维度坐标轴上分别划出 9 个等级，从而生成 81 种不同的领导类型。其主要内容及评论，参见本章考点难点归纳相关内容。

3. 领导权变理论的内容。[中南大学 2018 年研]

相关试题：

(1)领导权变理论及其在实践中的应用。[论述题，上外 2020 年研]

(2)权变管理理论及其特点。[中央民大 2019 年研]

(3)简述权变理论的主要观点。[东华大学 2019 年研]

(4)详述菲德勒的领导权变模型的内容。[论述题，浙工商 2019 年研]

(5)从领导理论看，领导的有效性主要同哪些因素有关？如何才能提高领导的有效性？[南航 2018 年研]

(6)论述菲德勒领导权变理念的主要内容。[论述题，南艺 2023 年研]

(7)用菲德勒的权变领导理论说明权变理论。[同济大学 2016 年研]

(8)简述菲德勒关于领导工作的权变理论。[电子科大 2014 年研]

答：(1)领导的权变理论关注的是领导者和被领导者的行为与环境的相互影响。权变理论强调没有一种领导方式是适用于所有管理情境的，领导工作、领导方式受到内外部环境的多种因素的影响。领导方式是领导者特征、追随者特征和环境的函数：$S=f(L, F, E)$。其中，S 代表领导方式；L 代表领导者特征；F 代表追随者特征；E 代表环境。

(2)菲德勒的领导权变理论，较为经典和代表性。菲德勒认为，每一种领导方式都有其适用的情境，领导方式与环境的匹配性决定了领导方式是否有效。决定领导方式有效性的环境因素主要有三个：

①职位权力，指组织赋予领导者在其职位上的权力对下属员工是否服从工作安排的影响程度。一位领导者的职位权力越大，越容易使下属追随他的领导，职位权力主要包括法定权、奖惩权和专长权等。法定权即组织赋予领导者的职位权力和威力。奖惩权即领导者可以通过给予下属奖励或惩罚而影响员工的态度和行为。专长权是指领导者能够通过专业知识和专业能力影响员工。

②任务结构，即对工作任务明确规定的程度以及员工的负责程度。一般来说，领导者对工作任务阐述得越清晰，员工越容易理解和执行；而且员工理解工作内容后，对该工作越负责，则最终工作的质量会越好。

③上下级关系，是指领导者与下属之间的人际关系。领导者越受到下级尊敬，和下属之间的关系越充满信任，下属就越愿意无条件执行领导者的命令，相信领导者能带领他们做好工作，领导者也更容易相信下属能够做好工作，领导效果就越好。

菲德勒根据这三项权变变量对每一种领导情境进行评估，把三项变量汇总起来得到八种可能的情境，每个领导者都可以从中找到自己所在的情境(参见复习笔记部分图 13－3)。其中Ⅰ至Ⅲ类情境对领导者非常有利；Ⅳ至Ⅵ类情境在一定程度上对领导者有利；Ⅶ、Ⅷ类情境对领导者十分不利。

(3)提高领导者的有效性有两条途径：

①可以选择领导者以适应情境。如果群体所处的情境被评估为十分不利，而目前又是一个关系取向的领导者进行领导，那么替换成一个任务取向的领导者则能提高群体绩效。

②改变情境以适应领导者。这可以通过重新建构任务或提高/降低领导者可控制的权力（如加薪、晋职和处分活动）来实现。

菲德勒模型提供了充分的研究证据，表明有效的领导风格需要反映情境因素。

四、论述题

1. 美国学者坦南鲍姆和施密特提出了“领导方式的连续统一体理论”，请论述这种理论的基本内容和观点。［电子科大 2011 年研］

相关试题：简述领导方式的连续统一体理论。［简答题，华东师大 2021 年研］

答：领导方式的连续统一体理论由美国学者坦南鲍姆和施米特提出，认为在专权和放任两种极端情况之间存在着多种过渡类型的领导方式，它们构成了一个连续的统一体。这种理论包括七种典型的领导方式：

（1）领导者作出决定并宣布实施。在这种模式中，领导者确定一个问题，并考虑各种可供选择的方案，从中选择一种，然后向下属宣布执行，不给下属直接参与决策的机会。

（2）领导者提出计划并征求下属的意见。领导者提出了一个决策，并希望下属接受这个决策，他向下属提出一个有关自己计划的详细说明，并允许下属提出问题。这样，下属就能更好地理解领导者的计划和意图，领导者和下属能够共同讨论决策的意义和作用。

（3）领导者说服下属执行决策。在这种模式中，领导者承担确认问题和作出决策的责任。但他不是简单地宣布实施这个决策，而是认识到下属中可能会存在反对意见，于是试图通过阐明这个决策可能给下属带来的利益来说服下属接受这个决策，消除下属的反对意见。

（4）领导者提出可修改的计划。在这种模式中，下属可以对决策发挥某些影响作用，但确认和分析问题的主动权仍在领导者手中。领导者先对问题进行思考，提出一个暂定的可修改计划，并把这个暂定的计划交给有关人员征求意见。

（5）领导者提出问题，征求意见作决策。在以上几种模式中，领导者在征求下属意见之前就提出了自己的解决方案，而在这个模式中，下属有机会在决策作出以前就提出自己的建议。领导者的主动作用体现在确定问题上，下属的作用在于提出各种解决方案。最后，领导者从他们自己和下属所提出的解决方案中选择一种他认为最好的解决方案。

（6）领导者界定范围，集体决策。在这种模式中，领导者已经将决策权交给了下属的群体。领导者的工作是弄清所要解决的问题，并为下属提出作决策的条件和要求，下属按照领导者界定的问题范围进行决策。

（7）领导者允许下属在规定的范围内发挥作用。这种模式表示了极度的团体自由。如果领导者参加了决策的过程，他应力图使自己与团队中的其他成员处于平等的地位，并事先声明遵守团体所作出的任何决策。

很难说哪种领导方式是正确的，领导者应当根据具体情况，考虑各种因素选择领导方式。

2. 利克特的领导方式内容。［哈工大 2018 年研］

答：伦西斯·利克特对领导人员和经理人员的领导类型和作风作了长达 30 年之久的研究，他认为有效的管理者坚决地面向下属，依靠人际沟通使各方团结一致地工作。包括管理者或领导者在内的群体全部成员都采取相互支持的态度，在这方面他们具有共同的需要、价值观、抱负、目标和期望。利克特于 1967 年提出了领导的四系统模型，即把领导方式分成四类系统：剥削式的集权领导、仁慈式的集权领导、洽商式的民主领导和参与式的民主领导。他认为只有第四系统——参与式的民主领导才能实现真正有效的领导，才能正确地为组织设定目标和有效地达到目标。

(1) 管理方式 1——“专制—权威式”。采用这种方式的主管人员非常专制，很少信任下属，采取使人恐惧与惩罚的方法，偶尔兼用奖赏来激励人们，采取自上而下的沟通方式，决策权只限于最高层。

(2) 管理方式 2——“开明—权威式”。采用这种方式的主管人员对下属怀有充分的信任和信心；采取奖赏和惩罚并用的激励方法；允许一定程度的自下而上的沟通，向下属征求想法和意见；授予下级一定的决策权，但牢牢掌握政策性控制。

(3) 管理方式 3——“协商式”。采取这种方式的主管人员对下属抱有相当大的但又不是充分的信任和信心，常设法采纳下属的想法和意见；采用奖赏，偶尔用惩罚和一定程度的参与；上下双向沟通信息；在最高层制定主要政策和总体决策的同时，允许低层部门作出具体问题的决策，并在某些情况下进行协商。

(4) 管理方式 4——“群体参与式”。采取这种方式的主管人员对下属在一切事务上都抱有充分的信心和信任，总是从下属获取设想和意见，并且积极地加以采纳；对于确定目标和评价实现目标所取得的进展方面，组织群体参与，在此基础上给予物质奖赏；更多地从事上下级之间与同事之间的沟通；鼓励各级组织作出决策，或者本人作为群体成员同他们的下属一起工作。

利克特发现应用管理方式 4 从事经营的主管人员都是取得最大成就的领导者。此外，他指出了采取管理方式 4 进行管理的部门和公司在设置目标和实现目标方面是最有效率的，通常也是更富有成果的。他把这种成功主要归于群体参与程度和对支持下属参与的实际做法坚持贯彻的程度。

五、案例分析题

领导风格及其有效性

请回答以下问题：［南航 2018 年研］

1. 领导的本质是什么？领导的权力有哪些类别？

答：(1) 领导是指带领、引导下属在一定条件下实现组织目标的过程。领导的本质是被领导者的追随和服从，取决于追随者的意愿。

(2) 领导的权力类别，参见本章课后习题第 2 题答案。

2. Kelly Johnson 和 Ben Rich 是成功的领导人吗？他们在权力运用中各有什么特点？

答：Kelly Johnson 和 Ben Rich 都是成功的领导人。他们在权力运用中的特点分别如下：

(1) Kelly Johnson 属于专权型的领导。这种类型的领导者在管理中一个人作决策，更加集权。Kelly Johnson 的专业能力极强，能够单独应对问题，一眼看出关键所在，比任何其他团队的决策都要有效。因此他往往单独作出决策后，命令下属执行其决策和安排，在这个过程中，下属不参与决策的制定。此时，下属只要听从 Kelly Johnson 的工作安排，完成工作任务就能够实现工作目标。当组织遇到巨大的危机、需要进行重大变革时，这种领导方式的效果会更好。

(2) Ben Rich 属于放任型的领导。这种类型的领导者给予员工极大程度的自由，完全让员工自己根据情况作出决策和行动方案并实施。Ben Rich 在专业方面不如 Kelly Johnson，但他的管理、个人魅力等是比较有优势的，同时，在 Kelly Johnson 结束他的领导后，下属团队已经具备了一定的工作经验与较高的能力，领导者仅仅需要为员工提供充分的决策信息，做好对外联系工作。

3. 通过本案例，你认为怎样才能成为一名有效的管理者？

答：本案例中，Ben Rich 和 Kelly Johnson 具有不同的领导风格和领导方式，擅长结合自己的所长选择适合自己的领导方式，明白如何才能实现最好的管理效果。同时，在两位领导者身上，我们都能看到他们的专注性、智慧性，因此，要想成为一名有效的管理者，应该具备以下习惯：

(1) 懂得时间的合理分配。每位领导者管理众多的组织事项，其需要对任务作重点分类。对 Kelly Johnson 来说，他的专业能力极强，在专业上创造的价值无人可以替代，因此希望在管理上通过严格的风格来减少管理工作耗费的精力，有效地利用了有限的时间。

(2) 关注外部作用，不要仅机械地关注工作本身，忽略工作目标，应该把有限的时间和精力用在最关键的事项上，用在能够看到结果的事情上。对 Ben Rich 来说，虽然他本身的工作目标是要解决专业问题，但是他在专业上并不像他的上一任一样优秀，因此他转移注意，不仅仅把重心放在专业问题上，而是鼓励、借助团队的力量，以结果为导向安排自己的领导工作。

(3) 有效的领导者把工作建立在优势上，包括自身优势、上下级的优势、同事的优势等，即建立在领导者优势能力的基础之上，而非弱点之上。Kelly Johnson 和 Ben Rich 各有所长，前者运用自己的专业能力优势，后者利用自己的沟通管理能力优势，各发挥其长，提高管理的效率，正向影响团队绩效。

(4) 有效的领导者把精力集中在少数主要领域，坚持重点优先的原则。在这些领域里，优异的工作将产生杰出的成果。

第十四章 激 励

14.1 复习笔记

【知识框架(庖丁解牛)】

- 激励
  - 激励概述
    - 激励的定义、特性、作用
    - 激励的过程
    - 激励的产生原因：内因、外因
  - 激励理论
    - 内容理论
      - 马斯洛的需要层次理论
      - 赫茨伯格的双因素理论
      - 奥尔德弗的 ERG 理论
      - 麦克莱兰的三种需求理论
      - 麦格雷戈的 X 理论和 Y 理论
    - 过程理论：期望理论、公平理论
    - 反馈理论：强化理论[正强化、负强化]
    - 行为改造理论：综合激励模式
  - 激励实务：目标、工作、成果、批评、培训教育

【通关提要(提纲挈领)】

本章主要介绍激励，属于重点章节。学习时，要重点掌握激励理论特别是需要层次理论、期望理论、公平理论、强化理论等的主要观点及其应用，熟悉激励的作用原理、过程。本章各种题型均有可能考查，特别是简答题和案例分析题，要整体把握、理解记忆，并能运用激励理论分析具体的案例。

【考点难点归纳(厚积薄发)】

考点一：激励概述(见表 14－1) ★★★

表 14－1 激励概述

要点	主要内容
定义	指组织通过设计奖惩等方式，影响员工的内在需求或动机，激发、引导组织成员行为的过程 [调动人的积极性的过程]
特性	①相容性；②奖惩性；③过程性；④可变性；⑤时效性
作用	①激发和调动人的积极性。 ②促进员工个人目标与组织目标的有机统一。

续表

要点	主要内容	
作用	③增强组织凝聚力和部门间的协调性，营造组织良好氛围。 ④促进组织目标的实现，提高管理绩效	
过程 [见图 14－1]	①激励的起点是未满足的需要，对行为具有导向作用。 ②激励作用的大小，等于行为结果的效价和期望值的乘积。 ③行为结果可能使需要满足，再产生新的需要，也可能未满足需要，导致消极或积极的态度	
产生原因	内外因	①外因是指人所处的外界环境，是事物变化的条件。 ②内因是指人的自身条件，是事物变化的根据。 内外因共同作用使事物发生变化，但外因必须通过内因起作用
	卢因的力场理论	人是在力场中活动的，力场中同时存在着驱动力和遏制力，人的行为是场内各种力共同作用的产物

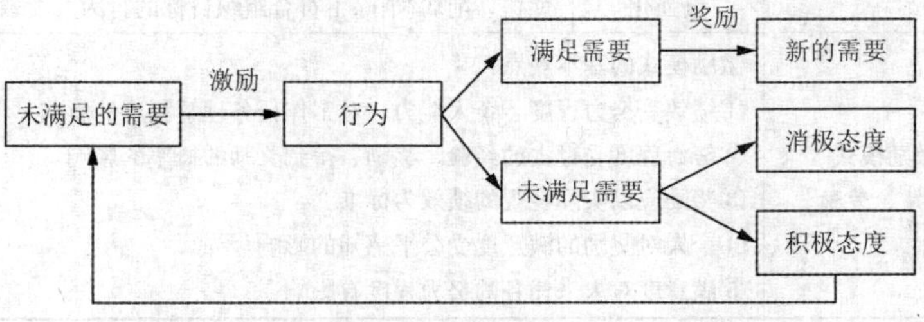

图 14－1 激励过程

考点二：激励理论（见表 14－2） ★★★★★

表 14－2 激励理论

角度	理论	主要内容	
内容理论	需要层次理论 [马斯洛]	基本观点	①每个人都有五种需要，需要分层次；低层次需要被满足后，高层次需要才会占主导。 ②未满足的需要对行为有导向作用，已满足的需要失去激励作用
		五个层次	①生理需求；②安全需求；③归属和爱的需求；④尊重需求；⑤自我实现需求[重要程度由低到高，前三为低层次需要]
		需要的特征	①多样性；②阶段性；③潜在性；④可变性
	双因素理论	详见第 2 章相关内容	
	奥尔德弗的 ERG 理论	人的需要可归纳为三种：生存需要、相互关系需要和成长需要。 三种需要之间存在着多样化的关系	
	麦克莱兰的三种需求理论	主要有三种后天的需求推动人们从事工作，包括： ①成就需求，即想要达到标准、追求卓越、获得成功的愿望。 ②权力需求，即想要使他人听从自己的指示以某种特定方式行事的期望。 ③归属需求，即想要建立友好、亲密的人际关系的愿望 最优秀的管理者常具有较高的权力需求和较低的归属需求	
	X 理论、Y 理论	详见第 2 章相关内容	

续表

<table>
<tr><th>角度</th><th>理论</th><th colspan="2">主要内容</th></tr>
<tr><td rowspan="4">过程理论</td><td rowspan="3">期望理论
[弗鲁姆]</td><td>基本论点</td><td>①有吸引力的结果是采取行为的主要原因。
②人们对待工作的态度取决于对下述三种联系的判断：a. 努力—绩效的联系；b. 绩效—奖赏的联系；c. 奖赏—个人目标的联系</td></tr>
<tr><td>理论基础</td><td>自我利益：每个员工都追求最大的自我满足</td></tr>
<tr><td>理论核心</td><td>双向期望：员工的行为和管理者的奖赏</td></tr>
<tr><td>公平理论
[亚当斯]</td><td colspan="2">又称社会比较理论；主要讨论报酬公平性对人们工作积极性的影响，包括横向比较和纵向比较</td></tr>
<tr><td rowspan="3">反馈理论</td><td rowspan="3">强化理论
[斯金纳]</td><td>内涵</td><td>人的行为是其所获刺激的函数</td></tr>
<tr><td>正强化</td><td>①奖励、强化符合组织目标的行为。
②注意奖励的时间、数量等是否固定，及可能带来的影响</td></tr>
<tr><td>负强化</td><td>惩罚、削弱/消除不符合组织目标的行为</td></tr>
<tr><td>行为改造理论</td><td>激励模式
[波特、劳勒]</td><td colspan="2">激励模式的基本观点：
①绩效受努力程度、个人能力、对工作任务理解程度的影响。
②努力程度受过去的经验、奖励、得到奖励的概率的影响。
③奖励应以实际客观的绩效为标准。
④个人对奖励的满意度受公平感知的影响。
⑤满意度对未来任务的努力程度有影响</td></tr>
</table>

【真题链接】

(1)马斯洛需要层次理论的主要内容。[简答题，安徽大学2023年研]

(2)简述期望理论的主要观点。[简答题，浙大2020年研]

(3)公平理论及其应用。[简答题，人大2024年研]

(4)论述管理者应如何运用亚当斯的公平理论。[论述题，西南财大2020年研]

(5)简述波特和劳勒的激励模式。[简答题，广东财大2023年研]

(6)波特和劳勒激励模式的基本点有哪些？[简答题，桂林理工2022年研]

考点三：激励实务(见表14－3) ★★★

表14－3 激励实务

<table>
<tr><th>要点</th><th colspan="2">主要内容</th></tr>
<tr><td rowspan="5">方法</td><td>目标激励</td><td>合理设定的目标可以有效激发员工的工作积极性</td></tr>
<tr><td>工作激励</td><td>指考虑员工特长和爱好，为其安排恰当的工作，激发其工作热情。通过工作设计进行激励的常用方法有：建立自我管理团队、工作扩大化、工作丰富化等</td></tr>
<tr><td>成果激励</td><td>指合理评估工作成果，匹配相应奖惩，引导员工的行为以形成良性循环</td></tr>
<tr><td>批评激励</td><td>指使用恰当的批评手段促使员工改错，使批评成为其行为动力</td></tr>
<tr><td>培训教育激励</td><td>指为提高员工综合素质，激发其工作热情而开展组织文化宣讲、技能知识培训</td></tr>
<tr><td>指导原则</td><td colspan="2">①认清个体差异；②满足员工的个性化需要；③奖励与绩效挂钩；④合理运用目标；⑤使人与工作相匹配；⑥检查公平性系统；⑦不要忽视金钱因素</td></tr>
</table>

14.2　课后习题详解

1. 说明激励的过程及动因。

答：(1)激励的过程：

①发现、识别人的需要。需要是激励的源头，未满足的需要是激励的起点。在管理工作中，要实施激励措施，就需要先发现组织成员有哪些需要还未被满足。

②明确需要对应的期望。期望是人们需要的目的，是激励的前提，它能引导人们开展相应的活动，设置符合人们期望的激励措施，对人们行为的引导和激发有非常积极的影响。

③通过各种行为满足需要。需要被满足是激励的核心，明确期望后，如要满足需要，人们需要展开行动，而组织引导成员行为的关键则是将个人目标与组织目标统一在一起，即将个人的期望和组织的期望通过一定的手段(如能满足员工需要的激励措施)联系在一起。

④参考被激励者的反馈优化激励机制。反馈是检查激励的结果是否符合领导者的期望，当个人当前的需要被满足时会产生新的需要，领导者可以通过新的需要中的信息明确激励的结果，优化激励机制。

以上激励过程如复习笔记部分图 14－1 所示。由图可知，未满足的需要对人的激励程度，取决于行动的效价和期望值。行动的效价指个人对达到某种预期成果的偏爱程度，或某种预期成果可能给行为者个人带来的满足程度。期望值指实施某一行为能实现预期成果的可能性，或者心理上或生理上对行为结果感到满足的可能性。激励力等于某一行动的效价和期望值的乘积。

(2)激励的动因：

①激励的动因包括外因和内因：

a. 外因。即人所处的外界环境，包括空气、阳光、水、气候等自然环境和社会制度、劳动条件、经济地位、文化条件等社会环境。

b. 内因。即人的自身条件，包括人的需要、生命运动和思维运动等。

②外因和内因的关系：

a. 事物的变化受到外因和内因的共同影响。

b. 外因必须通过内因才能起作用。

2. 理解需要层次理论的主要内涵，谈谈对实际工作的启发。

答：参见本章考研真题简答题第 2 题答案。

3. 解释波特和劳勒的激励模式。

答：(1)波特和劳勒的激励模式比较全面地说明了各种激励理论的内容，可参见教材图 14.4，本处略。其基本观点如下：

①工作的绩效不仅受到员工努力程度的影响，还受到员工个人能力、对工作的了解程度和对任务的理解程度(包括对目标、规则等因素的了解)的影响。

②员工的努力程度首先受奖励的影响，其次，过往的经验会告诉组织成员自己完成这个任务的把握有多大，从而估计出得到奖励的概率，这二者对员工的努力程度也有影响。

③在设计员工的奖励时，应该参考实际的工作绩效制定客观的评估标准，奖惩根据客观标准执行，使员工明白好的工作结果会受到奖励。

④即使人人获得奖励，大家的满意度也会不同，个人对奖励的满意度受公平感知的影响，如果员工觉得这个奖励不公平，不论奖励多大，都不会使其满意。

⑤员工的满意度会影响未来工作任务的努力程度，满意会促进员工更加努力地开展工作，执行任务，而不满意会降低员工效率，甚至有可能出现离职情况。

(2)波特和劳勒的激励模式全面、恰当地描述了激励系统，把个人的性格特征加入到了激励和绩效之间。要使激励实现预期的效果，不仅要考虑到激励机制是否合理、能否使个人目标和组织目标相一致，还要考虑到个人的内在影响因素，比如能力、性格、对激励机制的感觉等，同时还要注意个人满意程度在努力中的体现，从中获取反馈信息。

4. 解释公平理论、强化理论的主要观点，谈谈对实际工作的启发。

答：(1)公平理论，参见本章考研真题论述题第3题答案。

(2)强化理论，参见本章考研真题简答题第5题答案。

5. 试以实例说明如何运用好工作激励、成果激励和培训教育激励这三种常用的激励方法。

答：(1)工作激励，指分配工作时考虑员工的能力和偏好，激发员工的工作热情。对员工委以恰当的工作以求激发员工的工作热情，主要包括两方面的内容：

①工作分配要考虑员工的能力和偏好。因为在企业生产经营活动中，不同的工作对人的知识和能力的要求是不同的。所以，给员工分配适当的工作，首先要把工作的知识和能力要求同员工的自身条件结合起来。如学计算机的人更适合操控电脑软件的相关工作。同时，兴趣和特长也会影响员工对工作的积极性，进而影响目标的实现。所以在分配工作时可以将个人的工作与兴趣、特长结合起来，提升员工工作的积极性和工作效率。如喜欢与人交流的人会更喜欢人力资源管理工作。

②工作分配需要激发员工的热情。要为员工分配适当的工作。适当的工作既要求工作的性质和内容与员工特点相符，还应当关注员工的爱好。同时，富有一定挑战性的要求和目标能够振奋员工的工作精神，使其更出色地完成工作并从工作中获得满足感。

(2)成果激励。正确评价工作成果首先要有合理的评价指标体系。评价指标体系可以更明确地向员工传递组织的目标和激励机制，透明、公平、公正的评价指标体系有利于组织目标的实现。报酬从性质上可分为精神和物质两种，一般二者相互结合，兼而有之。报酬从作用上可分为正报酬和负报酬两种，正报酬就是奖励，负报酬就是惩罚，二者都是不可缺少的。为了实现激励机制的良性循环，需要做到：制定奖惩办法，公之于众；奖惩应合理；奖惩要合情，即有利于人们接受。

如在企业的产品生产过程中，要对产品的质量要求作出明确规定，将产品合格率作为考核员工工作成果的评价指标。当实际产品合格率水平达到甚至超过评价指标的规定水平时，给予员工精神和物质的奖励；而当实际产品合格率水平未达到评价指标的规定水平时，要给予惩罚。

(3)培训教育激励。员工的工作效率不仅取决于工作的性质和内容，还受到员工素质的影响，包括思想品德和业务技能两方面，主要体现在员工对工作的态度、员工的知识和能力等方面。一般情况下，素质高的员工在工作中更追求自我实现的需要，更可能通过自我激励完成目标，因此通过教育和培训提高员工的素质，有助于他们追求自我激励，进而主动提升工作效率。

①提高思想品德能够调动员工积极性。对员工进行思想品德教育，可以帮助他们了解社会的发展、正视他们对社会的价值，树立正确的人生观、价值观和道德观，成为有崇高理想的人，进而激发进取精神，对工作表现出高昂的热情。

②专业知识和技术能力的培训能够帮助员工形成自我激励意识。进取心与个人的业务素质是相互促进的：强烈的进取心会促使员工努力掌握新知识和工作技能，从而可以完善个人素质；反过来，良好的业务素质使个人有较多的成功机会，能够较多地带来心理上的满足，并激发他们努力去掌握更多的知识和技能，追求更大的进步。

在实际工作中，领导者应根据企业目标、员工的能力和特点有计划、有针对性地进行培训，全面提高员工素质。对于管理人员，通过理论知识培训，使他们掌握现代化管理的新知识和新方法；通过实践中的培养，提高他们解决和处理实际经营管理问题的能力。对于生产工人，通过文化知识教育，提高他们的文化水平，也要结合本职工作，进行作业方法改进训练或相关作业的基本技能训练，以提高他们的作业技能。对于工程技术人员，采取各种教育培训方式，使他们及时了解本学科发展动态，掌握学科发展的最新知识，也要注意让他们有更多运用新知识的机会，以使他们利用掌握的最新科技知识，为企业的技术、工艺、材料、产品创新等作出贡献。

14.3　考研真题

一、概念题

1. 激励(Motivation)[桂林理工 2021 年研；四川大学 2017 年研；湘潭大学 2017 年研；广工大 2015 年研；东财 2014 年研；吉林大学 2012 年研；北二外 2009 年研]

2. 马斯洛的需要层次理论[河南大学 2023 年研；湘潭大学 2020 年研；首都师大 2010 年研；中南财大 2010 年研；东财 2009 年研]

3. 期望理论[桂林理工 2023 年研；厦门大学 2021 年研]、激励的期望理论[社科院 2020 年研；南航 2018 年研]

相关试题：期望理论中的效价[南航 2018 年研]

4. 公平理论[武汉工程大学 2023 年研；湘潭大学 2021 年研；中国传媒大学 2019 年研；东财 2009 年研]

5. 斯金纳的强化理论[中山大学 2008 年研]

相关试题：

(1)正强化[大连理工 2021 年研；南航 2017 年研；广工大 2017 年研；西工大 2015 年研]

(2)负强化[南京理工 2023 年研；广西大学 2023 年研；三峡大学 2023 年研；贵州大学 2023 年研；湖南师大 2022 年研；安徽大学 2016 年研；北邮 2009 年研]

(3)正强化与负强化[中山大学 2013 年研]

二、简答题

1. 简述需要、动机和行为的关系。[大连理工 2018 年研]

2. 试述马斯洛需要层次理论的内容和对管理工作的启示。[暨南大学 2013 年研]

相关试题：

(1)马斯洛需要层次理论的主要内容。[安徽大学 2023 年研]

(2)马斯洛需要层次理论的主要内容及主要观点。[西南财大 2021 年研]

(3)简述马斯洛需要层次理论中需要的内容。[安徽师大 2018 年研]

(4)马斯洛需要层次理论内容及贡献。[北京地大 2018 年研]

(5)马斯洛需要层次理论的基本观点。[湘潭大学 2017 年研；广工大 2015 年研]

(6)试述马斯洛需要层次理论及其应用。[中山大学 2016 年研]

(7)简述马斯洛的需要层次理论的主要论点。[河北大学 2016 年研]

(8)简述需要层次理论的基本内容并简要评价。[山东大学 2015 年研]

3. 期望理论中的三个变量是什么？简要叙述它们是如何解释激励的。[华中农大 2018 年研]

相关试题：

(1)简述期望理论的主要观点。[浙大 2020 年研]

(2)介绍并评价期望理论的主要观点。[论述题，安徽师大 2017 年研]

(3)简述弗鲁姆"激励—期望理论"的主要内容。[南昌大学 2017 年研；西安交大 2012 年研；四川大学 2011 年研；北二外 2010 年研]

(4)弗鲁姆期望理论的主要观点是什么？该理论的基础和假设分别是什么？[华南理工 2011 年研]

4. 简述亚当斯的公平理论。[桂林理工 2018 年研]

相关试题：简述公平理论的主要内容。[中山大学 2017 年研；华南师大 2016 年研]

5. 判断：实际上，不进行正强化也是一种负强化。[四川师大 2018 年研]

6. 现在，很多家长抱怨小孩时说："我们小时候生活条件很苦，哪有你现在这么好的学习条件，现在我们给你提供了这么好的条件还不好好读书，真是身在福中不知福。"试用有关激励理论分析其原因，以及应如何做才能让他们的孩子努力学习。[华中农大 2018 年研]

三、论述题

1. 根据马斯洛的需要层次理论，企业如何设计激励机制？[南开大学 2007 年研]

2. 需要层次理论的主要观点和不足。[华侨大学 2011 年研]

3. 试述公平理论的主要内容及其对管理者的启示。[中山大学 2008 年研]

相关试题：

(1)公平理论及其应用。[简答题，人大 2024 年研]

(2)论述管理者应如何运用亚当斯的公平理论。[西南财大 2020 年研]

(3)公平理论的主要观点和对管理的启示。[简答题，中国海大 2018 年研；昆明理工 2018 年研]

(4)论述公平理论的主要内容，并说明怎样才能帮助员工消除不公平感。[河南师大2017年研]

(5)试述公平理论的主要内容，并进行简要评价。[山东大学2016年研]

(6)试述公平理论的内容，并谈谈在实际管理中的应用。[简答题，东北大学2015年研]

(7)叙述公平理论的内容，假如你是管理者，你将怎么用它去激励员工？[暨南大学2014年研]

4. 请结合激励理论，论述如何进行有激励作用的工作设计。[中山大学2017年研]

相关试题：

(1)具体管理实践中的激励方式有哪些？对科研人员应该采取何种激励措施？[东华大学2017年研]

(2)简述激励方式和激励原则。[简答题，西安交大2007年研]

四、案例分析题

案例一 迟到该不该扣罚奖金

黄燕是某企业的女员工，在该企业已经工作了五年，工作表现一贯积极，从不迟到。可是自从她生了小孩后，经常出现迟到的现象。这种违反企业纪律的现象按制度是必须扣罚奖金的，但该员工的母亲现正因病住院且花了不少钱。这样一来，黄燕的经济负担本来就很重，如今真要扣发奖金，则必然造成她家里生活上的困难。作为企业管理者，不知应该如何是好。[中山大学2009年研]

请问：假如你是她的直接上司，应该如何处理好这件事情，为什么？

案例二

李英现已到了40岁的年龄。回首这二十几年的奋斗历程，很为自己早年艰苦而又自强不息的日子感叹不已。想当初自己没有稳定的工作就结了婚，妻子是位孤女，有父母留下的一幢虽然面积不小但很破旧的平房。妻子在待业之中，两人常为生计发愁。后来，李英在某企业找到了一份固定的工作，并很快地被提拔为工段长，接着又成为车间主任，进而升为生产部长。他记得那段日子对他个人和公司来说，都是极重要的转折。他拼命地为公司工作，很为自己是其中的一分子感到自豪。他的付出也给他带来了丰厚的回报，他的工资收入已相当可观了，更重要的是，他在不断的提拔、升级中得到了他妻子很为他感到自豪的权力和地位。有段时间，他自己也沾沾自喜，可现在细细想来，他觉得自己并没有成就什么，心里老是空落落的。他现在是企业生产的总指挥官，可他看着企业一年比一年不景气，很想在开发新产品方面为企业做些更大的贡献。可他在研究开发和销售方面并没有什么权力。他多次给企业领导提议能否变革组织设计方式，使中层单位能统筹考虑产品的生产、销售及研究开发问题，以增强企业的活力和创新力，可领导一直就没有这方面的想法。所以，李英想换个单位，换个职务不要太高，但能真正发挥自己潜能的地方。可自己都步入中年了，“跳槽”的决定又谈何容易。[北化2006年研]

问题：

1. 请运用有关马斯洛的激励理论，对李英走过的历程中所体现的个人需要的满足情况以及他目前的困惑心境作一一分析。

2. 如果李英有意跳槽到你所领导的单位来工作，根据“双因素”理论，你应该在哪些方面采取措施以吸引他并给他提供所看重的激励？请说明具体理由。

14.4 考研真题详解

一、概念题

1. 激励（Motivation）［桂林理工 2021 年研；四川大学 2017 年研；湘潭大学 2017 年研；广工大 2015 年研；东财 2014 年研；吉林大学 2012 年研；北二外 2009 年研］

答：激励（Motivation）是指组织和领导者通过影响员工需要的实现来提高员工的工作积极性，引导其在组织活动中的行为。早期的激励理论有需要层次理论、X 理论和 Y 理论、激励—保健理论；当代的激励理论有：三种需要理论、目标设定理论、强化理论、公平理论、期望理论等。在管理实践中，有效地激励员工的方式应包括以下内容：①认清个体差异，使人与职务相匹配；②运用目标；③确保个体认为目标是可以达到的；④个别化奖励；⑤奖励与绩效挂钩；⑥检查公平性系统及重视金钱的激励作用。

2. 马斯洛的需要层次理论［河南大学 2023 年研；湘潭大学 2020 年研；首都师大 2010 年研；中南财大 2010 年研；东财 2009 年研］

答：参见本章考研真题简答题第 2 题答案。

3. 期望理论［桂林理工 2023 年研；厦门大学 2021 年研］、**激励的期望理论**［社科院 2020 年研；南航 2018 年研］

相关试题：期望理论中的效价［南航 2018 年研］

答：参见本章考研真题简答题第 3 题答案。

4. 公平理论［武汉工程大学 2023 年研；湘潭大学 2021 年研；中国传媒大学 2019 年研；东财 2009 年研］

答：参见本章考研真题简答题第 4 题答案。

5. 斯金纳的强化理论［中山大学 2008 年研］

相关试题：

（1）正强化［大连理工 2021 年研；南航 2017 年研；广工大 2017 年研；西工大 2015 年研］

（2）负强化［南京理工 2023 年研；广西大学 2023 年研；三峡大学 2023 年研；贵州大学 2023 年研；湖南师大 2022 年研；安徽大学 2016 年研；北邮 2009 年研］

（3）正强化与负强化［中山大学 2013 年研］

答：参见本章考研真题简答题第 5 题答案。

二、简答题

1. 简述需要、动机和行为的关系。［大连理工 2018 年研］

答：需要、动机和行为是激励的构成要素。

（1）需要是动机的起点和基础，动机是激励的核心，行为是激励的目的。动机产生于未满足的需要，与动机相符的激励能够激发、推动和加强人的行为。

(2)需要产生动机，动机引起行为，行为产生客观现实的效果，效果受到目标检验后会进行调整或产生新的需要，依此循环往复。

(3)某一行为的结果如果能够实现未满足的需要就会对人产生激励，进而推动行为的发生。行为的结果可能使需要得到满足，达到预期目的；但也可能无法满足需求，并由此产生积极或消极的行为。

(4)当人们对行为的结果感到满意，即需要基本得到满足时，会产生新的需要，并且对接下来的行为有积极的影响。

2. 试述马斯洛需要层次理论的内容和对管理工作的启示。［暨南大学 2013 年研］

相关试题：

(1)马斯洛需要层次理论的主要内容。［安徽大学 2023 年研］

(2)马斯洛需要层次理论的主要内容及主要观点。［西南财大 2021 年研］

(3)简述马斯洛需要层次理论中需要的内容。［安徽师大 2018 年研］

(4)马斯洛需要层次理论内容及贡献。［北京地大 2018 年研］

(5)马斯洛需要层次理论的基本观点。［湘潭大学 2017 年研；广工大 2015 年研］

(6)试述马斯洛需要层次理论及其应用。［中山大学 2016 年研］

(7)简述马斯洛的需要层次理论的主要论点。［河北大学 2016 年研］

(8)简述需要层次理论的基本内容并简要评价。［山东大学 2015 年研］

答：(1)需要层次理论是由美国心理学家马斯洛提出的激励理论。马斯洛把人的需要按重要程度分为五个层次：

①生理的需要。即满足基本生活的需要，如衣、食、住、行等，是最迫切的需要，只有当生理的需要基本得到满足时，才会产生其他需要。

②安全的需要。指人类免除各种危险和威胁的需要。包括免受身体及情感伤害和保护职业、财产、食物及住所不受威胁的需要。

③社交的需要。指人类在感情和归宿方面的需要。包括人际交往、友谊、为群体和社会所接受和承认等。

④尊重的需要。属于心理上的需要，包括自尊和受别人尊重。指人们希望别人对自己的工作、人品、能力、情感等方面予以肯定。

⑤自我实现的需要。指人们在人生道路中追求自己能力的极限，激发自己的潜能，完善自身能力，取得自我的成就。属于更高层次的需要，包括胜任感和成就感两个方面。

该理论认为，这五种需要之间以层次形式依次从低级到高级排列，存在着递进规律。人的需要总是由低层次向高层次逐步发展起来的，低级需要是高级需要的基础，高级需要随着低级需要的满足而逐渐产生出来。只有未被满足的需要使人产生行为的动机，对行为有导向作用，需要一旦被满足，就会失去激励作用，无法产生行动。

需要层次理论对揭示人类复杂需要的普遍规律性作出了贡献，且具有直观、易于理解、相对较合理等特点，因此成为国内外许多管理理论的重要基础。但是在应用该理论时，也应该看到，人的需要是复杂的，往往不能机械地、绝对地按层次进行划分，也并不一定严格地按上述各个层次逐级去满足。

(2)马斯洛需要层次理论对管理工作的启示：

①了解员工的需要，并将之与组织目标相结合。每个人都有需要，这些需要都包含在马斯洛所概括的生理、安全、社交、尊重、自我实现五类需要之中。人们为了满足需要便产生动机，管理人员如果能洞察员工的需要，把组织的目标和员工的需要有机地结合起来，就能激发员工的积极性，为实现组织目标而努力。

②区分主要需要和次要需要，优先满足主要需要。员工的需要层次是递进的，低一层次的需要基本满足后，对员工的激励作用就逐渐削弱以至消失，此时高一层次的需要就变为优势需要，所以管理人员应该及时调整以满足员工新的需要。管理中必须注意，当员工的需要发生变化后，不能再用老一套的方法激励员工，这样往往不能取得预期的效果。而且，在不同的发展阶段，对不同的员工采取的激励方法也应有所不同。

③重点针对员工的高层次需要采取相应的激励措施。高层次需要虽实现难度大，但其激励作用也大。人们为了自我实现，往往百折不挠、不达目的誓不罢休，管理人员如果掌握这一原理，在尽可能满足员工低层次需要的前提下创造出良好的组织氛围，强化员工高层次需要的强度，就能使员工意气风发、斗志昂扬，为实现组织的宏伟目标而努力。

3. 期望理论中的三个变量是什么？简要叙述它们是如何解释激励的。[华中农大2018年研]

相关试题：

(1)简述期望理论的主要观点。[浙大2020年研]

(2)介绍并评价期望理论的主要观点。[论述题，安徽师大2017年研]

(3)简述弗鲁姆“激励—期望理论”的主要内容。[南昌大学2017年研；西安交大2012年研；四川大学2011年研；北二外2010年研]

(4)弗鲁姆期望理论的主要观点是什么？该理论的基础和假设分别是什么？[华南理工2011年研]

答：期望理论由美国心理学家弗鲁姆于1964年提出，该理论认为人们在预期他们的行动将会有助于达成某个目标的情况下才会被激励着去做某些事情以达成这个目标。

(1)期望理论的主要内容：

①期望理论的基础是自我利益，即每一个员工都在追求最大的自我满足。

②期望理论的核心是双向期望，即管理者期望员工有效的工作付出，员工也期望自己的努力工作换来应有的回报。

③期望理论的假设是管理者了解员工的期望，明白什么可以使员工更努力地付出。

④期望理论以员工的个人感觉为主要判断依据，而非实际情况。不论实际情况如何，当员工认为可以通过努力达到绩效要求并且得到相应的、有吸引力的奖赏时，他就会努力工作。

(2)期望理论中的三个变量：

①期望或努力—绩效联系：个体认为通过一定程度的努力可以达到某种工作绩效的可能性。

②手段或绩效—奖赏联系：个体相信达到一定绩效水平后即可获得理想结果的程度。

③效价或奖赏—个人目标联系：从工作中可以获得的结果或奖赏对个体的重要性程度。

效价主要关心的是个人的目标与需要。

(3)对激励的解释:

期望理论用公式表现为:$M=V\times E$。式中,M表示激发力量;V表示目标效价;E表示期望值。

期望理论说明,激励实质上是选择过程,促使人们去做某些事的心理依赖于效价和期望值两个因素。这个公式实际上表明领导者在进行激励时要注意以下问题:

①设置目标应符合下列要求:a. 必须将组织目标纳入其中或将组织上所希望出现的行为列为目标导向行动,使成员只有在完成组织目标后才能达到个人的目标;b. 设置的目标必须是受激励者所迫切需要的;c. 设置的目标要适当,不能过大或过小;d. 设置目标时要尽量让员工参与讨论。

②管理者在设置目标的同时,还应提供一定的保证条件,即提高目标实现的可能性。

4. 简述亚当斯的公平理论。[桂林理工2018年研]

相关试题:简述公平理论的主要内容。[中山大学2017年研;华南师大2016年研]

答:(1)公平理论的内涵。公平理论主要讨论报酬的公平性对人们工作积极性的影响,认为人的工作积极性不仅与个人实际报酬多少有关,而且与人们对报酬的分配是否感到公平密切相关。人们总会自觉或不自觉地将自己付出的劳动代价及其所得到的报酬与他人或自己的过去进行比较,并对公平与否作出判断。公平感直接影响员工的工作动机和行为。

(2)公平理论的比较:

①横向比较。即将"自己"与"他人"相比较以判断自己所获报酬的公平性,假设Q_p表示自己对所获报酬的感觉;Q_x表示自己对他人所获报酬的感觉;I_p表示自己对投入量的感觉;I_x表示自己对他人投入量的感觉。

a. 当$Q_p/I_p=Q_x/I_x$时,进行比较的员工觉得报酬是公平的,他可能会为此而保持工作的积极性和努力程度。

b. 当$Q_p/I_p>Q_x/I_x$时,说明员工得到了过高的报酬或付出的努力较少,这种情况下,他一般不会要求减少报酬,而会适当增加产量,但过了一段时间其产出又会回到原先的水平。

c. 当$Q_p/I_p<Q_x/I_x$时,说明员工对组织的激励措施感到不公平,他可能会要求增加报酬,或者自动地减少投入以便达到心理上的平衡,也可能离职。

②纵向比较。即将现在的报酬与过去作比较,假设Q_{pp}代表员工现在获得的报酬;I_{pp}代表现在的投入量;Q_{pl}代表他过去获得的报酬;I_{pl}代表过去的投入量。

a. 当$Q_{pp}/I_{pp}=Q_{pl}/I_{pl}$时,员工认为激励措施是相对稳定的,他在工作中的积极性和努力程度可能同样保持不变。

b. 当$Q_{pp}/I_{pp}>Q_{pl}/I_{pl}$时,员工的积极性可能增加、不变甚至是降低,因为随着时间的推移,员工的工作经验更多、工作能力更强,因此不一定会觉得现在获得的报酬更高,甚至可能觉得报酬的增加低于个人价值的增加,因此其工作积极性的变化是不确定的。

c. 当$Q_{pp}/I_{pp}<Q_{pl}/I_{pl}$时,此时员工觉得很不公平,工作积极性会下降。

亚当斯的公平理论表明,一个人所得的相对值比绝对值更能影响人的工作积极性,所以管理者需更多地注意实际工作结果与个人所得之间的公平合理性。但这在实际运用中又较难把握，因为人们总是倾向过高估计自己的付出，而过低估计自己的所得，对别人的付出和所得的估计则正好相反。因此管理者除了制定公平的奖酬体系外，还要及时体察员工的不公平心理，并认真分析，教育员工正确认识、对待自己和他人。

5. 判断：实际上，不进行正强化也是一种负强化。［四川师大 2018 年研］

答：这句话是正确的。具体分析如下：

(1)强化理论是由美国哈佛大学的心理学家斯金纳提出的研究环境对行为的强化作用的理论，认为人的行为受其所获刺激的影响。为了达到某种目的，人会采取一定的行为，这种行为将作用于环境。当行为的结果对他有利时，这种行为就会重复出现；当行为的结果不利时，这种行为就会减弱或消失。这就是环境对行为的强化作用的结果。因此，管理者要根据强化理论制定奖惩办法，维持员工的有利于组织目标实现的行为。

(2)强化的分类。根据强化的性质，强化可分为正强化和负强化两种类型：

①正强化。指通过奖励维持、强化符合组织目标的行为，从而实现组织的目标。正强化包括物质奖励和精神鼓励两种方式。为了达到预期的效果，必须注意使用不同的强化方式。正强化的方式有两种：

a. 连续的、固定的奖励制度，比如对所有符合组织目标的行为都给予奖励，或每隔固定的时间给予一定的奖励。这种强化方式在初期有立竿见影的效果，但久而久之，人们就会对这种正强化有越来越高的期望，或者认为这种正强化是理所当然的。因此，管理者需要不断维持、加强这种正强化，防止强化效果逐渐减弱甚至消失。

b. 间断的、时间和数量都不固定的奖励方式，是指管理者根据组织的目标和个人在工作中的行为，不定期、不定量地实施强化，使每次强化都能产生较大的激励效果。实践证明，这种方式的正强化更有利于组织目标的实现。

②负强化。指惩罚不利于组织目标实现的行为，以降低、消除该行为出现的可能性，从而保证组织目标的实现。取消正强化也是一种负强化。比如，对过去应当被正强化的行为，因不再有助于组织目标的实现，而取消正强化，可能使该行为逐渐减少或者消失，达到负强化的效果。负强化还包括减少奖金或罚款、批评、降级等。

负强化的实施应以连续的方式为主，即对所有不符合组织目标的行为都及时予以负强化，消除员工的侥幸心理，降低、消除这种行为再次出现的可能性。根据强化理论，在强化过程中，所选用的强化物要恰当，对于被强化对象有足够的奖酬力度。强化要有明确的目的性和针对性，当员工做出成绩时，要及时给予奖励。在应用负强化时应注意，实施负强化事先需规定好哪些行为不符合要求，若出现这些行为会受到何种处罚。否则，员工很容易有意或无意地做出某些不符合要求的行为。

6. 现在，很多家长抱怨小孩时说："我们小时候生活条件很苦，哪有你现在这么好的学习条件，现在我们给你提供了这么好的条件还不好好读书，真是身在福中不知福。"试用有关激励理论分析其原因，以及应如何做才能让他们的孩子努力学习。［华中农大 2018 年研］

答：激励的理论包括马斯洛需要层次理论、赫茨伯格双因素理论、强化理论、公平理论、期望理论等等，针对家长抱怨的孩子生活条件优越却不好好读书的原因，可以用马斯洛需要层次理论或赫茨伯格的双因素理论加以分析说明。

(1)马斯洛需要层次理论根据需要的迫切程度将其分为五个层次：①生理的需要；②安全的需要；③社交的需要，又称归属和爱的需要；④尊重的需要；⑤自我实现的需要。五种需要可分为高低两级，生理需要和安全需要属于低级需要，主要从外部使人满足；社交需要、尊重需要与自我实现需要属于高级需要，主要从内部使人满足。马斯洛需要层次理论认为，人的需要分层次，并且有先后顺序，当相对低级的需要得到满足后，人们才会开始对相对高级的需要的追求。

当前经济发展迅速，人民生活水平不断提高，人民的温饱问题得到解决，孩子们的生存、安全等低级需要也已得到满足，转而追求更高层次的需要。家长们认为读书可以让孩子找到好工作解决经济问题，满足低级需要。但现阶段生活条件的优越，使得低级需要对孩子而言并不能起到激励作用，而社交、尊重、自我实现的需要更为迫切。现在孩子们追求的应该是个人价值的实现，而不单单是解决生计问题。

(2)双因素理论又称"保健—激励理论"，其基本内容是：影响人们行为的因素主要有两类，即保健因素和激励因素。保健因素是指与工作环境或条件相关的因素，这是保持达到合理满意水平所必需的因素，不具备这些因素则不满意。激励因素是指和工作内容紧紧联系在一起的因素，激励因素的改善往往能带来很大程度的激励，有助于充分、有效、持久地调动积极性。

根据双因素理论，孩子之所以不努力学习，不是因为基本衣食住行这些保健因素，而是由于一些方面不能调动其积极性，如学习带来的愉快和成就感、由于良好的成绩而得到的奖励、对未来发展的期望等，即双因素理论中的激励因素。因此，为了更好地对孩子产生激励作用，可以采取以下措施：①让孩子参与到学习计划制定当中去，提出自己的学习方法与改进建议，从而使学习成为兴趣；②不定时地提供一些奖励，以满足学习上的成就感；③加强引导和规划职业生涯，让孩子对未来的发展有很好的期望。

三、论述题

1. 根据马斯洛的需要层次理论，企业如何设计激励机制？［南开大学2007年研］

答：(1)马斯洛的需要层次理论的主要内容，参见本章考研真题简答题第2题答案。

(2)针对不同的需要设计不同的激励计划，企业可以有以下几种选择：

①绩效工资。企业可以根据员工的绩效贡献，奖励突出绩效工资，以激励员工作出更大的贡献。

②分红。这是员工和管理人员在特定的单位中，当单位绩效打破预先确定的绩效目标时接受奖金的一项激励计划。分红可以有效鼓励和协调团队工作，因为经营单位的利益需要全体员工的努力。

③总奖金。即以绩效为基础的一次性现金支付计划。单独的现金支付旨在提高激励的效价。

④知识工资。即员工的工资随着其能够完成的任务数量的增加而增加。知识工资激励机制的设立，有助于提高公司的灵活性和效率。

⑤员工持股计划。即给予员工部分企业的股权，允许他们分享改进的利润绩效。员工持股计划实际上是公司以放弃股权的代价来提高生产率，能大大提高员工的工作积极性。

⑥灵活的工作日程。即取消固定的每周 5 日、每日 8 小时工作制的限制，修改的内容包括四日工作制、灵活的时间以及轮流工作。这一激励计划意味着公司同意使用兼职员工，消除了员工因长期从事某种工作而导致的枯燥和单调。

2. 需要层次理论的主要观点和不足。［华侨大学 2011 年研］

答：（1）需要层次理论的主要观点，参见本章考研真题简答题第 2 题答案。

（2）需要层次理论的不足之处：

①需要层次理论过分强调了遗传在人的发展中的作用，忽视了社会生活条件对先天潜能的制约。该理论认为人的价值就是一种先天的潜能，而人的自我实现就是这种先天潜能的自然成熟的过程，社会的影响反而束缚了一个人的自我实现。

②需要层次理论带有一定的机械主义色彩。它在一定程度上把人类的需要层次看成固定的程序，忽视了人的主观能动性，忽视了通过思想教育可以改变需要层次的主次关系。

③需要层次理论没有注意到一个人往往同时具有多种需求，忽视了一个人在同一时间内往往存在多种需要，而这些需要往往是相互依赖和重叠交织在一起的。

④马斯洛的需要理论缺乏实证检验。劳勒和萨特尔等学者收集的数据并不能证明人的需要是有层次的，其他相关研究也不能证明人的需要一定体现为这五个层次。

⑤需要层次理论遵循的层级递进原则与现实不符。需要层次理论强调人在一种需要满足之后才会进入到更高一层的需要，如果该需要没有满足则一直停留在这个需要层次。但现实中人们可能在该层需要没有满足后倒退到满足低一层需要，也可能越过该层直接去满足更高层次的需要。

3. 试述公平理论的主要内容及其对管理者的启示。［中山大学 2008 年研］

相关试题：

（1）公平理论及其应用。［简答题，人大 2024 年研］

（2）论述管理者应如何运用亚当斯的公平理论。［西南财大 2020 年研］

（3）公平理论的主要观点和对管理的启示。［简答题，中国海大 2018 年研；昆明理工 2018 年研］

（4）论述公平理论的主要内容，并说明怎样才能帮助员工消除不公平感。［河南师大 2017 年研］

（5）试述公平理论的主要内容，并进行简要评价。［山东大学 2016 年研］

（6）试述公平理论的内容，并谈谈在实际管理中的应用。［简答题，东北大学 2015 年研］

（7）叙述公平理论的内容，假如你是管理者，你将怎么用它去激励员工？［暨南大学 2014 年研］

答：公平理论是美国的亚当斯于 20 世纪 60 年代提出来的，又称社会比较理论。

（1）公平理论的主要内容，参见本章考研真题简答题第 4 题答案。

（2）公平理论对管理者的启示：

①激励时应力求公平。影响激励效果的不仅有报酬的绝对值，还有报酬的相对值。即员工不仅关心从自己的工作努力中所得的绝对报酬，而且还关心自己的报酬与他人报酬之间的关系。他们对自己的付出和所得与别人的付出和所得之间的关系进行比较，并作出判

断。如果觉得这种比率和其他人相比不平衡，就会感到紧张，这种紧张又会成为他们追求公平的动机基础。所以激励时应力求公平，不应使员工有严重的不公平感。

②在激励过程中应注意对被激励者公平心理的疏导，引导其树立正确的公平观。公平理论对报酬分配至少在以下四个方面提供了价值建议：

a. 按时间付酬时，收入超过应得报酬的员工的生产力水平将高于收入公平的员工。

b. 按产量付酬时，收入超过应得报酬的员工与那些收入公平的员工相比，产品生产数量增加不多而主要是提高产品质量。

c. 按时间付酬时，收入低于应得报酬的员工，将降低生产的数量和质量。

d. 按产量付酬时，收入低于应得报酬的员工与收入公平的员工相比，他的产量高而质量低。

③工作任务以及公司的管理制度对员工可能产生某种关于公平性的影响，这种作用对仅仅维持组织稳定性的管理人员来说，是不容易觉察到的。员工对工资提出增加的要求，说明组织对他至少还有一定的吸引力；但当员工的离职率普遍上升时，说明企业组织已经使员工产生了强烈的不公平感，这时就需要管理人员高度重视，因为它意味着除了组织的激励措施不当以外，更重要的是企业的现行管理制度有缺陷。

4. 请结合激励理论，论述如何进行有激励作用的工作设计。［中山大学 2017 年研］

相关试题：

(1) 具体管理实践中的激励方式有哪些？对科研人员应该采取何种激励措施？［东华大学 2017 年研］

(2) 简述激励方式和激励原则。［简答题，西安交大 2007 年研］

答：激励是指组织通过设计奖惩、工作环境、薪酬制度等方式，给予员工期望，影响其内在需求或动机，从而激发、引导组织成员行为的过程。

(1) 激励的方式：

①工作激励。指参考员工的爱好、特长，为员工分配适合的工作，以激发员工的潜力和工作热情。主要包括两方面的内容：a. 在分配工作时尽可能使员工的特长、爱好与工作的性质和内容相一致；b. 要使工作具有可达到的挑战性。

②成果激励。指使用合理的绩效评估体系，正确客观地评估员工的工作成果，给予员工合理的奖惩，促进员工行为良性循环。报酬应当在工作过程中实现良性循环，在设计奖励机制时公平公正，不仅要考虑到员工的物质需求，还要考虑到员工的心理感受。

③批评激励。指在恰当的场合使用恰当的批评手段，刺激员工的自尊需要，激发其改正错误行为的信心和决心。通过语言和感情的交流帮助违规者认识到自己的错误并促使其积极改正，从深层次上起到激励作用，将消极因素转变为积极因素。

④培训教育激励。指开展组织文化的宣讲以及技能的培训等活动，以提高组织成员的综合素质和能力，从而给予其信心，激发实现组织目标的工作热情。员工素质主要包括思想品德和业务技能两方面，领导者应根据企业战略和员工特点有针对性地设计培训工作，实现员工思想品德的提高、专业知识的积累和技术能力的提升。

进入 20 世纪 90 年代以来，西方企业在多种激励理论的基础上，提出了一些形式新颖的激励方式，如绩效工资、分红、员工持股、总奖金、知识工资和灵活的工作日程等。

(2)激励的原则：

①激励要因人而异。不同员工的需求不同，相同的激励政策起到的激励效果也会不尽相同。即便是同一位员工，在不同的时间或环境下，也会有不同的需求。由于激励取决于内因，即员工的主观感受，所以激励要因人而异。

②奖惩适度。不适度的奖励和惩罚都会影响激励效果，增加激励的成本。奖励过重，会使员工产生骄傲和满足的情绪，失去进一步提高自己的欲望；奖励过轻，则起不到激励效果，或者让员工产生不被重视的感觉。惩罚过重，会让员工感到不公平，或者失去对公司的认同，甚至产生怠工或破坏的情绪；惩罚过轻，会让员工轻视错误的严重性，可能在今后仍然会犯同样的错误。

③公平性。公平性是员工管理中很重要的原则。员工感受到的任何不公，都会影响其工作效率和工作情绪，并且影响激励效果。取得同等成绩的员工，一定要获得同等层次的奖励；同理，犯同等错误的员工，也应受到同等层次的处罚。

④奖励正确的事情。如果奖励错误的事情，错误的事情就会经常发生。这个问题虽然看起来很简单，但在具体实施激励时，往往被管理者所忽略。

四、案例分析题

案例一　迟到该不该扣罚奖金

请问：假如你是她的直接上司，应该如何处理好这件事情，为什么？［中山大学 2009 年研］

答：作为公司的管理人员，首先要按照公司的规章制度办事，对于迟到的员工应给予一定的处罚，维护公司规章制度的权威性；另外，作为关心员工的领导，应该尽量关心和帮助员工，给予员工生活上的帮助和支持。在黄燕一事的处理上，作为直接上司，应该做到制度权威性和事情特殊性的统一。其原因如下：

(1)公司的规章制度，每个企业的员工都必须无条件地遵守。不迟到作为基本的规章制度，员工应该遵守。而黄燕违反企业纪律，就应该按照规章制度办事，需要扣罚奖金。这样能够维护公司制度的权威性，能够更好地在公司内部规范个人行为。如果因为具体的一些原因使得事情从轻处理或者特殊化，以后迟到的人数会更多，迟到的原因会更多样化，管理难度会更大。

(2)根据公平理论，若不扣罚该员工的奖金，则会引起其他员工的不公平感。当公司其他员工将“自己”与“该员工”相比较来判断自己所获报酬的公平性时，发现不迟到与迟到都不会受处罚，就会导致其产生不公平感，影响公司员工的工作积极性。

(3)根据强化理论，当出现不利于公司发展的现象时，应采用负强化措施，即惩罚那些不符合组织目标的行为，以使这些行为削弱直至消失，从而保证公司目标的实现不受干扰。如果不扣罚该员工的奖金，则该员工的迟到现象会重复出现。公司应对所有与组织目标不相符的行为及时予以负强化，消除人们的侥幸心理，降低、消除这种行为再次出现的可能性。

(4)对黄燕个人来说，奖金的扣罚会使她的经济收入减少，势必会让她的生活困难加大。对于一个以人为本的企业来说，公司应该关心和爱护下属。首先，领导者应该对她迟到的事件进行分析，告诫问题的严重性，督促不要迟到。另外，作为她的上司，如果经济方面比较富裕，可以利用私人的关系对她进行帮助，比如借钱给她。

作为一个管理者，首先要维护正式制度的权威性，保证在公司规章制度面前人人平等，只有这样才能使员工更好地工作；作为员工的上司领导，应该关心和爱护员工，具体问题具体分析，更好地提高员工的积极性，增强员工的归属感。

案例二

问题：［北化 2006 年研］

1. 请运用有关马斯洛的激励理论，对李英走过的历程中所体现的个人需要的满足情况以及他目前的困惑心境作一一分析。

答：马斯洛激励理论即美国心理学家马斯洛提出的需要层次理论。

(1) 马斯洛需要层次理论根据需要的迫切程度将其分为五个层次，这五个层次是依次出现的，当前一种需要得到一定的满足后，后一种需要才会出现。马斯洛还将五种需要划分为高低两级，生理需要和安全需要属于低级需要，主要从外部使人满足；社交需要、尊重需要与自我实现需要属于高级需要，主要从内部使人满足。

①生理的需要，即对维持基本生存的基本要求，是最低级的需要。李英找到工作前，夫妻两人常为生计发愁，还处于满足生理需要的阶段。

②安全的需要，即人们需要稳定的环境，保障自己免受危险和伤害的需要，属于较低层次的需要。李英找到工作后升为生产部长，带来了可观的收入，他们也拥有了抵御风险的能力。

③社交的需要，又称归属和爱的需要，即人们对与他人建立情感联结的需要，属于较高层次的需要。李英在公司做出成绩后，对公司的归属感非常强，满足了他的社交需要。

④尊重的需要，包括自尊和受到别人尊重，即自己相信自己的能力，并且自己作出的努力也能受到他人的认同，属于较高层次的需要。李英工作小有成就后，妻子也更加为他感到自豪，他受到了来自妻子的肯定，满足了尊重的需要。

⑤自我实现的需要，即人们希望实现自己的梦想，激发潜力达到最高成就的需要，是最高层次的需要。现阶段的李英，生理、安全、社交、尊重的需求基本都被满足，因此出现了新的需要，即自我实现。他不满于做无法创造更多价值、实现自我的工作，因此寻求能够一展抱负的单位，这是人的需要发展到了一定阶段的必然结果。

(2) 使用马斯洛需要层次理论对李英经历中的需要和目前的困境分析如下：

①开始李英没有稳定的工作就结了婚，又加上妻子待业，为了生计，他找了一个工作，根据马斯洛激励理论可知，该工作满足了其生理需要。

②在以后工作的日子里，他努力工作，不断地被提拔，很高兴自己成为公司的一分子，这段过程正是该工作满足了其安全需要和社交需要。

③地位的不断上升，工资的不断上涨，使得妻子对他的地位和权力感到自豪，从而使他获得了周边人的尊重，满足了他的尊重需要。

马斯洛需要层次理论认为，人的需要分层次，并且有先后顺序，当相对低级的需要得到满足后，人们才会开始对相对高级的需要的追求。对于案例中的李英，他已经得到了前四种需要的满足，因此自我实现需要变成了他的目标。所以，对于企业的不景气，他想通过自己的方法，增强企业的活力和创新，证明自己并实现自我价值。但目前的企业并没有采纳他的意见，使之不能实现自我实现的需要。因此，李英陷入了困惑的心境。

2. 如果李英有意跳槽到你所领导的单位来工作，根据“双因素”理论，你应该在哪些方面采取措施以吸引他并给他提供所看重的激励？请说明具体理由。

答：双因素理论又称“保健—激励理论”，是美国心理学家弗雷德里克·赫茨伯格于20世纪50年代后期提出的。

(1)双因素理论认为，影响人们行为的因素主要有两类，保健因素和激励因素。保健因素又称外部因素，是指与工作环境或条件相关的因素。这是保持员工达到合理满意水平所必需的因素。不具备这些因素，员工则不满意。激励因素又称内部因素，是指和工作内容紧紧联系在一起的因素。它的改善往往能给员工带来很大程度的激励，并使之产生工作满意感，有助于充分、有效、持久地调动其工作积极性。

(2)根据双因素理论，对案例中的李英进行分析可知，他之所以跳槽，不是因为工资及职位高低这些保健因素，而是由于一些不能调动其积极性的因素，如工作表现机会和工作带来的愉快、工作上的成就感、由于良好的工作成绩而得到的奖励、对未来发展的期望、职务上的责任感等，即双因素理论中的激励因素。因此，为了更好地激励李英，可以采取以下措施：

①对李英的工资实行绩效工资制。以绩效的高低为基础设定工资，可以很好地提高其工作积极性。

②让李英参与到工作决策中，并提出自己的工作方法与改进建议，从而使工作成为他的兴趣。

③不定时地提供一些奖励，以满足其工作成就感。

④加强企业文化宣传，让李英对工作的未来发展有很好的期望。

第十五章 沟 通

15.1 复习笔记

【知识框架(庖丁解牛)】

- 沟通
  - 沟通概述
    - 沟通的含义、重要性
    - 沟通的过程
    - 沟通的类别
    - 非正式沟通
    - 沟通网络
  - 有效沟通
    - 原则
    - 障碍
      - 按因素分：个人、人际、结构、技术、文化因素
      - 按沟通过程分：信息传递者、传递渠道、接收者
    - 沟通障碍的克服
  - 冲突与谈判
    - 冲突：含义、起源、处理、积极影响
    - 谈判：含义、基本方法、注意事项

【通关提要(提纲挈领)】

本章主要介绍沟通的相关内容。学习时，要了解沟通的基本概念，重点掌握沟通的类别、有效沟通的障碍及其克服、冲突的处理等。本章主要考查概念题、简答题和论述题，复习时要总体把握，能结合具体案例理解应用。

【考点难点归纳(厚积薄发)】

考点一：沟通概述(见表 15－1) ★★★★

表 15－1 沟通概述

要点	主要内容
沟通的含义	指信息的传递和理解，即借助一定手段，在两个及两个以上个人和群体中传递或交换信息或思想的过程[信息交流]
沟通的重要性	①信息交流、统一思想、保持行动一致。沟通是增强组织凝聚力的“助力器”。 ②对内激励员工，改善企业内人际关系。沟通能激励下属，实现领导职能。 ③对外建立关系。沟通能连接企业与外部环境

续表

要点			主要内容
沟通的过程			发送者明确信息内容→信息编码→传递给接收者→接收者接收信息→解码信息→理解信息→反馈[见图15－1]
沟通的类别	按组织系统分		正式沟通、非正式沟通
	按流动方向分		上行沟通、下行沟通、平行沟通和网状沟通
	按是否反馈分		单向沟通、双向沟通
	按功能分		工具式沟通、感情式沟通
	按方法分		口头沟通、书面沟通、非言语沟通、电子媒介沟通等
	按沟通对象分		人际沟通、组织沟通
非正式沟通	含义		指企业中非正式组织或个人的信息传递和交流
	特点		①信息传递速度快；②信息较准确；③效率较高；④满足员工需要；⑤有片面性
	管理态度		①明确它是一种重要的沟通方式；②管理者要充分合理利用；③更正解决非正式沟通中出现的问题
沟通网络	含义		指组织中沟通渠道的结构和类型
	类型	正式	链型、轮型、圆型、Y型、全通道型
		非正式	集群型、辐射型、随机型、单线型

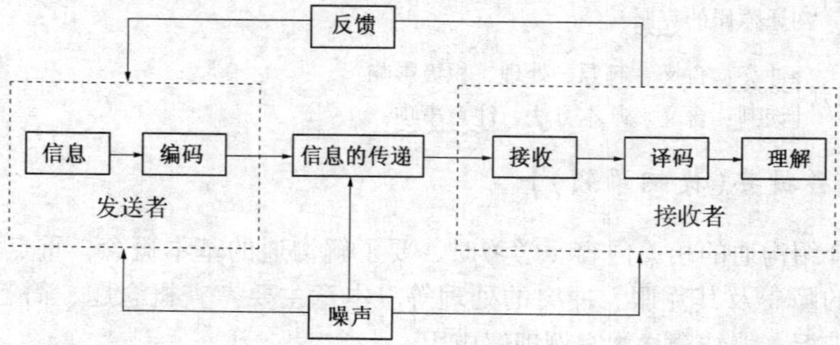

图15－1 沟通的过程

考点二：有效沟通(见表15－2) ★★★★

表15－2 有效沟通

要点	主要内容		
原则	准确性、完整性、及时性、非正式组织策略性运用原则		
障碍	按因素分析	个人因素	①选择性接受；②沟通技巧差异；③情绪
		人际因素	①双方信任度；②信息可靠度；③沟通双方的相似程度
		结构因素	①地位差异；②信息传递链；③团体规模；④空间距离；⑤利益影响
		技术因素	①语言暗示；②非语言暗示；③媒介有效性；④信息超载
		文化因素	跨文化、代沟[年龄差距]和性别等

续表

要点			主要内容
障碍	按沟通过程分析	信息传递者	①表达障碍；②语义障碍；③传递形式障碍；④社会环境与知识局限产生的障碍
		信息传递渠道	①信息传递手段的障碍；②传递层次的障碍
		信息接收者	①信息“过滤”；②理解能力障碍；③信息过量障碍
		沟通环境	①沟通渠道障碍；②时间障碍；③距离障碍
克服	①重视沟通，正确对待沟通。 ②积极倾听。管理者要学会“听”，培养听的技巧。 ③创造相互信任、利于沟通的环境。 ④缩短信息传递链，拓宽沟通渠道。 ⑤召开职工代表大会，建立特别委员会，组成非管理工作组。 ⑥加强平行沟通，促进横向交流。利用互联网沟通。 ⑦运用反馈进行双向沟通。 ⑧控制情绪，简化语言，注意非言语线索		

【真题链接】

(1)简述沟通的障碍及其克服。[简答题，桂林理工 2023 年研]

(2)什么是沟通？如何克服人际间有效沟通的障碍？[论述题，广东财大 2021 年研]

考点三：冲突与谈判(见表 15－3) ★★★

表 15－3 冲突与谈判

要点			主要内容
冲突	含义		指由差异而引起的对立状态
	起因	沟通差异	文化差异、语义困难、误解及沟通中的噪声干扰等
		结构差异	组织越庞大、越复杂，产生冲突的可能性就越大
		个体差异	个人背景、个性特征、价值观等
	处理		要设法消除冲突产生的负面效应，激发建设性、正能量的冲突。 ①审慎选择要处理的冲突。 ②深入研究冲突双方的代表。 ③剖析冲突的根源。 ④妥善选择处理办法[回避、迁就、强制、妥协、合作]
	积极影响		①增强组织创造力；②促进员工个人发展；③获得更多有价值的诊断信息；④增强群体凝聚力
谈判	含义		指双方(多方)就有关条件达成协议以实现某种目标的过程
	基本方法		零和谈判[有输有赢]、双赢谈判
	注意事项		①理性分析谈判事件，做好准备；②研究谈判对手；③谈判要有诚意，强调双赢解决方式；④坚定与灵活相结合，建构开放和信任的气氛

15.2 课后习题详解

1. 什么是沟通？为什么要沟通？沟通的基本步骤有哪些？

答：(1)沟通的含义和重要性，参见本章考研真题论述题第1题答案。

(2)沟通的基本步骤，参见本章考研真题简答题第1题答案。

2. 区分沟通的类别，解释企业中的沟通网络。

答：(1)沟通的类别：

①按照功能，划分为：

a. 工具式沟通，即发送者将信息、思想等传达给接收者，以影响接收者的行为。

b. 感情式沟通，即沟通双方表达情感，获得精神上的同情和谅解，以改善人际关系。

②按照方法，划分为：口头沟通、书面沟通、非言语沟通、体态语言沟通、语调沟通及电子媒介沟通等。

③按照组织系统，划分为：

a. 正式沟通，即以正式组织系统为渠道的信息传递。

b. 非正式沟通，即以非正式组织系统或个人为渠道的信息传递。

④按照方向，划分为：

a. 下行沟通，即上级将信息传达给下级。

b. 上行沟通，即下级将信息传达给上级。

c. 平行沟通，又称横向沟通，即同级之间横向的信息传递。

d. 网状沟通，即利用网络实现的沟通。

⑤按照是否反馈，划分为：

a. 单向沟通，即没有反馈的信息传递。

b. 双向沟通，即双方有反馈的信息传递。

(2)企业中的沟通网络：

沟通网络是指由横向和纵向的组织沟通组合而成的各种各样的沟通模式。沟通网络能够帮助管理者获得更多有价值的信息，也有利于改善管理者和员工的人际关系。三种常用的组织沟通网络及其效果见表15－4。

①在链式网络中，无论是上行沟通还是下行沟通，都是沿着正式的指挥链流动。

②在轮式网络中，由一位明确的强有力的领导者与工作群体或团队中的其他成员进行沟通。该领导者充当中心枢纽的角色，所有的沟通都会经过这一中心。

③在全通道式网络中，沟通在工作团队所有成员之间自由流动。

要注意，应采用哪一种沟通网络模式取决于目标。没有任何一种单一的沟通网络能够适用于所有的情况。

3. 有效沟通的障碍有哪些？如何克服？

答：(1)有效沟通的障碍，参见本章考研真题简答题第2题答案。

(2)有效沟通障碍的克服，参见本章考研真题论述题第1题答案。

表 15－4　三种常用的组织沟通网络及其效果

要点	链式	轮式	全通道式
图例	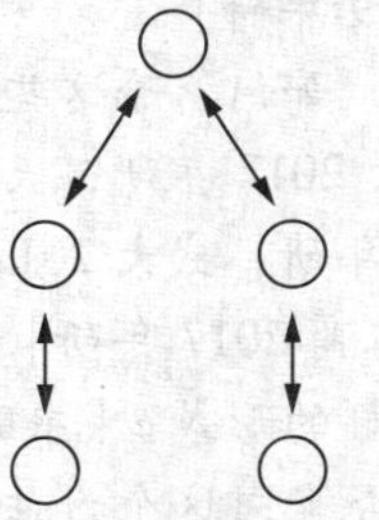	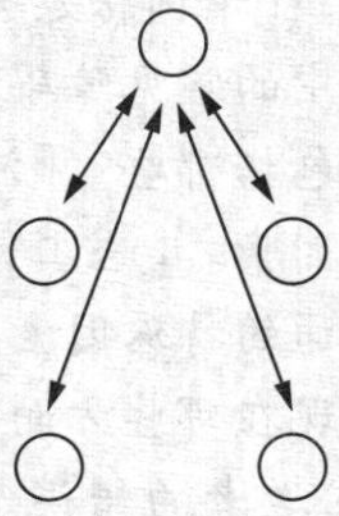	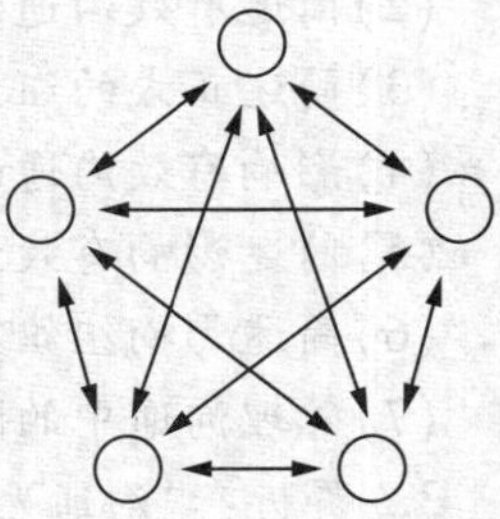
速度	中	快	快
准确度	高	高	中
产生领导者的可能性	中	高	无
员工满意度	中	低	高

15.3　考研真题

一、单项选择题

张先生创业初期，自己的公司只有 6 名员工，每个人都由张先生直接管理。随着规模的扩大，张经理聘请了一位副经理，由他处理公司的具体管理事务，自己专心于公司的战略管理。公司的沟通网络(　　)。[中国海大 2018 年研]

A. 由轮式变成了 Y 式　　B. 由 Y 式变成了轮式

C. 由轮式变成了链式　　D. 由链式变成了星式

二、概念题

1. 沟通[河南大学 2024 年研；湖南大学 2023 年研；贵州大学 2023 年研；华侨大学 2018 年研；华科 2017 年研；安徽师大 2017 年研；云南大学 2017 年研；华中师大 2016 年研；华南理工 2015 年研；首师大 2014 年研；中山大学 2011 年研]

2. 正式沟通[南艺 2023 年研；湘潭大学 2020 年研；中国传媒大学 2017 年研；同济大学 2016 年研]

3. 非正式沟通[广东财大 2023 年研；桂林理工 2023 年研；湘潭大学 2021 年研；浙江理工 2017 年研；四川大学 2016 年研]

4. 双向沟通[安徽大学 2018 年研；长安大学 2017 年研；中南财大 2009 年研]

三、简答题

1. 图示沟通过程，并简述管理者作为信息发送者时的沟通技巧。[北科 2013 年研]

相关试题：简述沟通的过程。[杭州师大 2016 年研；广工大 2016 年研；华中农大 2013 年研]

2. 试述有效沟通的障碍。[湘潭大学 2020 年研；东北大学 2015 年研]

相关试题：

(1)有效沟通有哪些障碍？［论述题，吉林大学2024年研］

(2)简述有效沟通的障碍。［中国传媒大学2019年研］

(3)简述正式的组织沟通中的常见障碍有哪些。如何消除这些障碍？［南航2017年研］

(4)影响有效沟通的障碍包括哪些？［河北农大2017年研；天津财大2016年研］

(5)简述影响有效沟通的因素。［哈工大2014年研；武大2012年研］

(6)简述影响组织有效沟通的特殊因素。［浙工商2017年研］

(7)管理沟通中的障碍表现在哪些方面？是怎样的形式？［东财2010年研］

3. 辨析："沟通无效是发送者的错误。"你是否赞同这个说法？请说明你的理由。［华中农大2018年研］

4. 管理有效沟通的技巧有哪些？［杭州师大2017年研］

相关试题：简述组织内部沟通的渠道和策略。［山东大学2018年研］

四、论述题

1. 有研究表明：企业管理者70%的时间用在沟通上，企业中70%的问题是由于沟通障碍引起的。请谈谈你对沟通的理解。并分析造成人际沟通的障碍有哪些？如何克服？［安徽师大2018年研］

相关试题：

(1)试述有效沟通的含义。如何克服有效沟通的障碍？［安徽大学2023年研］

(2)简述沟通的障碍及其克服。［简答题，桂林理工2023年研］

(3)试述管理者如何改善信息沟通。［简答题，北工商2017年研］

(4)管理人员经常不能有效沟通主要是沟通障碍问题，请问：常见的妨碍有效沟通的障碍有哪些？管理者应如何克服这些障碍？［湘潭大学2017年研］

(5)试述沟通的过程、主要障碍及克服措施。［广工大2015年研］

2. 试述在管理工作中如何认识冲突、化解冲突。［武汉理工2006年研］

五、案例分析题

某网络公司是一家专门从事通信产品生产和电脑网络服务的中日合资企业。公司自2000年7月成立以来发展迅速，销售额每年增长50%以上。与此同时，公司内部存在着不少冲突，影响着公司绩效的继续提高。

因为是合资企业，尽管日方管理人员带来了许多先进的管理方法，但是日本式的管理模式未必完全适合中国员工。例如，在日本，加班加点不仅司空见惯，而且没有报酬。亚通公司经常让中国员工长时间加班，引起了大家的不满，一些优秀员工还因此离开了亚通公司。由于该公司的组织结构是直线职能制，部门之间的协调非常困难。例如，销售部经常抱怨研发部开发的产品偏离顾客的需求，生产部的效率太低，使自己错过了销售时机；生产部则抱怨研发部开发的产品不符合生产标准，销售部门的订单无法达到成本要求。研发部吴经理虽然技术水平首屈一指，但是心胸狭窄，总怕他人超越自己；因此，常常压制其他工程师，这使得工程部人心涣散，士气低落。［电子科大2014年研］

问题：该公司的冲突有哪些？原因是什么？如何解决该公司存在的冲突？

15.4 考研真题详解

一、单项选择题

A 【解析】轮式沟通是指其中只有一个成员是各种信息的汇集点与传递中心；Y式沟通是一种纵向沟通网络，其中只有一个成员处于中心位置，成为沟通的中介人。此网络适用于领导者的工作任务十分繁重，需要有人选择信息并提供决策依据而又要对组织实行有效控制的情况。轮式和Y式作为集权化的网络，在完成比较简单的工作时更快、更准确、更有效，它们通过一个中心人物传递信息以避免不必要的噪声，并且可以节省时间。

二、概念题

1. 沟通［河南大学2024年研；湖南大学2023年研；贵州大学2023年研；华侨大学2018年研；华科2017年研；安徽师大2017年研；云南大学2017年研；华中师大2016年研；华南理工2015年研；首师大2014年研；中山大学2011年研］

答：沟通是指借助一定手段，在两个及两个以上个人和群体中传递或交换信息和思想的过程。其目的在于通过相互间的理解与认同来使个人或群体间的认知和行为相互适应。沟通涉及组织管理的各个方面，是有效管理的重要途径和关键条件。沟通的作用主要表现在：①它是企业凝聚力增强的"助力器"；②沟通是领导职能实现的基本途径；③它也是组织与外部环境联系的桥梁。

2. 正式沟通［南艺2023年研；湘潭大学2020年研；中国传媒大学2017年研；同济大学2016年研］

答：正式沟通是指在规定的指挥链或组织安排内发生的沟通。它和组织的结构息息相关，主要包括：按正式组织系统发布的命令、指示、文件，组织召开的正式会议，组织内部上下级之间或同事之间因工作需要而进行的正式接触。正式沟通的优点是：正规、严肃，富有权威性；参与沟通的人员普遍具有较强的责任心和义务感，从而易保持所沟通信息的准确性及保密性。其缺点主要是：对组织机构依赖性较强而造成速度迟缓、沟通形式刻板，存在信息失真或扭曲的可能性；缺乏灵活性，信息传播范围受限制，传播速度比较慢。

3. 非正式沟通［广东财大2023年研；桂林理工2023年研；湘潭大学2021年研；浙江理工2017年研；四川大学2016年研］

答：非正式沟通是指以非正式组织系统或个人为渠道的信息传递。这类沟通主要通过个人之间的接触来进行，不受组织监督，可自由选择沟通渠道，比较灵活方便。组织中的非正式沟通能促进员工满足社会交往的需要，促进组织绩效的改善。其优点是：沟通形式不受拘泥，速度快，效率高，能够及时了解正式沟通难以提供的"内幕消息"；其缺陷也非常明显，如存在难以管控、传递信息不严谨等问题，容易在组织中形成小团体、小圈子等非正式组织，会影响组织的凝聚力。

4. 双向沟通［安徽大学2018年研；长安大学2017年研；中南财大2009年研］

答：双向沟通是指信息发出者和接收者之间进行的双向信息传递和交流。发送者和接收者的位置不断交换，沟通双方既是发送者又是接收者。双向沟通适用于以下情况：①时间充裕，但问题棘手；②下属对解决方案的接受程度至关重要；③下属能对解决问题提供有价值的信息和建议；④上级习惯于双向沟通，并且能够有建设性地处理负反馈。

三、简答题

1. 图示沟通过程，并简述管理者作为信息发送者时的沟通技巧。［北科 2013 年研］

相关试题：简述沟通的过程。［杭州师大 2016 年研；广工大 2016 年研；华中农大 2013 年研］

答：(1)沟通即借助一定手段把可理解的信息、思想和情感在两个或两个以上的个人或群体中传递或交换的过程，目的是通过相互间的理解与认同来使个人和(或)群体间的认知以及行为相互适应。沟通的过程如图 15－2 所示。

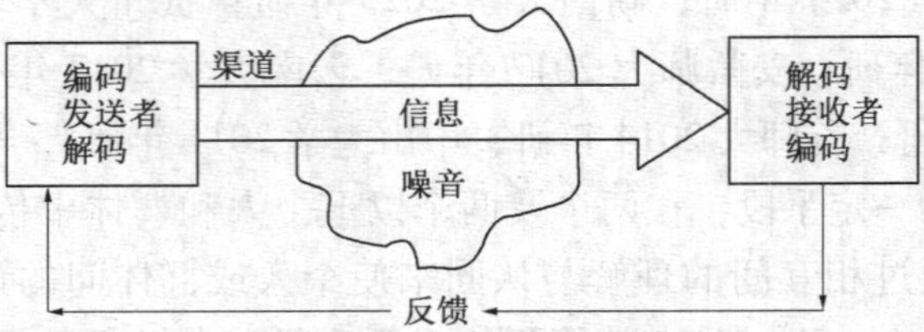

图 15－2　沟通的过程

沟通是传递信息的过程，在这个过程中至少有一个发送者和一个接收者。沟通的基本步骤如下：

①发送者要向接收者传送或需要接收者提供信息。这些信息包括想法、观点、资料等。

②发送者将这些信息编码成接收者能够理解的符号。为了便于沟通，这些符号需要符合适当的媒体；符号形式可选择文字、图表或者照片。

③将符号传递给接收者。不同的符号，传递方式也有所不同；传递方式可以是书面的、口头的或者是形体动作。

④接收者接受符号。接收者要根据符号传递方式，选择相应的接收方式。

⑤接收者将符号翻译为具有特定含义的信息。由于理解能力的不同，信息内容可能会被曲解。

⑥接收者理解信息内容。

⑦发送者通过反馈了解信息是否被准确无误地接受。由于沟通过程中存在许多干扰和扭曲信息传递的因素，反馈成为必要的步骤。

(2)管理者作为信息发送者时的沟通技巧主要有：

①阐明信息的目的性。信号发送者必须阐明他们想要传递的信息，这就意味着进行沟通的第一步必须阐明信息的目的性，并制定实现预期目的的计划。

②使用通俗易懂的编码。有效的沟通要求以信号发送者和接收者都熟悉的符号进行编码和解码，因此，管理人员(特别是参谋人员)应当避免使用不必要的术语，因为这些术语只有各自领域里的专家才懂。

③征求别人的意见。沟通计划不是在真空中形成的，相反，管理者应该征求别人的意见，并鼓励他们参与其中，如收集事实、分析信息、选用适当的媒介。如管理人员在把一

项重要的备忘录下发到组织之前，不妨请同事阅读一下，当然，备忘录的内容应该同接收者的知识水平和组织氛围相适应。

④考虑信息接收者的需要。在条件允许的情况下，无论短期或在较远的未来，人们都应该向接收者沟通有价值的信息。有时短期内影响员工的非常规措施，如果从长远来看对他们有利的话，也容易被员工接受。例如，只要公司表明这一措施从长远来说将增强公司的竞争地位，也不解雇员工，那么缩短工时的措施可能更容易为员工所接受。

⑤使用适当的语调和语言以确保可信度。沟通中的语音语调、措辞以及讲话内容与方式之间的和谐一致等都会影响信息接收者所作出的反应。如一个作风专制的管理人员命令属下的主管实行参与式管理，可能会造成难以克服的信用缺失。

⑥提供反馈。只传递而没有沟通的情况屡见不鲜，而信息只有为接收者所理解，沟通才算是完整的。发送者除非得到反馈，才会知道信息是否为人所理解。可以通过提问、要求复函以及鼓励信息接收者对所接收信息作出反应等方式来取得反馈。

⑦考虑接收者的情绪和动机。沟通的作用不只是传递信息，它也涉及情绪问题，情绪在组织内上下级和同事之间的人际关系方面起着非常重要的作用。此外，沟通对营造一个激励人们为企业目标而工作且为实现个人目标而工作的环境极为重要。沟通的另一个作用是控制，控制并非一定意味着自上而下的控制，相反，目标管理理念强调人们的自我控制，这就要求沟通通畅，并了解衡量绩效的标准。

⑧有效聆听。这不仅是发送者的职责，也是接收者的职责。为了能得到真实的信息反馈，管理人员应该营造一种相互信任的氛围，应该采用支持性的领导作风，少摆领导架子。

2. 试述有效沟通的障碍。［湘潭大学 2020 年研；东北大学 2015 年研］

相关试题：

(1)有效沟通有哪些障碍？［论述题，吉林大学 2024 年研］

(2)简述有效沟通的障碍。［中国传媒大学 2019 年研］

(3)简述正式的组织沟通中的常见障碍有哪些。如何消除这些障碍？［南航 2017 年研］

(4)影响有效沟通的障碍包括哪些？［河北农大 2017 年研；天津财大 2016 年研］

(5)简述影响有效沟通的因素。［哈工大 2014 年研；武大 2012 年研］

(6)简述影响组织有效沟通的特殊因素。［浙工商 2017 年研］

(7)管理沟通中的障碍表现在哪些方面？是怎样的形式？［东财 2010 年研］

答：在沟通的过程中，由于存在各种干扰与噪声，信息容易被丢失或曲解。有效沟通的障碍有：

(1)个人因素。最常见的个体障碍是相互矛盾和前后不一致。如果管理者朝令夕改，或者言行不一，就会损害沟通的有效性。另一个则是缺乏信誉，如果发布者不被人们视为可靠信息源，人们将不会信任他，获得的信息也不会被视为知识性的。

(2)人际因素：

①沟通双方的信任度。沟通是发送者与接收者之间信息交互的过程，因此诚意和信任非常重要。

②信息来源是否可靠。这主要由诚实、能力、热情和客观四个因素决定，实际上是由接收者主观决定的。

③沟通双方的相似程度。沟通双方的相似性会影响沟通的难易程度和坦率性。相似度高的两方更能达成共识。

(3)结构因素：

①地位差异。企业中的员工大都喜欢与比自身地位高的人沟通，因为与上级接触是获得同事承认和尊重的一种方法，同时与对自身未来有重大影响的上级交往可以增加成功的机会。但是，这种沟通往往会严重影响企业发展。

②信息传递链。信息传递过程中层级越多，消耗的时间就越长，信息失真程度则越大。这种信息连续地从一个等级传递到另一个等级时所发生的变化就是信息链传递现象。

③团队规模。当团队规模较大时，沟通也会变得困难。这是因为沟通渠道的增多，大大超过了人数的增长。如果把沟通的各种形式考虑在内的话，渠道数量会更多。

④空间约束。企业中的工作常常要求工人只能在特定的地点进行操作，这种空间约束不仅不利于员工之间的交流，而且限制了他们的沟通。一般来说，距离越短，交往的频率越高。

(4)技术因素：

①语言暗示。每个人表述的内容通常由其独特的经历、社会背景等决定。因此，语言和文字极少对沟通双方都具有相同的含义，而且语言本身的不准确性不仅表现为符号多样，还能激发各种各样的感情，这些感情可能又会更进一步歪曲信息的含义。

②非语言暗示。包括身体姿势、手势、面部表情等。这些无言的信号也强化了所要表述的意义。

③媒介的有效性。书面沟通常用于传递篇幅较长、内容详细的信息，优点是可以为读者提供适合自身的速度和方式；易于远距离传递和储存，并方便在作决策时提取信息；比较准确，因而更可靠、更正式。口头沟通则适合于拥有不同观念的人获得相互理解的信息，优点在于可以快速传递信息，并可能立即得到反馈。

④信息过量。过量的信息没有时间去处理，而且也缺乏必要的信息，因而沟通变得更为困难。

3. 辨析：“沟通无效是发送者的错误。”你是否赞同这个说法？请说明你的理由。［华中农大2018年研］

答：这个说法是错误的。沟通无效不仅与发送者有关，还与接收者等其他因素有关。有效沟通的障碍按沟通过程分析主要有：

(1)信息传递者的障碍：

①表达障碍，指因信息传递者表达能力不足产生的障碍。

②语义障碍，指因对语义的不同理解引起的障碍。

③传递形式障碍，指因传递形式不协调产生的障碍。

④因社会环境与知识局限产生的障碍。

(2)信息传递渠道中的障碍：

①信息传递手段的障碍。在现代信息沟通中，人们使用着越来越多的新型信息传递手段，大大提高了沟通效率。同时，一旦这些手段发生故障就会影响沟通。

②传递层次的障碍。在信息传递中，信息损耗现象被称为信息过滤。信息过滤会使信

息被歪曲、曲解、篡改。

(3)信息接收者的障碍:

①信息接收者在接收到信息之后，有时会按照自己的要求对信息进行过滤，取其倾向的信息，滤掉不倾向的信息。

②理解能力的障碍，这同发送者发送能力的障碍是一样的。

③信息过量障碍。接收者在收到过多的信息时，必然有一部分信息会被忽略，信息发送者和接收者都要对此给予重视。

(4)沟通环境的障碍。沟通系统所处的环境因素中也可能存在一定的障碍，影响沟通的效率和绩效。噪声是沟通环境中的主要障碍。

4. 管理有效沟通的技巧有哪些?［杭州师大 2017 年研］

相关试题：简述组织内部沟通的渠道和策略。［山东大学 2018 年研］

答: 沟通是指借助一定手段，在两个及两个以上个人和群体中传递或交换信息和思想的过程。在沟通的过程中，由于外界干扰以及其他种种因素，信息时常丢失或被曲解，使得信息的传递不能有效进行。因而，要实现管理的有效沟通，就要采取适当的行动来消除沟通中的障碍。沟通中可以采取的技巧有:

(1)信息发送者的沟通技巧:

①管理者必须对其想要传递的信息有清晰的想法，因此进行沟通的第一步必须阐明沟通的目的，并制定实现预期目的的计划。

②形成高质量的编码信息。管理者必须具备良好的口头或书面表达能力以及逻辑推理能力，尽量避免个人偏见对信息编码的影响；同时，管理者还需要运用听众能理解和接受的表述表达自己的观点。

③根据沟通任务的性质选择合适的沟通类型。作为管理者，首先应该分析所需沟通任务的性质，来选择相应的沟通类型。其次，管理者要根据沟通任务的复杂程度选择适宜的沟通渠道。

(2)信息接收者的沟通技巧。管理者作为信息接收者时，要培养积极倾听的技巧。倾听并不是简单地听，管理者要注意对方正在表达的明确含义，还要注意非言语中隐含的信息。培养“听”的艺术要素包括：①表现出兴趣，不要争辩；②要全神贯注，不要打断；③该沉默时必须沉默，不要从事与谈话无关的活动；④选择安静的地方，不要过快作出判断；⑤留适当的时间用于辩论，不要草率地给出结论；⑥注意非语言暗示，不要受到他人情绪的直接影响；⑦没有听清楚时，以疑问的方式重复一遍。对于非面对面的沟通，上述一些原则同样适用。同时作为信息的接收者，还要注意运用反馈，以便更好地实现有效沟通。

四、论述题

1. 有研究表明：企业管理者 70%的时间用在沟通上，企业中 70%的问题是由于沟通障碍引起的。请谈谈你对沟通的理解。并分析造成人际沟通的障碍有哪些？如何克服？［安徽师大 2018 年研］

相关试题:

(1)试述有效沟通的含义。如何克服有效沟通的障碍?［安徽大学 2023 年研］

(2)简述沟通的障碍及其克服。［简答题，桂林理工 2023 年研］

(3)试述管理者如何改善信息沟通。［简答题，北工商 2017 年研］

(4)管理人员经常不能有效沟通主要是沟通障碍问题，请问：常见的妨碍有效沟通的障碍有哪些？管理者应如何克服这些障碍？［湘潭大学 2017 年研］

(5)试述沟通的过程、主要障碍及克服措施。［广工大 2015 年研］

答：(1)沟通的内涵：

沟通是指借助一定手段，在两个及两个以上个人和群体中传递或交换信息和思想的过程。其目的在于通过相互间的理解与认同来使个人或群体间的认知以及行为相互适应。沟通涉及组织管理的各个方面，是有效管理的重要途径和关键条件。

(2)沟通的重要性在于：

①沟通是协调各个体和要素、增强组织凝聚力的方式。每个企业都由许多地位、利益和能力不同的人组成，为使组织目标不偏离总体目标，他们需要互相交流意见，统一认识，以确保个人目标与组织目标的有机统一。

②沟通是领导者激励下属、建立良好组织氛围的途径。在管理过程中，领导者必须将自己的意图和想法告诉下属，并且了解下属的想法。

③沟通是企业与外部环境建立联系的渠道。企业必然要和各种外部环境发生联系，由于外部环境持续变化，这就要求企业不间断地与外界保持持久的沟通，以便更好把握住成功的机会。

(3)有效沟通的障碍，*参见本章考研真题简答题第 2 题答案。*

(4)沟通中障碍的克服：

①明确沟通的重要性，正确对待沟通。管理人员十分重视各项管理职能，但对沟通常有疏忽，确立沟通的重要地位刻不容缓。

②要学会“听”。管理者可以通过全神贯注、必要时沉默、避免争辩与打断等方式来提高“听”的能力。同时，通过发展与发送者的移情，也就是让自己处于发送者的位置，可以提高积极倾听的效果。

③创造相互信任、利于沟通的小环境。管理者要同时获得上下一致的信任。

④缩短信息传递链，拓宽沟通渠道，保证信息畅通完整。管理者可以精简机构，减少机构重叠、层次过多的现象。同时，利用正式沟通渠道和非正式沟通渠道，以便于信息传递。

⑤成立特别委员会，加强上下级的沟通。特别委员会由管理人员和第一线工人组成，定期讨论各种问题。

⑥召开职工代表大会。年度职工代表大会为管理人员汇报工作提供了契机。在每年的职工代表大会上，领导者要向全体职工通报过去的成绩、存在的问题以及未来的发展等重大问题；职工也可以就自己所关心的问题与领导者进行面对面的沟通和交流。

⑦组成非管理工作组。当企业发生重大问题时，管理人员可以组成非管理工作组。

⑧加强平行沟通和横向交流，运用反馈进行双向沟通。企业内部沟通多为垂直沟通，平行沟通能加强横向合作。很多沟通问题是直接由于误解或不准确造成的。如果管理者在沟通中运用反馈，则会减少这些问题的发生。这里的反馈可以是语言的，也可以是非语

言的。

⑨利用互联网进行沟通。管理者可以通过网络与有关人员进行信息沟通。

⑩提高个人的语言表达能力。语言是信息的载体，是提高沟通效率的首要问题。管理者应通过学习和训练，使自己运用语言的能力达到熟练自如、得心应手的水平。

2．试述在管理工作中如何认识冲突、化解冲突。［武汉理工 2006 年研］

答：(1)冲突的含义：

冲突是指由于某种抵触情绪或对立状况而引起的对差异的心理感知。差异本身是否客观存在并不重要，只要群体成员感觉到差异的存在，就处于一种冲突状态。

(2)冲突产生的原因：

①沟通差异。不同社会制度、意识形态、文化背景下形成的组织，或在这种背景下成长起来的组织成员，往往有着各自通用的沟通方式。社会制度、语言文字、历史传统等长期积淀形成的环境氛围，制约着组织的有效沟通范围和沟通渠道，并可能造成人们之间意见的不一致。

②结构差异。组织结构差异会导致组织内信息不对称、利益不一致，从而使人们在目标、绩效评价、劳动报酬、奖惩等方面有不同看法，容易产生冲突。

③个体差异。限于个人社会背景、教育程度、阅历、修养等不同，个体的性格、价值观和作风也不同。这种个体差异造成的合作和沟通的困难往往也容易导致某些冲突的发生。

(3)冲突对组织的积极影响：

①增强组织的创造力。当员工处于激烈竞争环境时，可能更加具有创新精神；在群体间的冲突中，观点的激烈交锋能促进对某一问题的认识，思想碰撞能激发新的思想。

②能够促进员工的个人发展。当员工希望在冲突中获胜时，可能会因此受到激励，并取得令自己都颇感意外的绩效。

③能够帮助管理人员获得更多有价值的信息。冲突可以给管理人员提供有价值的信息，有助于管理人员发现组织潜在的或实际存在的问题，并且运用恰当的手段解决不利于组织健康发展的分歧。

④有利于增强群体的凝聚力。群体间的冲突能够促使群体充分发挥自身的能力与其他群体竞争，能更加有成效地完成工作，提高工作效率。

(4)冲突的化解：

冲突既有积极作用，又有消极影响，应该认识到一味消除冲突并不是最好的管理冲突的手段。组织应保持适度的冲突，养成批评与自我批评、不断创新、努力进取的风气。处理冲突的做法：

①谨慎地选择想处理的冲突。管理者会面临许多冲突。由于管理者的时间和精力是有限的，因而在管理过程中，对冲突管理要有所侧重、有所选择。管理者应优先处理那些重要、有价值的关键事件。

②研究冲突双方的代表人物。当组织的管理者选择了某一冲突情境进行处理时，投入一定的时间和精力了解冲突双方的具体情况就显得非常重要。管理者应当研究冲突双方的特点、差异、主要观点和其真正感兴趣的问题。

③深入了解冲突的根源。冲突产生有其自身的根源，深入了解根源对于解决冲突、化

解矛盾有重要作用。冲突根源发现得越及时、越准确，越有利于提高冲突管理的总体绩效。

④妥善地选择处理办法。通常有五种处理方法：

a. 回避。当冲突无关紧要时，或当冲突双方情绪极为激动时，可采用回避策略。

b. 迁就。当维持和谐关系十分重要时，可采用迁就策略。

c. 强制。当必须对重大事件或紧急事件进行迅速处理时，可采用强制策略。牺牲某一方利益处理后，再做安抚工作。

d. 妥协。当冲突双方势均力敌、争执不下需采取权宜之计时，双方只能都作出一些让步，以实现妥协。

e. 合作。当事件重大，双方不可能妥协时，应经过开诚布公的谈判，走向对双方均有利的合作。

五、案例分析题

问题：该公司的冲突有哪些？原因是什么？如何解决该公司存在的冲突？［电子科大 2014 年研］

答：(1)由材料可知，该公司的冲突包括以下几方面：

①中日双方管理制度和文化冲突。如在材料中提到的，在日本，加班加点不仅司空见惯，而且没有报酬。因此公司合资后引进了日本企业的这种做法，经常让中国员工长时间加班，引起了大家的不满，一些优秀员工还因此离开了亚通公司。这体现了存在于合资企业管理中的制度和文化冲突，适合日本企业和日本员工的先进管理做法未必适合中国企业和中国员工。

②部门之间协调的冲突。由于公司采取的是直线职能制的组织结构，各个部门之间又缺乏充分的沟通，各自为政，缺乏全局意识，工作中相互掣肘。

③员工利益引起的冲突。如研发部吴经理常压制其他工程师，这使得工程部人心涣散、士气低落。

(2)该公司冲突产生的原因主要有以下几点：

①沟通的差异。由于文化和历史背景的不同造成中日双方对于加班薪酬的意见不一致；对日本先进的管理做法过度迷信，没有顾及中国文化和员工的心理。

②结构差异。组织结构差异会导致组织内信息不对称、利益不一致，从而使人们在目标、绩效评价、劳动报酬、奖惩等方面有不同看法，容易产生冲突。

③缺乏统一的企业文化。各部门之间没有统一的大局意识和相互协作精神，由此可见该企业缺乏良好积极的企业文化环境。

④个体差异。限于个人社会背景、教育程度、阅历、修养等不同，个体的性格、价值观和作风也不同。这种个体差异造成的合作和沟通的困难往往也容易导致某些冲突的发生。公司中一些人的个人品质问题，会直接影响到其他员工工作的积极性和对公司的信心。

(3)根据该公司情况，可从以下几个方面处理冲突：

①通过有效沟通，使该企业加班薪酬化，消除员工不满情绪，留住优秀员工，使企业获得更高的效益。就加班事宜对员工作出合理的解释，加班应是自愿行为，要么停止加班，要么给予员工合理、合法的加班费用，并与员工达成协议。

②根据公司运营特点，更改组织结构，使各部门有效合作。

③有意识地鼓励、支持、任用和晋升持不同意见的人，使工作更透明化，避免个别打压现象。公司首先要做的是对吴经理开展充分的沟通，并进行适当的批评教育。让受到压制的员工感受到公正与公平，重塑公司在员工心中的形象。

④不断建立积极向上的企业文化。促使各部门团结一致，培养各部门和员工之间相互协作、相互尊重的精神和氛围。

综合案例　福耀和格力的专业化管理

思考题：

1．从福耀和格力的专业化管理实践中，请尝试总结曹德旺和朱江洪的领导风格。

答：(1)根据管理方格理论，材料中曹德旺的领导方式属于9.1型方式(任务型)，即只注重任务的完成，不重视人的因素。这种领导是一种专权式的领导，高度关心生产，很少关心人，为达到生产目的，常常会强制人们去完成必要的任务。具体表现如下：

①在招工考试时，曹德旺"打定主意不招关系户，只看个人能力"。他坚信"不行贿"的原则，以人格做事。

②福耀注重"严明的纪律性，完善企业的管理制度，并要求员工严格按照制度来执行"。表现为：曹德旺"自己采集工厂的各项生产指标，制定出一个目标""希望他能按照指导书所设计的目标进行管理""保证产品质量与成本进入目标状态"等。

综上，曹德旺注重完成任务和达到目标，他设定明确的目标，并通过明确的指导和监督来推动团队成员的工作进展。他对团队的期望和要求非常明确，注重绩效和结果，属于任务导向型领导风格。

此外，在某些场合，曹德旺的领导风格还有一点民主型，如注重团队成员的参与和意见征询。

(2)朱江洪的领导风格是务实、实干和创新，其领导方式更偏向于民主型。民主型领导，是指领导者发动下属讨论，共同商量，集思广益，然后决策，要求上下融洽，目标一致地工作。

格力打造的是"少说空话，多干实事"的"实"文化，注重"科技创新、技术立企"，"用产品说话"。朱江洪作为创业者与技术专家，更强调放权，非常注重团队建设和员工培养，以打造拥有"专业精神和工匠精神的队伍"。"在格力'实'文化的教育下，在科技立企和品牌建设的行动中，诞生了格力一批批骨干"。他善于发掘员工的潜力，通过鼓励和支持他们的创新思维，推动公司技术的创新和进步。

2．请尝试分析专业化管理与企业持续成长之间的关系。

答：专业化管理主要是指企业在筹建、初创、成长、扩展期间应具有的专业化发展的统一构想，即在某一专业领域中以具体的专业领域作为经营主业，通过专业化人才使企业形成一体化发展。

专业化管理是企业持续成长的重要保障，具体表现在：

(1)提高管理水平和运营效率。专业化管理可以帮助企业更好地发挥人才优势，提高组织的协同效率，优化资源配置。

(2)优化组织架构。专业化管理可以帮助企业优化组织架构，明确各部门职责和工作重点，避免重复劳动和资源浪费，提高企业的协同效率和生产效率。通过优化组织架构，企业可以更好地实现精益管理，提高生产效率和产品质量，降低成本，增强企业的核心竞争力，从而为企业的持续成长奠定基础。

(3)降低经营风险。专业化管理可以帮助企业降低经营风险，提高应对市场风险和经营风险的能力。通过降低经营风险，企业可以更好地适应市场变化、应对竞争压力，实现长期稳定发展，从而促进企业持续成长。

第五篇　控　制

第十六章　控制与控制过程

16.1　复习笔记

【知识框架（庖丁解牛）】

- 控制与控制过程
  - 控制概述
    - 控制的含义、目的、价值、必要性
    - 控制的类型［重点：预先、现场、事后控制］
    - 控制的原则、原理
  - 有效控制
    - 有效控制的基础
    - 有效控制的要求：适时、适度、客观、弹性控制
    - 有效控制系统的特性
    - 影响有效控制的因素
  - 控制过程
    - 确立标准
      - 确定控制对象
      - 选择控制的关键点
      - 确定控制标准
    - 衡量绩效
    - 纠正偏差
  - 危机与管理控制
    - 危机的含义、特征
    - 危机的类型
    - 危机的预警、控制
    - 危机的反应与恢复

【通关提要（提纲挈领）】

本章主要介绍控制与控制过程，比较重要。学习时，要重点掌握控制的类型、有效控制的要求、控制过程，熟悉危机的管理控制。本章主要考查概念题和简答题，复习时要把握具体内容，重点记忆。

【考点难点归纳（厚积薄发）】

考点一：控制概述（见表 16－1）★★★

表 16－1　控制概述

<table>
<tr><th>要点</th><th colspan="3">主要内容</th></tr>
<tr><td>含义</td><td colspan="3">指监控、比较和纠正工作绩效的过程</td></tr>
<tr><td>目的</td><td colspan="3">保证企业的经营活动向着有利于目标实现的方向进行</td></tr>
<tr><td>价值</td><td colspan="3">①计划；②员工授权；③保护组织及其资产</td></tr>
<tr><td>必要性</td><td colspan="3">①环境变化；②管理权力分散；③实际活动的偏离；④工作能力不同</td></tr>
<tr><td rowspan="6">类型</td><td>控制标准值</td><td colspan="2">①程序控制；②跟踪控制；③自适应控制；④最优/最佳控制</td></tr>
<tr><td rowspan="3">目标控制
[控制点位置，见图 16－1]</td><td>预先控制</td><td>又称前馈控制或事前控制，指组织在工作开始前预估未来可能产生的问题，及早采取措施进行防范</td></tr>
<tr><td>现场控制</td><td>又称同期控制或事中控制，指在某项工作或活动正在进行过程中所实施的控制，目的是及时处理例外情况、矫正工作中发生的偏差</td></tr>
<tr><td>事后控制</td><td>又称成果控制或反馈控制，指在工作结束或行为发生之后进行的控制，主要是对本期的资源利用状况及结果进行总结</td></tr>
<tr><td>手段</td><td colspan="2">①直接控制；②间接控制</td></tr>
<tr><td>方式</td><td colspan="2">①集中控制；②分散控制；③分层控制</td></tr>
<tr><td>原则</td><td colspan="3">①未来导向；②反映计划要求；③组织适应性、灵活性；④关键点、效率性；⑤例外；⑥及时性；⑦客观性；⑧准确性；⑨弹性；⑩经济性</td></tr>
<tr><td>原理</td><td colspan="3">SCI 三论：①系统论；②信息论；③控制论原理</td></tr>
</table>

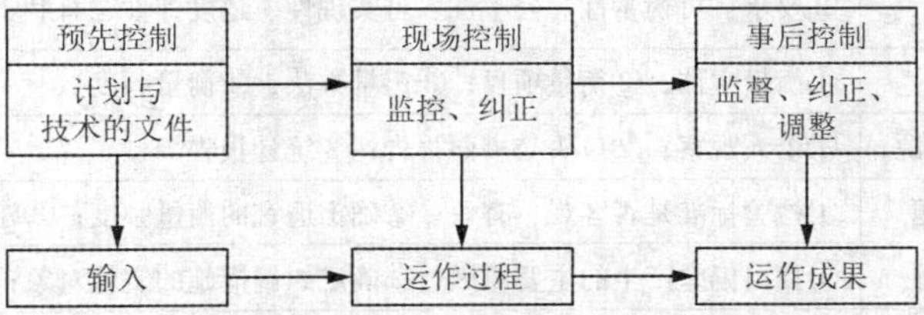

图 16－1　预先控制、现场控制和事后控制

【真题链接】

(1)简述控制及其重要性。[简答题，湘潭大学 2023 年研]

(2)试比较前馈控制和反馈控制的优缺点。[简答题，汕头大学 2022 年研]

考点二：有效控制(见表 16－2)　★★★★

表 16－2　有效控制

<table>
<tr><th>要点</th><th colspan="2">主要内容</th></tr>
<tr><td>基础</td><td colspan="2">①科学计划；②及时收集准确的信息；③建立明确的责任制；④建立严密的组织</td></tr>
<tr><td rowspan="4">要求</td><td>适时控制</td><td>指及时纠偏，建立警戒线防患于未然</td></tr>
<tr><td>适度控制</td><td>指控制的范围、程度和频度恰到好处，允许差异的存在。即：
①实施控制的频度和程度要恰当，防止过多控制和控制不足。
②实施全面控制，抓住重点控制。
③注重经济性，费用、收益要合理</td></tr>
<tr><td>客观控制</td><td>指要针对企业实际状况进行必要且恰当的监督和纠偏</td></tr>
<tr><td>弹性控制</td><td>指企业制定的计划和标准应具有弹性</td></tr>
</table>

续表

要点	主要内容
系统特性	①精确性；②经济性；③灵活性；④标准合理性；⑤可接受性；⑥战略高度性；⑦强调例外；⑧能确保纠偏
影响因素	①信息不畅不准的影响；②管理者分权不当的影响；③组织制定标准不实的影响；④组织控制制度不完善的影响；⑤组织各部门之间运作不协调的影响
提高	①树立现代控制理念；②合理分权；③建立控制制度

考点三：控制过程(见表16－3) ★★★

表16－3 控制过程

过程	主要内容	
确立标准	确定控制对象	即“控制什么”：经营成果及其影响因素
	选择控制点	①方法：关键点法和标杆法[战略对标、经营对标和管理对标]。 ②应考虑的因素：a. 影响整个工作运行过程的重要操作与事项；b. 能在重大损失出现前显示出差异的事项；c. 能反映组织主要绩效水平的时空分布均衡的控制点
	确定控制标准	①方法：a. 统计分析法，又称历史分析法；b. 经验判断/估计法；c. 技术分析法或工程方法。 ②要求：可衡量性、公平性、可实现性、适度弹性、有利于信息沟通和组织发展
衡量成效	内容	①衡量主体；②衡量项目；③衡量方法；④衡量频度
	衡量信息来源	①个人观察；②口头与书面报告；③统计报告
	应注意问题	①检验标准是否客观、有效；②确定适宜的衡量频度；③建立信息反馈系统
纠正偏差	应注意问题	①找出偏差产生的主要原因；②确定纠偏措施的实施对象；③选择恰当的纠偏措施
	纠偏措施	①修订标准：修改计划，调整标准；②改善工作：纠正工作过程中的工作偏差

【真题链接】

(1)简述控制的过程。[简答题，吉林大学2024年研]

(2)控制过程包括哪几个步骤，请逐一进行解释。[论述题，北邮2023年研]

(3)试述控制的过程。[论述题，华东师大2021年研]

考点四：危机与管理控制(见表16－4) ★★★

表16－4 危机与管理控制

要点	主要内容	
危机的含义	指突发的、严重影响组织生存与发展的一种状态	
危机的特征	基本特征	①实质：可能危及企业生存的“严重问题”。 ②影响企业当前的生存和长期发展。 ③产生于企业内外的各种突发性事件
	一般特征	①突发性；②危害性；③紧迫性；④信息资源不充分

续表

要点	主要内容	
危机的类型	产生原因	①外源危机；②内源危机
	涉及领域宽窄	①战略危机；②职能危机
	可预见、可控性	①可预见、可控危机；②不可预见、不可控危机
危机预警	①危机预警系统的建立。 ②危机应对的准备工作，包括：a. 危机管理小组的设立；b. 危机预案的制定；c. 危机预案的演习；d. 危机管理意识的培训	
危机控制	①危机辨识；②危机消解；③危机沟通；④危机后的学习	
危机反应与恢复	危机反应	①建立危机处理小组；②启动应急预案或制定新方案；③隔离危机；④获取更多信息
	危机恢复	①建立危机恢复小组；②获取危机处理信息；③制定并实施危机恢复计划；④危机评估与发展

16.2 课后习题详解

1. 什么是控制？在管理中控制的作用是什么？

答：(1)控制是指根据事先确定的规则和标准，管理者采取措施，使实际活动与先前的计划相一致的过程。控制工作的主要内容包括确立标准、衡量成效和纠正偏差。

(2)作为管理工作最重要的职能之一，控制是管理过程中不可分割的一部分。管理中的计划、组织、领导等职能必须伴随有效的控制，才能真正发挥作用。控制的作用即其必要性，参见本章考研真题简答题第1题答案。

2. 描述控制的过程。

答：参见本章考研真题简答题第3题答案。

3. 计划与控制是如何产生联系的？为什么在控制过程中“衡量什么”比“如何衡量”更关键？

答：(1)控制和计划密不可分，其通过以下几方面产生联系：

①计划为控制提供衡量的标准。没有计划，控制就成了无本之木。同时，控制又是计划得以实现的保证。没有控制，计划就等于一纸空谈。

②计划和控制相互依赖。计划越明确、全面和完整，控制工作就越好进行，效果也越好；而控制越准确、全面和深入，就越能保证计划的顺利进行，并能够反馈更多信息以提高计划的质量。

③有效的控制方法首先是计划方法，如预算、政策、程序和规则等，选择控制方法和设计控制体系时必须要考虑到计划本身的特点。

④计划工作本身也必须有一定的控制，如对计划的程序、质量等实施控制；控制工作本身也必须有一定的计划，如对控制的程序、控制的内容等，都必须进行一定的计划。

(2)在控制过程中，“衡量什么”涉及控制的具体对象，它属于管理中“做正确的事”范畴；“如何衡量”涉及控制的方法和具体的手段，它属于管理中“正确地做事”的范畴。“衡量什么”将会在很大程度上决定组织中的员工追求什么，如果选择了错误的标准，将会导致不良后果。只有保证“衡量什么”与控制的目标相符，“如何衡量”才能有利于实现该目标。因此“衡量什么”比“如何衡量”更关键。

①“衡量什么”是衡量工作中最重要的方面。“衡量什么”要在衡量工作之前确定下来，因为管理者在确定衡量标准时，随着标准的制定，计量对象、计算方法以及统计口径等内容也就相应地确定下来了。简言之，需要衡量的是实际工作中与已制定的标准相对应的要素。需要注意的是，由于不同的衡量项目还存在一个衡量的难易问题，所以要注意保证衡量内容的全面性和客观性，防止衡量中的畏难倾向。例如，愿意并侧重于衡量那些易衡量的项目，而忽视了不易衡量、较不明显但实际相当重要的项目。

②衡量的方法。管理者可通过亲自观察、抽样调查等方法来获得实际工作的资料和信息。应当看到，组织中常存在一些无法直接衡量的工作，它们质量的好坏有时可通过某些现象作出推断。如从员工的合理化建议增多或许可推断出企业的民主化管理有所加强，员工工作热情下降现象增多或许可推断出管理工作存有不当之处等。在实际衡量工作过程中，必须将多种方法结合使用，以确保所获取信息的质量。

4. “调整性纠偏”与“彻底性纠偏”的差别是什么？

答：(1)“调整性纠偏”是指在控制过程中，将出现问题的工作纠正到正确的轨道上。

(2)“彻底性纠偏”是指首先要弄清工作中的偏差是如何产生的、为什么会产生，然后从产生偏差的地方开始进行纠正行动。

(3)二者的差别，本质不在于幅度，而在于有没有从本质上弄清偏差产生的原因，采取恰当的纠偏措施进行纠偏，使得组织的活动与计划标准动态适应。调整性纠偏主要目的是使出现问题的工作结果与目的相符；彻底性纠偏关注的是工作出现问题的原因，致力于从根本上解决问题。

管理者常以没有时间为借口而不采取彻底性纠正活动，满足于不断救火式的调整性纠偏行动。但事实证明，对偏差进行认真分析，并花时间永久性纠正实际工作绩效与标准之间的偏差对管理工作非常有效。

5. 比较不同类型控制的优缺点。

答：控制根据时机、对象和目标的不同，可划分为三类，其优缺点如下：

(1)预先控制。又称事前控制或前馈控制，是指在组织工作开始前预估可能产生的问题，及早采取措施加以防范，以尽可能早地消除偏差。

①优点：

a. 在工作开始之前进行，避免了事后控制对已经铸成的差错无能为力的弊端。

b. 在工作开始之前针对某项计划行动所依赖的条件进行控制，因不针对具体人员，不易造成对立面的冲突，控制活动易于被员工接受并实施。

②缺点。预先控制要求管理者能够及时、准确掌握各种信息，充分了解影响工作进行的各种因素。从现实来看，要做到这些是十分困难的。因此，还需要其他方式的控制与之相配合。

(2)现场控制。又称同步控制或同期控制，是指在某项工作或活动正在进行过程中所实施的控制。

①优点。现场控制是在工作现场进行，能够及时发现问题并予以处理，从而避免更大差错的出现。它所具有的指导职能，也有利于提高工作人员的工作能力和自控能力。

②缺点：

a. 容易受管理者时间、精力和业务水平的制约，管理者不能时时对事事进行现场控制，只能偶尔使用或在关键项目上使用。

b. 应用范围较窄。对生产工作容易进行现场控制，而对那些问题难以辨别、成果难以衡量的工作很难进行现场控制，如科研、管理工作等，几乎无法进行现场控制。

c. 控制者和被控制者之间容易产生对立情绪，挫伤被控制者的工作积极性和主动性。

(3)成果控制。又称事后控制或反馈控制，是指在工作结束或行为发生之后进行的控制。

①优点。通过总结过去的经验和教训，为未来计划的制定和活动的安排提供借鉴，如通过财务分析结果指导企业在下期活动中调整产品结构或生产方向等。

②缺点。在矫正措施实施之前，偏差或损失已经产生，只能亡羊补牢。

6. 一个有效的控制系统应具备哪些条件?

答: 控制要有效，应该具备一定的基础。一个有效的控制系统应具备以下条件：

(1)科学计划。计划包含着控制。有了计划才有控制。

①组织计划是控制的总体标准。完成计划、实现目标是控制的最终目的。计划制定得越详细、明确、可行，控制也越容易有效。所以计划是控制的基础。

②管理控制本身也要制定计划。对于控制管理者来说，一方面要建立控制标准、控制程序；另一方面还必须明确控制工作的重点、方法和目标。即控制工作本身也需要计划。

(2)及时收集准确的信息。信息是组织营运的要素，也是控制的基础和前提。有效控制必须有准确、及时、完整的信息。为了保证获得有效的信息，在控制系统中必须建立起完善的信息传递网络和机制。要保证信息畅通，还要建立必要的信息处理机构，运用先进的信息传递、处理和分析工具等，建立科学的报告制度。

(3)建立明确的责任制。标准的确定仅为有效控制提供了衡量组织营运状况的尺度，只有贯彻落实，才会起作用。因此，有效控制必须建立起明确的责任制。这样才能使每一个人都明确自己的职责和要达到的标准，在工作中自觉地履行职责，按标准完成任务。这样做有助于把被动控制转化为主动控制，使有效控制得以实现。

(4)建立严密的组织。控制要有严密的组织，主要表现在：

①为了落实组织管理的有效控制职能，应建立起专门的机构，配备专职的人员，明确其职责。这项工作就是落实由谁来控制，解决缺位的问题。

②有效控制应注重沟通协调。在一个组织中，控制是多方面的，各方面的工作和目的都不一样。为了保证组织的最终目标得以实现，各个部门的运作必须一致。因此，控制过程中必须充分注重沟通与协调。

7. 危机爆发后的管理控制工作包括哪些内容?

答：危机爆发后的管理控制工作主要包括以下内容：

(1)危机辨识。识别危机发生的预警信号，以尽可能在早期采取预防和消除行动；确认危机的发生并深挖其根源，要迅速识别危机可能对企业造成的冲击，迅速采取应对措施以尽量缩减危机损失。

(2)危机消解。危机发生后，管理层应立即采取行动，尽可能将损失控制在最小，并尽可能从危机带来的损害中恢复过来，使组织恢复正常运转，成功地度过危机。

(3)危机沟通，即企业公共关系管理及内外信息沟通。危机爆发后，企业的利益相关者和社会公众需要了解事件的信息。在不影响商业机密或技术秘密的前提下，企业必须有诚意、及时地传递真实的信息。

(4)从危机中学习。即总结经验教训，从危机中发现和挖掘机会，尽早采取防范措施，以避免危机、改善危机管理效率。

16.3 考研真题

一、单项选择题

"治病不如防病，防病不如讲究卫生"，根据这一说法，以下几种控制方式中最重要的是(　　)。[暨南大学2020年研]

A. 预先控制　　B. 实时控制　　C. 反馈控制　　D. 事后控制

二、概念题

1. 控制[浙大2022年研；杭州师大2020年研；宁波大学2019年研；云南大学2017年研；四川大学2017年研；广工大2016年研；湘潭大学2015年研]

2. 前馈控制[西南林大2024年研；湖南师大2022年研；广西民大2022年研；大连理工2018年研；广工大2017年研；暨南大学2016年研；河北大学2016年研；浙大2015年研；华南理工2013年研；北科2011年研]

3. 同期控制[安徽大学2023年研；安徽师大2021年研；首都师大2010年研]

4. 反馈控制[广工大2024年研；北理2023年研；河北大学2018年研；东财2017年研；长安大学2017年研；华南理工2011年研]、事后控制[大连海事2017年研]

5. 调整性纠偏与彻底性纠偏[广东财大2023年研]

三、简答题

1. 结合实际阐述控制职能的重要性。[北师2005年研]

相关试题：

(1)简述控制及其重要性。[湘潭大学2023年研]

(2)简述控制的必要性及有效控制的要求。[广外2017年研]

(3)简述控制的必要性与过程。[华科2013年研]

2. 请举例说明现场控制，并分析现场控制的优缺点及管理实践中应注意的事项。[南开大学2006年研]

相关试题：

(1)试比较前馈控制和反馈控制的优缺点。[汕头大学2022年研]
(2)简答前馈控制、现场控制和反馈控制之间的区别。[中国地大2019年研]
(3)请解释前馈控制和反馈控制的关系。[华侨大学2015年研]
3. 简述控制的过程。[吉林大学2024年研]
相关试题：
(1)控制过程包括哪几个步骤，请逐一进行解释。[论述题，北邮2023年研]
(2)控制的必要性及控制的过程。[论述题，吉林大学2023年研]
(3)试述控制的过程。[论述题，华东师大2021年研]
(4)简述控制的程序。[湘潭大学2020年研；广工大2015年研；中南财大2010年研]
(5)描述控制的过程。[大连理工2018年研；中国海大2013年研]
4. 简述有效控制的特征。[华南理工2014年研；江南大学2013年研；北工商2011年研；北二外2011年研]

16.4　考研真题详解

一、单项选择题

A【解析】预先控制又称事前控制或前馈控制，是指组织在工作活动正式开始前对工作中可能产生的偏差进行预测和估计并采取防范措施，将可能的偏差消除于产生之前。前馈控制是一种面向未来的控制，强调防患于未然。

二、概念题

1. 控制[浙大2022年研；杭州师大2020年研；宁波大学2019年研；云南大学2017年研；四川大学2017年研；广工大2016年研；湘潭大学2015年研]

答：参见本章考研真题简答题第3题答案。

2. 前馈控制[西南林大2024年研；湖南师大2022年研；广西民大2022年研；大连理工2018年研；广工大2017年研；暨南大学2016年研；河北大学2016年研；浙大2015年研；华南理工2013年研；北科2011年研]

答：参见本章课后习题第5题答案。

3. 同期控制[安徽大学2023年研；安徽师大2021年研；首都师大2010年研]

答：参见本章课后习题第5题答案。

4. 反馈控制[广工大2024年研；北理2023年研；河北大学2018年研；东财2017年研；长安大学2017年研；华南理工2011年研]、**事后控制**[大连海事2017年研]

答：参见本章课后习题第5题答案。

5. 调整性纠偏与彻底性纠偏[广东财大2023年研]

答：参见本章课后习题第4题答案。

三、简答题

1. 结合实际阐述控制职能的重要性。[北师 2005 年研]

相关试题：

(1) 简述控制及其重要性。[湘潭大学 2023 年研]

(2) 简述控制的必要性及有效控制的要求。[广外 2017 年研]

(3) 简述控制的必要性与过程。[华科 2013 年研]

答：在管理工作中，作为管理职能之一的控制工作，是指根据事先确定的规则和标准，管理者采取措施，使实际活动与计划相一致的过程。

(1) 控制职能的必要性：

①外部环境的变化。企业处在一个动态变化的环境当中，供需关系时时刻刻都有发生变化的可能。如果市场的供需状况发生了变化，那么企业的生产和销售都需要作出相应的调整。因此，所有企业的管理者必须按照预定的控制标准，对企业各项生产、经营活动进行控制，并及时作出调整，以保证目标的实现。

②管理权力的分散。随着企业规模的不断扩大，企业管理者的工作会不断增加。但是，每一位管理者的时间和精力都有限，任何一个管理者都不可能掌管企业的所有事项。为了应对这一矛盾，企业内部会逐渐出现分权。在分权的情况下，如果没有控制，各个管理者将无法确定下属的工作是否与计划相符，更无法发现错误和偏差并进行及时纠正。为了确保各个下属所负责的事项符合计划和目标的要求，企业的管理者必须按照预定的控制标准进行控制。

③实际活动的偏离。为了实现预定的目标，企业管理者需要制订详细的经营计划，调整和优化组织结构，领导和激励员工并指导员工开展经营活动。即便如此，也并不能保证每项工作都能够按照计划进行。但是，管理者可以借助控制采取纠正偏差和调整标准的活动，从而保证每项工作都朝着目标实现的方向进行。

④工作能力的差异。由于组织成员的认识能力和工作能力存在差异，即使企业制定了全面完善的计划，实际工作结果也可能在质和量上与计划要求不符；不论哪个环节产生偏离计划的现象，都会对整个企业活动造成冲击。因此，对经营活动的控制是十分必要的。

(2) 控制职能的意义(作用)：

①控制是完成计划的重要保障。主要表现为：a. 通过控制纠正计划执行过程中出现的各种偏差，督促计划执行者按计划办事；b. 对计划中不符合实际情况的内容，根据执行过程中的实际情况，进行必要的修正、调整，使计划更加符合实际。

②控制是提高组织效率的有效手段。其主要表现有：a. 控制过程是一个纠正偏差的过程，有助于提高人们执行计划的效率；b. 控制对计划的调整和修正，使计划工作得以不断改进；c. 控制工作有助于决策者不断提高其决策、控制等管理活动的水平。

③控制是管理创新的催化剂。控制不仅要保证计划完成，还要促进管理创新。

2. 请举例说明现场控制，并分析现场控制的优缺点及管理实践中应注意的事项。[南开大学 2006 年研]

相关试题：

(1)试比较前馈控制和反馈控制的优缺点。[汕头大学2022年研]

(2)简答前馈控制、现场控制和反馈控制之间的区别。[中国地大2019年研]

(3)请解释前馈控制和反馈控制的关系。[华侨大学2015年研]

答：现场控制又称同步控制或同期控制，是指在某项工作或活动正在进行过程中所实施的控制。现场控制是一种面对面的领导，目的是及时处理例外情况、矫正工作中发生的偏差。这类控制方法主要为基层主管人员所采用，最常见的现场控制手段是主管人员通过深入现场亲自监督检查、指导和控制下属人员的活动。

(1)现场控制的优缺点，参见本章课后习题第5题答案。

(2)管理实践中要注意的问题：

①对于控制标准能精确确定、问题和成果易衡量的工作，可采用现场控制的手段。

②现场控制的手段必须正确运用，在进行控制之前一定要先制定好控制标准。

③要采用恰当的方式，不要让被控制者产生抵触，和被控制者进行双向沟通，双方一起进行现场控制。

④控制工作是事前控制、现场控制和事后控制的结合，要注意这三者的结合运用，加强事前控制，减小现场控制的压力。

总之，现场控制主要有监督和指导两项职能，监督是指按照预定的标准进行监督；指导是指管理者针对工作中出现的问题，根据经验进行纠正偏差的活动。要充分发挥现场控制的作用，一方面要制定好标准，另一方面对控制者的素质也提出了较高的要求。

3. 简述控制的过程。[吉林大学2024年研]

相关试题：

(1)控制过程包括哪几个步骤，请逐一进行解释。[论述题，北邮2023年研]

(2)控制的必要性及控制的过程。[论述题，吉林大学2023年研]

(3)试述控制的过程。[论述题，华东师大2021年研]

(4)简述控制的程序。[湘潭大学2020年研；广工大2015年研；中南财大2010年研]

(5)描述控制的过程。[大连理工2018年研；中国海大2013年研]

答：(1)控制是指根据事先规定的标准监督检查各项活动，并根据偏差调整行动或调整计划，使二者相吻合的过程。简单而言，控制就是管理者确保实际活动与规划活动相一致的过程。

(2)一般而言，控制过程可以分为三个步骤：

①确立标准。要对组织的各项活动或工作进行有效控制，就必须首先明确相应的控制标准。没有标准，就无法对工作活动及其效果进行检查和评价，无法了解工作的进展状况或存在的问题，当然就无法采取相应的纠偏措施。

a. 选择控制对象。管理控制首先要解决“控制什么”的问题，经营活动成果是管理控制的重点对象。对组织工作和活动进行控制的目的是实现组织目标，取得相应成果。因此，组织活动的成果应该优先作为管理控制工作的重点对象。

b. 选择关键控制点。在确定控制对象后，就要选择具体的控制关键点，制定控制标准。组织不可能也没必要对所有工作活动进行控制，只能在影响组织成果的众多因素中选择若干关键环节作为重点控制对象。

c．确定控制标准。选择关键控制点后，组织可以依据关键控制点确定明确的控制标准。

②衡量成效。制定控制标准是为了衡量实际业绩，取得控制对象的相关信息，把实际工作情况和标准进行比较，据此对实际工作作出评估。

a．衡量的主体。衡量实际业绩的主体不一样，控制工作的类型也会形成差别，对控制效果和控制方式产生影响。

b．衡量的项目。"衡量什么"是衡量工作中最重要的方面，要在衡量工作之前确定。

c．衡量的方法。包括观察、抽样调查等方法。

d．衡量的频度。衡量实绩的次数或频率，通俗地说，就是间隔多长时间衡量一次实绩。对不同的衡量项目，衡量的频度可能不一样。有效控制要求确定适宜的衡量频度。

③纠正偏差：

a．找出偏差产生的主要原因，分析反映偏差的各种信息。

b．确定纠偏措施的实施对象。纠偏对象不仅包括工作过程中的实际活动，还包括活动开始前的各种计划和标准。

c．选择恰当的纠偏措施。根据偏差产生的原因，制定与之相对应的纠偏方案。

4．简述有效控制的特征。［华南理工 2014 年研；江南大学 2013 年研；北工商 2011 年研；北二外 2011 年研］

答：控制的目标主要是限制各种偏差的累积，防止形成系统误差，使组织经营适应社会环境和市场需求的动态变化，保证预期目标和计划的实现。为此，有效的控制应具有以下特征：

（1）适时控制。即要及时对企业经营过程中产生的偏差予以纠正，以避免偏差扩大和增多。纠正偏差要防患于未然，为控制对象建立警戒线。

（2）适度控制。指控制的范围、程度和频度要恰到好处。主要包括：

①实施控制的频度和程度要适宜，防止过多控制和控制不足。做任何事都有个限度，超过或达不到这个度，就事与愿违。因此，要依据需要控制的程度和频度，进行适度控制。

②实施全面控制，抓住重点控制。对组织的营运进行全面控制非常必要，否则一个环节失控，就会造成损失。同时，运作中各个环节的控制频度和程度各不相同，失控的损失也相异，这就要求选择关键环节重点控制。

③注重经济性，权衡费用和收益。一项控制带来的收益超出其所需成本时，才是经济的。

（3）客观控制。应该针对企业的实际状况，进行适宜的监督、量度和纠偏。客观控制源于对企业经营现状以及对客观变化的了解和分析。控制的标准、手段要符合变化的客观实际，脱离实际的过高或过低的控制，都会造成损失。

（4）弹性控制。企业在生产经营过程中，难免会遇到一些没有预料到的或无法应对的变化，这些变化可能导致企业计划和标准的背离。此时，就需要控制具有弹性和灵活性。一个有效的控制系统应是灵活且富有弹性的，在遇到突发情形时仍能发挥作用。一般来说，企业制定的计划和标准应具有一定弹性。

第十七章　控制方法

17.1　复习笔记

【知识框架(庖丁解牛)】

- 控制方法
  - 预算控制
    - 预算的含义、内容
    - 预算的作用、局限性
    - 预算的形式
  - 非预算控制
    - 比率分析
      - 财务比率
      - 经营比率
    - 审计控制
      - 外部审计
      - 内部审计
      - 管理审计
    - 损益控制：损益表、事后控制
  - 成本控制：基础、步骤、作用
  - 其他控制方法
    - 标杆管理：含义、步骤、作用、局限性
    - 平衡计分卡：含义、优点、四个方面

【通关提要(提纲挈领)】

本章主要介绍控制的几种方法，学习时要着重掌握预算控制、非预算控制、标杆管理和平衡计分卡的理论与方法。本章主要考查概念题和简答题，复习时要整体把握，并熟悉各种方法的适用情境。

【考点难点归纳(厚积薄发)】

考点一：预算控制　★★★

1. 预算概述(见表 17－1)

表 17－1　预算概述

要点	主要内容
含义	①指用数字编制的反映组织在未来某一时期的综合计划。 ②预算通过财务数字[如投资预算]或非财务数字[如生产预算]把计划数字化，将预算和计划相联系，与组织系统相适应，以达到实施管理控制的目的

续表

要点	主要内容	
内容	收入预算	主要是销售预算
	支出预算	又称费用预算，主要是生产活动预算
	利润预算	结合收入预算和支出预算而编制，是衡量企业绩效最常用的经济指标
	现金预算	预测现金收支
	资金支出预算	又称投资预算，以扩产增收为目的
	资产负债预算	估算会计年度末的财务状况
作用	①明确工作目标；②协调部门关系；③控制日常工作；④考核绩效的标准	
局限性	①忽视了对不能计量的企业要素如企业文化、企业活力等的改善。 ②以上一期预算项目为参考和标准，对本期活动的实际需要可能估计不足。 ③外部环境的不断变化可能会使预算变得不合时宜。过度预算可能会束缚决策者的行动，使企业经营缺乏灵活性和适应性。 ④受限于费用预算限度，可能会偏离部门活动的本来目的	

【真题链接】

(1)简述预算的内容及作用。[简答题，东北大学 2021 年研]

(2)有企业高管认为预算是公司的祸根，制定预算就等于追求最低业绩。因为预算的存在让每个人都在讨价还价，争取制定最低指标，你永远只能得到员工最低水平的贡献。预算管理是否已经没有存在的必要了？你对此是否同意？请予以解释。[观点辨析，广东财大 2021 年研]

2. 预算形式(见表 17－2)

表 17－2 预算形式

形式	主要内容	
分预算与全面预算	分预算	按部门和项目编制
	全面预算	基于对所有部门或项目分预算进行的综合平衡而编制，概括企业未来的总目标[用统一的货币单位衡量]
静态预算与弹性预算	静态预算	又称固定预算，其业务量基础一般按预算期内可能实现的水平确定
	弹性预算	又称动态预算。编制弹性预算需要考虑业务量变动的可能性，将总成本按照成本性态分成固定成本和可变成本两种类型
增量预算与零基预算	增量预算	又称基线预算法，以上一年度的实际发生数为基础，再结合预算期的具体情况加以调整
	零基预算	不考虑基期预算水平，完全在实际业务水平和预测的基础上进行编制。每个新的预算期间的所有预算支出都以零为基点

考点二：非预算控制(见表 17－3) ★★★

表 17－3　非预算控制

<table>
<tr><th>方法</th><th colspan="3">主要内容</th></tr>
<tr><td rowspan="3">比率分析</td><td>含义</td><td colspan="2">指通过财务报表有关指标的比率计算，分析并评价企业的财务状况和经营成果，以了解企业的发展前景</td></tr>
<tr><td rowspan="2">类型</td><td>财务比率</td><td>包括：流动比率、速动比率、负债比率、盈利比率</td></tr>
<tr><td>经营比率</td><td>又称活力比率，主要包括：库存周转率、固定资产周转率、销售收入与销售费用的比率</td></tr>
<tr><td rowspan="4">审计控制</td><td>含义</td><td colspan="2">指对组织资金运动的会计记录和财务报表等进行审核、鉴定，判断其真实性和公允性，从而发挥其控制作用</td></tr>
<tr><td rowspan="3">类型</td><td>外部审计</td><td>由外部审计机构的审计人员进行的审计</td></tr>
<tr><td>内部审计</td><td>由内部专职人员对企业进行全面的审计</td></tr>
<tr><td>管理审计</td><td>对企业所有管理工作及其绩效进行全面系统的评价和鉴定，常聘请外部专家进行</td></tr>
<tr><td rowspan="3">损益控制</td><td>含义</td><td colspan="2">指根据损益表综合控制企业的管理活动及其成效</td></tr>
<tr><td>优点</td><td colspan="2">利于总体把握问题的关键，以采取针对性的纠偏措施</td></tr>
<tr><td>局限性</td><td colspan="2">①属于事后控制，只能为后期工作提供借鉴，无法改善前期工作。
②在损益表上不能准确判断利润发生偏差的主要原因</td></tr>
</table>

【真题链接】简述非预算控制的手段。［简答题，北交 2013 年研］

考点三：成本控制（见表 17－4）★★★

表 17－4　成本控制

<table>
<tr><th>要点</th><th colspan="3">主要内容</th></tr>
<tr><td rowspan="3">基础</td><td>成本对象</td><td colspan="2">指需对其进行成本计量和分配的项目</td></tr>
<tr><td rowspan="2">成本分配</td><td>直接成本分配</td><td>直接成本是指与产出的产品或服务的数量成比例关系的成本，如劳动成本和材料成本</td></tr>
<tr><td>间接成本分配</td><td>间接成本是不受产出量变化影响的成本，如制造费用等</td></tr>
<tr><td>步骤</td><td colspan="3">①建立成本控制标准；②核算成本控制绩效，调查并分析成本偏差发生的原因；③采取纠偏措施</td></tr>
<tr><td>作用</td><td colspan="3">①能提高企业竞争力，从而提高企业经济效益。
②能减少企业价值活动过程中的一切浪费，实现精益生产</td></tr>
</table>

考点四：其他控制方法 ★★★★

1. 标杆管理（见表 17－5）

表 17－5　标杆管理

要点	主要内容
含义	指从竞争对手或其他组织中寻找标杆［用来测量和比较的卓越标准］，在对比本企业实际状况基础上制定并实施改进策略进行管理的一种方法

续表

要点	主要内容
步骤	确定控制项目→确定控制对象和对比点→组成工作小组，制定工作计划→调查和收集资料→分析比较→明确改进方向，制定实施方案→沟通与修正方案→实施与监督→总结经验→进行再标杆循环
作用	①通过设立目标对象，并以企业中最重要的因素为改进内容，全面提升企业的竞争力。 ②标杆管理的控制指标包括财务指标和非财务指标
局限性	①标杆管理容易导致企业的竞争战略趋同。 ②标杆控制容易使企业陷入“落后—标杆—又落后—再标杆”的陷阱中

【真题链接】标杆管理［概念题，浙大 2020 年研；长安大学 2017 年研；中山大学 2015 年研］

2. 平衡计分卡（见表 17－6）

表 17－6　平衡计分卡

要点		主要内容
含义		1992 年由卡普兰和诺顿提出，从财务、客户、内部经营过程、学习与成长四个维度将企业战略转化为具体指标，并由此构建了一套新的管理控制和绩效评价的工具
优点		①企业战略处于核心地位。 ②使战略在企业上下进行交流和学习，并与各部门目标和个人目标联系起来。 ③使战略目标在各个经营层面达成一致。 ④有助于短期成果和长远发展的协调统一
四个方面	财务绩效	是企业首要追求的方面，其他三方面指标都属于其动因，主要是传统的财务指标，如现金流、投资回报率等
	客户服务	企业要根据目标市场中目标客户的价值主张确定客户指标，主要包括：市场份额、客户回头率、新客户获得率、客户满意度等
	内部经营过程	主要包括：成品率、次品率、返工率、新产品占比、新产品开发周期等
	学习与成长	具体指标包括战略工作胜任率、战略信息可用性等
闭环管理系统［五个阶段］		①通过分析企业的内外环境和优劣势来制定企业战略。 ②通过平衡计分卡等方法使战略转化为具体目标，并建立绩效评估体系。 ③根据目标制定营运计划。 ④实施和监督营运计划。 ⑤管理人员在评价分析成本、效果的基础上进行战略调整，并开始新一轮的循环
逻辑		①阐明并诠释愿景与战略；②沟通与联系；③计划与制定目标值；④战略反馈与学习

17.2 课后习题详解

1. 解释预算控制的内容，并说明如何进行预算控制。

答：预算控制是指根据预算规定的收入与支出标准来检查和监督各个部门的生产经营活动，以保证各种活动或各个部门在充分达成既定目标、实现利润的过程中，对经营资源进行充分的利用，从而对费用支出进行严格有效的约束。

(1)预算控制的内容，参见本章考研真题简答题第1题答案。

(2)预算控制的途径。要使预算控制很好地发挥作用，管理者必须明确：预算仅仅是管理的手段，不能代替管理的工作；预算具有局限性，而且必须切合每项工作。另外，预算不仅仅是财务人员和总会计师的管理手段，也是所有管理者的管理手段。预算控制必须注意以下几个方面：

①高层管理部门的支持。要使预算的编制和管理最有效果，就必须得到高层管理部门全心全意的支持。

②管理者的参与。使预算发挥作用的另一种方法就是高层部门的直接参与，也就是希望那些按预算从事经营管理的所有管理者都置身于预算编制工作。

③确定各种标准。提出和制定各种可用的标准，并且能够按照这种标准把各项计划和工作转换为对人工、经营费用、资本支出、厂房场地和其他资源的需要量，这是预算编制的关键。

④及时掌握信息。要使预算控制发挥作用，管理者需要及时获得按照预算所完成的实际业绩和预测业绩的信息。

2. 解释比率分析的内容，并说明如何进行比率分析。

答：比率分析法是指将企业资产负债表和收益表上相互依存、相互影响的财务指标进行对比，计算出比率，以分析评价企业财务状况和经营成果的一种方法。通过财务报表提供的数据，可以得到多种比率，其中最常见的是财务比率和经营比率。财务比率主要用于说明企业的财务状况，经营比率主要用于说明企业经营活动的状况。对其的分析如下：

(1)财务比率，主要是分析企业的流动比率、负债比率和盈利比率，反映企业的偿债能力和盈利能力等财务状况。

①流动比率。即企业流动资产与流动负债的比率。它反映企业偿还需要付现的流动债务的能力。流动比率过大，可能标志着企业经营管理不善。相反，如果流动比率过低，说明企业偿还债务能力较差。因此，流动比率适中为好。

②负债比率。又称资产负债率或举债经营比率，是企业总负债与总资产的比率。它反映企业偿还债务的综合能力。这个比率越高，企业偿还债务的能力越差，财务风险越大；反之，偿还债务的能力越强。

③盈利比率。指企业利润与销售额或全部资金等相关因素的比例关系。它反映企业在一定时期从事某种经营活动的盈利程度及其变化情况。常用的比率有：

a. 销售利润率。指销售净利润与销售总额之间的比例关系。一般来说，其比重越大，说明企业获利的能力越强，企业的经济状况越好。

b. 资金利润率。指企业在一定时期的净利润与其占用的全部资金之比。它是衡量企业经营管理状况的标准。只有资本金利润率高于银行存款利率或债券利率，企业的经济效益才是较好的。

c. 成本费用利润率。指利润总额与营业成本(产品销售成本)之间的比率。它是衡量企业营业成本、各项费用获利水平的指标，表明企业在降低成本方面取得的经济效益情况。

(2)经营比率又称活力比率，是与资源利用有关的几种比例关系。它反映了企业经营效率的高低和各种资源是否得到了充分利用。

①库存周转率。指在某一时间段内库存货物周转的次数。它是反映库存周转快慢程度的指标，表明投入库存的流动资金的使用情况。周转率越大，表明销售情况越好。

②固定资产周转率。又称固定资产利用率，是指企业销售收入与固定资产平均净值的比率。其主要用于分析企业对厂房、设备等固定资产的利用效率。该比率越高，说明固定资产的利用率越高，管理水平越好。

③销售收入与销售费用的比率。其在一定程度上反映了企业营销活动的效率。

3. 解释审计控制的内容，并说明如何进行审计控制。

答：(1)审计控制的内容，参见本章考研真题简答题第4题答案。

(2)进行审计控制的注意事项：

①审计控制不局限于财务活动，包括利用组织资金、资产、资源的各项业务活动。业务活动的改进是产生效益的源泉，因此要对组织业务及其控制进行深入研究和把握，发现能够提高效益的方面，为找到创造效益之路打下基础。

②重视"过程式审计"而非"结果式审计"。"过程式审计"除了有检查和评价的功能之外，更重要的是体现了审计的预防控制职能，并通过履行控制职能，促进效益提高或直接创造效益。在过程审计中，要把审计依据看作审计对象，加强事中控制力度，及时处理并控制存在的隐患和问题。

③审计控制的性质是一种重点控制，而非全面控制。要对组织的重大项目、大额资金、重要自查等重点项目进行审计控制，避免造成资源的不合理利用以及工作效率的降低。

4. 简述损益控制、投资收益率控制、报告分析法、亲自观察法的基本内涵。

答：(1)损益控制，是指根据损益表，对企业的经营和管理成效进行综合控制的方法。企业的损益表中列出期间内企业各类活动的收支状况及其利润。利润是反映企业绩效的综合性指标，损益表记录了影响利润变动的一些信息。如果当期利润与预期利润不相符，就要对利润发生偏差的具体项目进行分析，以找到偏差产生的原因，从而制定相应的措施，纠正纠偏。

(2)投资收益率控制，是指用某企业或企业内某经营单位的投资报酬率来衡量该企业或单位的经营绩效。与损益控制相类似，它建立在财务数据的基础上，不同之处在于损益控制着眼于当期利润总额，而投资报酬率控制把当期利润视为一项投资的收益。投资报酬率的公式为：投资报酬率＝利润总额/投资总额。

(3)报告分析法，是指利用二手资料对企业运行状况进行分析，衡量实际绩效并采取相应的纠偏措施。其关键在于报告内容的真实性、准确性，报告形式的扼要性、可读性，以及报告时间的及时性，必须要有良好的制度和文化基础。

(4)亲自观察法，是指管理人员直接通过在现场观察业务执行情况，获取第一手资料并采取纠正措施。这是一种最直接、最简单的控制方法，管理人员亲自观察不仅具有监督和指导功能，更重要的是具有激励功能。根据马斯洛的需要层次理论，人们在满足其基本生活需要和安全需要之后，更需要别人的关注和认可。在某种意义上说，管理人员对员工工作的关注所产生的激励力是其他方法所难以达到的。

5. 解释成本控制的内容，并说明如何进行成本控制。

答：成本控制是生产作业系统中最主要的工作，努力降低成本历来是管理者致力追求的目标。成本优势会给竞争带来巨大的好处，因此，应把成本控制放在战略的高度来把握。

(1)成本控制的内容。各行各业的不同企业有不同的控制重点，控制过程中应该有计划、有重点地区别对待。控制内容一般可以从成本形成过程和成本费用分类两个角度加以考虑。

①按成本形成过程可分为：

a. 产品投产前的控制。主要包括产品设计成本、加工工艺成本、物资采购成本、生产组织方式、材料定额与劳动定额水平等。

b. 制造过程中的控制。包括原材料、人工、能源动力、各种辅料的消耗、工序间物料运输费用、车间以及其他管理部门的费用支出。

c. 流通过程中的控制。包括产品包装、厂外运输、广告促销、销售机构开支和售后服务等费用。

②按成本费用的构成可分为：

a. 原材料成本控制。在制造业中原材料费用占了总成本的很大比重，一般在60%以上，高的可达90%，是成本控制的主要对象。

b. 工资费用控制。工资在成本中占有一定的比重，增加工资又被认为是不可逆转的。控制工资与效益同步增长、减少单位产品中工资的比重对于降低成本有重要意义。

c. 制造费用控制。制造费用开支专案很多，主要包括折旧费、修理费、辅助生产费用、车间管理人员工资等，虽然它在成本中所占比重不大，但因不引人注意，浪费现象十分普遍，是不可忽视的一项内容。

d. 企业管理费控制。企业管理费是指为管理和组织生产所发生的各项费用，开支专案非常多，也是成本控制中不可忽视的内容。

(2)企业在经营决策、预期计划、产品设计、设备配备、作业安排等已确定后，并按规范投入生产要素时，成本管理的中心任务是成本的控制。成本控制的步骤具体如下：

①制定控制标准，确定目标成本。确定目标成本的方法有计划法、预算法和定额法等。

②成本核算的依据是原始记录和统计资料。原始记录反映了核算期人力、物力、财力等支出的全部原始记录，是进行成本核算和控制的基本依据。成本控制所要进行的成本核算有可比产品总成本、可比产品单位成本、商品产品成本、主要产品单位成本、可比产品成本降低率等。通过成本核算，了解实际成本，并为分析改进提供数据资料。

③差异分析。即通过比较，找到实际成本与目标成本的差异及变化趋势，寻求控制和降低成本的措施。其主要内容有：a. 直接材料费用分析；b. 直接人工费用分析；c. 管理费用分析；d. 销售费用分析。

④采取措施，降低成本。一旦发现实际成本高于目标成本，就应采取有效措施，使二者趋于一致。一般来说，可采用的方法有价值工程、严格控制投入、防止无效损耗、改进产品设计或生产工艺、精简机构等。

17.3 考研真题

一、多项选择题

根据参与经营审计活动的对象，可以将经营审计分为(　　)。[中财 2013 年研]

A. 外部审计　　B. 内部审计　　C. 企业社会责任　　D. 相关利益者审计

E. 管理审计

二、概念题

1. 预算控制[中国海大 2018 年研；吉林大学 2015 年研]

2. 管理审计[安徽师大 2018 年研；西北大学 2015 年研；中山大学 2009 年研]

3. 标杆管理[浙大 2020 年研；长安大学 2017 年研；中山大学 2015 年研；东北大学 2015 年研；四川大学 2013 年研]

4. 平衡计分卡[河南大学 2023 年研；南艺 2023 年研；安徽师大 2021 年研；陕西师大 2016 年研；电子科大 2014 年研；吉林大学 2012 年研；中国传媒大学 2012 年研]

三、简答题

1. 简述预算的内容及作用。[东北大学 2021 年研]

2. 试比较控制工作中控制方法的优缺点。[武大 2000 年研]

相关试题：简述预算控制的优缺点。[西南财大 2020 年研；山东大学 2013 年研]

3. 简述非预算控制的手段。[北交 2013 年研]

4. 什么是审计控制？[东华大学 2006 年研]

相关试题：审计控制[概念题，河南师大 2017 年研；四川大学 2011 年研]

5. 简述标杆控制的内涵与实施步骤。[北科 2010 年研]

相关试题：什么是标杆控制？标杆控制的主要步骤有哪些？[浙大 2015 年研；中山大学 2008 年研]

四、论述题

请阐述管理控制的主要方法及其特点，分析在高度动态环境中管理控制方法发展的基本走向。[南航 2018 年研]

17.4 考研真题详解

一、多项选择题

ABE 【解析】根据审查主体和内容的不同，可将经营审计分为三种主要类型：①由外部审计机构的审计人员进行的外部审计；②由内部专职人员对企业财务控制系统进行全面评估的内部审计；③由外部或内部的审计人员对管理政策及其绩效进行评估的管理审计。

二、概念题

1. 预算控制[中国海大 2018 年研；吉林大学 2015 年研]

答：预算控制是指根据预算的收入与支出标准来检查和监督各部门的生产经营活动，

确保各种活动或各个部门能够充分达成既定目标，同时使经营资源能够得到充分的利用，从而严格约束费用支出。有效的预算控制应当是一个全流程、全方位的多维控制系统，是一个点面结合、主辅结合、自始至终的动态控制系统。

2. 管理审计[安徽师大 2018 年研；西北大学 2015 年研；中山大学 2009 年研]

答：管理审计是指对企业所有管理工作及其绩效进行全面系统地评价和鉴定的一种方法。它比内部审计和外部审计的对象和范围更加广泛。为了保证得到客观准确的评价，企业通常聘请外部的专家进行审计。管理审计利用公开的信息，从反映企业管理绩效及其影响因素的若干方面将企业与同行其他企业或其他行业的著名企业进行比较，以判断组织经营与管理水平的高低。它所反映组织的管理绩效及其影响因素包括：①组织的经济功能；②组织的结构；③组织的收入合理性；④组织的研究与开发；⑤组织的财务政策；⑥组织的生产效率；⑦组织的销售能力；⑧对组织主要管理人员的评估。

3. 标杆管理[浙大 2020 年研；长安大学 2017 年研；中山大学 2015 年研；东北大学 2015 年研；四川大学 2013 年研]

答：标杆管理是指通过与竞争对手或其他企业进行对比，寻找企业自身应该控制的重点的方法。它以行业内最强企业或部门为目标，来对企业自身进行调整。标杆管理的主要内容为：选定一个值得学习的企业，立下发展的目标，通过建立学习网络观摩学习，将该企业的长处纳入自己的行为之中，使组织获得全面革新，最终达到领先的目的。标杆学习的内容涵盖流程、产品、服务以及企业内各个部门的功能发展和协调。

4. 平衡计分卡[河南大学 2023 年研；南艺 2023 年研；安徽师大 2021 年研；陕西师大 2016 年研；电子科大 2014 年研；吉林大学 2012 年研；中国传媒大学 2012 年研]

答：平衡计分卡是由美国罗伯特·卡普兰与戴维·诺顿于 1992 年提出的一种绩效考核模型。平衡计分卡由四个方面的指标组合成一个结构化的指标体系，并且各个方面的指标之间有着相互驱动的因果关系，其相互驱动的效果紧密结合并支持组织战略。四个方面的指标设计分别针对着四个问题的回答：①财务方面回答怎样满足股东要求；②内部经营方面回答组织必须在哪方面擅长或精专；③学习与成长方面回答如何使能力得到持续的发展和提高；④客户方面回答怎样满足客户的要求。平衡计分卡对绩效的价值判断认为，好的绩效一定是整体性的，单方面做得好不能说明问题，四个方面要取得绩效效果须相互平衡，这也正是该工具命名的由来。

三、简答题

1. 简述预算的内容及作用。[东北大学 2021 年研]

答：(1) 预算的内容：

不同企业因企业性质和经营管理内容的差异，具体的预算内容也会不同。一般而言，预算的内容包括：

①收入预算。收入预算是在企业对未来经营状况进行预测的基础上编制的预算。企业通过分析自身的经营状况、竞争对手的实力及导致市场供求和价格变化的各种因素，对未来经营收入作出预测，然后在此基础上编制收入预算。

②支出预算。又称费用预算，是基于收入预测估计出达到目标收入所需的成本，并在此基础上编制的预算。一般而言，支出预算包括直接材料预算、直接人工预算和附加费用预算三个部分。

③利润预算。它以目标利润为主线，通过分析量本利之间的相互关系，结合收入预算和支出预算编制而成，是衡量企业绩效最普遍的方法。利润预算适用于大型的组织机构，特别是一些业务范围广泛的企业集团和跨国公司。

④现金预算。即对现金收入和支出的预测，以此来衡量实际的现金使用情况，控制现金利用效率。现金预算反映了流入和流出企业的资金数量以及现金支付的性质。

⑤资金支出预算，又称投资预算。编制资金支出预算是为了扩产增收，涉及经营过程中的多个阶段，是长期预算。

⑥资产负债预算。即对企业会计年度末期的财务状况进行预测，是在上述几个预算内容基础上的进一步估计。利用资产负债预算可以发现资产负债中存在的问题，从而及时采取修正措施。

(2)预算的作用：

预算作为实现组织目标管理的主要手段，其作用主要表现在以下四个方面：

①明确工作目标。预算作为一种计划，规定了组织一定时期的总体目标及各个部门的具体目标，这样一来每个部门都能够清楚自己的工作职责和努力方向，对本部门的经济活动与组织整体经营目标的关系也有深刻的认识，有利于部门之间的相互配合，有利于各部门从各自角度去完成组织的目标和任务。

②协调部门关系。预算把组织各方面的工作纳入统一计划之中，促使组织的各部门相互协调、环环相扣，达到平衡。在保证组织总体目标最优的前提下，来组织各自的生产经营活动。

③控制日常工作。编制预算是组织管理的起点，也是控制日常工作的依据，在预算执行过程中，各部门应通过计量、对比，及时揭露实际脱离预算的差异并分析其原因，以便采取必要措施，消除薄弱环节，保证预算目标的顺利完成。

④考核绩效的标准。预算确定的各项指标，也是考核各部门工作成绩的基本尺度，在评比各部门的工作业绩时，要根据预算的完成情况，分析偏差的程度和原因，划清责任，奖罚分明，促使各部门为完成预算规定的目标而努力工作。

2. 试比较控制工作中控制方法的优缺点。[武大2000年研]

相关试题：简述预算控制的优缺点。[西南财大2020年研；山东大学2013年研]

答：控制方法主要分为预算控制和非预算控制。其优缺点如下：

(1)预算控制的优缺点：

预算控制是指根据预算的收入与支出标准来检查和监督各部门的生产经营活动，确保各种活动或各个部门能够充分达成既定目标。预算控制能够严格束缚费用支出，充分利用经营资源。

①优点：

a. 使管理者了解企业经营状况的变化方向和组织中的优势部门与问题部门，为调整企业活动指明方向。

b. 通过为不同的职能部门和职能活动编制预算，为协调企业活动提供了依据。

c. 用数量形式的预算标准来对照企业活动的实际效果，大大方便了控制过程中的绩效衡量工作。

d. 容易测量出实际活动对预期效果的偏离程度，为采取纠正措施奠定基础。

②缺点：

a. 只能对可以计量的业务活动进行控制，无法对企业中不能计量的要素给予足够的重视。

b. 预算编制以上一期预算的项目和标准作为参考，可能会对本期活动的实际估计不足，从而造成资源不足或浪费。

c. 过度预算可能会束缚决策者的行动，使企业经营缺乏灵活性和适应性。

d. 预算对部门和相关负责人有效开支的费用规定了限度，可能影响部门活动目标的实现。

(2)非预算控制的优缺点：

非预算控制主要包括：审计控制、损益控制、比率分析等方法。

①优点：

a. 外部审计的优点是由外部人员审计，具有独立性和公正性。

b. 内部审计提供了有效的检查手段；有利于提供针对性的对策建议，从而更有效地实现组织目标；有助于推行分权化管理。

c. 损益控制能够从总体上把握问题的关键，采取针对性的纠偏措施。同时，为后期工作提供借鉴。

②缺点：

a. 外部审计人员不了解组织内的结构、生产流程和经营特点等，因而在对具体业务进行审计时可能遇到困难或问题。此外，被审计的组织内部成员也可能产生抵触情绪，增加审计难度。

b. 内部审计费用投入可能更大；需对审计人员进行充分的技能训练；如若缺少与员工有效的信息和思想沟通，可能带来负激励效应。

c. 损益控制属于事后控制，无法改善前期工作；有一定的片面性，仅靠损益表不能准确判断利润发生偏差的主要原因。

3. 简述非预算控制的手段。［北交 2013 年研］

答： 非预算控制是指不利用预算进行控制的手段，其手段包括：

(1)行政控制。指借用行政手段监测、控制受控系统的方法，主要类型包括：

①现场观察。即"走动管理"，是最古老、直接的一种控制方法，通过这种方法能得到丰富准确的第一手信息。

②资料统计。即利用统计学知识建立分析模型，它对把握控制关键点有很大帮助。

③报告。这种方法着眼于非常规的具体问题的控制。

④会计检查与审计。审计是对企业资金运动的会计记录及财务报表进行审核和鉴定，以判断其是否真实可靠，从而为管理控制和决策提供依据。

⑤企业诊断。企业对自身财务的实际情况进行相关诊断。

⑥制定规范与培训。企业应根据非预算指标要素来制定规范，并进行相应的培训。

(2)比率分析。指对比企业资产负债表和收益表上的相关项目以分析和评价企业的经营成果和财务状况。它是一种必需的控制技术。一般来说，常用的比率有两类：

①财务比率，如资本金利润率、销售利润率、资产负债率、流动比率、速动比率、存货周转率等，通过财务结构分析，说明企业的财务状况。

②经营比率，直接控制企业的经营活动，说明企业经营活动状况，如市场占用率、相对市场占用率、投入—产出比率等。

(3)盈亏平衡分析。即根据业务量(产量或销量)、成本和利润三者之间的相互制约关系，对企业的盈亏平衡点和盈利情况的变化进行综合分析的一种方法。盈亏平衡分析是进行经济分析的一种重要工具，也可以用来进行成本控制。

①盈亏平衡分析将成本分为固定成本与变动成本，容易发现实际费用与预算的背离情况，可将注意力集中于可能采取纠正行动的那些领域。

②经营杠杆率是进行盈亏平衡分析的另一有用工具，它是指产品销售量变化1%而引起利润变化的百分数。经营杠杆率大的企业，其利润对销售量变化的反应敏感性也强，即销售量的一个较小的变化，将导致利润较大幅度的变化。通过这样的分析，就可以测定利润随销售量变化而变化的情况，以便加强对销售量与利润的控制。

(4)审计控制。主要包括内部审计、外部审计和管理审计方法。

(5)损益控制。指根据企业损益表内容，综合控制管理活动及成果的方法。

4. 什么是审计控制？［东华大学2006年研］

相关试题：审计控制［概念题，河南师大2017年研；四川大学2011年研］

答：审计控制是指对企业资金运动的会计记录及财务报表进行审核和鉴定，以判断其是否真实可靠，从而起到控制的作用。审计是一项较独立的经济监控活动，根据审查主体和内容的不同，可分为三种类型：

(1)外部审计。指由外部审计人员对本企业的财务报表及财务状况等进行评估。

①优点：审计人员与企业不存在依附关系，具有独立性和公正性。

②缺点：对组织控制过程的作用主要是间接的，由于外部的审计人员不了解组织的内部结构、生产流程的经营特点等，在具体业务的审计过程中可能遇到一些困难。

(2)内部审计，由组织内部的机构或由财务部门的专职人员独立进行，其目的是为组织内部控制提供一种手段，以检查和评价各项控制的有效性。它不仅要像外部审计那样核实财务报表的真实性和准确性，同时也要分析企业的财务结构是否合理，企业的控制系统是否有效，还要提出改进企业问题的建议。

①作用：能够督促包括会计资料在内的各种管理信息真实、正确、合理、合法，推动各项内部控制制度的健全适用和有效实施，从而维护组织财产的安全，促成管理目标的实现。

②局限性体现在：

a. 内部审计可能需要耗费很多，对审计人员的要求也比较高。

b. 内部审计要搜集并解释事实，指出偏差所在。

c. 审计会让员工在心理上产生抵触情绪。

(3)管理审计。指对企业所有管理工作及其绩效进行全面系统的评价和鉴定。管理审计既可以由内部的有关部门进行，也可以聘请外部的专家来进行。它是检查一个单位或部门管理工作好坏，评价人力、物力和财力的组织和利用是否有效的方法。

5．简述标杆控制的内涵与实施步骤。［北科 2010 年研］

相关试题：什么是标杆控制？标杆控制的主要步骤有哪些？［浙大 2015 年研；中山大学 2008 年研］

答：(1)标杆控制又称标杆管理，是指通过与竞争对手或其他企业进行对比，寻找企业自身控制重点的方法。参考行业龙头企业或优势部门，企业不断调整、更新自身。

(2)标杆控制的步骤：

①确定标杆控制的项目。标杆控制的项目一般是对企业竞争力影响最重要的因素，也是企业的薄弱环节。若一个企业的生产成本高于竞争对手，那么可以选择成本管理作为标杆管理的项目；若一个企业的新产品研制速度低于竞争对手，那么可以选择研发能力作为对象。一般来说，项目应在对自己状况进行比较深入、细致研究的基础上确定。

②确定标杆控制的对象和对比点。这个对象应当是在同组织、同行业、同部门业绩最佳、效率最高的少数有代表性的对象。标杆控制的对比点应在标杆控制项目范围内确定，通常为业绩的作业流程、管理实践或关键要素，在此基础上确立测量指标作为控制的依据。

③组成工作小组，确定工作计划。企业层次标杆控制活动的组成人员通常由能够识别专业流程优劣的人士参加，大多来自企业的核心部门。

④资料收集和调查。首先收集相关项目、相关调查对象和调查内容方面已有的研究报告、调查报告或其他信息，在研究这些已有资料的基础上拟定实地调查提纲和调查问卷。在实地调查之前，要在内部对调查问卷和调查方法进行检验，确定调查问卷和方法的有效性。

⑤分析比较，找出差距，确定最佳纠偏方法。对调查所取得的资料进行分类、整理，并进行必要的进一步调查；比较研究调查对象之间、调查对象与企业的实际差异情况，明确差异形成的原因和过程，并确定最佳方法。

⑥明确改进方向，制定实施方案。在明确最佳方法的基础上，找出弥补自己和最佳目标之间差距的具体途径或改进机会，设计具体的实施方案，并进行实施方案的经济效益分析。实施方案要明确实施的重点和难点，预测可能出现的困难和偏差，确定对实施情况的检查和考核标准。

⑦沟通与修正方案。利用各种途径，将拟定的方案、所要达到的目标前景同全体成员进行反复交流与沟通，征询意见，争取全体成员的理解和支持，并根据成员建议修正和完善方案，以统一成员思想，使全体成员在方案实施过程中目标一致、行动一致。

⑧实施与监督。实施方案，并将实施情况不断和最佳目标进行比较，监督偏差的出现并采取有效的校正措施，以努力达到最佳实践水平，努力超过标杆对象。

⑨总结经验。在完成首次标杆控制活动之后必须对实施效果进行合理评判，及时总结经验，对新的情况、新的发现进行进一步分析。

⑩进行再标杆循环。针对环境的新变化或新的管理需求，确定下一次标杆的项目和对象。

四、论述题

请阐述管理控制的主要方法及其特点，分析在高度动态环境中管理控制方法发展的基本走向。［南航 2018 年研］

答：(1)管理控制的主要方法及其特点：

企业管理实践中可运用的控制方法有许多，如预算控制、非预算控制、成本控制、标杆管理等。

①预算控制、非预算控制及其特点，参见本章考研真题简答题第 2 题答案。

②成本控制，是生产作业系统中最主要的工作，努力降低成本历来是管理者致力追求的目标。

a. 成本控制能够提高企业竞争力，从而提高企业的经济效益。

b. 成本控制能够减少企业价值活动过程中的一切浪费，实现精益生产。

③标杆控制，指以在某一指标、某一方面或行业中竞争力最强的企业或其内部某部门作为基准，将本企业的自身实际状况与其进行定量化的比较和评价，在此基础上制定、实施改进策略，并反复进行的一种管理方法。

a. 标杆控制通过设立目标对象，持续改进企业中的关键因素，全面提升企业的竞争力。

b. 标杆管理和控制容易导致企业的竞争战略趋同；容易使企业陷入“落后—标杆—又落后—再标杆”的“标杆管理陷阱”之中。

(2)管理控制方法发展的基本走向：

①强调企业发展战略研究，重视企业战略管理。企业管理的重点由单纯提高生产效率向适应经营环境变化，重视战略管理，有效实施管理控制。

②强调人本管理。企业管理由重视“物”的作用转向重视“人”的因素，重视软管理，实现企业员工的自我管理与自我控制。

③强调系统化管理思想。企业管理由只着眼于局部和短期利益转向关注长远利益，将企业看作是一个由若干相互联系又相互分工的系统，对企业经营各环节各部门进行全过程管理。

④运用现代化技术手段进行管理。随着信息技术日新月异的发展，企业运用定量手段和信息技术进行管理控制将成为普遍做法。

⑤强调民主化，重视员工的参与。企业更加注重发挥员工在企业管理方面的积极性，通过职工大会、职工代表大会、目标管理制度等使各级管理人员和员工有提出建议和意见的机会，增强员工自主管理、自我控制的意识。

综合案例　美的集团的全面预算管理实践

思考题：

1. 你是如何理解全面预算管理的？

答：(1)全面预算管理是企业战略落地实施工具，从企业战略目标出发，将企业的战略进行解码，层层分解责任目标、下达给各部门和责任中心，以目标计划、执行控制、考核评价等内容建立的一套系统的、完整的、科学的内部控制机制和管理思想，最终目的是实现企业战略目标。

(2)全面预算管理的核心特点：

①战略性。全面预算管理是着眼于企业战略的一种管理机制，通过全面预算管理使企业的战略意图得以具体贯彻，使长期与短期计划得以沟通与衔接。

②全面性。全面预算管理覆盖组织的所有层级(纵向到底)。预算要真正发挥其辅助战略目标实现的作用，必须与企业绩效管理体系相结合，以形成一个完整的、广义上的企业业绩控制系统。

③系统性。全面预算管理覆盖企业价值链全过程(横向到边)，包括经营预算(产供销研人)、投融资预算(投资、融资)、财务预算(经营结果、资产状况、现金流量)。

④严肃性。全面预算管理方案一旦制定，除非企业内外部环境发生重大变化，否则不予调整。

(3)全面预算管理的功能：

①规划。战略目标具体化，层层分解集团战略目标、实现压力传导。

②配置。优化集团、各级分子公司之间的资源配置，提升资源使用效率。

③沟通。高管通过预算表达战略和计划，将计划和目标传达至各组织。

④控制。明确管理控制体系并明确权责划分，对各个管理要素和环节加强预算控制。

⑤激励。建立科学合理的绩效激励机制，激励至各级经营组织。

2. 在复杂变化的时代，预算管理还有用吗？为什么？

答：在复杂变化的时代，预算管理仍然具有重要作用。其主要原因在于：

(1)预算管理可以推动企业实现战略目标。实施预算管理有利于企业统筹安排各类资源，保障最优决策的贯彻落实，对实现企业整体目标有重要意义。

(2)预算管理可以推动企业资源的高效配置。通过预算管理将企业的资源整合起来，从战略角度进行统筹规划，实现价值增值，并发现成本问题和浪费现象，采取相应措施进行改进，可以提高企业的经济效益和竞争力。

(3)预算管理可以促进企业降本增效。预算管理可以帮助企业合理分配和控制各项资源，降低生产成本和运营成本；此外也利于企业规划和管理资金流动，避免资金闲置和浪费，提高资金使用效率和收益率。

(4)预算管理可以加强企业绩效管理。预算管理将企业战略目标转化为部门目标和员工目标，在预算周期结束后，通过考核对预算执行情况进行评价，为部门业绩和员工业绩提供有效依据，增强员工归属感和进取心，共同为实现企业战略目标贡献力量。

(5)预算管理可以提高企业管理水平。通过预算管理将权力和责任进行划分，能够明确各部门人员责任，从而促进部门间的沟通协作，并进一步提高企业的整体管理效率，最终为企业管理工作提供有力保障。

(6)预算管理可以增强企业风险防范能力。在复杂多变的时代，市场和经济环境充满不确定性和风险。企业可以通过预算管理提前制定各种应对措施和预案，及时调整经营策略和资源配置，降低经营风险和损失，保障企业稳定发展；同时利用全面预算进行分析和监督，检查各预算执行部门的履职情况并实施相应的奖惩措施，提高企业的风险防范能力。

第六篇　创　新

第十八章　管理的创新职能

18.1　复习笔记

【知识框架（庖丁解牛）】

- 管理的创新职能
  - 创新与维持
    - 创新的概念、分类
    - 维持的含义
    - 二者的关系及作用
  - 创新职能的基本内容
    - 目标创新
    - 技术创新：要素、要素组合、产品创新
    - 制度创新
    - 组织机构和结构创新
    - 环境创新
  - 创新的过程和组织
    - 创新过程：寻找机会、提出构想、迅速行动、坚持不懈
    - 创新活动的组织

【通关提要（提纲挈领）】

本章主要介绍创新职能的基础知识，包括创新与维持的关系，创新的类别、内容、过程及其特点等。学习时，要重点掌握创新的概念及其作用，熟悉技术创新、环境创新的基本内容，理解创新的过程。本章主要考查简答题和论述题，复习时要重点熟悉相关概念，分点记忆。

【考点难点归纳（厚积薄发）】

考点一：创新与维持（见表18－1）★★★

表18－1　创新与维持

要点	主要内容	
创新	概念	指为适应内外部环境变化，组织不断更新系统目标和持续调整活动内容的过程，是管理的基本职能之一

续表

要点	主要内容		
创新	类型	规模及其对系统的影响	①局部创新；②整体创新
		与环境的关系	①防御型创新；②攻击型创新
		发生时期	①系统初建期的创新；②运行中的创新
		组织程度	①自发创新；②有组织的创新
维持	指保证系统严格有序地按组织预定的方向和规则运行。组织、领导和控制在某种意义上属于管理的维持职能		
二者的关系及作用	①管理的本质是维持和创新：a. 维持是组织正常运行的基本手段；b. 创新是组织应对变化的重要举措。 ②二者相互联系，缺一不可： a. 维持是创新的基础和逻辑延续。 b. 创新为更高层次的维持提供了框架和依托。 c. 二者构成管理活动的内容，其最优组合可实现卓越管理		

【真题链接】简述维持与创新的关系。［简答题，广工大2020年研，华南理工2014年研］

考点二：创新职能的基本内容（见表18－2） ★★★★

表18－2 创新职能的基本内容

类型	主要内容	
目标创新	指基于特定市场环境和消费需求，组织应对变化、调整特定经营目标的过程	
技术创新	要素创新	①材料创新；②设备创新
	要素组合创新	①生产工艺创新；②生产过程的时空组织创新
	产品创新	①品种创新；②产品结构创新
制度创新	基本内容	①产权制度创新，即组织根本性制度的创新。 ②经营制度创新，即有关经营归属等原则上的创新。 ③管理制度创新，即日常经营规则制度的创新
	创新方向	调整优化组织所有者、经营者和劳动者三者的关系，最大化各方权益
组织机构和结构的创新	机构创新	主要涉及优化调整组织劳动的横向分工
	结构创新	主要涉及优化调整组织劳动的纵向分工
环境创新	含义	指组织通过优化调整所处环境，推进其朝有利方向发展
	主要内容	市场创新，即引导消费，创造需求

【真题链接】创新主要包括哪些内容？［简答题，广工大2017年研；首都师大2012年研］

考点三：创新的过程和组织（见表18－3） ★★★

表18－3 创新的过程和组织

要点	主要内容	
创新过程	寻找机会	①系统外部机会：技术、人口、宏观经济环境、文化与价值观念的变化。 ②系统内部机会：生产经营中的瓶颈、出乎意料的组织成功和失败
	提出构想	面对不协调问题，分析、预测其未来变化趋势并提出解决方案的过程

续表

要点		主要内容
创新过程	迅速行动	面对瞬息万变的市场环境，快速采取行动往往比缓慢完善方案更有创新效率
	坚持不懈	创新过程存在未知的挑战和可能的失败，创新者不可能一蹴而就，必须坚忍执着地推进
创新活动的组织	①正确理解和扮演管理者角色；②营造促进创新的组织氛围；③制定弹性计划；④正确对待失败；⑤建立合理的奖酬制度	

18.2 课后习题详解

1. 为什么说“管理的本质内容是维持和创新，有效的管理在于适度的维持与适度的创新的组合”？

答：之所以这么说，是因为：维持和创新是管理的两个基本环节，组织管理的过程是创新到维持、再创新和再维持循环往复的过程。某个经济系统在一段时期内的管理工作可以概括为：设计系统的目标等相关内容，启动系统并监视其运行，使之符合预定的操作规则；分析系统变化，进行相应的调整，使系统不断更新。因此，管理内容的核心是维持与创新，维持和创新构成管理活动内容。其中，维持是组织正常运行的基本手段；创新是组织应对变化的重要举措。二者的最优组合可以实现卓越管理，任何组织系统的任何管理工作无不包含在维持与创新中。

2. 作为管理的本质内容，维持和创新的关系及其作用是什么？请举例说明。

答：维持和创新的关系及其作用，参见本章考研真题论述题第1题答案。

3. 创新主要涉及哪些方面？企业中各类创新活动有何特点？

答：参见本章考研真题简答题第1题答案。

4. 创新过程包括哪几个阶段？

答：创新是对旧事物的否定和对新事物的探索，其遵循的逻辑是：学习→批判→创新。创新主要包括以下四个阶段：

(1)寻找机会：

①系统外部可导致创新的变化有：

a. 技术的变化，影响企业生产材料、设备和产品等技术水平。

b. 人口的变化，影响劳动力供给和产品需求。

c. 宏观经济环境的变化，影响市场规模和需求者的购买能力。

d. 文化与价值观念的转变，影响消费者偏好或劳动者工作态度和薪酬观念。

②系统内部，导致创新的不协调现象有：

a. 生产经营中的瓶颈，影响劳动生产率或劳动积极性。

b. 出乎预料的企业成功和失败案例，打破原先的思维模式，成为企业创新的重要源泉。

通常企业关注和分析组织出现的不协调现象，然后开始创新活动。

(2)提出构想。提出构想主要集中表现为面对不协调问题，组织分析、预测其未来变化趋势并提出解决方案的过程，试图将外部威胁或不确定事件转换为机会，实现系统的更高层次平衡。

(3)迅速行动。面对瞬息万变的市场环境，组织快速采取行动往往比缓慢完善方案更有创新效率，行动速度可能比方案完善程度更为重要。

(4)坚持不懈。创新过程存在未知的挑战和可能的失败。因此创新者不可能一蹴而就，必须坚忍执着地推进创新过程。

5. 企业家创新职能的基本内容是什么？企业家如何有效地组织系统内的创新活动？

答：(1)企业家创新职能的基本内容，参见本章考研真题简答题第1题答案。

(2)企业家有效地组织系统内创新活动的方法，参见本章考研真题论述题第2题答案。

18.3 考研真题

一、概念题

1. 管理创新[华东师大2021年研；北邮2018年研；西安交大2017年研；广工大2015年研；上海理工2004年研]

2. 防御型创新[吉林大学2015年研]

二、简答题

简述创新职能的基本内容。[吉林大学2017年研；湘潭大学2017年研；华科2017年研；南昌大学2017年研]

相关试题：创新主要包括哪些内容？[广工大2017年研；首都师大2012年研]

三、论述题

1. 创新与其说是管理的一项职能，不如说它渗透于管理的其他职能之中，面对不断变化的内部条件和外部环境，计划、组织、领导、控制总在不断地创新。但是，管理又在不停地进行结构化、规范化，这实质上无时不是在进行维持。结合管理的四大主要职能计划、组织、领导、控制，请你分析管理活动中创新与维持这一对矛盾的关系。[南京大学2008年研]

相关试题：

(1)简述维持与创新的关系。[简答题，广工大2020年研，华南理工2014年研；北科2011年研]

(2)简述创新与维持的关系及其作用。[简答题，青岛大学2012年研]

2. 在“大众创业、万众创新”的背景下，创新成为企业一项重要的管理职能。请联系企业实际，论述创新职能的基本内容以及企业管理者如何有效进行创新管理。[宁波大学2017年研]

3. 请阐述管理创新的内涵，分析我国创新驱动发展战略的意义。[南航2018年研]

18.4　考研真题详解

一、概念题

1. 管理创新[华东师大 2021 年研；北邮 2018 年研；西安交大 2017 年研；广工大 2015 年研；上海理工 2004 年研]

答：参见本章考研真题论述题第 3 题答案。

2. 防御型创新[吉林大学 2015 年研]

答：防御型创新是从创新与环境的关系分析来作的分类，是指为了应对外部环境变化而对现有系统及其运行可能造成的威胁或损失，在系统内部展开的局部或全局性调整。与攻击型创新不同，防御型创新是一种消极的、被动的应对式创新。

二、简答题

简述创新职能的基本内容。[吉林大学 2017 年研；湘潭大学 2017 年研；华科 2017 年研；南昌大学 2017 年研]

相关试题：创新主要包括哪些内容？[广工大 2017 年研；首都师大 2012 年研]

答：创新的基本内容包括：

(1)目标创新。指组织应基于特定市场环境和消费需求的特点及变化趋势，适时调整企业经营目标。变化的环境要求企业的生产方向、经营目标等进行相应的调整。每一次调整都是一种创新。

(2)技术创新。作为企业创新的主要内容，它和组织创新活动密切相关。主要表现为：

①要素创新，主要是指材料和设备上的创新。

②要素组合方法创新，主要是指生产工艺和过程的时空组织上的创新。

③产品创新，主要是指产品品种和产品结构上的创新。其中，产品创新是企业技术创新的核心内容，与创新的其他方面相互作用，互为影响。

(3)制度创新。制度创新基于社会经济角度，组织通过分析来调整和变革企业各成员间的正式关系。

①产权制度创新，指以“个人所有”与“共同所有”的最适度组合为目标，组织调整优化所有者的权益和责任而规定根本性制度的创新过程。

②经营制度创新，指以生产资料利用最大化为目的，组织确定企业经营方式、利益相关方等内容而规定有关经营归属等原则上的创新过程。

③管理制度创新，指以平衡报酬与贡献为目的，组织调整优化日常生产运营的各项要素而规定日常经营规则制度的创新过程。

(4)组织机构和结构的创新。企业系统是由不同的成员担任的不同职务的结合体，具体考察层次可分为结构层次和机构层次。不同企业和不同企业发展适用不同的组织运行形式。为实现管理效率的提高，组织需要不断根据实际情况采取组织机构和结构的创新。

(5)环境创新。指企业通过积极的创新活动改造环境，引导其朝着有利于经营的方向变化。环境创新的主要内容是市场创新，即在产品不变的前提下，通过活动去引导消费，创造需求。

三、论述题

1. 创新与其说是管理的一项职能，不如说它渗透于管理的其他职能之中，面对不断变化的内部条件和外部环境，计划、组织、领导、控制总在不断地创新。但是，管理又在不停地进行结构化、规范化，这实质上无时不是在进行维持。结合管理的四大主要职能计划、组织、领导、控制，请你分析管理活动中创新与维持这一对矛盾的关系。［南京大学 2008 年研］

相关试题：

(1) 简述维持与创新的关系。［简答题，广工大 2020 年研，华南理工 2014 年研；北科 2011 年研］

(2) 简述创新与维持的关系及其作用。［简答题，青岛大学 2012 年研］

答：组织、领导与控制属于管理的“维持职能”，在保证组织计划目标的实现上发挥着巨大作用，可以使组织系统按照正常的规则、朝着正确的方向运行。但在动态的社会经济系统中，管理还必须重视其“创新职能”，通过调整系统活动的内容和目标来适应内外部环境变化。

(1) 作为管理基本职能的创新：

作为管理的一种基本职能，创新是一种思想及其实践，是一种原则及其指导下的具体活动。任何组织系统的任何管理工作无不包含在“维持”或“创新”中，维持和创新是管理的本质内容，维持与创新的适度组合实现了组织的有效管理。

(2) 维持和创新的关系：

从企业组织形式的发展历程来看，在单个阶段的组织形式中，企业为了在社会中生产和发展，需制定相应的规章制度，管理者按照规章制度组织生产经营，此时管理更多地体现维持职能。随着社会环境和企业自身条件的变化，原有的组织形式已不能保障企业更好地应对市场竞争，这种情形下管理者要对企业的组织结构、生产等进行相应的调整，此时管理体现的是创新职能。

作为管理的基本职能，维持与创新相互联系，二者缺一不可。创新在维持的基础上得到发展，维持在创新的逻辑上得以延续；维持以实现创新的成果为目的，创新为维持提供更高层次的依托。管理工作致力于探索维持与创新最优组合，从而实现有效管理。

(3) 维持和创新的作用：

①维持作为基础手段，保证了系统活动顺利进行。维持是要按预定的规则来监视和修正系统的运行，尽力保持系统活动的有序性。

②创新可以使企业适应系统外部环境和内部要素的变化。社会系统是由众多要素构成的、与外部不断发生交换的动态开放的非平衡系统。系统的外部环境是在不断地发生变化的，系统内部的各种要素也是在不断发生变化。管理的创新职能是为适应系统内外变化，防止被环境淘汰或为内部要素所不容，而进行的局部或全局的调整。

创新能够向社会提供新的贡献，系统不断改变或调整取得组合资源的方式、方向和结果，以适应社会需要的资源数量和种类供应的变化，进而向社会提供新的贡献，这是创新的主要内涵和作用。

2. 在"大众创业、万众创新"的背景下，创新成为企业一项重要的管理职能。请联系企业实际，论述创新职能的基本内容以及企业管理者如何有效进行创新管理。［宁波大学 2017 年研］

答：(1)创新职能的基本内容，参见本章考研真题简答题第 1 题答案。

(2)有效地进行创新管理的方法：

①正确理解和扮演管理者角色。管理者需要充分发挥其角色的带头作用，并组织成员在业务活动中采取创新行为进行鼓励、支持和引导，营造良好的创新环境。

②创造促进创新的组织氛围。组织创新氛围对于创新活动具有重要影响，管理者应加强鼓励创新行为，营造积极向上的创新氛围。

③制定有弹性的计划。管理者需要制定有弹性的计划，为组织成员提供足够的思考时间和空间。

④正确地对待失败。创新过程可能遭遇失败，管理者应该允许组织成员在创新过程中的失败，创新者则应该总结失败教训，为创新的成功奠定基础。

⑤建立合理的奖酬制度：

a. 企业在实施奖励时，应将物质与精神相结合。精神奖励有时更能满足组织成员对于创新活动的心理需要。

b. 杜绝将奖励视作"不犯错误的报酬"的管理思维。

c. 奖励制度的制定既要考虑到内部有效竞争，又要保证组织合作的有序开展。内部竞争有助于激发创新意识，但过度竞争容易导致内部封锁，不利于创新思维的传递。合作能使得各种知识能力得到综合，创新构想更加完善，但没有竞争的合作容易导致分配不均，削弱个人的创新欲望。

3. 请阐述管理创新的内涵，分析我国创新驱动发展战略的意义。［南航 2018 年研］

答：(1)管理创新的内涵：

管理创新是指企业把新的管理要素(如新的管理方法、管理手段、管理模式等)或要素组合引入企业管理系统，创造一种新的更有效的资源整合范式，以更有效地实现组织目标的活动。主要内容包括：①新的发展思路的提出与实施；②新的组织机构的创立与运转；③新的管理方法的提出；④新的管理模式的设计；⑤新的相关制度的创新。

(2)创新驱动发展战略的意义：

①创新驱动发展战略对我国形成国际竞争新优势、增强发展的长期动力具有战略意义。技术创新具有不易模仿、附加值高等突出特点，由此建立的创新优势持续时间长、竞争力强。实施创新驱动发展战略，加快实现由低成本优势向创新优势的转换，可以为我国持续发展提供强大动力。

②实施创新驱动发展战略，对我国提高经济增长的质量和效益、加快转变经济发展方式具有现实意义。科技创新具有乘数效应，不仅可以直接转化为现实生产力，而且可以通过科技的渗透作用放大各生产要素的生产力，提高社会整体生产力水平。实施创新驱动发展战略，可以全面提升我国经济增长的质量和效益，有力推动经济发展方式的转变。

③实施创新驱动发展战略，对降低资源能源消耗、改善生态环境、建设美丽中国具有长远意义。实施创新驱动发展战略，加快产业技术创新，用高新技术和先进适用技术改造提升传统产业，既可以降低消耗、减少污染，改变过度消耗资源、污染环境的发展模式，又可以提升产业竞争力。

第十九章　企业技术创新

19.1　复习笔记

【知识框架(庖丁解牛)】

- 企业技术创新
  - 技术创新概述
    - 创新的含义、类型
    - 技术创新的类型：要素、产品、要素组合方法
    - 技术创新的贡献
  - 技术创新的来源
    - 意外的成功或失败
    - 企业外部的不协调
    - 过程改进需要
    - 行业和市场结构变化
    - 人口结构变化
    - 观念改变
    - 新知识的产生
  - 技术创新的战略选择
    - 创新基础：基础研究、应用型研究
    - 创新对象：产品、对象、生产手段
    - 创新水平："先发制人""后发制人"战略
    - 创新方式：独立开发、联合开发

【通关提要(提纲挈领)】

本章主要介绍企业技术创新的基础知识，包括技术创新的内涵、源泉及战略选择等。学习时，要重点掌握技术创新的源泉以及战略选择。本章主要考查简答题和论述题，要重点理解并掌握相关概念，分点记忆。

【考点难点归纳(厚积薄发)】

考点一：技术创新概述(见表19－1)　★★★

表19－1　技术创新概述

要点		主要内容	
创新	含义	熊彼特认为，创新是对"生产要素重新组合"的过程，包括五个方面：①生产一种新产品；②采用一种新生产方法；③开辟一个新市场；④掠取或控制原材料和半成品的一种新来源；⑤实现一种新工业组织	
	类型	技术创新	主要涉及生产制造环节
		制度创新	主要涉及管理及其体制

续表

<table>
<tr><th>要点</th><th colspan="3">主要内容</th></tr>
<tr><td rowspan="5">技术
创新</td><td>概念</td><td colspan="2">指为应对生产制造的环境变化，开发新技术或完善旧技术的过程</td></tr>
<tr><td rowspan="3">类型</td><td>要素创新</td><td>①材料创新：创造现有原材料的新用途。
②手段创新：a. 利用先进技术来更新和改造原有设备；b. 利用经济先进的生产手段替代陈旧落后的机器设备</td></tr>
<tr><td>产品创新</td><td>①新产品开发：采取新技术创造新产品。
②老产品改造：基于原有产品，部分采用新功能来满足新需求</td></tr>
<tr><td>要素组合方法创新</td><td>①工艺创新：改进和更新生产工艺的改革和操作方法。
②生产过程的组织创新：空间布置和时间组合上的改进</td></tr>
<tr><td>贡献</td><td colspan="2">①通过降低成本使产品更具价格竞争优势。
②完善和改进产品用途、功能、质量等，提升产品吸引力</td></tr>
</table>

【真题链接】

(1)简述熊彼特的创新含义与内容。[简答题，安徽师大 2018 年研]

(2)简述技术创新的内涵。[简答题，青岛大学 2017 年研]

考点二：技术创新的来源(见表 19－2) ★★★★

表 19－2 技术创新的来源

来源	主要内容
意外的成功或失败	①意外的成功为创新提供机会。 ②意外的失败预示了机会的存在
企业内外的不协调	①中宏观环境的经济状况与企业经营绩效不协调。 ②企业对未来的假设和实际情况不协调。 ③企业对消费者价值观的判断与其实际价值观不一致
过程改进需要	①与企业的生产经营过程有关。 ②与科技紧密相连，既受其影响，又推动其发展
行业和市场结构变化	①企业应变迟滞，造成组织发展的灾难。 ②企业应变及时，带来发展的创新机会
人口结构变化	①人口结构变化直接决定着劳动力市场的供给，影响人力生产成本。 ②人口因素可能为企业的技术创新提供契机，如人数、教育水平等
观念改变	①消费者观念的变化会对不同产品的市场销售情况产生影响。 ②为企业提供不同的创新机会
新知识产生	①新知识的出现提供丰富的组织创新机会。 ②知识性创新的前置期最漫长。 ③知识性创新的条件：基于几种不同类型的知识组合创新

【真题链接】创新的来源有哪些？[论述题，华南理工 2011 年研]

考点三：技术创新的战略选择(见表19－3) ★★★★

表19－3 技术创新的战略选择

战略选择	主要内容		
创新基础	基础研究		为实现组织目标并形成独特竞争力，企业采取长期且耗费大量人力物力所进行的风险性较高的创新过程
	应用型研究		基于现有技术和知识，企业更新、开发某一新产品或新工艺手段的创新过程
创新对象	产品		优化和改进产品的结构或性能
	工艺		提高产品质量、降低生产成本的方法
	生产手段		①生产手段可能是产品创新或工艺创新的结果。 ②结合组织内外部环境的力量，可能引发产品或技术创新
创新水平	先发制人战略	贡献	①创造良好企业声誉；②占据有利的市场地位；③进入最有利的销售渠道；④获得有利的要素来源；⑤获取高额的垄断利润
		问题	①高额的市场开发费用；②需求的不确定性；③技术的不确定性
	后发制人战略 [追随]		①在投入较小的情况下，能够分享“先行者”所开发的新市场。 ②基于相对稳定的市场需求，进行投资。 ③基于“先行者”的原有基础，根据市场需求变化对组织加以完善
创新方式	独立开发		企业拥有雄厚的实力，可以利用自身的先进技术进行创新活动，以达成独占风险和独享收益的创新目的
	联合开发		企业通过和其他组织联合创新，集中更多的资源条件，进行更为基础的研究，最终达成共享收益、共担风险

【真题链接】论述企业中技术创新的战略选择及其实施。[论述题，华南理工2013年研]

19.2 课后习题详解

1. 何谓技术创新？技术创新与发明是何关系？

答：(1)技术创新：

创新是对“生产要素的重新组合”。其中，技术创新是与生产制造有关的创新，是企业创新的一个重要方面。从生产过程的角度分析，技术创新可分为要素创新、产品创新、要素组合方法创新这三个方面。

(2)技术创新与发明的关系：

技术创新与发明既存在联系，又各有特点。技术创新的概念往往比发明更为广泛，创新既可以是开发全新技术，也可以是改进或重新组合原有的技术。发明是一种创新，往往是指为改进产品、生产方法等的新技术方案。是指对产品、方法或者其改进所提出的新的技术方案。

2. 组织中可能存在哪些技术创新的源泉？

答：参见本章考研真题论述题第1题答案。

3. 技术创新包括哪些内容？其对企业生存和发展有何贡献？

答：(1)技术创新的内容：

技术创新从生产过程的角度来分析，可分为：

①要素创新。主要可分为：

a. 材料创新，是指为提高创新整体水平，组织创新现有材料的用途。材料是企业生产的对象和产品的基础。

b. 手段创新，是指更新优化物质生产手段的过程。生产手段创新具体活动包括：一是更新和改造原有设备以达成创新；二是充分利用先进经济手段代替原有陈旧落后的机器设备以达成创新。

②产品创新：

a. 新产品的开发，是指采取新技术创造不同以往的产品。

b. 老产品的改造，是指基于原有产品，部分采用新功能来满足新需求的产品。

③要素组合方法的创新。产生产品的前提是通过一定组合方式将不同生产要素相组合。要素的组合方法创新包括以下两个方面：

a. 工艺创新，改进和更新生产工艺的改革和操作方法。生产工艺是企业制造产品的总体流程和方法；操作方法是劳动者在生产过程中对物料的加工方法。

b. 生产过程的时空组织创新，改进和优化企业生产过程中的空间布置和时间组合。其中，企业的空间布局能够影响劳动生产率；各生产要素的时空组合对要素的利用率和产品生产周期产生影响。采取合理的空间布局和时间组合有助于提高生产效率和利用率，缩短产品的生命周期。

(2)技术创新对企业生存发展的贡献：

技术的基础是物质产品，技术服务于物质产品。技术创新的贡献主要包括：

①通过材料创新，企业可以获取更为质优价廉且品种数量丰富的原材料，并带动提高企业产品质量。

②通过产品创新，企业可以满足消费者的新需求，确保产品具有市场竞争力。

③通过工艺创新，企业提供更为可靠的产品生产过程，提供质优价廉的产品。

综上，企业创新物质生产条件，可以提高劳动生产率，降低劳动强度，降低劳动成本和增强价格竞争力。

4. 企业家如何选择创新基础、创新对象、创新水平以及创新方式，从而有效地组织企业技术创新？

答：参见本章考研真题论述题第 2 题答案。

19.3 考研真题

一、概念题

1. 创新[北邮 2022 年研；华科 2017 年研；吉林大学 2016 年研；广东财大 2016 年研]

相关试题：创造力和创新[中山大学 2017 年研]

2. 技术创新[河北大学 2018 年研]

二、简答题

1. 简要分析熊彼特的创新思想。[华中师大2016年研]

相关试题：

(1)简述熊彼特的创新含义与内容。[安徽师大2018年研]

(2)简述熊彼特的创新定义。有哪五种形式？你有什么补充？[同济大学2013年研]

(3)试述熊彼特《经济发展理论》中有关创新的主要内容。[首师大2011年研]

2. 简述技术创新的内涵。[青岛大学2017年研]

相关试题：企业技术创新有哪些形式？[中国海大2010年研]

三、论述题

1. 创新的来源有哪些？[华南理工2011年研]

2. 论述企业中技术创新的战略选择及其实施。[华南理工2013年研]

相关试题：

(1)简述企业技术创新战略选择的决定因素。[简答题，宁波大学2013年研]

(2)如何认识企业技术创新过程中的“先发优势”与“后发优势”？[南京大学2010年研]

19.4 考研真题详解

一、概念题

1. 创新[北邮2022年研；华科2017年研；吉林大学2016年研；广东财大2016年研]

相关试题：创造力和创新[中山大学2017年研]

答：创新是对“生产要素的重新组合”的过程，是指创意过程产生的成果需要转化为有用的产品或工作方法。熊彼特的创新理论认为，创新包括五种情况：①采用一种新的产品，即消费者还不熟悉的产品，或一种产品的新特征；②采用一种新的生产方法；③开辟一个新的市场；④获取或控制原材料和半成品的一种新的供应来源；⑤实现任何一种工业的新组织，如造成一种垄断地位，或打破一种垄断地位。创新型组织的特征在于拥有产生创意，并将其转化为新的有用的产品、过程或程序的能力，即引导创造力转化为有用的成果。

创造力是指以某种独特的方式综合各种思想或者在两种思想之间建立独特联系的能力。一个有创造力的组织能够开发独特的工作方式或者新颖的问题解决方案。

2. 技术创新[河北大学2018年研]

答：参见本章考点难点归纳相关内容。

二、简答题

1. 简要分析熊彼特的创新思想。[华中师大2016年研]

相关试题：

(1)简述熊彼特的创新含义与内容。[安徽师大2018年研]

(2)简述熊彼特的创新定义。有哪五种形式？你有什么补充？[同济大学2013年研]

(3)试述熊彼特《经济发展理论》中有关创新的主要内容。[首师大2011年研]

答：(1)熊彼特把创新定义为企业家的职能，并认为企业家之所以能成为企业家，是因为个体具有强烈的创新精神并实际地组织了创新活动。

(2)根据熊彼特的观点，创新是对“生产要素的重新组合”。创新活动主要包括五个方面：①生产新的产品；②采用新的生产方法；③开辟新的市场；④获取或控制原材料和半成品的新的来源；⑤实现新的工业组织。创新主要涉及生产制造环节的技术创新和管理体制环节的制度创新。

(3)企业家的创新精神和创新能力以及创新型企业家的数量和努力程度，在一定程度上决定了其所在环境的经济发展速度和水平。创新先行者和跟随者共同推进了市场经济的发展。创新的作用在于通过降低成本使产品更具价格竞争优势；完善和改进产品用途、功能、质量等，提升产品吸引力。

2. 简述技术创新的内涵。［青岛大学 2017 年研］

相关试题：企业技术创新有哪些形式？［中国海大 2010 年研］

答：参见本章课后习题第 3 题答案。

三、论述题

1. 创新的来源有哪些？［华南理工 2011 年研］

答：创新源于企业内部和外部的一系列不同的机会，德鲁克把创新来源归纳出以下几个方面：

(1)意外的成功或失败：

①意外的成功往往可以为企业创新提供大量进一步拓展的机会，且机会的利用要求企业投入的代价、承担的风险都相对较小。

②意外的失败往往预示了机会的存在。虽然企业经过精细的设计和严密的论证后仍然失败，但是同样也可以预示着市场上存在着另一种机会。

(2)企业内外的不协调：

①中宏观的经济运行状况和微观企业经营绩效的不协调。一般而言，形势良好宏观经济能够提高行业产品的需求量，进而推动其他经济单元的发展。但在此种情境下，本企业的并没有增长的销售额且市场份额不断萎缩，对此类困境的分析提供了企业技术创新的思路和机会。

②假设和实际的不协调。企业基于未来假设，所采取的计划和业务活动使企业所达成的结果与现实不符时，企业需要调整投资战略或日常经营方向，以及时改变这种不平衡。

③对消费者价值观的判断与消费者的实际价值观不一致。企业错误地判断了其产品客户的需求，如果及时更正这个不一致，则会产生大量的创新发展机会。

(3)过程改进的需要：

过程改进的需要与企业的生产经营过程有关；与科技紧密相连，既受其影响，又推动其发展。

(4)行业和市场结构的变化：

行业结构和市场结构出现变化时，企业为了规避相对地位的削弱、经营灾难，甚至是生存危机，必须迅速进行创新和调整活动。如果能够及时应变，这种变化将带来众多创新机会。

(5) 人口结构的变化：

①人口结构变化直接决定着劳动力市场的供给，影响人力生产成本。

②人口因素可能为企业的技术创新提供契机，如人数、教育水平等。

(6) 观念的改变：

①消费者的观念改变影响不同产品的市场销路。

②为企业提供不同的创新机会。

(7) 新知识的产生：

①新知识的产生为组织创新提供并创造丰富机会。

②知识性创新的前置期往往最漫长，耗费较多的人、财、物。

③基于几种不同类型的知识组合是知识性创新的条件。

2. 论述企业中技术创新的战略选择及其实施。[华南理工 2013 年研]

相关试题：

(1) 简述企业技术创新战略选择的决定因素。[简答题，宁波大学 2013 年研]

(2) 如何认识企业技术创新过程中的“先发优势”与“后发优势”？[南京大学 2010 年研]

答：企业中技术创新的战略选择及其实施具体如下：

(1) 创新基础的选择：

①基础研究是指为实现组织目标并形成独特竞争力，企业采取长期而耗费大量人财物力所进行的风险性较高的创新过程。

②应用型研究是指基于现有技术和知识，企业更新、开发某一新产品或新工艺的过程。

(2) 创新对象的选择：

技术创新主要涉及材料、产品、工艺、手段等不同方面，可供选择的企业创新对象主要包括产品、工艺以及生产手段三个方面。

①产品。产品创新主要是指优化和改进产品的结构或性能方面，既可以满足和创造消费者的新需求，又可以降低生产成本。

②工艺。工艺创新主要是指改进和更新生产工艺的操作方法，有助于企业降低成本，形成价格竞争力和独特的竞争优势。

③生产手段。生产手段可能是产品创新或工艺创新的结果，也可以是借助组织内外部环境的机会，可能引发产品或技术的创新。

(3) 创新水平的选择：

创新水平根据进入市场的次序，具体分为“先发制人”战略和“后发制人”战略。“先发优势”即“先发制人”；“后发优势”的目的是先至，是为了“制人”，而非“受制于人”。

①“先发制人”给企业带来的贡献：

a. 打造较好的企业声誉，有助于形成领先者的企业形象。

b. 快速占领利润额较大的有利市场地位，“先行者”企业往往可以成为新行业的标准制定者，占据重要的行业地位。

c. 有助于企业率先抢占最有利的销售渠道。“先行者”企业可以通过最开始找寻营销渠道或与下游合作渠道商签订排他性合同，打通市场下游环节，提高后来者的进入壁垒。

d. 有助于企业获得有利的要素来源。"先行者"企业可以最开始确定最有利的要素来源渠道，并通过和上游合作供应商签署排他性合同，打通市场上游环节，提高进入壁垒。

e. "先行者"企业往往可以获取更高额的垄断利润。在面对其他竞争对手时，企业可以采取暂时的低价策略将竞争对手驱逐出市场。

②"先发制人"给企业带来的问题：

a. 开发新的市场往往需要对潜在客户进行深入的市场调研和分析判断，企业需要付出巨大的开发成本，并且面临着很多未知的风险。

b. 需求的不确定性。企业采取"先发制人"策略，需要预判市场份额、用户需求、投入成本等诸多问题。

c. 技术的不确定性。企业进入新的市场，所采用的新技术可能仍然不够成熟和完善，需要逐渐改进和更新，并可能发生跳跃性的发展与变化。

③"后发制人"战略的企业在进入时间、品牌形象、技术形象等方面可能处于弱势地位，且面临更高的进入壁垒，但仍具有一定的优势，具体如下：

a. 在投入较小的情况下，能够分享"先行者"所开发的新市场。

b. 基于相对稳定的市场需求，进行投资。

c. 基于"先行者"的原有基础，根据市场需求变化，对组织加以完善。

(4)创新方式的选择：

①独立开发。独立开发要求企业拥有足够的专业技术人员和资金。企业基于自身雄厚的人财物实力，利用先进技术进行独占风险和独享收益的创新过程。如果开发不能获得预期的结果，企业也将遭受比较大的损失。

②联合开发。企业与合作伙伴集中更多的资源条件，进行更基础的研究，同时共享收益、共担风险。

第二十章　企业组织创新

20.1　复习笔记

【知识框架(庖丁解牛)】

企业组织创新
- 知识经济的基本特点
- 企业制度创新
  - 工业社会企业制度的结构特征及其原因
  - 知识经济条件下的企业制度创新
- 企业层级结构创新
  - 工业社会的企业层级结构特征
  - 知识经济与企业层级结构的改造
- 企业文化创新
  - 工业社会中企业文化的功能和特点
  - 知识经济与企业文化创新

【通关提要(提纲挈领)】

本章主要介绍企业制度创新的基础知识，包括制度创新的背景、层级结构创新及文化创新等。学习时，需了解企业制度创新的基本内涵，重点掌握知识经济和企业文化创新的内容。本章主要考查简答题和论述题，要重点理解，分点记忆。

【考点难点归纳(厚积薄发)】

考点一：企业制度创新(见表20－1)　★★★

表20－1　企业制度创新

要点		主要内容
制度结构		指规范企业不同参与者类群之间正式关系的结构
工业社会中的企业制度结构	特征	①制度规范影响企业的行为特点，并具有可预测性。 ②各要素的相对重要性和稀缺程度决定了企业权益的分配格局
	原因	①资本要素是最为稀缺的重要资源。 ②一般等价物推动资本的强流动性。 ③劳动分工推进专业化生产，使劳动力流动更困难
知识经济条件下的企业制度创新	活动类型	个体作用于物或其他个体的劳动
	知识类型	①与操作有关的知识；②与协调有关的知识
	特征	①知识经济条件下，知识资源侧重于与协调有关的知识。 ②组织权力源于知识的掌控，知识所有者控制企业利益。 ③知识经济下企业制度结构的变革：从资本逻辑转向知识逻辑

考点二：企业层级结构创新(见表 20－2) ★★★

表 20－2 企业层级结构创新

要点	主要内容	
层级结构	指规范个体参与者之间正式关系的结构	
工业社会的企业层级结构特征	①直线指挥，分层授权；②分工细致，权责明确；③标准统一，关系正式	
知识经济与企业层级结构的改造	网络结构的特征	①在构成上是由各工作单位组成的联盟。 ②企业成员的角色动态变化。 ③企业成员的权力地位取决于其拥有的知识
	网络层级组织的特点	三个统一：①集权和分权的统一；②稳定与变化的统一；③一元性与多元性的统一

考点三：企业文化创新(见表 20－3) ★★★

表 20－3 企业文化创新

要点	主要内容	
企业文化	指影响企业成员行为准则和方式，被广泛认可的价值观、思维模式等的集合	
工业社会企业文化	功能	①对企业发展起支持作用。 ②在制度结构和层级结构等难以设计的组织环节中发挥作用
	特点	①企业文化是企业经营的副产品。 ②企业文化反映了企业组织的记忆。 ③企业文化是一种辅助手段。 ④企业文化是一元的
知识经济对企业文化的调整	①企业文化是企业管理的主要手段。 ②企业文化是人们自觉创造的结果。 ③企业文化是学习型的组织记忆。 ④企业文化允许异质价值观和行为准则的存在	

【真题链接】

(1)在知识经济条件下，怎样进行企业文化创新？请结合实际进行论述。[论述题，广西民大 2017 年研]

(2)简述知识经济条件下的企业制度创新、企业层级结构创新及企业文化创新。[论述题，青岛大学 2012 年研]

20.2 课后习题详解

1. 请分析知识经济的基本特征。

答：从企业组织的角度分析，知识经济可能表现出以下三个方面的基本特征：

(1)在企业生产经营过程中，知识经济大大提高了知识要素在其中的相对重要性。工业社会中，各要素相对重要性和稀缺程度决定了企业权益的分配格局。由于融资方式和生产活动等日益复杂，机制知识要素不断发展壮大，知识要素成为取代资本要素的企业生产经营第一要素。

(2)知识要素作为最重要的生产要素，与劳动者重新结合。知识要素涉及组织设计方面，组织设计要充分考虑知识要素与组织成员重新组合的现状特征。

(3)广泛运用的信息技术，提高了知识创新和传播的速度。信息技术提高了产生和发展新知识的速度，有助于组织进行创新活动以及组织的结构化和再结构化。

2. 请解释工业社会的企业制度的特征及其原因，以及知识经济条件下企业制度的基本逻辑。

答：(1)工业社会的企业制度的特征及原因：

①制度结构是指类群企业之间的参与规范和正式关系的结构。工业社会中的企业制度重点在于规范类群参加者的权益，对组织成员行为进行引导和整合。

a. 企业制度通过分配经营活动中的权利，规范参与者类群间的权力关系，并进一步规定决策和执行的具体行为。

b. 企业制度通过分配经营成果，规范参与者类群间的利益关系，并进一步作用于组织参与者在组织活动中的行为特点。

②参与者提供不同要素来达成对组织不同程度的贡献。各要素相对重要性和自身稀缺程度决定了企业权益的分配格局。

③资本要素是企业生产经营中最为稀缺的重要资源。一般等价物推动资本的强流动性，劳动分工推进专业化生产，劳动力流动更为困难。

(2)知识经济条件下企业制度的基本逻辑：

在知识社会中，知识要素是企业生产经营中的关键资源，知识资源更侧重于企业协调相关的知识要素。其中，组织权力源于知识的掌控，知识所有者控制企业利益。知识经济下企业制度结构的变革正在从“资本的逻辑”转向“知识逻辑”。

3. 请解释工业社会的企业层级结构及其特征。

答：由于活动规模的扩大和内容日渐复杂，要使得大量的人聚集在同一时空有序地从事大规模生产，就必须对这些人的劳动进行合理分工，然后再进行指挥和协调。

作为工业企业的主要组织形式，层级结构的主要特征如下：

(1)直线指挥，分层授权。企业的各层领导者由于时间与精力有限，必须把本应属于自己的部分工作及相关的权力进行分解再分解、委托再委托给所对应的下属去完成和行使。利用直线指挥和分层授权实现成员行为表现的规范化是层级结构的基本特征。

(2)分工细致，权责明确。层级结构的工业企业通过制定细致的劳动分工，以权责明确作为分工原则，严格规定了相应职务的组织成员的职责和权力。

(3)标准统一，关系正式：

①作业方法的标准化。劳动参与者在统一规定的规则下，在不同环节和岗位上进行标准动作来完成作业。在处理同类的管理业务时也应按照标准的程序和方法来操作。

②企业政策的一致性。政策和规则由企业最高权力机构统一制定和推行。

4. 网络化层级组织的基本特征是什么？

答：网络化层级组织的基本特征有：

(1)集权和分权的统一。网络化的层级组织既集权又分权：一方面，管理中枢在战略方向选择等核心问题上有着无法替代的作用；另一方面，相关的一线人员有权在企业许可的范围内自主地处理可能出现的紧急情况。

(2)稳定与变化的统一。网络化的层级结构既要保证相对稳定的组织框架和经营领域，还要保证系统中的每个工作单元能够面对变化，快速反应，进行适应性调整。

(3)一元性与多元性的统一：

①层级组织既保存了统一指挥的管理中枢，又允许相互依存的各工作单元相当自主地运行。

②既通过统一的基本政策规范着企业整体的战略经营，又允许各工作单元的活动标准与原则有一定的差异。

③既确定了明确的组织宗旨和使命，倡导主导的价值观念，又允许甚至鼓励异质价值观念和行为准则的存在。

5. 请解释工业社会中企业文化的功能及其特点，以及在知识经济条件下如何进行文化创新。

答：(1)工业社会中企业文化的功能及其特点：

①企业文化是企业生产经营过程中的副产品。成功的企业文化都不是企业刻意追求的结果，而是企业经营者，甚至是几代经营者在企业实践中通过自己的领导风格与行为方式对企业员工的行为产生了潜移默化的影响，从而促成一种价值观念和行为准则被企业员工广泛认同的结果。

②企业文化反馈了组织的发展记忆。企业文化在企业日常生产经营中逐渐积累形成。企业文化往往以过去经验引导员工先行行为，达成组织目标。

③企业文化作为一种辅助手段发挥作用。企业文化作为一种补充，在制度结构和层级结构等难以设计的组织环节中发挥作用。

④企业文化是一元的。

(2)知识经济条件下的企业文化创新，参见本章考研真题论述题第1题答案。

20.3 考研真题

一、概念题

组织创新[贵州财大2022年研；大连理工2016年研]

二、简答题

什么是企业文化？组织采取什么措施能使其成员认同企业文化？[南开大学2007年研]

相关试题：试论企业文化的构成与功能。[电子科大2016年研]

三、论述题

1. 试论知识经济对企业文化创新的影响。[首师大2013年研]

相关试题：在知识经济条件下，怎样进行企业文化创新？请结合实际进行论述。[广西民大2017年研]

2. 有人说创业精神只适用于小型和新创立的企业，你同意这个观点吗？请说明你的理由。[安徽师大2017年研]

20.4　考研真题详解

一、概念题

组织创新[贵州财大2022年研；大连理工2016年研]

答：组织创新是指管理的创新职能在企业组织方面的运用过程。组织创新的目的在于更合理地组织管理人员的工作，提高管理劳动的效率。组织创新主要包括：①企业制度创新；②企业结构创新；③企业文化创新。

二、简答题

什么是企业文化？组织采取什么措施能使其成员认同企业文化？[南开大学2007年研]

相关试题：试论企业文化的构成与功能。[电子科大2016年研]

答：(1)企业文化是指组织在长期的实践活动中形成的并且被组织成员普遍认可和遵循的，具有本企业特色的价值观念、团体意识、行为规范和思维模式的总和。企业文化的基本要素包括组织精神、组织价值观和组织形象。

企业文化的特征表现在：①成员的一致性；②团体的重要性；③对人的关注；④单位的一体化；⑤控制；⑥风险承受度；⑦报酬标准；⑧冲突的宽容度；⑨手段—结果倾向性；⑩系统的开放性。企业文化是这十个特征的复合体。这些特征是相对稳定和持久的，在一般情况下，通过对这十个特征的分析可以把握某个企业的文化。

(2)对企业管理者来说，如何让员工认同公司的文化并转化为自己的工作行为是关系企业文化成败的关键。使员工认同企业文化的关键是让员工参与企业文化建设，具体措施如下：

①广泛征求意见。企业管理者应该创造各种机会让全体员工共同参与探讨企业文化。先由高层制造危机感，让大家产生文化变革的需求和动机，然后在各个层面征求意见，取得对原有文化糟粕和优势的认知，最后采取扬弃的办法保留原有企业文化的精华部分，并广泛进行宣扬，让全体员工了解公司的企业文化是如何产生的。

②与员工的日常工作结合起来。企业确定了新的企业文化理念后要进行导入，即把理念转化为行动。在进行导入时不要采取强压式的方式，要让员工结合自己的具体工作明确公司为什么要树立这样的理念，接下来是每个员工应如何改变观念，使自己的工作与文化相结合，即让每个员工清楚知道公司的企业文化是什么，为什么要树立这样的文化，为什么自己要这么做。

③让员工感觉到企业文化对自己是有利的。优秀的企业文化把“人”放到核心位置，企业之间的竞争已经从传统的资金、技术、机器、设备转化为品牌、文化的竞争。“文化”的作用，是凝聚人气，汇集力量，形成企业的合力，世界上优秀的公司都非常重视员工的利益。惠普公司的文化重视对人的培养，把培训看成是投入产出比最高的投资，毫不吝惜在

培训方面的投入，全面提升员工的技能。这种尊重人才、重视人力资源的企业文化更能得到员工的认同。

④管理者以身作则，树立典范。高层管理人员承担着企业文化建设最重要也是最直接的工作。一些企业高层管理者认为企业文化是为了激励和约束员工，其实更应该激励和约束的恰恰是企业文化的塑造者，他们的一言一行都对企业文化的形成起着至关重要的作用。作为企业管理者应该从自己的工作出发，改变自己的观念和作风，从小事做起，从身边做起，以自身行动引导和带动企业员工，使其自觉认同企业文化。

三、论述题

1. 试论知识经济对企业文化创新的影响。［首师大2013年研］

相关试题：在知识经济条件下，怎样进行企业文化创新？请结合实际进行论述。［广西民大2017年研］

答：知识经济对企业文化创新的影响如下：

(1)企业文化将成为知识经济条件下重要的企业管理手段。在网络化层级结构中，管理中枢主要通过信息的提供去影响各工作单元的决策及其组织实施。在网络化层级结构的情况下，用广泛认同的价值观和行为准则去影响各工作单元在不同时空的行为方向、内容及方式的选择就至关重要。文化将成为保证和促进这种情况下组织活动一体化的黏合剂。

(2)企业文化将由人们自觉创造。在网络化的层级结构中，管理中枢不仅负责组织信息的收集、处理与传播，而且还要制定基本政策，倡导并宣传适合企业特点的文化，总结和介绍成功事例，促进各工作单元接受对应的价值观、行为准则和规范。

(3)作为人们自觉行为结果的企业文化主要是学习型的。网络化层级结构中各工作单元与外界的广泛接触使组织不断习得新的知识，组织内纵横交错的沟通网络则会使各单元习得的知识与经验在组织内迅速传播。

(4)企业文化允许异质价值观和行为准则的存在。企业文化的创新需要对异质价值观的容忍。

2. 有人说创业精神只适用于小型和新创立的企业，你同意这个观点吗？请说明你的理由。［安徽师大2017年研］

答：我不认同这种观点。创业精神不仅适用于小型和新创立的企业，也适用于大中型和已创立的企业，即创业精神适用于成长的全过程。在创新这一过程中，一个人或一群人投入时间和资金，追求创造价值以及通过创新实现成长。这一定义包含三个重要的核心观念：追求机遇、创新、成长。创业者们通过改变、变革、改造或引入新产品(服务)来寻求成长的机遇。创业精神是指组织上下齐心协力，发挥创造力，抱着必胜信念，甘冒风险，努力使创新设想付诸实践，最终创造价值的过程。

认为创业精神只适用于小型和新创立的企业，这一观点是片面的，其原因在于：

(1)创业精神在企业创办之初是必须具备的，即便企业发展到一定程度，仍然需要始终保持并发扬光大这种精神。不愿主动思考、不愿保持创业冲动的员工，必然停滞不前并趋于僵化，由这样的员工组成的公司必然跟不上社会发展需要，只能被淘汰。唯有永葆创业的坚韧性，企业和员工才会不断克服原有的缺陷和错误，不断适应新的形势和需要，创造出更好的产品和更多的财富，立于不败之地。

(2)创业精神不是表面承认“在不断变化的世界中只有进步才是胜利的保证”，不是“先进的应该不断变化和改进”，也不是“我们应该有理想、有抱负、有追求、有目标”，而是来自内心深处的不可抑制的原始的一种动力。

(3)创业精神不只是企业管理层及业务骨干应该具备的特质，所有员工都应当具备。这样，企业上下才能拧成一股绳，与时俱进，员工才能与企业共同成长、共同进步。全员的创业精神在很大程度上依靠企业为员工创设的良好创业环境，最大限度地发挥员工的积极性、主动性、创造性，全面落实员工的主人翁地位，激发员工的创业动力。

综上所述，组织不论规模大小，创业精神始终与创造力和创新能力相关联。创业精神的价值能够促使产品和服务的创新、开发全新的经营方式以及建立更为高效的公共服务等等。企业成功没有普遍适用的解决之道，必须根据自身实际灵活运用和发扬创业精神。掌握创业精神在企业中的五大运用模式(创造力、实施的能力、必胜的信念、注重价值创造、甘冒风险)有助于企业家们更好地认识企业现状、明确今后的努力方向，为弘扬创业精神构建初步框架、阐明方法。企业应按自身特定的环境和情况予以灵活运用，不同的运用方法还要求领导者及时转变自身的领导角色和领导风格。

综合案例一 从“小创新大节能”走出来的中圣集团

思考题：

1. 中圣集团的创新有什么特点？它与我们听到和看到的重大技术变革有何异同？

答：（1）中圣集团的创新有以下特点：

①根据市场需求，生产一种新的产品。案例中，中圣集团针对能量损耗问题，给每一个支撑管道的支撑管架垫子。这个垫子既安全又绝热，从而形成他们的第一个产品——节能型管架。这个产品为公司赢得了机会和市场，也减少了管道 80% 的能耗。

②利用技术创新，开辟出一个新的市场。案例中，公司做节能产品，利用热棒技术，解决了冻土层冬夏凸凹问题。之后，青藏公路、东北石油输油管线，新藏高速公路、玉树公路，都用上了热棒技术，后来还用到青藏高原输变电铁塔上，为公司开辟了一个新的市场。

（2）技术变革是指生产过程的改变或新产品的引入，使得同样的一批投入能得到更多的或更进步的产出。中圣集团创新与技术变革的异同如下：

①相同点：都获得了更高产出；都包含了技术创新；都开发出了新的产品。

②不同点：

a. 目标不同。技术变革是获得更多更进步的产出；中圣集团的创新不仅是获得更高的产出，还开辟了一个新的市场。

b. 起点不同。技术变革是在生产过程中发生的；中圣集团的创新是在生产后，根据市场需求实现的创新。

2. 你从中圣集团创新和创业中学到了什么？

答：从中圣集团创新和创业中，可得到如下启示：

（1）创新基础的选择。选择创新基础时，可以考虑：①应用性研究，即利用现有知识对目前的工艺、方法或产品结构进行创新；②基础研究，即开发新知识，为新产品开发提供基础。

中圣集团的创新中既进行了应用性研究，如利用热棒技术，把铁路路基变成常年永久冻土层以解决冬夏凹凸问题，又进行了基础研究，如针对能量损耗问题，形成了一个新的产品——节能型管架。

（2）创新对象的选择。技术创新要结合市场需求，中圣集团的技术创新主要是产品和工艺创新。科研只有面向企业和市场需求，才有用武之地。中圣集团多次根据市场的需求研发新产品，逐渐做强做大。企业的发展要对内外部环境进行全面透彻的分析，根据环境形势的变化，来调整自己的方案目标，做适合社会需要的产品。

（3）创新水平的选择。“先发制人”强调企业为谋求新的市场领域中的垄断地位，率先开拓新的市场，作为“先行者”开发新的产品或生产工艺，致力于打造核心竞争力。“先发制人”给企业带来的贡献有：①创造良好的企业声誉；②占据有利的市场地位；③进入最有利的销售渠道；④获得有利的要素来源；⑤获取高额的垄断利润。中圣集团开发出节能型管架，又利用热棒技术解决冻土问题，开辟了新的市场，采取“先发制人”的竞争战略，解决了某些领域中的难题，不仅获得了巨大的经济效益，而且还得到了社会的认可，树立了良好的企业形象。

(4)创新方式的选择。企业可以与合作伙伴集中更多的资源进行更基础的创新研究，并共同承担由此而引发的风险。中圣集团采取了联合开发模式，利用现有技术知识与铁道部合作，到施工现场做实验，解决了冻土冬夏凸凹问题。同时，也为自己开辟了一个巨大的市场。

综合案例二　做“无锁而闭，无钥匙而开”——中国人自己的门的康尼公司

思考题：

1. 南京康尼公司的创新有什么特点？它和中圣集团的创新有何异同？

答：(1)南京康尼公司的创新特点：

①利用技术创新促进企业竞争力的提高。案例中，企业创始人金元贵教授用自己的专利——大功率大容量电力连接器，解决了火车车厢之间的电力传输和连接问题。

②利用环境，不断寻找机会，开辟新的市场。企业经营基于组织环境，环境制约企业经营。企业与环境的关系，是在适应环境的同时去改造、引导，甚至去创造更适宜的环境。在案例中，康尼于1997年和1998年开始进入车门的产品领域，于1999年进入地铁相关的业务领域。

③坚持不懈地在失败中寻找新突破。创新是不断尝试、失败与提高的过程。创新者在开始行动以后，必须坚定不移地继续下去。案例中，康尼在竞争对手的打压下，坚持不懈，成功研发出“无锁门”，占据了中国高铁和地铁门的半壁江山。

(2)与中圣集团创新的异同点：

①相同点：

a. 二者都根据市场的需求，利用技术创新，使自己的企业在市场上占据主要地位，并取得了巨大利益。

b. 二者都在面对巨大困难的情况下，坚持不懈，成功开发出新产品，开辟了新的市场。

c. 二者都坚持科研创新，储备了大量高新科研人才。

②不同点：

a. 中圣集团是利用技术创新在没有产品的情况下开发新的产品；康尼公司是在原有的产品上进行技术创新。

b. 二者所选择的创新方式不同。中圣集团与铁道部联合开发，进行技术和产品创新；康尼公司是独立开发创新。

c. 二者所选择的创新水平不同。中圣集团采取的是“先发制人”策略；康尼公司采取的是“追随”策略。

2. 你从南京康尼公司创新和创业中学到了什么？

答：从南京康尼公司创新和创业中，可以得到以下启示：

(1)储备高新技术科研人才。技术创新离不开知识的储备，高新技术科研人才利用丰富的科研知识和技术去开发一种新产品或者探寻一种新工艺，使企业在市场竞争中获得巨大利益。南京康尼公司是一家校办企业，他们拥有众多高新技术科研人才，有足够丰富的知识和经验解决技术难题。

(2)坚持不懈地在失败中寻找新突破。创新的过程实际上就是不断尝试和提高、面临失败风险的过程。创新者在开始行动以后，必须坚定不移地继续下去，决不能半途而废。

(3)采取“后发制人”战略。“后发制人”战略又称追随战略，是指企业紧紧追随在领先企业的后面采用新技术，并对别人已经采用的技术加以改进和提高，以避免自己的市场地位受到威胁。该战略优势包括：①无须较大投人，便可以分享“先行者”所开发的新市场；②基于相对稳定的市场需求，进行投资；③基于“先行者”的原有基础，进一步完善组织以迎合市场需求。康尼拥有“无锁”技术后，市场份额不断提高，不仅仅是在国内，在国外也占领了一定的市场。

第二十一章　展望智能化时代的管理

21.1　复习笔记

【知识框架(庖丁解牛)】

- 展望智能化时代的管理
  - 智能化时代的到来
    - 人工智能的发展路径
    - 我国智能化发展的新进展
    - 人们生活、工作方式的新变化
  - 智能制造系统分析
    - 组成：智能营销、产品设计、装备与工艺、生产、服务
    - 业态模式：生态系统
    - 管理特点：网络化、平台化、云计算、定制生产
  - 智能化时代管理的关键措施
    - 掌握人工智能思维模式
    - 业务流程数据化
    - 人工智能模型要“避恶向善”
    - 大力倡导智能化创新
    - 重点培养人机融合技能

【通关提要(提纲挈领)】

本章主要介绍智能化时代的管理，要了解人工智能的分类和发展，熟悉智能制造系统的组成和管理特点，掌握智能化时代管理的关键措施。本章内容基础且简单，不是考查重点，了解相关概念即可。

【考点难点归纳(厚积薄发)】

考点：智能化时代的管理(见表 21－1)　★★

表 21－1　智能化时代的管理

要点	主要内容		
智能化时代的到来	智能化		指事物在网络、大数据、物联网和人工智能等技术的支持下，所具有的能动地满足人的各种需求的属性
	人工智能	定义	指具有与人类智能相似功能的人造智能系统
		分类	①计算智能；②感知智能；③认知智能
	智能化时代	进展	①四大网络的建成：智能能源输送、信息通信、高速铁路、物品运送网络。 ②大规模数字化转型
		影响	促进各领域智能化水平快速提高，正在并进一步改变人们的生活和工作方式

续表

<table>
<tr><th>要点</th><th colspan="3">主要内容</th></tr>
<tr><td rowspan="6">智能制造系统</td><td>组成</td><td colspan="2">①智能营销系统；②智能产品设计系统；③智能装备与工艺系统；④智能生产系统；⑤智能服务系统</td></tr>
<tr><td>业态模式</td><td colspan="2">生态系统</td></tr>
<tr><td rowspan="4">管理特点</td><td>网络化</td><td>挑战传统信息管理系统，网络化管理</td></tr>
<tr><td>平台化</td><td>挑战传统垂直管理系统，用数字化平台管理</td></tr>
<tr><td>云计算</td><td>严重挑战传统算力，满足高速计算需求</td></tr>
<tr><td>定制生产</td><td>按需生产，客户第一，挑战传统生产方式</td></tr>
<tr><td>智能化时代管理的关键措施</td><td colspan="3">①须掌握人工智能思维模式：在大数据基础上以模型为核心，通过算力[工具]构建适合不同场景的业务模式。
②业务流程数据化，以形成持续、有效的数据链。
③人工智能模型要“避恶向善”，保证网络系统安全。
④须大力倡导智能化创新，形成开放创新生态。
⑤须重点培养人机融合技能：a. 明确分工；b. 人机协作；c. 重视人的作用；d. 相互学习；e. 充分发掘人工智能潜力</td></tr>
</table>

【真题链接】人工智能(AI)对组织变革的影响。[论述题，同济大学2024年研]

21.2 考研真题

一、概念题

人工智能[北航2018年研]

二、案例分析题

企业转型管理为适应雄安新区发展需要，2017年6月23日召开了服装行业转型升级创新发展座谈会，围绕容城传统服装行业如何实现转型升级，走集约化、智能化、创新发展之路等内容进行了研讨和交流。青岛酷特智能(红领制衣集团)作为行业的领先企业参加了会议。容城的服装行业有40多年的发展历史，是地方支柱产业。据统计，全县有900多家服装企业，2016年行业销售收入达到220亿元。目前，该县年产服装约4.5亿件(套)，就业工人约十万余人，形成了龙头企业带动、骨干企业支撑、服装加工户遍地开花的产业格局。但受历史因素和经济社会发展阶段的影响，这些企业多以贴牌、代工为主，随着劳动力成本上升，受到不小冲击。强势品牌缺乏、技术老旧落后、管理经验匮乏等短板也日益显现。

青岛酷特智能(红领制衣集团)以信息化与工业化深度融合为基础，形成了完整的物联网体系，打造了独特的核心价值，融入大数据与产融结合技术，创造出全新的在国内外领先的科学制衣与销售体系。在交流会上，红领集团展示了其生产模式和思路，并围绕转型与当地企业进行了探讨。随着雄安新区的设立，以服装企业为代表的中小民营企业的发展环境发生了很大变化，转型升级成为企业发展的必由之路。[河北大学2018年研]

问题：

1. 结合案例资料，企业要走好转型之路，需要关注的环境要素有哪些？

2. 如果你是企业的决策者，在互联网时代应该如何做好企业的转型工作？

21.3　考研真题详解

一、概念题

人工智能［北航 2018 年研］

答：人工智能（AI）是指研究、开发用于模拟、延伸和扩展人的智能的理论、方法、技术及应用系统的一门新的技术科学。人工智能是计算机科学的一个分支，它企图了解智能的实质，并生产出一种新的能以人类智能相似的方式作出反应的智能机器。该领域的研究包括机器人、语言识别、图像识别、自然语言处理和专家系统等。人工智能自诞生以来，理论和技术日益成熟，应用领域也不断扩大。人工智能是实现智能化的主要途径，一般可分为三类：计算智能、感知智能和认知智能。智能化时代的到来，正在并进一步改变着人们的生活和工作方式。

二、案例分析题

问题：［河北大学 2018 年研］

1. 结合案例资料，企业要走好转型之路，需要关注的环境要素有哪些？

答：迈克尔·波特提出的五力分析模型对企业战略制定产生全球性的深远影响。用于竞争战略的分析，可以有效地分析竞争环境。对本案例中的青岛酷特智能（红领制衣集团）而言，这“五力”也是企业走好转型之路所需认真考虑的。具体分析如下：

（1）同行业竞争者。大部分行业中的企业，相互之间的利益都是紧密联系在一起的。作为企业整体战略一部分的各企业竞争战略，其目标都在于使得自己的企业获得相对于竞争对手的优势。所以，在实施中就必然会产生冲突与对抗现象，这些冲突与对抗就构成了现有企业之间的竞争。

（2）供应商议价能力。供方主要通过其提高投入要素价格与降低单位价值质量的能力，来影响行业中现有企业的盈利能力与产品竞争力。供方力量的强弱主要取决于它们。

（3）购买者议价能力。购买者主要通过其压价与要求提供较高的产品或服务质量的能力，来影响行业中现有企业的盈利能力。

（4）替代产品的威胁。两个处于不同行业中的企业，可能会由于所生产的产品是互为替代品，从而在它们之间产生相互竞争行为。这种源自替代品的竞争会以各种形式影响行业中现有企业的竞争战略。

（5）潜在的新竞争者。新进入者在给行业带来新生产能力、新资源的同时，也希望在已被现有企业瓜分完毕的市场中赢得一席之地，这就有可能与现有企业发生原材料与市场份额的竞争，最终导致行业中现有企业盈利水平降低，甚至危及这些企业的生存。

2. 如果你是企业的决策者，在互联网时代应该如何做好企业的转型工作？

答：在互联网时代，为了做好企业的转型工作，需要做好以下几个方面的工作：

(1)以“客户至上”为纲。在未来的数字化市场，为了迅速应对日益分散化的客户需求，公司可以转向网络选择更广泛的供应商，获取更详细的客户洞见，推出更丰富更复杂的产品线，以更精准地满足消费者需求。除了产品，消费者还期望覆盖线下、线上和移动等各类平台的无缝、便利和个性化的用户体验。因此无论是宣传信息还是产品服务都必须精心设计，确保其在互联网和移动互联网平台上更具吸引力。

(2)调整战略，为新一波竞争做好准备。互联网开启了激烈竞争的新时代，只有敏捷而务实才能生存。随着行业界限的日益模糊，竞争可能随时从某个意想不到的角落出现。互联网为新兴企业赋予了迅速进行成本扩张的能力，大型传统企业(包括国有企业)必须适应这样的挑战，否则就会陷入困境。企业领导人必须对此认真对待，因为他们制定的决策将彻底改变公司的经营方式。这些转型也可能需要技术和其他投入，短期内影响企业的成本结构，但赢家将在未来获得巨大效益。

(3)运营转型。互联网要求各个行业的企业变革旧的运营和业务模式，同时还要更灵敏。首先，必须胸怀远大目标和明确战略进行数字化转型。当今市场瞬息万变，随意性试验或是毫无规划的数字化举措并不可行。在专注于客户端的同时，企业还需要着力于将互联网技术融入后台功能和物流中，从而提升运营效率和降低成本。公司必须清楚要借助技术实现哪些目标，并且制定涵盖领导、人才、观念、文化、流程和组织结构的全盘战略。在电子商务高速发展的背景下，企业必须制定灵活的多渠道运营模式。互联网开创的透明化定价压缩了利润空间，精益化变得极为关键。打造线上线下的无缝体验不仅对客户很重要，对公司的整个运营效率也极为关键。

(4)培养高技能人才，构建相应的组织架构。越来越多的公司采用互联网技术，人才问题也日渐突出，尤其是与大数据和高级分析相关的高度专业化人才。未来对兼具相关行业知识和高技术技能人才的需求会很大。除了外聘人才，公司还需要培养内部人才梯队。这项工作包括加强行业合作，与教育培训机构联手，或公私联营设计目标明确的项目来培养自身需要的人才。

(5)乐于接受合作伙伴和外部合作。在互联网时代，产业链中的主要活动并不必然要全部留在公司内部。为了最大化商业生态的价值，竞争对手也可以成为联盟，统一相关标准，打造更广阔的市场。

而今面对智能化时代，我国传统的制造型企业想要转型，必须要抓住技术的前沿方向，加快自主研发，利用物联网、大数据、人工智能等技术来实现智能化、自动化的制造。我国正提倡自主创新，这是制造业转型的必经之路，企业必须加大科研投入的力度，走在技术创新的前沿。